SONDERZAHL

Johannes Schmidl

Energie und Utopie

SONDERZAHL

www.sonderzahl.at

Alle Rechte vorbehalten
© 2014 Sonderzahl Verlagsgesellschaft m.b.H., Wien
Schriften: Franklin Gothic Book, Palatino Linotype
Druck: CPI, Birkach
ISBN 978 3 85449 412 6

Umschlag von Thomas Kussin

Inhalt

Wenn es aber Wirklichkeitssinn gibt, und niemand wird bezweifeln, daß er seine Daseinsberechtigung hat, dann muß es auch etwas geben, das man Möglichkeitssinn nennen kann ... So ließe sich der Möglichkeitssinn geradezu als die Fähigkeit definieren, alles, was ebenso gut sein könnte, zu denken, und das, was ist, nicht wichtiger zu nehmen als das, was nicht ist.
Robert Musil, *Der Mann ohne Eigenschaften*

Warum Utopie? Warum Energie?

Alle Energie ist von Anfang an, mit dem Urknall, da. Es gibt sie in verschiedenen Formen (seit Einstein wissen wir: auch als Masse), die sich zum Teil ineinander umwandeln lassen, und sie bleibt für immer erhalten. Wir nutzen sie in Gestalt zahlreicher materieller Träger, die wir tatsächlich auch verbrauchen und sprechen deshalb etwas schlampig von „Energieverbrauch". Wir ersetzen eine primäre Quelle durch eine andere: statt Kohle nehmen wir Erdöl, statt beider verschiedene Formen von Biomasse, statt allen dreien (mit wenigen Ausnahmen) elektrischen Strom. Das geht bei anderen lebenswichtigen und unverzichtbaren „strategischen" Ressourcen, etwa beim Wasser oder bestimmten Metallen, nicht.

Angesichts der Bedeutung, die das Thema Energie im tagespolitischen Diskurs und als Motor und Motivator machtpolitischer Konstellationen und Bestrebungen spielt, gewinnt man jedoch nicht den Eindruck, sie sei etwas, das weder erzeugt noch vernichtet, dafür leicht ersetzt werden könne. Vielmehr scheint die Menschheit von zwei entgegengesetzten Befürchtungen von Knappheit getrieben, die Ideen, Planen und Handlungen im Umfeld des Themas Energie bestimmen:

- Einerseits: Energie könnte unerschwinglich werden, einzelne Energieträger wie Öl könnten sich überhaupt erschöpfen, unsere Versorgung mit Energie könnte mithin nicht mehr gewährleistet sein und wir somit die Möglichkeit verlieren, unsere elementaren materiellen Wünsche zu erfüllen.
- Andererseits: Unser Übermaß an Energieverbrauch könnte durch die damit zusammenhängenden Emissionen dazu

führen, dass wir die Fähigkeit der Erde, unsere Lebensgrundlagen bereitzustellen und langfristig aufrecht zu erhalten, nachhaltig beschädigen, allem voran das irdische Klima, aber auch die Landschaft, die Tier- und Pflanzenwelt und das soziale Zusammenleben[1].

Das Thema „Energie" steht hier exemplarisch für den Gebrauch materieller Ressourcen durch den Menschen. Aus verschiedenen Gründen (die im Verlauf des Textes deutlich werden sollten) erscheint es besonders geeignet, an ihm als Achse das Rad der notwendigen Fragen und möglichen Antworten einmal herumzudrehen und zuzusehen, was dabei herauskommt.

Es geht in diesem Text aber nicht darum, zu persönlicher Läuterung aufzurufen, sondern um gesellschaftliche Modelle. Deshalb kann es auch mit einer weiteren Kopie des Appells für erneuerbare Energie und für Energieeffizienz nicht mehr getan sein, und auch nicht damit, in neuen Worten zu wiederholen, was schon oft genug gesagt worden ist, oder daran zu erinnern, wovor schon andere zur Genüge warnen und was allenthalben eingemahnt wird.

Hier soll etwas weiter ausgeholt werden; nach einigen abwägenden Schritten zurück erscheinen ein paar Dinge mehr im wahrgenommenen Ausschnitt der Welt, während manch bekannte Phrase kleinlauter wirkt. Hier soll die große utopische Tradition des abendländischen Denkens herangezogen werden, um sie mit der brennend aktuellen Energiefrage zu konfrontieren.

Utopien werden dabei als rationale Modelle für gesellschaftliches Zusammenleben verstanden, jenseits von persönlicher Bekehrung und gemeinschaftlicher spiritueller Umkehr. Und als solche, die als gesellschaftliche Dystopien nicht lebbar sind, sondern den Menschen zerstören. Glaubensgewissheit

---

1   Die Internationale Energieagentur beschreibt dieses Dilemma so: „It is not an exaggeration to claim that the future of human prosperity depends on how successfully we tackle the two central energy challenges facing us today: securing the supply of reliable and affordable energy; and effecting a rapid transformation to a low-carbon, efficient and environmentally benign system of energy supply" (OECD/IEA, 2008).

liegt ihnen fern. Allerdings sind sie von Erzählungen über paradiesische Zustände mitunter weitschichtig inspiriert, aus denen sie die Idee gewinnen, dass es auch anders sein könnte. Utopien reagieren oft auf bestehende gesellschaftliche Defizite. Sie sind unbescheiden und radikal anders als die wahrgenommene Gegenwart und sie verzichten darauf, die einzelnen Schritte zu ihrer allmählichen Verwirklichung zu beschreiben, was sie von der Sozialtechnik abgrenzt. Aus Gründen der Tarnung gegenüber der argwöhnischen Macht und der leichteren Verdaulichkeit durch den erhofften Rezipienten verkleiden sie sich gerne im Gewand einer fiktiven, oft auch phantastischen rahmengebenden Handlung.

Diese Arbeit stellt also den vom Menschen erhobenen materiellen Ansprüchen an das globale System, das ihn trägt, ernährt und unterhält, und den daraus resultierenden Bedrohungen, die unbescheidensten und weitreichendsten Entwürfe für Alternativen und Bewältigungsstrategien gegenüber, die sich Menschen ausgedacht haben, um materielle Knappheit zu bewältigen. Gelingt im utopischen Modell eine Lebensweise, die „die Unversehrtheit des menschlichen Wesens und seiner Welt gegen die Übergriffe seiner Macht" (Jonas 1984, 9) bewahrt? Wurden mögliche Lösungen für die anstehenden Energieprobleme vielleicht schon formuliert, als man nach Antworten auf ganz andere Fragen suchte? Bewegt man sich mit vorgeschlagenen Lösungen für Energieprobleme auf gefährlichem Boden, der schon von dystopischen Gesellschaftsmodellen beackert worden ist?

Die hier versuchte Methode vertraut darauf, Antworten auf Fragen mitunter dort zu finden, wo man sie nicht gestellt hätte, und dass Dinge und Tatsachen aus anscheinend ganz verschiedenen Winkeln unserer gedachten, gefürchteten, erhofften oder überprüfbaren Welt oft mehr miteinander zu tun haben, als aufs erste vermutet. Oder, etwas beherzter eingefordert: „Kein Gedanke ist so alt oder absurd, dass er nicht unser Wissen verbessern könnte" (Feyerabend 1986, 55).

Der Text lehnt sich an die doppelte Befürchtung aus der Welt der Energie, jene von zuviel und zuwenig an, die auch die Geschichte utopischer Hoffnungen und dystopischer

Schreckensbilder durchzieht. Diese Doppelgesichtigkeit kann auf zwei grundlegende europäische Staatsutopien zurückgeführt werden, auf Thomas Morus' namensgebende *Utopia* (1516) und auf Francis Bacons *Nova Atlantis* (1624). Die Lösung kommt demnach entweder durch die Beschränkung der menschlichen Möglichkeiten und Freiheit zustande, oder durch ein Überangebot an materiellen Gütern, das jedes Wettbewerbsstreben unnotwendig macht – ähnlich wie um die Luft zum Atmen.

Um die natur-geisteswissenschaftliche Verschränkung vollziehen zu können, müssen zwei historische Kapitel vorangeschickt werden, zu den Utopien und zur menschlichen Aneignung von Energie. Die anschließende Überschneidung beider Kontexte generiert einige überraschende Ergebnisse, die Verbindung erweist sich als machtvoll. Einige Probleme aus dem Energiebereich können durch Utopien tatsächlich eindrucksvoll gelöst werden, und wenn ich mich hierin nicht irre, ist das zugleich eine der größten Gefahren, die vom Utopischen ausgeht.

Wie die real existierenden Gesellschaftsmodelle müssen sich Utopien, zumindest im Gedankenexperiment, aber daran messen lassen, ob sie auch noch halten, wenn sie mit derzeit sieben und demnächst neun oder zehn Milliarden Anspruchsberechtigten multipliziert werden.

Schon allein diese Herausforderung rechtfertigt jede Anstrengung.

Wien, Henndorf am Wallersee und
Heiligenblut, im März 2014

1. Utopie

Vor dem Eis

Im Sommer 2012 wandere ich wieder über das Vorfeld der Pasterze, des längsten Gletschers der Ostalpen. Die Kräfte und Elemente der Natur, Felsen, Schotter, Sand, Eis und mächtige Wasserströme formen hier eine beeindruckende Urlandschaft, die dem beobachtenden Menschen unmittelbar eine bescheidene Rolle zuweist, geeignet, ihm Demut abzuringen. Die Gletscherzunge unter dem höchsten Berg Österreichs schmilzt in diesen warmen Augusttagen dahin, ein brauner Strom von mit Sand und Schlamm vermischtem Schmelzwasser gräbt gerade erst aufgeschüttete Sand- und Schotterbänke wieder ab, schüttet neue auf, treibt das vom Gletscher vermahlene Gebirge als Sand und Ton mit sich in die Täler und weiter bis in das Donaudelta und das Schwarze Meer und schafft dort neues Land. Dieser geologische Vorgang ist vor Jahrmillionen gleich abgelaufen. Er übersteigt die Lebensspanne des Menschen um viele Größenordnungen, weist ihm bloß die Rolle des Beobachters für einen Augenblick zu.

Doch dieser Eindruck trügt. Die Kräfte wirken zwar unabhängig vom Menschen: Die Schwerkraft zerrt an Stein und Wasser, Eis schmilzt, Wasser gefriert abhängig von Temperatur und Druck, Steine werden vom Wasser gerollt und verlieren ihre Ecken, die als Sand und Ton im bewegten Strom mitgerissen, mitgetragen werden. Aber der Mensch spielt mit. Seine Rolle ist nicht nur in Gestalt von Autos und Motorrädern auf der nahen Glocknerstraße sichtbar und hörbar, von Staumauern, die die Fluten der geschmolzenen Pasterze zwei Kilometer talwärts stauen und zum Zweck der Energiegewinnung nutzen. Seine Rolle ist schwerwiegender. Die Wirkungen menschlicher Aktivitäten beeinflussen inzwischen wesentlich Richtung und Ausmaß der natürlichen Kräfte der Erde. Sie kommen ihnen quantitativ gleich, übertreffen sie mitunter, sie schlagen vereinzelt qualitativ vollkommen neue

Richtungen ein. Und die veränderten Kräfte wirken auf den Menschen zurück. Sie überraschen ihn mit der Geschwindigkeit ihres plötzlichen Auftretens und ihrer alle Erfahrungen übertreffenden Veränderungskraft.

Die Pasterze scheint in diesen Tagen Ende August ihrem Ende entgegenzuschmelzen. Ihre Verbindung zum nährenden Eis an Glockner und Johannisberg ist beinahe abgerissen, es fließt kaum noch Eis dem bis zu 200 Meter dicken Eiswulst zu, der als angehender Toteiskörper in der warmen Sommerluft lethargisch dahin zu dämmern scheint.

Hier, vor der Zunge der Pasterze, zeugen herausgeaperte Stücke von Torf und kleinen holzigen Pflanzen von wärmeren Zeiten. Hier gab es vor etwa 9000 Jahren Bäume, der Stamm einer aus der Moräne ausgeschwemmten Zirbe konnte vermittels der C14-Methode datiert werden. Und hier standen am Ende des Mittelalters der Sage nach die Zelte eines fröhlichen Jahrmarktes, die Bergknappen des nahen Goldbergbaues vergnügten sich, zum Ärger der einheimischen Bauern und der Geistlichkeit, die ein wesentlich kargeres Dasein fristeten als sie, an Kegelspiel und Saufgelage. Hier erschien dreimal ein warnendes Männlein, das zur Besinnung, zu Abkehr von ausschweifendem, gottlosem Leben mahnte, und seine Warnung blieb dreimal ungehört.

Ein gewaltiger Schneesturm und Kälteeinbruch setzte dem fröhlichen Treiben ein jähes Ende. Besinnung, Reue und Umkehr kamen jetzt zu spät. Die Bergnamen in der Umgebung künden noch heute von einzelnen untergegangenen Frevlern: der Spielmann, die drei Burgstaller, der Kapuziner …

Lange wurde daran gezweifelt, dass Kälte und nachfolgender Gletschervorstoß so plötzlich eingetroffen sein sollten. Heute ist man sich weitgehend darüber einig. Die „Kleine Eiszeit" ab dem 15. Jahrhundert hat im Gelände und in Erzählungen und Leben der Menschen ihre Spuren hinterlassen. Sie hat in den Alltag der Menschen tief eingeschnitten, hat die jährlichen Ernten verschlechtert, Hunger, Seuchen und Kriege ausgelöst.

Die Gletscher schoben ihre Zungen vor, überfuhren die hochgelegenen Goldbergwerke und Almen. Und, damit anscheinend untrennbar verbunden, haben die Menschen nach einer auslösenden Ursache gesucht, die sie in eigener Schuld und eigenem Ungenügen fanden, die ihnen die Ereignisse als Strafe oder Prüfung erscheinen ließen – je nachdem. In der Rückschau erkannten sie eine leichtfertig verspielte bessere Zeit. Es war göttliches Gebot, gegen das sie verstoßen hatten, und nur göttlicher Gnade gefiel es, die Lebensbedingungen der Menschen zu gestalten. Ihre Möglichkeiten erschöpften sich darin, den göttlichen Vorgaben zu gehorchen, Gottes Gnade aktiv zu erwirken oder passiv zu erwarten – oder zu sündigen.

Die Pasterze war in historischer Zeit also schon größer und kleiner als gegenwärtig, eine Wahrnehmung, die uns beruhigen könnte, legt sie uns doch nahe, dass alles schon dagewesen ist. Das trügt jedoch. Wir bewegen uns mit wachsender Geschwindigkeit in eine Richtung, die über Bekanntes hinaus ins Unbegangene weist.

1.1 Antike Vorläufer

Über den Großteil seiner Geschichte lebte der Mensch in einer archaischen, zyklischen, „außerzeitlichen" Einstellung zur Zeit. In der Logik dieser Zeitauffassung kann die Zukunft nur als sich ständig erneuernde Gegenwart gedacht werden, Zukunft in unserem heutigen Sinne existiert nicht.

Aus dieser Zeitlosigkeit führen im abendländischen Denken zwei Erzählungen in eine lineare Auslegung der Zeitlichkeit. Sie markieren damit die Anfänge des abendländischen Zivilisationskomplexes und schaffen erst die Möglichkeit unserer heutigen Auffassung von Zukunft. Diese beiden großen Mythen, der jüdisch-christliche und der griechische, erklären den Ursprung des menschlichen Elends und die Normalität des Schlechten. Auf jüdischer und christlicher Seite ist es die biblische Erzählung von der Vertreibung des ersten Menschenpaares aus dem Paradies, auf griechisch-römischer Seite die Lehre vom Goldenen Zeitalter (Hesiod, ca. 700 v. Chr.), das über die Zwischenstufe des Silbernen in das gegenwärtige Eiserne gemündet sei (Sloterdijk 2011, 651 ff).

In beiden Erzählsträngen opfern sich Gottessöhne für das Wohl der Menschen. Prometheus, Sohn der Erdgöttin Gaja, bringt den Menschen das Feuer und die anderen Kulturtechniken, mit denen sich diese in der feindlichen Natur bewähren, sie zähmen und für sich nutzen können. Es geht ihm nicht wie Jesus in der christlichen Erzählung darum, den Menschen durch sein Geschenk und sein Opfer den Weg zum himmlischen Heil zu eröffnen; Prometheus, obwohl göttlicher Natur, stiftet die säkulare Kultur. Er handelt gegen den ausdrücklichen Wunsch von Göttervater Zeus, der ihn zur Strafe für diesen Frevel an einen Felsen im Kaukasus schmieden lässt, wo ein Adler von seiner ständig nachwachsenden Leber frisst. Was vordem ausschließlich Gott bzw. den Göttern vorbehalten war, die Technik zur Nutzung der Natur in der griechischen Erzählung, die Erlösung in der jüdisch-christlichen, gelangt vermittels der Gottessöhne, die sich dafür dem Leiden überlassen müssen, in die Welt der Menschen (H. Böhme, zitiert nach Musner/Wunberg 2003).

In der biblischen Erzählung ergibt sich die Not des geduckten Aushaltens „im Schweiße des Angesichtes" aus den Zwängen von Knappheit, Plage und Ackerbau. In der griechisch-mediterranen Zeitalterzählung eher aus der Nötigung zu einem Dasein im Dauerkonflikt mit feindseligen und korrupten Nachbarn. Das wichtigste Vertreibungsresultat sind dem 1. Buch Mose zufolge der Arbeitsfluch und die Geburtsschmerzen, nach Hesiod die chronische Unverlässlichkeit der sozialen Beziehungen und die Verkehrung der nachbarschaftsethischen Normen (Sloterdijk, 2011 651 ff). In der biblischen Erzählung liegt die Ursache für die chronisch unbefriedigende Lebenswirklichkeit der nach-paradiesischen Menschheit in menschlicher Schuld, genannt der Sündenfall. Der griechische Mythos leitet die Armseligkeit des Menschengeschlechtes aus einem Schicksalsgesetz ab, nach dem die Gegenwart als dritte Verfallsstufe in einem linearen Verschlimmerungsprozess erscheint (Goldenes, Silbernes, Eisernes Zeitalter). Der christlichen Rezeption der Erzählung von der Vertreibung aus dem Paradies verdankt man eine Zivilisation, deren Angehörige nicht in Not geraten können, ohne zu denken, sie hätten diese selbst verursacht und deshalb wohl verdient (Sloterdijk 2011, 652). Gemeinsam ist den beiden Erzählungen nicht nur, dass sie jeweils der ersten Frau die auslösende Aktion unterstellen – der biblischen Eva bzw. der mythischen Pandora – sondern auch die Einsicht, die aktuelle Lage des Menschen sei als Ergebnis des Verlustes eines ursprünglich ganz anderen, besseren Zustandes zu begreifen. Damit ist der Keim für die Suche nach diesem anderen, besseren Zustand gelegt.

Platos (ca. 428–348 v. Chr.) *Politeia* (ca. 370 v. Chr., → S. 372), übersetzt etwa als *der Staat, das Staatswesen*, gilt nicht nur als erster utopischer Entwurf überhaupt – Bertrand Russell übertitelt in seiner Geschichte des abendländischen Denkens das Kapitel über dieses Werk mit „Plato's Utopia" (Russell 1946/1991) –, sondern als eines der wichtigsten Werke der politischen Philosophie. Zentral in Platos Werk ist die Frage nach Gerechtigkeit. Diese sieht er in einem dreigeteilten idealen Ständestaat verwirklicht, der von Philosophenherrschern regiert, von Wächtern beschützt und von Bauern und Handwerkern ernährt wird. Die real existierenden Staatsgebilde erscheinen demgegenüber als Ergebnisse der Degeneration dieses Idealstaates oder als dessen schlechte Kopien, die den Idealstaat auf Erden immer nur annäherungsweise verwirklichen (Saage 2001, 38 ff).

Entscheidend für das Funktionieren des dreigeteilten Staates ist die Auswahl der Philosophenherrscher. Diese gehen nicht aus einer Erbfolgeregelung hervor, sondern werden in einem Auslese- und Trainingsprogramm ermittelt, das bis zum 35. Lebensjahr der Kandidaten dauert. In einem zweiten Schritt werden die derart Vorausgewählten für weitere 15 Jahre ins praktische Leben ausgewildert, um dann endlich, mit 50, gelehrt, theoretisch und praktisch im Lebenskampf erprobt, ihre Führungspositionen einzunehmen. Platos Idealstaat bietet damit zugleich Chancengleichheit für alle Einwohner, weil niemand a priori von einer Herrscherkarriere ausgenommen ist, und Aristokratie, weil die Besten herrschen. Er ist jedoch, Platos Ideenlehre folgend, ein zutiefst statisches, unbewegliches Gebilde, ohne Kunst, Wissenschaft und Fortschritt, und ein im Wesentlichen totalitärer Staat. Er ist im Krieg mit seinen Nachbarn erfolgreich und sichert die Ernährung seiner Einwohner, aber nicht mehr. Dass Plato gerade diese wenigen Eigenschaften höchst erstrebenswert erscheinen mussten, erklärt sich aus seiner eigenen Erfahrung: Er musste Hungersnöte und die Niederlage Athens im Krieg gegen Sparta erleben.

Platos *Politeia* wurde von der frühen Neuzeit an (von Morus, Bacon, Campanella) bis zu George Orwell oder den Brüdern Wachowski (mit ihrem Film *Matrix* von 1999) intensiv rezipiert. Viele Elemente dieses herausragenden Werkes finden sich bis zum heutigen Tag in modernen Utopien und Dystopien wieder, vom Luxusverbot bis zum hierarchischen, auf aristokratischer Herrschaft basierenden Aufbau der Gesellschaft. Für Bertrand Russell (1872–1970) und vor allem für Karl Popper (1902–1994) verbreiten die darin vorgestellten Ideen bis in das 20. Jahrhundert hinein allerdings hauptsächlich Unheil, und zwar deshalb, weil Plato die grundsätzliche Frage der Herrschaft falsch gestellt habe. Diese laute eben nicht, wie man den besten Herrscher finden könne, sondern umgekehrt: Wie müssen Institutionen geschaffen sein, um unfähige Herrscher ohne Blutvergießen wieder los zu werden (Popper 1980)?

Leider sind andere antike Utopien nur fragmentarisch überliefert, etwa der Bericht des Euhemeros von 300 vor Chr. von einem Idealstaat auf der Insel Panchaia, auf der ein annähernd kommunistisches Staatswesen verwirklicht worden sein soll. Zenon von Kition, der Begründer der stoischen Philosophie wiederum, entwirft mit seinem „idealen Weltstaat" die erste Universalrepublik und damit die Einheit des Menschengeschlechts (Bloch 1985, 567 ff).

Bei den Griechen wurde demnach unsere moderne Art zu denken begründet. Einer der wesentlichen Keime, den griechisches Denken mit unermesslichen Auswirkungen ins Abendland gesetzt hat, ist die Annahme, dass sich der Ablauf des Naturgeschehens verstehen lasse, ist eine nichtmagische, nichtreligiöse, nichtspiritistische, nichtabergläubige Grundhaltung (Schrödinger 1955/1983). Nur aus dieser Einstellung heraus ist es überhaupt möglich, die Ausformung des sozialen Geschehens der Vernunft zu überlassen, es zu konstruieren und bewusst zu gestalten.

In der Antike bilden sich zwei idealtypische Vorläufer utopischen Denkens aus: ein herrschaftsbezogener (archistischer) Typ und herrschaftslose, anarchistische Gebilde (Saage 2001, 25). Sie sind Abbilder der beiden prinzipiellen Möglichkeiten, das Verhältnis des Menschen zur Natur zu gestalten – auch zu seiner eigenen. Der herrschaftsbezogene Ansatz geht davon aus, dass das Reich der Natur (auch der menschlichen Natur) ein Chaos sei, das in seiner ungebändigten Elementargewalt die Menschen in ihrer Existenz bedroht. Dieser Natur müsse durch physische und psychische Kräfte und durch Technik ein Reservat abgerungen werden, eine künstliche Welt, die nicht nur ein Überleben, sondern ein gutes Leben ermöglicht. Macht und Gewalt erscheinen in diesem Kontext als Notwendigkeiten. Die zugehörigen Gesellschaftsentwürfe zeichnen sich durch hierarchische Institutionen eines starken Staates und oft durch ein Luxusverbot angesichts begrenzter Ressourcen aus. Der zweite Ansatz argumentiert umgekehrt: Die Probleme ließen sich lösen, wenn sich der Mensch, selbst Teil der Natur, für ein Leben mit der Natur entscheide; wenn er sich der Weisheit der Natur ohne prometheischen Trotz anvertraue, sorge diese für ihn. Herrschaft des Menschen über den Menschen erscheint unnötig. Eine mythische Überhöhung dieses Credos ist Hesiods „Goldenes Zeitalter".

Das Mittelalter oder Der Schlaf der Utopie

Gemäß der jüdisch-christlichen Eschatologie des Mittelalters bewegt der Wille Gottes die Welt und belässt dem gläubigen Menschen zwei Handlungsmöglichkeiten, in denen sich die antike Dichotomie aus anarchistischen und archistischen Grundeinstellungen in neuem Gewande wiederfindet (Saage 2001, 61): Entweder ist Gott alleine das Subjekt der Geschichte, es wäre somit Gotteslästerung, in den Verlauf der Geschichte einzugreifen. Der Mensch habe sich entsprechend von der sündigen Welt abzuwenden und in alleiniger Hinwendung zu den Geboten Gottes das Eintreffen des in der Apokalypse verheißenen Tausendjährigen Reiches zu erwarten. Oder aber: Der Mensch habe durch die radikale Säuberung der gegenwärtigen Welt von Sünde, Unkraut und Ungeziefer (vor allem menschlichem) den Gegensatz zwischen dieser und der künftigen Welt aufzuheben und dabei revolutionären Aktivismus und Gewalt nicht zu scheuen, um das Tausendjährige Reich zu ermöglichen.

Mit der allmählichen Vorherrschaft des Christentums ab der Spätantike und dem Ende des Römischen Reiches wird die christliche Welterzählung zum dominierenden Unterbau der abendländischen Weltvorstellung. Herausragende Bedeutung erhält in diesem Zusammenhang das apokalyptische Denken. Das apokalyptische Schema beruht im Wesentlichen auf zwei Büchern: dem Buch Daniel (vermutlich zwischen 175 und 163 v. Chr. verfasst), und, in erster Linie, der Apokalypse des Johannes (95 n. Chr.) (Uerz 2006, 43). Apokalyptik ist die Vernichtung und anschließende Neugeburt der Welt. Mystisches Urbild der apokalyptischen Erneuerung dürfte das schamanische Erneuerungsritual sein: Die Natur vergeht, die Vögel verschwinden, die Insekten sterben, Bäume verlieren ihr Laub, das Gras verdorrt, Schnee und Eis decken das Leben zu. Doch unter dem Mantel der Zerstörung wächst der Keim für seine Erneuerung. Schamanen rufen die Natur, wecken die Geister, Masken vertreiben die Dämonen des Winters. Dann ist das Leben wieder da, die Tierherden kommen zurück, die Welt blüht auf (Dürr 1990). Die zyklische Erneuerung aus der Kraft des Schamanen wird später zur linearen Erneuerung der apokalyptischen Prophezeiung.

Die Apokalypse des Propheten Johannes beschreibt den göttlichen Heilsplan. Sie ist aus Glaubenssicht also keine Möglichkeit, sondern Gewissheit, ihr charakteristisches Element ist weniger der Ablauf der beschriebenen Ereignisse, sondern vielmehr die absolute Notwendigkeit und Zwangsläufigkeit ihres Eintretens. Sie sollte die bedrängten Christen im ersten Jahrhundert darin bestärken, trotz Verfolgung in ihrem Glauben auszuharren. Ihr Bilderreichtum erschwert die Interpretation, ist aber wohl auch der Verschlüsselung der Sprache gegenüber den Mächtigen des Römischen Reiches („der Hure Babylon") geschuldet. Dem von den Propheten Jesaja, Daniel und Ezechiel noch als endgültig vorgestellten

Reich der Fülle, das nach dem Sieg des Christenkönigs und seiner himmlischen Heerscharen über die satanische Gegenmacht beginnen wird, geht bei Johannes ein Tausendjähriges irdisches Friedensreich voran, in dem Gott, Christus und ihre Priester auf Erden herrschen. Nach den tausend Jahren wird der währenddessen gefesselte Satan aber befreit und greift mit den an den vier Enden der Welt verführten Völkern das Lager der Heiligen und die Stadt Jerusalem an. Durch das direkte Eingreifen Gottes wird Satan besiegt und in den Feuer- und Schwefelsee geworfen, in dem er bis in alle Ewigkeit gepeinigt wird. Der nach dem Endgericht entstehende neue Himmel und die neue Erde verdanken ihre Existenz dem Vergehen des alten Kosmos angesichts der Herrlichkeit Gottes, Gott und seine neue Wohnstätte befinden sich auf dieser Erde.[2]

Die biblische Paradiesvorstellung und die in der Apokalypse verkündete Wiederkehr dieses Paradieses am Ende der Zeit macht bessere Alternativen zu den bedrückenden Lebensverhältnissen, in denen die meisten Menschen im Mittelalter dahinvegetieren, bildhaft sichtbar. Und zwar bessere Alternativen in einer Zukunft, die prinzipiell erreichbar ist.

Während die mittelalterliche apokalyptische Ikonographie die Erwartung der Wiederkunft Christi in den Vordergrund gerückt hat, gewinnt vom 15. Jahrhundert an die beunruhigende, unheilverheißende Vision der Apokalypse die Oberhand (Walter 2010, 76). Dies koinzidiert zeitlich mit dem Beginn der sogenannten Kleinen Eiszeit (Reichholf 2007), einer spürbaren Abkühlung und Klimaverschlechterung in ganz Europa, was die Mutmaßung nahe legt, nicht nur der Entwurf von Utopien, sondern auch die Interpretation heiliger Bücher (wie eben der Apokalypse) seien Zeitspiegel. Ab dem 13. Jahrhundert taucht auch das Konzept der Hölle auf.

Die biblischen Prophezeiungen waren das einzige zuverlässige und legitime Mittel zur Bestimmung der kommenden (heilsgeschichtlichen) Ereignisse. Entsprechend verurteilten

---

2   Vgl. Uerz 2006, 60ff und Offb 1. Die Offenbarung des Johannes ist das letzte der Bücher des Neuen Testamentes. Die Syrisch-Orthodoxe Kirche erkennt sie allerdings nicht an, in den Ostkirchen ist ihr Status umstritten.

bereits die voraugustinischen Konzilien des vierten Jahrhunderts die Astrologie, weil diese mit teuflischer Genauigkeit enthülle, was allein Gott zu wissen vorbehalten bleiben müsse (Uerz 2006, 75). Seit dem ausgehenden 11. Jahrhundert wurde das astronomisch-astrologische Wissen aber wieder herangezogen, um die Zeichen des Weltenendes mit verfeinerten Verfahren möglichst exakt zu dechiffrieren. Die apokalyptische Erzählung ist nämlich mit einem ansehnlichen Repertoire an Beschreibungen angefüllt, die ihren Ursprung darin haben, was wir heute als Naturphänomen oder historisches Ereignis bezeichnen. Sie besaß ihre „natürlichen" Korrelate: Sonnenfinsternis, Unwetter, Seuchen oder Planeten-Konstellation. Die 1238 bis 1242 in Europa eindringenden Mongolen wurden von den Zeitgenossen mit den in der Apokalypse genannten Endzeitvölkern Gog und Magog identifiziert, die am Jüngsten Tag von Satan befreit würden, um über die Menschen herzufallen (Fried 2001, 84 ff; 302). Um das Nahen der Apokalypse rechtzeitig erkennen zu können, musste also die Beobachtung der Naturphänomene geschärft werden. Dem Menschen oblag es, die Zeichen für das Eintreten der Apokalypse zu identifizieren und richtig zu deuten. Der apokalyptische Denkstil lieferte so entscheidende Impulse für die spätere physikalische Verwissenschaftlichung des Weltbildes, und damit auch für die Genese eines nichtapokalyptischen Zukunftsverständnisses (Uerz 2006, 21). Auch die gleichzeitig diskutierten Gottesbeweise des Mittelalters sind als solche überhaupt nur zulässig und notwendig, wenn man der Welt als ganzes eine gewisse Rationalität unterstellt.

Da es in der Bibel heißt, dass für Gott 1000 Jahre wie ein Tag seien, glaubte man, die Welt würde exakt 6000 Jahre lang zwischen Schöpfung und Untergang bestehen, bis das Jüngste Gericht den siebten Tag, den ewigen Sonntag, einleiten werde. Die Zahl von 6000 Jahren stammt aus einer Verschmelzung von mehreren biblischen und nicht-biblischen Schriften (Repcheck 2007, 46). Die Frage war nur: Wo gerade befand man sich auf dieser heilsgeschichtlichen Zeitskala? Wie viel Zeit war schon vergangen, wann war die Apokalypse zu erwarten? Diese Frage zu beantworten, das Ende des Leidens und des Bösen und den Anbeginn der von Christus gelenkten Welt zu bestimmen, war Aufgabe der Chronologien. Immer wieder haben mittelalterliche Gelehrte versucht, das Datum zu berechnen. Einer kam tatsächlich auf 1789, das Jahr der Französischen Revolution. Und dieses Bedürfnis nach Wissen und Klarheit hat nicht nur die Mathematik gefördert, sondern vor allem die Astrologie, die zugleich Astronomie war, die vielleicht wichtigste Naturwissenschaft des Mittelalters.

Man begann, die gesamte Welt wie ein Buch zu lesen, sie zu entziffern, um ihr die göttlichen Botschaften zu entnehmen, die auf die nahende Apokalypse hindeuteten. Und die Methode der Naturbeobachtung emanzipierte sich allmählich von ihrem ursprünglichen Objekt. Sie wurde ein mächtiges Werkzeug, das gänzlich Neues hervorzubringen imstande war. Das war der Keim der modernen Naturwissenschaft – auf Beobachtung und Logik gegründete Weltbeschreibung. Eschatologie, Logik und Naturwissenschaft bilden einen Zusammenhang, der bis in unsere Gegenwart hineinreicht (Fried 2010).

An exakten Chronologien haben sich auch Johannes Kepler und Isaac Newton abgearbeitet, die heute eher durch andere Leistungen bekannt sind. Kepler (1571–1630) baute auf Berechnungen Martin Luthers auf, nach dessen Chronologie die Wiederkunft Christi um das Jahr 2000 zu erwarten sei, und inspirierte seinerseits Isaac Newton (1642–1727). Newton war von der Offenbarung des Johannes und dem ebenfalls apokalyptischen Buch Daniel fasziniert und arbeitete mit Unterbrechungen jahrzehntelang an einer Chronologie (Repcheck 2007, 53 f). Nach Newton gab es zwei Erkenntnisquellen: das Werk Gottes, die Natur, und das Wort Gottes, die Heilige Schrift. Beide seien nicht unmittelbar einsichtig und müssten erforscht werden (Feyerabend 1986, 211). Noch im 18. Jahrhundert stießen Versuche von Wissenschaftlern, das Alter der Erde auf mehr als die biblischen 6000 Jahre festzuschreiben, auf erbitterten Widerstand der herrschenden theologischen Zensur und veranlassten beispielsweise Benoît de Maillet (1656–1738), seine Geologie, die das Alter der Erde mit zwei

Milliarden Jahren angab, ja der behauptete, das Leben auf der Erde stamme ursprünglich aus dem Meer und der Mensch sei natürlichen Ursprungs – ganz im Stil der Utopisten – im belletristischen Kleid als Abenteuergeschichte zu verstecken und posthum anonym zu veröffentlichen (Repcheck 2007, 114).

Das Utopische bereitet sich vor

Mit der von den Arabern vermittelten Rezeption der Schriften des Aristoteles ab dem 13. Jahrhundert begann im Abendland ein neuer Wind zu wehen. Plötzlich gab es so etwas wie Politik als Wissenschaft. Die sozialen Verhältnisse der Menschen und ihre Organisation in Staaten, deren Verfassung und Herrschaftsstrukturen – alles konnte nun philosophisch diskutiert werden, nicht mehr nur als Anhang theologischer Lehrsätze. Die Menschen gewannen soziale Gestaltungskraft, zuerst einmal in Gedanken, aber das genügte bald nicht mehr. Die Staaten waren nicht mehr Zuchtmeister Gottes für eine erbsündige Menschheit, die durch den Ungehorsam Adams jede Art von Demütigung verdient hatte, sie wurden als Ausdruck der menschlichen Sozialnatur wahrgenommen. Der theologische Anspruch auf politische Macht verlor an Boden. Die Idee des Gottesstaates, die man seit dem 11. Jahrhundert aus einer spirituellen Liebesgemeinschaft zu einem machtpolitischen Programm der Papstkirche umgedeutet hatte, blieb nicht länger das Leitmotiv der politischen Theorie. Die Aristoteles-Rezeption ermöglichte eine Säkularisierung der Gesellschaft und der Politik, welche letztlich die neuzeitliche Welt hervorbrachte (Flasch 2009, 178 f.). Das Mittelalter verläuft sich erst gegen Ende des 18. Jahrhunderts. Aber schon lange vorher wurde es von allen Seiten bedrängt, wehrte sich – und begann zu zerbröseln.

Nahm man die Idee des Staates als Ausdruck der sozialen Natur des Menschen ernst, ließen sich Staatsgebilde frei konstruieren, zumindest einmal vorsichtig im Geiste und hinter der vorgehaltenen Hand einer Erzählung. Man konnte ein theoretisches gesellschaftliches Gebilde in den Raum stellen und dieses Gedankenexperiment der Überprüfung durch den Betrachter überlassen.

Utopie: Vorschlag für eine Definition

Utopien gehen davon aus, dass die Welt bewusst und rational gestaltet werden könne und nicht durch unabwendbares Schicksal, göttliche Vorsehung oder menschliche Unzulänglichkeit fatal vorherbestimmt sei. Utopien als Gebäude der menschlichen Vernunft stellen sich zuerst einmal lediglich der kritischen Überprüfung durch ein Gedankenexperiment. Sie sind Vorschlag, nicht Verkündigung. Sie setzen meistens an konkreten Schwachstellen und Problemen der gesellschaftlichen Wirklichkeit an und konstruieren dazu diametral entgegengesetzte (**Utopie**) oder radikal negativ übersteigerte (**Dystopie**) Bilder einer alternativen Gesellschaft, ohne sich um die Details des Transfers in diese (**Kinetik**) zu kümmern. Da sie sich also durch ihre große Distanz zum Status quo auszeichnen, werden sie oft als realitätsfern angesehen – sie sind es im positiven, gewollten Sinn.

Oft sind utopische Bilder in eine belletristische Handlung eingebettet, die dazu dienen kann, den Autor sowohl absichtslos im Bezug auf die argwöhnische Macht der weltlichen und geistlichen Würdenträger auszuweisen, als auch es dem Leser zu erleichtern, sich mit ihnen auseinanderzusetzen. Die belletristische Imagination unterstützt beim Rezipienten den Schritt vom Wissen zum Glauben, sie anverwandelt ihm das rationale Szenario einer utopischen oder dystopischen Welt. Sie sorgt durch die sinnliche Aneignung der utopischen Wirklichkeit für ein der rationalen utopischen Konstruktion angemessenes Gefühl (Jonas 1984, 64ff; → Kap. 3.1.2, S. 141ff) und schafft damit Erfahrung: „Wenn nur die Erfahrung und nicht die Einsicht in vernünftige Argumente einen Menschen wirklich ändern kann, dann muss es die Aufgabe der Kunst sein, solche Erfahrung zu schaffen." Dieser Gedanke des Aufklärers Denis Diderot (1713-1784) beschreibt die Rolle der belletristischen Verkleidung treffend (Blom 2010, 329).

Als **Realutopien** sind Utopien hypothetischer Ausdruck der noch unbekannten Wirklichkeit und müssen also experimentell überprüfbar (falsifizierbar) sein. Nehmen Utopien hingegen etwas Unwirkliches oder Unmögliches an, das nicht durch die Erfahrung überprüft werden kann, bleiben sie fiktiv.

Als **Fiktionen** können sie aber gleichwohl zweckmäßig sein, wenn sie dadurch etwas zur Lösung eines Problems beitragen (Vaihinger 1927/1986, 606ff).

Utopien fordern die Vernunft ein; in den Worten des utopischen Sozialisten Johann Adolph Etzler klingt das so: „Wenn der Mensch je das Paradies durch seine Sünden, wie man sagt, verloren hat, so muss es die Sünde der Vernachlässigung des ersten Gutes, der Vernunft, gewesen sein, denn sie allein gibt ihm Herrschaft über die Thiere und ebenso über die leblose Schöpfung und kann aus der Erde ein Paradies schaffen. Der Mensch braucht sein Brot nicht im Schweiße seines Angesichtes zu essen und ein Leben voll Plackerei und Elend zu führen, außer er beharrt in seiner Geistesträgheit und verzichtet auf den Gebrauch seiner Vernunft." (Etzler 1844, 44ff; → S. 270ff).

1.2 Utopisches Denken in der Neuzeit

Man findet in anderen Gesellschaften und Kulturen als der europäisch-abendländischen ebenfalls Vorstellungen vom Paradies, Mythen vom Goldenen Zeitalter der Gerechtigkeit und der Gleichheit, Schlaraffenland-Visionen ebenso wie den Messiasglauben. Im Abendland haben diese die Entstehung der klassischen bzw. modernen abendländischen Utopie weitschichtig inspiriert. Aber solche Vorstellungen alleine waren nicht hinreichend, um utopische Konstruktionen hervorzubringen. Die moderne Utopie ist in der abendländischen Zivilisation in einer historisch und gesellschaftlich einzigartigen Konstellation entstanden, die durch ein wiederentdecktes aristotelisches Erbe, durch eine nominalistisch-subjektiv interpretierte christliche Tradition, durch verstärkt sich überregional ausbreitenden Warenverkehr und durch teils antiabsolutistische und antifeudale Interessen eines aufsteigenden Bürgertums charakterisiert ist (Saage 1997, 161).

Bis ins 14. Jahrhundert waren Kirche und Gesellschaft praktisch identisch. Dante (gestorben 1321) stellte in seinem Werk *De monarchia* dem Gedanken eines Gottesstaates, wie er im Mittelalter vorherrschte und noch von Thomas von Aquin

24

(gest. 1274) theoretisch ausgeführt worden war („die Könige sollen Politik machen mit dem Ziel, dass die Menschen in den Himmel kommen"), erstmals die Idee eines dem Diesseits zugewandten Staatsprinzips entgegen. Die Menschheit solle entfalten, was an Reichtum in ihr liegt. Dante lässt den Kaiser unabhängig vom Papst agieren, dem Papst komme keine politische Autorität zu (Flasch 2009, 183 ff).

1.2.1 Morus, Bacon, und die Folgen
Thomas Morus, Utopia, 1516

Als Startschuss für den neuzeitlichen utopischen Diskurs gilt die 1516 erschienene namensgebende *Utopia* (→ S. 372 ff.) des englischen Bischofs Thomas Morus (ca. 1478–1535). Das Wort „Utopie" ist dabei ein ironisches Wortspiel, entstanden wahlweise aus den griechischen Begriffen „Outopia" (Nichtort) oder „Eutopia" (glücklicher Ort), die im Englischen aber gleich klingen. Ab diesem Zeitpunkt war bis in die Gegenwart kein Halten mehr. Die *Utopia* wirkte inspirierend auf eine unüberschaubare Anzahl von nachfolgenden Versuchen, auf rationalem Wege und bevorzugt in romanhafter Verkleidung Modelle für das gesellschaftliche Zusammenleben zu entwerfen, die zwar nicht unmittelbar an den gesellschaftlichen Status quo anschlussfähig waren, diesen aber kritisch hinterfragten.

Als Morus 1516 die *Utopia* schrieb, berauschte sich die abendländische Welt nach der Entdeckung Amerikas gerade an einem ungeheuren Gefühl des Aufbruchs, der grenzenlosen Möglichkeiten und der Macht. Zwischen 1519 und 1522 gelang einer Flotte unter dem Portugiesen Ferdinand Magellan die erste Weltumsegelung – die Kugelgestalt der Erde war damit bewiesen, deren Durchmesser war weit größer als vorab geschätzt. Die europäischen Mächte begannen, die ganze Welt unter sich aufzuteilen. 1517 veröffentlichte Martin Luther seine 95 Thesen gegen den Machtmissbrauch der Katholischen Kirche. Im Deutschen Bauernkrieg gipfelten ab 1524 Aufstände von Bauern, Handwerkern, Bürgern und Bergleuten gegen die Obrigkeit von Hochadel und Klerus. Die Rebellen wollten dezidiert ihr soziales Los verbessern, beriefen sich auf Bibelstellen, um ihre Forderungen zu begründen, aber auch auf die Vernunft[3]. Thomas Müntzer (ca. 1489–1525, hingerichtet), der wichtigste Anführer im Deutschen Bauernkrieg und Zeitgenosse von Thomas Morus, möchte durch eine Revolution in Gottes Namen das Paradies auf Erden errichten und spricht den Gottlosen das Recht auf Leben ab. Wieder zeitgleich schrieb Niccolò Machiavelli seinen *Principe* (dt.: *Der Fürst*; 1519/1532), in dem der Staat von der Gottgewolltheit auf ein menschliches Maß von Herrschaftstechnik und instrumentalisierter Niedertracht reduziert und zu einem Spielball selbstgesetzter Interessen umdefiniert wurde. Die Vernunft, die aus ihr abgeleiteten naturwissenschaftlichen Methoden und ihre technischen Anwendungen erwiesen sich zunehmend als unverzichtbar im Machtspiel der europäischen Staaten. Ebenfalls zeitgleich, und wahrscheinlich ohne von der *Utopia* zu wissen, schrieb 1522 der aus dem Kloster geflüchtete ehemalige Franziskanermönch Johann Eberlin von Günzburg (ca. 1470 bis ca. 1530) die Verfassung des Idealstaates Wolfaria nieder, die er als Mahnruf an Kaiser Karl V verstanden wissen wollte (Swoboda 1975, 77 ff).

Morus entwickelte die Idee zu *Utopia* als eine moderne platonische Politeia, die den Europäern zeigen sollte, wie sehr die Vernunft den schlechten Gewohnheiten überlegen war, die sie angenommen hatten (Saage 1997, 52).

Als Sohn eines Richters in London geboren, genoss Thomas Morus eine hervorragende Ausbildung, wollte nach dem Studium der Rechte aber Mönch werden. Nach einem kurzen dementsprechenden Versuch in einem Kartäuserkloster heiratete er aber und lehrte neben einer beginnenden politischen Laufbahn Rechtswissenschaften. König Heinrich der Achte schickte ihn auf diplomatische Mission. Unter dessen Herrschaft stieg er bis zum Lordkanzler (entspricht dem heutigen Premierminister) auf. Heinrichs Schwenk vom papsttreuen „fidei defensor" zum Gründer einer eigenen, der Anglikanischen, Kirche und dessen Bruch mit dem Papst machte Tho-

---

3   Von den zwölf Forderungen der Bauern beziehen sich sechs auf Aussagen in der Bibel. Seit der Erfindung des Buchdruckes mit beweglichen Lettern durch Johannes Gutenberg 1450 konnten Bücher, allen voran die Bibel, in stets wachsender Zahl in Europa verbreitet werden.

mas Morus aber nicht mehr mit. Er verweigerte den Eid auf Heinrich und wurde 1535 auf dessen Betreiben hingerichtet. Dies verschaffte ihm später die Position eines Heiligen und Märtyrers der katholischen Kirche.

Auf der Insel *Utopia* ist ein vollkommen durchreglementierter Staat realisiert, alle Bewohner sind gleich gekleidet, leben in gleich aussehenden Häusern, sie verachten Gold, Silber und den Reichtum generell. Es gibt keine Fürsten und Priester, die sich nicht am Arbeitsprozess beteiligen würden, und vor allem: Es gibt kein Privateigentum. Indem die gesamte arbeitsfähige Bevölkerung mobilisiert wird, genügen aber relativ wenige Arbeitsstunden pro Woche, um das Lebensnotwendige zu produzieren. Mit dem Verbot des Privateigentums reflektiert Morus auch auf zu dieser Zeit verdrängte Elemente der christlichen Religiosität. In der Apostelgeschichte des Neuen Testamentes wird berichtet, die Jünger in Jerusalem hätten alles gemeinsam besessen. Anselm von Canterbury (ca. 1033–1109) war, im Geist des frühmittelalterlichen Mönchtums, überzeugt gewesen, das Privateigentum verstoße gegen das vernunftgemäße Sittengesetz und gegen das Christentum, wie auch Franz von Assisi (ca. 1181–1226) sich auf die Nachfolge Christi berief, als er sich vor seinem Vater nackt auszog und auf alle irdischen Reichtümer verzichtete. Ab dem 12. Jahrhundert aber bemühte sich die Kirchenmacht, das Privateigentum zu legitimieren, in der Folge gestützt auf Thomas von Aquin (1225–1274), der sich seinerseits auf die Schriften des Aristoteles bezog. Die Anerkennung von Privatbesitz wurde Bestandteil der kirchlichen Normalauffassung des Lebens. Zugleich verstärkte sich aber der Protest dagegen, gerade auch im Namen des Evangeliums. Die mit Macht und Reichtum ausgestattete Kirche wurde kritisiert, die Zahl der Ketzerverbrennungen nahm zu. 1231 kam es zur Einrichtung der Inquisition. Bald riefen die Päpste zum Kreuzzug gegen südfranzösische Gemeinden auf, die von einer armen Kirche träumten (Flasch 2009, 161).

Utopia versucht eine Antwort auf die Frage zu geben, wie allen Menschen die Grundbedürfnisse in Form von Kleidung, Nahrung, Gesundheitsversorgung usw. angesichts knapper Ressourcen erfüllt werden können. Sind sie wirklich in Not, nehmen Menschen für diese Annehmlichkeiten offenbar gerne Reglementierungen ihres Lebens bis zur freiwilligen Versklavung in Kauf. Sind die Grundbedürfnisse aber einmal gesättigt, ändert dieser Staat, der jeden Einzelnen kommandiert und streng bevormundet, sein Erscheinungsbild zu einem utopischen Furchtbild (Dystopie). *Utopia* unterscheidet sich nicht substantiell von der utopischen Welt, die Orwell in *1984* und Huxley in *Schöne neue Welt* zeichnen: totale Sozialdisziplinierung, radikales Ordnungsdenken, vollständige Erfassung des Menschen und seine restlose Einpassung in die Funktionsimperative des Staates (Saage 1997, 89).

Francis Bacon, *Neu-Atlantis*, 1627

Francis Bacon (1561–1626) wuchs ungefähr ein Jahrhundert nach Thomas Morus im Elisabethanischen England privilegiert als Sohn des Großsiegelbewahrers auf. Eine erste Karriere als Politiker fand durch eine Korruptionsaffäre ein jähes Ende, was ihn dazu veranlasste, sich ganz der wissenschaftlichen Forschung zu widmen. Ihm wird nicht nur die Urheberschaft des Wortes „Wissen ist Macht" zugeschrieben, sondern auch die Forderung, wissenschaftliche Arbeit mit dem Ziel ihrer praktischen Nutzanwendung zu betreiben. Er war ein Wegbereiter des Empirismus, der erfahrungsgeleiteten Erforschung der Natur. Sein Ideal, zu einer Synthese von vernunftgeleiteter Theorie, experimentellen Methoden und technischer Anwendung zu finden, ist in seiner Utopie *Neu-Atlantis* verwirklicht, der zweiten großen Staatsutopie der Renaissance.

Auf der Insel *Nova Atlantis* (→ S. 377ff) lebt ein Volk vor allem deshalb glücklich, weil es sich nicht mit dem begnügt, was die Natur freiwillig abwirft, sondern weil es die Natur mit Raffinesse und naturwissenschaftlichen Methoden dienstbar macht. Die Früchte dieser Anstrengungen sind in Form von Wasserfällen für die Erzeugung von „kräftigen Bewegungen" sichtbar, (unser heutiger Energiebegriff steht erst seit dem 19. Jahrhundert zur Verfügung, Bacon spricht daher, wenn er Energie meint, meistens von „Kraft") von windgetriebenen Maschinen, von Fluggeräten und U-Booten; das Perpetuum

Mobile ist ebenso in Gebrauch wie Kunstdünger, Gentechnik wird verwendet, künstliche Metalle werden erzeugt und Meerwasser wird entsalzen (Bacon 1627/1982, 43 ff).

Bacon ist hinsichtlich der Möglichkeiten des naturwissenschaftlichen Fortschritts grenzenlos optimistisch. Nicht Privateigentum ist bei ihm die Ursache sozialen Elends, der Polarisierung zwischen Arm und Reich und des Sittenverfalls. Schuld daran sind die versäumten Möglichkeiten, die im Überfluss spendende Natur dem Menschen durch Wissenschaft und Technik dienstbar zu machen. Wissenschaft und Technik bilden das Zentrum seines utopischen Staates, und dieser blüht aufgrund des Herrschaftswissens einer kleinen Elite von Naturwissenschaftlern (genannt „das Haus Salomons"), die in Institutionen organisiert werden. Ziel aller naturwissenschaftlichen Forschung und technischen Entwicklung ist es, die Natur dem Menschen nutzbar zu machen und so das Glück des Volkes zu steigern.

Bacon übernimmt Platos Dreiteilung der Gesellschaft in arbeitendes Volk, Staatsfunktionäre und eine kleine Elite der herrschenden Akademie. Starke Institutionen zwängen den Einzelnen in ein Korsett ritualisierter Verhaltensweisen, die Individuen sind gegenüber den herrschenden Wissenschaftlern in ihrer Bewegungsfreiheit eingeschränkt. Durch die Überfülle an materiellen Errungenschaften erübrigt sich aber ein radikaler Eingriff ins Privateigentum und in die private Verfügbarkeit über Produktionsmittel. Diese Idee Bacons kann in ihrer Wirkung auf die folgenden Jahrhunderte gar nicht überschätzt werden.

Tommaso Campanella, *Der Sonnenstaat*, 1602

Die Utopie *Der Sonnenstaat* (→ S. 375 ff) des widerständigen Dominikanermönchs Tommaso Campanella (1568–1639) ist 1602 erschienen, in jenem Jahr, als ihr Autor wegen der Beteiligung an einer Verschwörung fast zu Tode gefoltert und zu lebenslanger Kerkerhaft verurteilt wurde, also nach Morus' *Utopia*, aber vor Bacons *Neu Atlantis*. Der Name *Sonnenstaat* bezieht sich auf die gleichnamige Schrift des hellenistischen Dichters Iambulos. Der *Sonnenstaat*, die dritte bekannte Utopie der Renaissance, ist stark von chiliastischen christlichen Erlösungsmotiven geprägt. Nachdem Campanella drei Ursachen für den desolaten Zustand des Gemeinwesens in Europa diagnostiziert, nämlich die Verfügung über Privateigentum, die Sünde Adams, womit er die Fortpflanzung „ohne Rücksicht auf Zeit, Ort und Wahl der Partner" meint, sowie die schlechte Erziehung, liegen die Lösungen für ihn auf der Hand: Privateigentum wird verboten, die Fortpflanzung wird mit wissenschaftlichen eugenischen Methoden gelenkt und die Bevölkerung wird ausgebildet.

Im Machtzentrum seines Staates steht der mit diktatorischen Vollmachten ausgestattete Sol oder Metaphysikus, der sich aus einer Gruppe von 24 Priestern als deren Bester rekrutiert und über das gesamte theoretische und praktische Wissen seiner Zeit verfügt.

Die Eugenik hat zentrale Bedeutung für die moralischen Grundlagen des Sonnenstaates. Die Fortpflanzung erfolgt unter strikter staatlicher und wissenschaftlicher Kontrolle, anstelle einer monogamen Ehe wählen die Astrologen und Ärzte die für die Fortpflanzung bestgeeigneten Frauen aus Frauengemeinschaften aus und bestimmen den zugehörigen Zeugungszeitpunkt. Die Religion ist im Sonnenstaat weitgehend instrumentalisiert, um den Staat zu stabilisieren, eine spezielle Form der Beichte verschafft den Staatsfunktionären Einsicht in die Gedankenwelt der Bürger, Ordnungsterror löscht in der Folge alles Individuelle aus, auf eine Fülle von Bagatelldelikten steht die Todesstrafe. Männer und Frauen haben dieselbe Kleidung, dieselben Frisuren und Kopfbedeckungen, ja das Aussehen der Sonnenstaatler gleicht sich aufgrund der staatlich gelenkten Fortpflanzungspolitik überhaupt weitgehend an. Und: in missionarischem Eifer fordern die Sonnenstaatler, der ganze Erdkreis solle nach ihrer Art und Weise leben (Saage 1998; Grassi/Hess 2005; Schölderle 2012, 68 ff).

Die Folgen

Die utopischen Entwürfe der Renaissance reagieren mit rational konstruierten Gegenvorschlägen auf bestehende Herrschaftsansprüche, die sich auf Gottesgnadentum berufen und auf reale Macht stützen, um das Problem von Armut und Ungleichheit zu lösen und die materiellen Ressourcen gerecht zu verteilen. Sie setzen ihre Hebel an zwei entgegengesetzten Punkten an, die einander zwar wechselseitig gestalten und beeinflussen können, aber dennoch unterscheidbar seither die Zeit durchwandern:

Bei Morus, teilweise bei Campanella, zuallererst schon bei Plato und den Stoikern geht es um einen gesellschaftlichen Gegenentwurf, der zum Wohle aller die Handlungsfreiheit der Menschen massiv beschneidet und ein enges soziales Korsett anlegt. Im utopischen Selbstverständnis werden die Menschen durch das verbotene Privateigentum und die Ächtung aller Luxusgüter, durch hierarchische Großfamilienbande und streng geregelte Arbeits- und Mußezeiten aber befreit, weil die wenigen vorhandenen materiellen Güter allen gleichmäßig zugute kommen, weil diese niemand anhäufen darf und kein unnötiger Wettbewerb um das Lebensnotwendige veranstaltet werden muss. Somit ist für alle genug da. „Das Eigentum allein schafft Herren und Knechte, (...), Bedürfnis nach Macht und Obrigkeit, Glaubenskriege und unchristliche Auspressung durch Staat wie Kirche" (Bloch 1985, 606).

Bacon hingegen, und zu einem kleinen Teil Campanella mit seiner wissenschaftlichen Eugenik, sprechen die Möglichkeiten für weitreichende gesellschaftliche Entwicklungen an, die sich durch technisch-naturwissenschaftliche Innovationen und gezielte Forschung ergeben. Durch den materiellen Überfluss, oder zumindest durch materielle Sättigung, erübrigt sich die Beschränkung der Güteraneignung, die für die anderen Utopien charakteristisch ist. Der materielle Überfluss macht den Wettbewerb um das Lebensnotwendige obsolet (Bloch 1985, 767). Bei Campanella wird der naturwissenschaftlich-technische Geist sogar im Sinne einer Anthropotechnik auf den Menschen und sein Genom selbst angewendet.

Die Bewohner von Morus' *Utopia* verlachen materiellen Reichtum, das Bacon'sche Konzept erstrebt ihn. Gleichwohl oder deswegen finden die Einwohner beider Inseln ausreichend Zeit für Muße und werden mit den notwendigen Gütern ausreichend versorgt. Morus' *Utopia* ist eine Insel verordneter Askese, Bacons *Nova Atlantis* eine Insel des Überflusses. Beide Utopien plündern fröhlich antikes Gedankengut, vor allem beziehen sie sich auf Plato. Aber es ist eine „Plünderung nicht durch Vandalen, sondern Architekten, die Säulen brauchen, Marmor, um selbst zu bauen. (…) sie heißt ja auch nicht Reconstruction, sondern Renaissance …" (Frisch 1985, 169) Damit sind dem abendländischen utopischen Denken zwei aus der Antike übernommene Richtungen eigen, die einander nicht grundsätzlich und prinzipiell ausschließen, die aber doch zwei einander gegenüberstehende „Familienähnlichkeiten" bezeichnen und beanspruchen, den Menschen aus Elend, Abhängigkeit, Unterdrückung zu befreien.

Aufklärung

Das utopische Denken war der Geburtshelfer aller auf die Vernunft gegründeten Staatsmodelle (→ S. 379 f). Insbesondere der als „Vertragstheorie" bekannte Entwurf, demzufolge sich die Menschen aus Eigeninteresse frei zusammenschließen, um sich einer staatlichen Ordnung zu unterwerfen, war erst möglich, nachdem das gottgewollt-Autoritäre von der Vernunft als Gestaltungsgrundlage abgelöst worden war. Vertreter dieser Richtung sind neben anderen Thomas Hobbes (1588–1679) mit seinem *Leviathan* und Jean-Jacques Rousseau (1712–1778) mit *Vom Gesellschaftsvertrag oder Prinzipien des politischen Rechtes*.

Der Extremwinter 1739/40 führte in Europa zu einer Subsistenzkrise mit teilweise hohen Mortalitäten. Dennoch waren seine Auswirkungen geringer als bei vergleichbaren früheren Krisen: Viele Regierungen hatten sich bei den ersten Anzeichen einer ungenügenden Ernte mit Getreidevorräten eingedeckt, England kaufte im Russischen Baltikum, im Osmanischen Ägypten, in seinen nordamerikanischen Kolonien, Preußen hatte in seinen Magazinen so viel Getreide gehortet, dass Friedrich II. Saatgut an die Bauern im von den Österreichern eroberten Schlesien ausgeben konnte. Durch diese rationellen Antworten des Staates wurde der Hunger besiegt, eine Hungerkatastrophe wurde gleichbedeutend mit schlechter, unvernünftiger Regierung, nicht mehr mit göttlicher Vorsehung oder Strafe. Der Extremwinter von 1739/40 wurde nicht nur zum Testfall, sondern zum Triumph der Aufklärung (Behringer 2007, 209 ff).

Als am Allerheiligentag 1755 ein schweres Erdbeben die Stadt Lissabon weitgehend zerstörte (Stärke 8,5 auf der Richterskala, ca. 100.000 Todesopfer), reagierten Europas Intellektuelle von Kant und Voltaire bis Rousseau mit allem, was der Diskurs zwischen Aufklärung und christlich motiviertem Widerstand gegen diese, intellektueller Vermessenheit und Gotteslästerung zu bieten hatte. War Gott selbst unfähig gewesen, dieses Unglück zu verhindern? Für protestantische Prediger war der katholische Aberglauben als Ursache schnell identifiziert („Seismotheologie"), für katholische gebrauchte ein anthropomorpher Gott das Übel zur Belehrung hartnäckiger Sünder. Auf Betreiben der Jesuiten wurden in Lissabon mehrere Ketzer öffentlich verbrannt, um Gott wieder milde zu stimmen (Günther 2005; Walter 2010, 96 ff; Blom 2010, 133 f).

Für die Philosophen der Aufklärung war es aber unsinnig, eine Naturkatastrophe als moralisches Ereignis zu deuten. Die „bösen Philosophen"[4] griffen Religion und Aberglaube, Königsherrschaft und Adelsprivilegien in bis dahin beispielloser Schärfe an. Gott erschien als überflüssiges Konzept, die einzigen angemessenen Kriterien zur Beurteilung der menschlichen Handlungen waren deren Nützlichkeit, einzig höheres Ziel sei die Wohlfahrt der Menschen. Die Welt war hier und jetzt, rational und ohne Jenseits.

In der Form einer radikalen Zivilisationskritik wandte sich die Philosophie auch gegen den menschlichen Fortschritt und gegen das Bacon'sche Projekt. Jean-Jacques Rousseau bezog sich damit auf die anarchistische Tradition antiken Denkens. Menschen seien mit gleichen Rechten ausgestattet

---

4 So der Titel eines Buches über einen Salon in Paris und das vergessene Erbe der Aufklärung, vgl. Blom 2010. Zu dem Kreis, der sich regelmäßig im Salon von Paul-Henri Thiry Baron von Holbach (1723–1789) traf, gehörten unter anderem der Mathematiker Jean le Rond D'Alembert (1717–1783), Denis Diderot (1713–1784), zeitweise auch der schottische Philosoph David Hume (1711–1776) und bis zu seinem radikalen Bruch mit dem Salon im Jahr 1758 auch Jean-Jacques Rousseau (1712–1778).

und von Natur aus vernünftig und gut – religiöse und soziale Minderheiten und Frauen inbegriffen. Die Kirche erschien demgegenüber als Macht der Finsternis. Es sei nicht der strafende Gott, sondern der Wahn des menschlichen Eingriffs in die Welt, der kontraproduktiv wirke, weil er das natürliche Gleichgewicht störe. Der unermessliche Schaden in Lissabon sei erst durch menschliche Maßlosigkeit so groß geworden. Im Naturzustand sei der Mensch sittlich und gut, das Eigentum, eine Folge der Sesshaftwerdung des Menschen, sei Ursache gesellschaftlicher Ungleichheit und Unfreiheit. „Alles ist gut, wie es aus den Händen des Schöpfers kommt; alles entartet unter den Händen des Menschen", heißt es zu Beginn von Rousseaus *Emile* (vgl. auch Blom 2010, 247 ff).

Als die Zahl unbekannter Eilande im 18. Jahrhundert abnahm und es allmählich unglaubwürdig erschien, immer wieder neu entdeckte ideale Inselstaaten vorzuführen, entstanden mit der Aufklärung utopische Erzählungen, die den Idealstaat in der Zukunft verorteten. Deren erste war die 1771 erschienene Utopie *Das Jahr 2440* von Louis Sebastien Mercier (1740–1814). Damit wurde die Gerechtigkeitsvollstreckung in die Geschichte hereingeholt, also verzeitlicht, und dem Fortschritt eine besondere Bedeutung beigemessen (Saage 1997, 67 ff; Schölderle 2012, 104 ff). Aber anders als bei der ebenfalls zukünftigen apokalyptischen Paradiesesvorstellung war die utopische Zukunft nicht verheißene Glaubensgewissheiten, sondern eben menschengemachtes – vom Menschen zu machendes – Vernunftgebilde. Die ersten Zeitutopien entstanden parallel zur Entdeckung der unermesslich langen Erdgeschichte durch die Pioniere der Geologie wie James Hutton (1726–1797) (Repcheck 2007), die die 6000 Weltenjahre der biblischen Erzählung sprengten und die Berechnung immer neuer Chronologien obsolet machten. Der Transfer von der Orts- zur Zeitutopie kann auch als Schritt von der Möglichkeit zum Auswandern hin zur impliziten Aufforderung zum Handeln im Hier und Jetzt verstanden werden.

1.2.2 Utopische und wissenschaftliche Sozialisten

Die Industrielle Revolution verändert die Welt dramatisch und schafft eine Fülle von neuen Voraussetzungen. Obwohl gegen Ende des 18. Jahrhunderts durch die beginnende industrielle Produktion und die durch Dampf- und andere Maschinen potenzierte menschliche Arbeitskraft endlich genug für alle produziert werden hätte können, scheinen sich gesellschaftliche Ungleichheit und Elend in neuer Form festzuschreiben (Saage 1997, 165). „Die frühen Fabriken waren dasselbe wie Galeeren; ein verhungertes, schlafloses, verzweifeltes Proletariat wurde an Maschinen gekettet. (…) Niemals war ein so großer Teil Menschen so unglücklich wie in England um die Wende des achtzehnten Jahrhunderts", so Ernst Bloch (1985, 647).

Die meisten antiken und frühneuzeitlichen Utopien sahen sich genötigt, aus der Einsicht in die unumgängliche Knappheit der Güter alle Formen von Einschränkungen, Einfachheit und Begrenzug zu akzeptieren, also eine statische Gesellschaft zu fordern, in der das Wenige unter allen Menschen gleich verteilt werden konnte, damit für jeden Einzelnen zumindest das Notwendigste bereitgestellt werde. Erst die Industrielle Revolution mit ihren neuen technischen Möglichkeiten und der Erschließung neuer Rohstoff- und Energiequellen schien sich dem Bacon'schen Ideal anzunähern und erhob den Anspruch, den materiellen Mangel durch Überfluss aufzuheben (Saage 2001, 54ff). Doch das gelang nicht.

Die Frage drängt also: Was machen die Menschen falsch, warum bringen sie es nicht und nicht fertig, angesichts der sprunghaft angestiegenen Menge materieller Früchte endlich alle mit dem Notwendigsten zu versorgen? Im Geiste des „Zurück zur Natur" schlägt der englische Arzt Charles Hall (1740–1825) 1805 tatsächlich vor, die industrielle Entwicklung aufzugeben und zur handwerklichen Produktion zurückzukehren (Hall 1805, zit. n. Bloch 1985, 647), eine Idee, die sich später in den 1970er Jahren unter anderem bei Ivan Illich wiederfindet (→ Kap. 3.2.2, S. 164ff).

Anders **die utopischen Sozialisten**, wie eine Gruppe von Denkern und Praktikern aus den ersten Jahrzehnten des 19.

Jahrhunderts genannt wird: Sie entwickeln Vorschläge, wie der wissenschaftlich-technische Fortschritt und die industrielle Entwicklung gewendet werden müssten, um endlich zum Nutzen aller Menschen zu wirken. Sie leisten damit einen wesentlichen Beitrag zur Entdeckung der neuartigen „sozialen Frage" und bereiten den Boden dafür, dass die bürgerliche Gesellschaft trotz anfänglichen Zögerns sich letztlich reformwillig Lösungen öffnet. Bei ihnen stehen sozialistische Utopien im Vordergrund, weil ihnen der Kapitalismus idealtypisch als jenes Bestehende gilt, das zu negieren und aufzuheben unter anderem die Utopie antreten soll (Schwendter 1994, 100). Für sie ist mit Beginn der Industriellen Revolution neben der industriellen Produktion der wissenschaftlich-technische Fortschritt zum Dreh- und Angelpunkt des utopischen Denkens geworden. Das alte utopische Luxusverbot fällt, sie erwarten sich materiellen Überfluss. Zugleich erkennen sie aber, dass man die ungeheuren neuen Kräfte dem grenzenlosen privatkapitalistischen Gewinnstreben entreißen muss, um sie allen Menschen nutzbar zu machen.

Für **Claude Henri Comte de Saint Simon** (1760–1825) (→ S. 381f) (Saage, 2002) soll jeder Mensch die volle Verfügungsgewalt über den Ertrag seiner Arbeit erhalten, um Privateigentum zu erwerben. Dieses darf aber nur für die Produktionssteigerung und für soziale Zwecke eingesetzt werden, für die Mehrung des allgemeinen Nutzens und die Verbesserung des Loses der Armen – in aktueller Diktion also für das Gemeinwohl. Saint Simon sieht dieses Ideal in einer staatsfreien Marktwirtschaft realisiert, die Privateigentum zulässt. Der gesellschaftlich produzierte Reichtum nimmt darin ein solches Ausmaß an, dass Interessenkonflikte zwischen Besitzern und Nichtbesitzern von Produktionsmitteln belanglos werden.

Robert Owen (1771–1858) (Saage 2002) hingegen, einem der erfolgreichsten Unternehmer seiner Zeit, erscheint Privateigentum als nicht mehr zeitgemäßes Übel. Owen war als Sozialreformer aktiv, er gründete für seine Arbeiter Kindergärten und Schulen und reduzierte die Arbeitsbelastung von Frauen und Kindern. In seinem Hauptwerk, *The Book of the New Moral World* (→ S. 382ff), erkennt er im Industriezeitalter eine

Fülle von vergebenen Chancen. Eine Lösung sieht Owen in dezentralisiert produzierenden Genossenschaften mit 500 bis 2000 Mitgliedern, die als überschaubare Einheiten den Austausch von Gütern und Dienstleistungen miteinander betreiben. Weder Planwirtschaft noch Wettbewerb zwischen Individuen oder zwischen den Genossenschaften seien für deren Funktionieren notwendig. Die Genossenschaften verfügen auch über Gemeinschaftsküchen und übernehmen Kindererziehung, Kranken- und Altenpflege. In einer Gesellschaft, in der Maschinen die Arbeit erledigen, entsteht ein derartiger Überfluss an materiellem Reichtum und Gütern, dass deren Verteilung in ungleichen Portionen und deren Akkumulation zu individuellen Zwecken sinn- und nutzlos würden. Auch würden sich individueller Wettbewerb, Konkurrenz und Privateigentum durch die Maschinenarbeit erübrigen, individuelle und allgemeine Interessen würden allmählich unlösbar ineinander übergehen (Kirchberger 1999, 101).

Auch für **Charles Fourier** (1772–1837) (Saage 2002, → auch S. 384ff) ist der Besitzindividualismus Ursache und Zentrum des Übels. Die entscheidende Kraft des utopischen Wirtschaftssystems sind bei ihm aber die zwischenmenschlichen Leidenschaften, weil die Lust eine Energie darstelle, die alle gesellschaftliche Bewegung reibungslos und problemlos in Gang halten könne. Die uneingeschränkte Befriedigung des Sexualtriebes jenseits von Frustration hat dabei eine zentrale motivationsbildende und konstruktive Funktion, weil sie jene integrativen Energien entbinde, die das harmonische Funktionieren von sozialer Ordnung ermögliche. Die Produktion geschieht in Phalanstère genannten landwirtschaftlich-industriellen, genossenschaftlichen Einrichtungen, in denen 900 bis 2000 Menschen wohnen und arbeiten, alles Lebensnotwendige produzieren und auf kurze Distanzen verteilen. Konkurrenz um knappe Güter ist auch hier, wie bei Owen, nicht notwendig, weil ausreichend gesellschaftlicher Reichtum erwirtschaftet wird.

Eine der bemerkenswertesten Gestalten im theoretischen Umkreis Fouriers und Owens ist **John Adolph Etzler**. Geboren 1796 in Deutschland, lebte er zwischen 1821 und 1829 in den USA. Er leitete das Versprechen des irdischen Paradieses in Bacon'scher Tradition aus dem der materiellen Überfülle ab, die bei ihm eine auf Basis erneuerbarer Energieträger ist (→ S. 270ff).

Marxismus, wissenschaftlicher Sozialismus, Kommunismus

Die menschliche Geschichte ist im Verständnis des historischen Materialismus eine Abfolge von Klassenkämpfen, also die permanente Auseinandersetzung zwischen Herrschenden und Beherrschten; Unterdrückung gehört damit zur Gesellschaftsgeschichte. Marx und Engels haben sich aber strikt geweigert, utopische Bilder der Zukunft zu malen, weil sie sich als Wissenschaftler verstanden, deren Hauptinteresse der Kritik der politischen Ökonomie des Kapitalismus und dem „wissenschaftlichen Sozialismus" galt (Saage 1997, 33; Llanque 2012, 72ff). Ihrer Theorie folgend sollte sich der Kommunismus notwendig aus dem Kapitalismus entwickeln. Klassen seien keine politischen Parteien, sie entstünden und veränderten sich durch die gesellschaftliche Entwicklung. Das Bürgertum als Klasse sei im Feudalismus aus dem Klassenkampf gegen den Adel entstanden, so wie das Proletariat von der bürgerlichen Gesellschaft hervorgebracht worden sei und diese überwinden werde, um letztlich eine klassenlose Gesellschaft, den Kommunismus, zu errichten (Llanque 2012, 79f). Die Gesellschaft werde allerdings mit Gewalt über den Zwischenschritt einer Diktatur des Proletariats geführt werden müssen, ausgelöst durch die sich beständig verschärfenden Klassengegensätze. Während dieser Diktatur würde die private Verfügungsgewalt über Produktionsmittel und -kapital abgeschafft, der Gegensatz zwischen Kapitalisten und ausgebeuteter Arbeiterklasse somit aufgehoben werden. Endergebnis sei schließlich eine klassenlose kommunistische Gesellschaft ohne Privateigentum an Produktionsmitteln und in rational geplanter Gütergemeinschaft.

Karl Marx (1818–1883) bezieht sich damit im Wesentlichen auf dieselbe Problemlage, die auch die utopischen Sozialisten bewegt, arbeitet sie aber umfangreicher und gründlicher, mit starkem Bezug zur Philosophiegeschichte (vor allem zu Hegel) und mit weitreichenderen Folgewirkungen auf. Er sieht im Gang der Geschichte einen von erkennbaren Gesetzen bestimmten, mit quasi naturwissenschaftlicher Notwendigkeit ablaufenden Vorgang, der auf ein Endziel hinstrebt[5], den vorhersagen zu können eine entscheidende Legitimationsressource des Marxismus-Leninismus war (Saage 1997, 110). Gerade diese vorgebliche Wissenschaftlichkeit löst der Marxismus aber nicht ein. Nimmt man den wissenschaftlichen Anspruch des Sozialismus nämlich ernst, so bedarf dieser der empirischen Überprüfung. Wissenschaftliche Experimente – auch gesellschaftliche – befragen die Natur, auch jene des Menschen.

Ein Beispiel für die empirische Überprüfung seiner Thesen liefert hingegen der utopische Sozialist Robert Owen. Er versucht nicht nur, die Welt zu erklären, sondern sie zu verändern. Als einer der erfolgreichsten Unternehmer seiner Zeit wollte er seine Fabrik New Lamarck in Schottland in eine genossenschaftliche Eigentümerstruktur umwandeln, scheiterte aber damit. Doch Owen gab nicht auf. 1825 gründet er in Indiana in den USA auf Basis seines *Book of the New Moral World* die genossenschaftliche Produktionsgemeinschaft New Harmony, in die er 80 Prozent seines Vermögens investiert. Nach vier Jahren scheitert dieses Experiment, weil er auf die Isolation der Gemeinschaft verzichtet hat (Schölderle 2012, 118). Zurück in England betreibt er die Gründung einer Arbeitsbörse – ein Versuch, Handel ohne Geld, Börse und Spekulation zu betreiben – und scheitert abermals. Sein letztes utopisches Experiment, die Gründung einer Kommune, scheitert wie die anderen zuvor. In seinen letzten Jahren wendet er sich dem Spiritismus zu und stirbt verarmt.

Im Gegensatz zum sogenannten „wissenschaftlichen" Sozialismus von Marx und Engels nehmen die „utopischen" Sozialisten (Saint Simon, Owen, Fourier, …) und ihre Nachfolger die wissenschaftliche Methode ernst und überprüfen ihre ge-

---

5 Dies wird von Karl Popper als „Historizismus" bezeichnet und als Scheinlehre von zwangsläufigen historischen Abläufen, die es erlauben sollen, zukünftige historische Entwicklungen vorauszusagen, scharf kritisiert. Vgl. Popper 1980, 31 f.

sellschaftlichen Modelle und Ideen an praktischen Beispielen, in moderner Diktion also am Experiment. Die utopischen Sozialisten verdienen unter diesem Gesichtspunkt deshalb eher das Attribut „wissenschaftlich" als die hauptsächlich theoretischen Überlegungen von Marx und Engels[6]. Um die aus deren Ideen abgeleiteten Staatsmodelle zu überprüfen, sprich: zu widerlegen, genügen dann im 20. Jahrhundert nicht mehr relativ harmlose Versuche mit Kommunen in der amerikanischen Wildnis.[7]

Inwieweit der real existierende Marxismus als utopisches Konzept bezeichnet werden kann, ist an dieser Stelle nicht zu entscheiden. Seinem Selbstverständnis nach war er es nicht. Das realsozialistische Experiment verwirklichte aber andererseits alle wesentlichen Strukturmerkmale der autoritären Sozialutopie seit Plato und Morus (Saage 1997, 22). Das Ende der meisten realsozialistischen Staaten zwischen 1989 und 1991 wiederum hat wie kein anderes Ereignis der letzten Jahrzehnte tiefgreifend in den Utopiendiskurs eingegriffen. Das lokale und temporäre Ende der autoritären geschlossenen Systemutopie wurde mit dem Ende des utopischen Denkens selbst, ja sogar mit dem *Ende der Geschichte* (so der Titel eines

---

6   „Nun wollen wir aber doch nur ein solches System als empirisch anerkennen, das einer Nachprüfung durch die ‚Erfahrung' fähig ist. ...wir fordern, dass es die logische Form des Systems ermöglicht, dieses auf dem Wege der methodischen Nachprüfung negativ auszuzeichnen: Ein empirisch-wissenschaftliches System muss an der Erfahrung scheitern können" (Popper 1989, 15).

7   John Humphrey Noyes, Gründer der sexuell sehr freizügigen und promisken Oneida-Kommune in den USA, listet in seiner *History of American Socialisms* von 1870 nicht weniger als 56 Varianten von Kommunen und gesellschaftlichen Gemeinschaftsexperimenten in den USA auf. Einige davon bestehen über viele Jahrzehnte, andere nur für wenige Jahre. Noyes im Vorwort seiner Bestandsaufnahme der amerikanischen Sozialismen: „It is certainly high time that Socialists should begin to take lessons from experience; and for this purpose, that they should chasten their confidence in flattering theories, and turn their attention to actual events. This country has been from the beginning, and especially for the last forty years, a laboratory in which Socialisms of all kinds have been experimenting." Dies führt mich zum Vorschlag, dass das eigentliche Land des wissenschaftlichen Sozialismus nicht die Sowjetunion war, sondern die USA.

vielbesprochenen Werks des amerikanischen Politikwissenschaftlers Francis Fukuyama von 1992) gleichgesetzt. Der Zusammenbruch des Kommunismus in Europa beendet aber nicht die Geschichte, sondern vorerst einmal „einen Bruderkrieg zwischen zwei Varianten der europäischen Aufklärung" (Saage 1997, 131).

Bösartigen Kritikern folgend war der real existierende Marxismus überhaupt ein wissenschaftlich-religiöses Projekt, „geistesgeschichtlich eine bloße Reprise, eine (…) säkulare Heilslehre und Menschheitsreligion, (die) in kaum mehr als hundert Jahren die Phänomenologie des Märtyrertums und Cäsaro-Papismus, des Schismas und der Ketzerverfolgung, der Heiligenverehrung und Heidenmission mit dem Schwerte ausbildete, zu deren Entfaltung das Christentum noch eineinhalb Jahrtausende benötigt hatte" (Horstmann 2009, 76). Für Ernst Bloch war Marx Repräsentant einer säkularisierten, d. h. innerweltlich gerichteten Eschatologie (Saage 1997, 79): Das Proletariat ist sein Volk Israel, das sich aus der kapitalistischen Knechtschaft befreit und von ihm im Auftrag der Geschichte durch die Wüste einer temporären Klassendiktatur ins klassenlose, mangel- und konfliktlose Reich der Freiheit geführt wird.

1.2.3 Angst und Ökologie – Das 20. Jahrhundert

Insbesondere das letzte Drittel des 19. Jahrhunderts entfaltete eine technisch-naturwissenschaftliche Innovationskraft, die das gesellschaftliche Leben in zuvor nicht gekannter Weise und Geschwindigkeit umgestaltete. Der Großteil der Energietechnologien, die bis zum heutigen Tag unseren Alltag prägen (→ S. 94ff) sind zwischen 1867 und 1914 entdeckt, entwickelt, erfunden oder entscheidend verbessert worden, vom elektrodynamischen Prinzip, das die modernen Elektrizitätsversorgungsstrukturen mit Produktion, Übertragung und Verteilung ermöglichte, über Otto- und Dieselmotor bis zu Wasserkraftwerken und Automobilen.

Technik ist in der Lage, die beiden Erfordernisse der Bacon'schen Utopie einzulösen, nämlich die materielle Fülle zur Befriedigung der Bedürfnisse (durch den Umbau der Natur), und die Leichtigkeit der Aneignung dieser Fülle (durch die Mechanisierung und Automatisierung der Arbeitsprozesse, die bislang von menschlicher Kraft und Zeit durchgeführt werden mussten) (Jonas 1984, 327).

Die abendländische Erfüllung utopischer Vorstellungen, der Wohlstand der westlichen Industriestaaten und der Aufstieg der euro-atlantischen Industriekultur verdankt sich zu einem guten Teil dem Zugriff auf zwei wichtige Ressourcenbestände: einerseits auf die fossilen Rohstoffe aus der Erdkruste und damit auch auf die Entsorgungsmöglichkeiten für die Endprodukte ihrer Verbrennung in der Atmosphäre und den Ozeanen, und andererseits auf die Rohstoffe und die menschliche Arbeitskraft aus den (Ex-)Kolonien. Ohne die Mobilisierung dieser materiellen Basis, von Ressourcen aus den Tiefen der geologischen Zeit und den Weiten des geografischen Raumes, hätte sich die Industriezivilisation mit ihrem beeindruckenden technologischen Fortschritt in ihrer heutigen Gestalt nicht herausbilden können (Sachs 2008 in: Transit, 65 ff).

Im Laufe des 20. Jahrhunderts scheint es aber, als verkürzten sich die Möglichkeiten von Raum und Zeit, und als manifestiere sich allmählich die Endlichkeit der Spende- und Aufnahmefähigkeit der Erde für die materiellen Wünsche des Menschen. Handlungen und Eingriffe des Menschen sind die Ursache davon, und sein gestaltender Zugriff wird in doppelter Hinsicht Auslöser weiterer utopischer Gedankenexperimente: Einmal bedroht der Mensch durch seinen technologischen Erfolg die Ökosphäre, die materielle Basis seines Wohlstandes, ja seines Überlebens überhaupt. Er entnimmt der Erde mehr an Ressourcen, als diese fähig ist, zu erneuern, und er überstrapaziert die Aufnahmefähigkeit der Erde für die Endprodukte seines Konsums. Andererseits scheinen die Versuche, Gesellschaft neu und anders zu gestalten, auch nicht ausschließlich die erhofften Früchte abzuwerfen, sondern bedrohen den Menschen vielmehr mit Gewalt und Terror. Das 20. Jahrhundert ist gekennzeichnet von der Faszination für das und zugleich der Furcht vor dem, wozu der Mensch selbst imstande ist.

Utopisches Denken spürt diese Entwicklungen auf und

registriert, was das **auch** bedeuten könnte. George Orwell (*1984*) und Aldous Huxley (*Schöne neue Welt*) führten bestehende Morus'sche Stränge gesellschaftlicher Entwicklungen ins Dystopische weiter, andere utopische Erzählungen, beispielsweise von Ernest Callenbach (*Ökotopia*) und wieder von Aldous Huxley (*Eiland*) rücken dagegen vom Bacon'schen Ideal ab. Das geschah, bevor diese Gefahren im allgemeinen Bewusstsein präsent waren und obwohl beide Entwicklungen zuvor auch positiv dargestellt worden sind.

Ökoutopien

An der Schwelle zum zwanzigsten Jahrhundert steht mit **William Morris** (1834–1896) ein bemerkenswerter Denker, der in seiner Utopie *Kunde von Nirgendwo* (→ S. 387) zum Teil geradezu unheimlich genau den Puls der erst kommenden ökologischen Sensibilität und Bedrohung erspürt. Für Morris resultiert, in der Tradition von Thomas Morus, aus der privatkapitalistischen Verfügung über Eigentum die Zerstörung der Lebenschancen unzähliger Menschen. Die eiserne Herrschaft des Weltmarktes, der Kapitalisten und der Eigentümer der Maschinen erzwinge die Produktion einer endlosen Menge nicht notwendiger, wertloser Dinge. Die darob entfremdeten Produzenten betrachteten nichts von dem, was sie produzieren, als Gebrauchsgegenstand, sondern lediglich als Mittel, um sich zu bereichern. Im 22. Jahrhundert hingegen ist London bei Morris in einen blühenden Garten verwandelt. Hochentwickelte Technik und Maschinen erledigen die notwendige Schwerarbeit, die Menschen erfreuen sich an unentfremdeter kreativer Handarbeit und konsumieren auf kultivierte, nicht verschwenderische Weise.

Bald nach dem Zweiten Weltkrieg rückt mit Burrhus Frederic Skinners *Walden Two/ Futurum zwei – die Vision einer aggressionsfreien Gesellschaft* (1948) (→ S. 389) und Aldous Huxleys *Eiland* (1962) (→ S. 391) die Ökologiefrage ins Zentrum des utopischen Diskurses. In Aldous Huxleys (1894–1963) *Eiland* beschreibt ein schiffbrüchiger Journalist die tropische Insel Pala, auf der mit ökologisch entschärfter Technik, dezentraler Wirtschaft und staatsfreier, kooperativer Politik gearbeitet wird. Eine zentrale Bedingung für das Überleben der Menschheit besteht demnach darin, die Knappheit der Ressourcen zu akzeptieren und die Entfaltung des wissenschaftlich-technischen Fortschritts nur noch in einem Rahmen zuzulassen, der den natürlichen Lebensbedingungen des Menschen Rechnung trägt (Saage 1997, 27). Utopische Denker antizipieren damit als Avantgarde mögliche Antworten auf Fragen, auf die die Ökologiebewegung erst in den 1960er Jahren stößt – und dann ihrerseits auf den Utopiediskurs zurückwirkt (Saage 1997, 134). Bemerkenswert erscheint insbesondere, dass Skinner (1948) und Huxley (1962) vor der populären (Rachel Carson, *Silent Spring/Der stumme Frühling*, 1962) und wissenschaftlichen (Club of Rome, *Limits to Growth/Grenzen des Wachstums*, 1972) Auseinandersetzung mit diesem Thema dieses bereits literarisch-utopisch bearbeitet haben.

Burrhus Frederic Skinner (1904–1990) ging als prominenter amerikanischer Psychologe im Geist des Behaviorismus davon aus, menschliches Verhalten könne durch naturwissenschaftliche Methoden erforscht und letztlich auch gesteuert werden. In seinem utopischen Roman *Walden Two/Futurum zwei* (1948) wird durch Social Engineering Technologien der Verhaltenssteuerung eine friedliche Gemeinschaft erschaffen.

Ernest Callenbachs (1929–2012) *Ecotopia* (dt. *Ökotopia*), (1975) (Callenbach 1996; Saage 1997, 137 ff; → S. 391 ff) hat sich vom Rest der USA nach einem Sezessionskrieg Ende des 20. Jahrhunderts abgespalten und aus den westlichen Bundesstaaten Nordkalifornien, Oregon und Washington als neuer Staat formiert. In Ökotopia werden zugleich eine umweltverträgliche Hochtechnologie entwickelt und eingesetzt sowie Beschränkung und Renaturierung verordnet. Die Primärenergieträger (Callenbach 1996, 217 ff) stammen von Sonne, Erde und Meer. Die Kernenergienutzung durch Kernspaltung lehnen die Bewohner unisono ab, vertrauen aber auf die nahe bevorstehende Nutzung der Kernfusion. Geothermie wird in Form heißer Quellen genutzt, und ihr Denken sympathisiert einheitlich („uniformly") mit Energiequellen wie Solarenergie, Erdwärme, Gezeitenenergie und mit Windrädern auf den Hausdächern. Es gibt die Vorgänger heutiger solarthermischer Kraftwerke, ein Großkraftwerk, das die Temperaturdifferenz in verschiedenen Meerestiefen nutzt, Schiffsmühlen und ein beinahe realisiertes Zukunftsprojekt, mit dessen Hilfe es gelungen zu sein scheint, direkt über die Photosynthese elektrische Energie zu erzeugen (vgl. hierzu Ian McEwans Roman *Solar* von 2010, wo diese Technologie zumindest in Romanform ebenfalls realisiert wird).

In *Ökotopia* ist vielleicht ein Grunddilemma ökologischer Ethik angesprochen: Kann ökologische Verantwortung – was zugleich die Beschränkung der möglichen Freiheitsgrade des materiellen Umsatzes bedeutet – lediglich aus eigenem Willen und aus einer individuell übernommenen Pflicht möglichst aller Individuen eines Staatsgebildes heraus entstehen? Und darf der freie Wille, der sich in der Demokratie artikuliert und Mehrheiten sucht, die Schranken, die ihm derart auferlegt werden, auch zurückweisen? In Ökotopia wird er durch einen indianischen Mythos als Religionsersatz gezähmt und durch die offenbar allen Staatsbürgern eigene Einsicht in die Vorteile ihrer Lebensweise gestützt.

In der zweiten Hälfte des zwanzigsten Jahrhunderts unterstützen zwei Entwicklungen die Wahrnehmung der ökologischen Problematik: der erstarkende feministische Diskurs und die wissenschaftliche Beschäftigung mit der Umwelt.

Mit der Neukonstruktion des Geschlechterverhältnisses ist untrennbar der Entwurf eines nicht-herrschaftlichen gesellschaftlichen Naturverhältnisses verbunden (Schwendter 1994, 59 ff). Feministisches Denken arbeitet damit dem ökologischen zu, indem es die Zerstörung der Natur als Resultat patriarchaler Ideologie brandmarkt und Kontrastbilder zu dieser lebensfeindlichen Realität vorstellt. Der ökofeministischen Perspektive ist Herrschaft über die Natur und Herrschaft über Frauen Ausdruck männlicher Ingenieursmentalität, welche die Umwelt, seien es Frauen oder die Natur, zu Objekten des eigenen Herrschaftstriebes degradiert. Der feministische Utopiediskurs folgt der Prämisse von der Frau als Verbündeter der Natur, im Gegensatz zum Mann als deren Unterdrücker und Ausbeuter (Saage 1997, 155).

Als zeitgenössische Erben des utopischen Diskurses erschienen auch die Mitglieder des Club of Rome aufgrund ihrer Prämisse, dass die Welt, wie sie ist, in ihrer bloßen Faktizität nicht fortgeschrieben werden dürfe; dass eine Vision der Welt, in der wir gerne leben wollen, notwendig sei; und dass es Denk- und Phantasiesphären geben müsse, die vom Druck der Interessen politischer und gesellschaftlicher Natur entlastet werden müssen (Schwendter 1994, 103).

Angst vor den Möglichkeiten des Menschen
George Orwell, 1984 (1949)

George Orwell (1903–1950) hat seine Dystopie *1984* (→ S. 390 f) nach seinen Erfahrungen als Teilnehmer am Spanischen Bürgerkrieg (1936-39) und aufgrund seiner Enttäuschung und seines Entsetzens angesichts der Verbrechen des Stalinismus in der Sowjetunion geschrieben. Das Staatswesen, in dem der Held des Romans, Winston Smith, sein elendes Beamtendasein im Wahrheitsministerium fristet, erscheint glaubwürdig stabil und unverrückbar, ein Gebilde, aus dem es kein Entkommen mehr gibt und das sich nicht mehr ändern lässt. Zur Errichtung des Schreckensstaates bedurfte es offenbar lediglich der verselbständigten absolut gesetzten, ursprünglich zur Zwangsbeglückung der Menschen entworfenen Mittel (Schölderle 2012, 135).

1984 ist eine Schocktherapie, die als Warnung und Aufruf zum präventiven Handeln zu verstehen ist (Saage 1997, 68), damit eine unerwünschte Zukunft vermieden werde. *1984* ist aber auch ein Attraktor, in dessen Feld man leichter hineingerät als man ihm wieder entkommen kann, wenn überhaupt. Die realpolitische Wirkungsgeschichte dieses Romans reicht weit über die literarische hinaus. *1984* ist eine machtvolle und erschütternde Abwehr jeder absoluten und unkritisierbaren Herrschaftsideologie, indem exemplarisch vorgeführt wird, was geschieht, wenn unumschränkte und nicht mehr abwählbare Regierungsgewalt herrscht.

Aldous Huxley, *Schöne neue Welt* (1932)

Schöne neue Welt (→ S. 388 f) wird oft als zweite große Dystopie des zwanzigsten Jahrhunderts bezeichnet, als Erzählung, die Orwells *1984* in puncto Schreckensbild in nichts nachstehe. Die *schöne neue Welt* kommt allerdings ohne Folter und Kerker aus und die Menschen scheinen den ihnen von staatlicher Seite zugedachten Lebensplänen weitgehend zuzustimmen. Die Kritik an *Schöne Neue Welt* muss sich also der Frage nach dem Freiheitsbegriff stellen, aus dem heraus sie argumentiert, und reflektieren, ob dieser nicht allzu sehr romantisch oder rousseauisch inspiriert ist. Sie muss sich die Frage gefallen lassen, ob sie nicht leichtfertig aus der privilegierten Position des befriedigten, gesunden, gesättigten Wohlstandsbürgers heraus Errungenschaften zurückweist, die im Falle von eigenem ausweglosen Leid, Hunger und Krankheit sehr erstrebenswert erscheinen würden. Wird Winston Smith, der seiner Geliebten einmal seine Rattenphobie eingestanden hat, was das Wahrheitsministerium erfahren hat, in *1984* noch mit einer Rattenfolter bedroht[8], so ist zwischen dieser Methode und der chemischen Somatisierung aller Kinder in der *Schönen neuen Welt* mehr als nur ein gradueller Unterschied erkennbar.

Am Ende von Huxleys *Schöner neuer Welt* geraten der Weltkontrolleur für Westeuropa, Mustafa Mannesmann, und der „Wilde" Michel, ein in einem Reservat in New Mexiko hinter Stacheldraht und abseits der *Schönen Neuen Welt* (also annähernd in einer Form, wie sie der Lebensrealität unserer Gegenwart entspricht) groß gewordener junger Mann, in exemplarischer Weise verbal aneinander. Michel, mit der Lektüre von Shakespeare sozialisiert, lehnt die Annehmlichkeiten der neuen Welt starrköpfig ab:

„Kurzum", sagte Mustafa Mannesmann, „Sie fordern das Recht auf Unglück."
„Gut denn", erwiderte der Wilde trotzig, „ich fordere das Recht auf Unglück."
„Ganz zu schweigen von dem Recht auf das Alter, Hässlichkeit und Impotenz, dem Recht auf Syphilis und Krebs, dem Recht auf Hunger und Läuse, dem Recht auf ständige Furcht

---

8   Ihm wird angedroht, der Rattenkäfig werde ihm über den Kopf gestülpt werden, worauf sich die hungrigen Ratten zuerst auf seine Augen stürzen würden – nach dieser Drohung gesteht Winston Smith den beamteten Folterern alles, was sie von ihm verlangen.

vor dem Morgen, dem Recht auf unsägliche Schmerzen jeder Art?"

Langes Schweigen.

„Alle diese Rechte fordere ich", stieß der Wilde endlich hervor,

Mustafa Mannesmann zuckte die Achseln und sagte: „Wohl bekomms!" (Huxley 1978, 174).

Ein Vorläufer von Huxleys schöner neuer Welt war Herbert George Wells mit *A modern Utopia* (dt. *Jenseits des Sirius*) von 1905 (Saage 1997, 40). Unter der Herrschaft einer technisch-wissenschaftlichen Elite, der Samurai, wurde auch dort ein Weltstaat realisiert, in dem der Einzelne für eine weitgehend befriedete Existenz mit der Kontrolle durch den Staat bezahlt.

Ab dem Ende des 20. Jahrhunderts nehmen sich Romane und Filme vermehrt der ökologischen Dystopie an. Oft ist die staatliche Ordnung vollständig zusammengebrochen, wie in Davide Longos Roman *Der aufrechte Mann* (2010) im Italien des Jahres 2025, oder in den – wahrscheinlich nach einem globalen Atomkrieg verwüsteten – USA, durch die Vater und Sohn in Cormac McCarthys *The Road* (2006) taumeln. McCarthys Roman, „the most important environmental book ever"[9], macht auch deutlich, wie sehr das ökologische Desaster ein soziales ist. Dieses trifft im Film *Die kommenden Tage* (2010) die Menschen aufgrund zusammenbrechender Ölimporte aus Saudi-Arabien. Die während des Kalten Krieges virulente Gefahr eines atomaren Schlagabtausches zwischen den Supermächten lieferte ausreichend Stoff für erschreckende und bildmächtige Schilderungen, von *Godzilla (1998)*, der Riesenechse, die durch atomare Versuche erweckt wird und über die Menschen herfällt, über Nevil Shutes *Das letzte Ufer* (1959/2000), wo sich die Menschheit noch relativ friedlich in ihr selbstverschuldetes Ende fügt bis zum Fernsehfilm *The Day After* (1983), wo die staatliche Kontrolle verschwunden ist und daher nicht mehr verhindern kann, dass „des Menschen Wolf" über seinesgleichen herfällt. Der drohende Klimawandel zeigt sich in *The day after Tomorrow* (2004) als plötz-

---

9 George Monbiot im „Guardian" vom 5. Jänner 2008, zit. n. Horn 2012, 1100.

liche Megaeiszeit und ein von der menschlichen Kontrolle emanzipiertes Überwachungssystem steht in *Brazil* (1985) orwellschen Schilderungen nicht nach. Es fehlt gegen Ende des Jahrtausends auch nicht an Verweisen auf die biblische Apokalypse oder auf angebliche indianische oder andere Prophezeiungen, um drohende Weltuntergangs-szenarien abzuwehren oder ihnen bildgewaltig zu erliegen (*Armaggedon, Deep Impact, 2012*) – wie auch schon in Dantes *Göttlicher Komödie* die Höllenreise bildmächtiger und interessanter erscheint als die langweilige, friedliche Himmelfahrt.

1.3 Die Gegenwart: Erfüllung und Scheitern

Nach dieser kurzen historischen Reise durch das utopische Denken des Abendlandes stellt sich die Frage, ob dieses gescheitert ist oder ob es nicht vielleicht triumphiert hat. Für beide Thesen gibt es überzeugende Belege.

Wir leben in Utopia

Der reichere Teil der Bevölkerung in den industrialisierten westlichen Demokratien lebt gewissermaßen in realisierten Utopien: räumlich von einem Großteil der Welt aus gesehen, zeitlich von einem Großteil der abendländischen Geschichte aus gesehen (→ Abbildung 1, S. 86 und Abbildung 3, S. 92). „Die bescheidenste Hausgehilfin heute würde sofort empört revoltieren, böte man ihr ein Zimmer mit der Heizung, der Beleuchtung sowie der Waschgelegenheit an, die dem Geheimrat von Goethe oder selbst der Herzogin Anna Amalia von Weimar durchaus ausreichend erschien", so Konrad Lorenz (1973/2004, 44).

Wer den Glauben an die Möglichkeit der völligen Erneuerung der Welt nicht versteht oder verstehen will, der kann die moderne Geschichte nicht begreifen, schreibt der Historiker Eric Hobsbawm (1917–2012), „denn die Idee des Fortschritts, welche seit der Aufklärung unser Zukunftsbild beherrscht – ob es sich um bessere Welten oder Lippenstifte handelt –, setzt der Verbesserung keine Grenzen" (Hobsbawm 2000). Was in den klassischen Utopien als technische Errungenschaften präsentiert wird, ist heute oft längst realisiert und überboten worden. An sozialen Errungenschaften weisen Campanellas *Sonnenstaat* und Morus *Utopia* aber bis heute kaum erreichte Vorgaben auf, wie Arbeitszeiten von vier bis sechs Stunden pro Tag, eine Welt ohne Arbeitslosigkeit, materielles Elend und Ausbeutung, das garantierte Recht auf geistig-kulturelle Weiterbildung für alle wie auch unentgeltliche Kranken- und Altersversicherung (Saage 1997, 98).

Robert Owen träumt Anfang des 19. Jahrhundert von Wasserleitungen, aus denen wahlweise Warm- oder Kaltwasser strömt, sogar von geheizten privaten und öffentlichen Räumen, John Adolph Etzler beschreibt um 1830 in der Tradition Owens, Windkraftwerke und Pumpspeicher. Parlamentarismus und die moralisch- ökonomische Marktwirtschaft (Schwendter 1994, 97) haben ihre Karrieren als utopische Konstruktionen begonnen, Menschenrechte, demokratische Institutionen und der moderne Staat von ihnen wesentliche Impulse erhalten. Theodor Herzls (1860–1904) utopische Schrift *Altneuland* (1902) wurde als zionistischer Staat 1948 Realität. Der wissenschaftlich-technische Fortschritt verwirklicht Projekte, die zuvor utopischen Charakter hatten. Wir sind, im Vergleich zur Situation von vor nur wenigen Jahrhunderten, lange anhaltender Jugend und hohem Alter bei guter Gesundheit nahe gekommen, Kreditkarte und Tourismusindustrie ermöglichen den ganzjährigen Frühling, wir reisen mit der Eisenbahn zweiter Klasse wesentlich bequemer und schneller als Ludwig XIV in seiner teuersten Kutsche. Die gefährlichen wilden Tiere existieren allenfalls noch im Zoo, der Mensch („des Menschen Wolf") ist durch Gesetze gebändigt, die staatliche Willkür durch Grundgesetze eingehegt, Risiken der Zukunft sind durch Versicherungen abgefedert, der einst unvermeidliche, „gottgewollte" Schmerz, der Krankheit, Verletzung und Todesnähe begleitete, durch Narkose und Morphium gelindert bis getilgt – Peter Sloterdijk spricht im Zusammenhang mit der erstmaligen Anwendung der Äther-Vollnarkose bei einer Operation am 16. Oktober 1846 von einer „Oktoberrevolution", die die anthropotechnische Situation der Moderne radikaler verändert habe als jedes einzelne politische Ereignis oder jede sonstige technische

Innovation seither (Sloterdijk 2011, 598ff). Die Einlösung ehemals utopischer Technikvisionen betrachtet heute jedes Kind als selbstverständlich: hohe Geschwindigkeit, der Flug zu Mond und Mars, künstliche Intelligenz, Schlaraffenland: Utopier träumen nicht mehr, und was nutzt es, stets erneut das historische Scheitern der Sozialutopie zu „beweisen", wenn der gesellschaftliche Kontext, in dem dies geschieht, längst ihrer Hegemonie erlegen ist (Saage 1997, 95f)? Europäer und Nordamerikaner genießen in der zweiten Hälfte des 20. Jahrhunderts, in hesiodischen Begriffen gesprochen, ein Silbernes Zeitalter. Sie haben Lebensverhältnisse für die meisten geschaffen, die sich von allem, was auch nur wenige Jahrhunderte zurückliegt, nicht graduell, sondern epochal oder besser: äonisch unterscheiden (Sloterdijk 2011, 668 f). Und diese sind uns so selbstverständlich geworden, dass wir sie oft gar nicht mehr wahrnehmen und uns allenfalls über minimale Verschlechterungen erregen.

Diese Utopien realisieren freilich nicht den radikalen und totalen gesellschaftlichen Umbauvorschlag eines Thomas Morus oder Tomaso Campanella, sie sind aus vielen kleinen Einzelschritten hervorgegangen. Und das ist zugleich der Kern der Gegenthese. Damit erweist sich nämlich Karl Poppers Sozialtechnologie des Piecemeal-engineering, der stückweisen, inkrementalen kleinen Fortschritte, die über Versuch und Irrtum gelernt werden, als ungefährlicher, kostengünstiger, korrekturwilliger, fehlertoleranter und erfolgreicher als die große Planung und der große utopische Entwurf (Müller 2001). Die Frage ist berechtigt, ob diese „Minimalutopien" überhaupt noch als Utopien bezeichnet werden dürfen, oder sie nicht vielmehr im Ergebnis aus der Methode jener inkrementalen kleinen Fortschritte resultieren, die angesichts der fundamental und katastrophal gescheiterten ideologischen Großexperimente und -verbrechen des 20. Jahrhunderts zurecht als notwendige Antithesen zum Utopischen formuliert worden sind. Um ein Bild aus der Physik zu bemühen: Wir begnügen uns damit, über kleine Schritte in einem metastabilen Zustand zu landen und verzichten auf das große befriedigende, stabile Optimum des Endzustandes.

Utopia ist gescheitert

Die These vom gescheiterten Utopia setzt an zwei scheinbar entgegengesetzten Polen an, die aber beide mit vorgeblicher Gewissheit locken. Ergebnis ist jeweils ein Staatsapparat mit absolutem inhaltlichen Wahrheitsanspruch.

Der erste Pol betrifft die Usurpation religiöser Glaubensgewissheit durch säkulare – auch utopische – Gesellschaftsmodelle und säkularreligiöse Gruppierungen, denen auch die modernen Totalitarismen entspringen.

Wer Thomas Morus' *Utopia* unter historisch-hermeneutischen Gesichtspunkten liest, wird diese Erzählung kaum als totalitär einstufen. Durch die Brille der Erfahrungen des 20. Jahrhunderts und von Orwells *1984* gesehen, erscheint *Utopia* aber als in sich geschlossenes totalitäres System, das den Einzelnen von der Wiege bis zur Bahre erzieht, begleitet und diszipliniert.

Ob der Nationalsozialismus als Utopie betrachtet werden muss, ist eine Frage der Utopiedefinition[10]. Dem hier verwendeten Definitionsvorschlag und den beiden Autoren, die sich damit eingehend beschäftigt haben folgend, ist er es nicht. Hitler hat *Mein Kampf* nach dem Vorbild des Alten und Neuen Testaments in zwei Teile geteilt. Er beginnt mit der Apokalypse des Ersten Weltkrieges, auf die mit dem „Kampf zwischen Ariern und Juden" der künftige Sieg folgen soll. Entlehnungen aus der Apokalypse sind in der Sprache des „Dritten Reiches" allgegenwärtig, das biblische „Tausendjährige Reich" etwa tritt nach der Apokalypse vor dem Jüngsten Gericht in die Geschichte ein (Walter 2010, 190).

Das wesentliche, für den utopischen Diskurs relevante Ergebnis des Nationalsozialismus ist aber die industrielle Vernichtung der Juden und anderer als „minderwertig" definierter Menschen. Damit wurde „das Undenkbare zum Menschenmöglichen" (Gauß 2012, 65).

Das zweite große totalitäre Großexperiment des zwanzigsten Jahrhunderts, der Kommunismus in seinen regionalen Spiel-

---

10 Vgl. dazu ausführlich Saage 2003, Utopische Profile, Band IV und Hermand 2007, 17 ff.

arten (Stalinismus, Maoismus, ...) und (später) Realsozialismus, ist aus der marxistischen Theorie hervorgegangen, die sich entschieden als nichtutopisch verstanden hat. Nach der Euphorie über das großteils friedliche Auslaufen des Kalten Krieges nach dem Ende der Sowjetunion – man darf nicht einem „retrospektiven Determinismus" verfallen und übersehen, dass diese Konfrontation auch in Form eines globalen Schlagabtausches mit Nuklearwaffen hätte ausgehen können – wurden Utopien generell unter den Verdacht des Totalitarismus gestellt. In aller Schärfe formuliert Omer Bartov (zit. n. Maier 2002, 92 ff) die in seiner Sicht gegebene Identität von Totalitarismus und Utopie. Für ihn ist utopisches Denken der Versuch, die Menschheit in ihrem Erscheinungsbild umzuformen, die Verlockung, Einzelne und Gesellschaften zu einem perfekten Dasein zu formen. Die Moderne sei immer in besonderer Weise eingenommen gewesen von der Idee, den Menschen und die Gesellschaft, die Natur und die Umwelt gemäß einem präzise festgelegten Plan neu zu schaffen, begleitet von der dadurch gegebenen Notwendigkeit, das Bestehende zu zerstören und Widerstände gegen diesen Plan niederzuwerfen. Oft folgten Utopien der Vorstellung ihrer eigenen Alternativlosigkeit und einer durchgeplanten Gesellschaft, die mit der apokalyptischen Theologie verwandt seien. Für *Utopia* ist laut Bartov die selektive Auslöschung vergangener und konkurrierender Utopien von entscheidender Bedeutung. Utopien schlügen Endlösungen für die ewigen Fragen nach der menschlichen Existenz und der Organisation der Gesellschaft vor. Moderne Utopien reflektierten die zunehmende Vorherrschaft von Wissenschaft und Technologie, Massenpolitik und Staatskontrolle, Säkularisierung und Entfremdung.

Unterstützt wird die Kritik an den Totalitarismen des 20. Jahrhunderts durch erschütternde Berichte von Zeitzeugen, die das Bild des einzelnen Menschen in den Knochenmühlen absoluter Ideologien sichtbar und sein Schicksal emphatisch erfahrbar machen, etwa von Alexander Solschenizyns *Archipel Gulag* (1973) über Imre Kertesz' *Der überflüssige Intellektuelle (1993), Roman eines Schicksallosen* (1975) und Yang Xianhuis *Die Rechtsabweichler von Jiabiangou* (2009) zu Primo Levis *Ist das ein Mensch?* (1947), Jean Amerys *Jenseits von Schuld und Sühne* (1966), Danilo Kiš' *Garten, Asche* (1965); *Sanduhr* (1972); *Frühe Leiden (1970)*, Maja Haderlaps *Engel des Vergessens* (2011) oder Herta Müllers *Hunger und Seide* (1995). Mit dem Begriff „Utopie" schlage sich herum, wer philosophisches Laub um den Kopf brauche, so Herta Müller über ihre eigenen Erfahrungen im Rumänien Ceaușescus:

> Die Ideologie des Sozialismus war eine angewandte Utopie. Die angewandte Utopie ergab eine Diktatur. (…) Dass heute wieder so viele nach einer Utopie Ausschau halten, hat für mich mit Wegschauen von der Diktatur zu tun. (…) Utopien sind Träume. Nur weiß man nie, wer zu träumen anfängt. Wenn eine Handvoll das Träumen ernst nimmt, ist dies meist eine Handvoll Fundamentalisten oder Halbgebildeter oder Analphabeten. Nur sie haben keine Angst, Träume vom Papier zu lösen. Und wenn eine Handvoll träumt, beginnen ein paar Millionen zu zittern. Man spricht heute wieder überall davon, dass eine Utopie fehle. Wem und wozu. Ich werde die Schrecken der einen nicht los, und schon kommen vergeistigte, wohlwollende, gute Menschen auf mich zu und wollen, dass ich an der Stange dieses Wortes turne. (…) Weil es die Idee gab, die nicht fassbar war, außer wenn man sich an ihr bereits vergangen hatte, konnte jeder jederzeit schuldig gesprochen werden. (…) Ich wünsche mir nichts mehr, als dass man die Menschen mit jedem vermessenen Glücksgedanken in Ruhe lässt" (Müller 1997, 50ff).

Es ist verständlich, wenn die Erfahrungen aus dem 20. Jahrhundert einen ungeheuren immunisierenden Impfschutz entfalten, der auch gegen Infektionen schützt, die vielleicht gar nicht letal sind, harmlos, oder womöglich sogar das Immunsystem und die Überlebensfähigkeit stärken würden. Folge dessen wäre der liberale Rückzug der Staatsverfassungen von inhaltlichen Vorgaben und Wahrheitsansprüchen auf eine rein formale Moderation gegensätzlicher Meinungen und Auffassungen. Das erstrebt der bürgerliche Gesetzesstaat (Burger 2009, 282).

Aber wie geht man mit der „Negation aller inhaltlichen Wahrheitsansprüche", also einem rein formal verfassten Staatsapparat um, wenn uns die „höchste Pflicht der Bewahrung" auferlegt wird, wenn die „keinem Wägen mehr unterwerfbare Gefahr unendlichen Verlustes gegen die Chance endlicher Gewinne" (Jonas 1984, 74) steht? Wenn also eine absolute Forderung sichtbar wird, die man nicht mehr dem Spiel von Hypothese und Widerlegung, von zeitaufwändiger Mehrheitssuche und politischer Überzeugungsarbeit unterwerfen darf, weil dafür womöglich die Zeit nicht reicht?

Der zweite Pol betrifft eine methodische Frage, die ähnlich wie die religiöse Gewissheit, aber aus entgegengesetzter Richtung, Verhandlungslösungen, Kompromisse und damit Demokratie unnötig macht. Er ist gekennzeichnet durch die Usurpation ingenieurtechnischer Methoden durch die Akteure des gesellschaftlichen Diskurses. Im Gegensatz zum Politiker sei demnach der Ingenieur nicht Macht-, sondern Tatmensch. Ingenieurdenken wird auf das soziale und politische Leben übertragen, es gibt für die soziale Frage, für Hunger, Weltfrieden etc. nicht „faule" Kompromisse zu schließen, die zwischen verschiedenen Interessen ausgehandelt werden müssen, sondern die „optimale" Lösung, den alternativlosen besten Weg. Dem Ingenieur ist in diesem Zusammenhang ständisches Denken mit abgrenzbaren Zuständigkeiten eigen, das sich seinen „unverdorbenen" Idealismus nicht vom politischen Intrigenspiel zerrütten lässt (Laak 1999, 228 ff). Technik wird als die eigentliche kulturelle Leistung des Menschen stilisiert, sie sei die Fortsetzung der Schöpfung. Angehörige technischer Funktioneliten haben tendenziell eine Distanz zur Demokratie, weil technische Lösungen andere Lösungswege bzw. Optima aufweisen als politisch und gesellschaftlich verhandelte Kompromisse (Laak 1999, 261 f).

Ingenieurtechnische Methoden zur Gestaltung ganzer Gesellschaften locken mit der Versuchung, die von einem Apparat mit wenigen, bislang nicht betätigten Stellgrößen ausgeht: Ein im Prinzip einfaches System, das nicht in Form von „faulen" Kompromissen politisch verhandelt werden muss, sondern das klare Ergebnisse auf klare Fragen hervorbringt, wird mit wenigen kleinen Handgriffen in eine vollkommen neue Richtung gelenkt. Jedes derart komponierte mechanische System braucht die Ausblendung unliebsamer Faktoren, um auch bei hoher Komplexität berechenbar zu bleiben, bedarf also einer vorhergehenden Komplexitätsreduktion.

Mit Technik lässt sich von einem modernen Haushalt bis zum internationalen Flugverkehr vieles steuern und regeln. Die Oberhoheit über derart umfangreiche Systeme verleiht Macht – objektiv und subjektiv. Diese Macht ist unumgänglich für die technisierte Welt: Ein „außer Kontrolle" geratenes Flugzeug – schon ein ebensolcher Computer – beunruhigen zutiefst. Die Kontrolle greift weit in den Bereich des menschlichen Lebens hinein und wird dort auch gewollt und gewünscht. Den Punkt zu finden, an dem sie mehr an totalitärem Potenzial zu entwickeln beginnt als sie noch Nutzen stiftet – oft wird sie beides über lange Zeit zugleich tun – überfordert den Menschen zumeist.

Man darf unterstellen, dass Systeme zur Überwachung des öffentlichen Lebens und zur Verhinderung der Gründung organisierter Verbrechensorganisationen positiv intendiert sind, um der Gesellschaft zu nützen. Diese Systeme benötigen aber ein Bild des Menschen, das aus einem statistisch gewonnenen Mittelwert mit Standardabweichung besteht. Diese Ingredienzien zeichnen auch Utopien aus.

Einen Vorwurf kann man Utopien in diesem Zusammenhang deshalb nicht ersparen: Sie erliegen als rationale gesellschaftliche Konstrukte der Annahme, Gesellschaft ließe sich mit quasi ingenieurtechnischen Methoden endgültig gestalten in einer Weise, wie man eine Brücke oder ein Kraftwerk plant und errichtet, und die Probleme des Menschen ließen sich eindeutig lösen wie ein Sudoku.

Die menschliche Natur scheint für derartige endgültige Lösungen aber nicht geeignet zu sein. Schon Blaise Pascal (1623–1662) hat entdeckt, „dass alles Unglück der Menschen von einem Einzigen herkommt: dass sie nämlich nicht verstehen, in Ruhe in einem Zimmer zu bleiben. (…) Einem Menschen sagen, er solle in Ruhe leben, das heißt, ihm (…) zu einem völlig glücklichen Zustand raten, den er mit Muße betrachten könnte, ohne darin einen Anlass zur Bekümmernis zu finden. Das heißt, die Natur nicht verstehen" (Pascal 1982, 13 ff).

Das Kraut sowohl gegen quasireligiöse Vereinnahmung als auch gegen die ingenieurwissenschaftliche Versuchung sehe ich nur in der gesunden Skepsis gegenüber den eigenen Erkenntnissen und der eigenen Erkenntnisfähigkeit, in Demut und Ideologiekritik, in der positiven Rolle, die der Kritik allgemein und auf jeder Stufe zuzuschreiben ist, und in einem systemimmanent vorzusehenden Kickschalter, der in jeder Position den Rückwärtsgang einzulegen erlaubt. Diese Methode bleibt zwar der Vernunft treu, relativiert aber sowohl den kollektiven Anspruch als auch das Endziel utopischen Denkens.

Ohne diese Sicherungen findet man sich womöglich irgendwann in einer ähnlichen Situation wie die Astronauten im Film *2001 – Odyssee im Weltraum* von Stanley Kubrick (nach dem Buch von Arthur C. Clarke) die in dem vom Computersystem HAL gelenkten Raumschiff zum Jupiter (im Buch zum Saturn) unterwegs sind und vom Computer angegriffen werden, weil sich das Computersystem seinerseits in seiner Sicherheit von den Menschen bedroht fühlt.

2 Energie

Vor dem Damm

Der Weg entlang dem Vorfeld der Pasterze führt etwa einen Kilometer nach dem Gletschertor an dem weitläufigen, jetzt gänzlich mit feinem Gletscherschliff gefüllten Sandersee vorbei. Als ich diese Landschaft als Kind erstmals bewusst wahrnahm, endete der Gletscher noch hier. Dort, am Gletscherende von ca. 1970, treffe ich im Sommer 2012 auf die ersten Lärchen. Ihre Samen sind angeflogen, sie haben sich einzeln oder in kleinen Gruppen an windgeschützten Orten festgewurzelt, die höchsten von ihnen überragen mich bereits. Bald wird die erste der beiden Staumauern des Margaritzenstausees sichtbar. Sie stauen den Abfluss des Pasterzengletschers, die junge Möll, zwei Kilometer nach dem Gletschertor. Durch einen zwölf Kilometer langen Stollen wird das Wasser von Kärnten nach Salzburg auf die nördliche Seite des Alpenhauptkammes übergeleitet, um dort in einen von zwei riesigen Speicherseen zu gelangen. Bei Bedarf kann dieses Wasser „abgearbeitet" werden, das heißt, es fließt durch einen Druckstollen auf eine Turbine, die dadurch in Drehung versetzt wird und über einen Generator elektrische Energie produziert.

Das Kraftwerk „Glockner-Kaprun", wie es seit 1945 genannt wird, produziert nicht nur elektrische Energie, sondern auch einen „reichen historischen Bedeutungsüberschuss" (Rigele 1997). Planungen für das Kraftwerk gehen auf die 1920er Jahre zurück, als Folge der Weltwirtschaftskrise in den 1930er Jahren kamen sie zum Erliegen. Nach dem „Anschluss" Österreichs an Nazideutschland 1938 wurde das Projekt sofort wieder aufgegriffen, bereits im Mai 1938 wurde die Alpen-Elektrowerke AG gegründet. Der ursprünglich vorgesehene Fertigstellungstermin für das Kraftwerk von 1941 wurde durch den kriegsbedingten Mangel an Arbeitskräften und Baumaterial verzögert. Ab 1943 wurden deshalb massenhaft Kriegsgefangene und Zwangsarbeiter auf der Baustelle eingesetzt, sodass ab November 1944 die erste Turbine anlief. Nach dem Krieg wurde das Projekt bald wieder aufgenommen, etwa zwei Drittel der gesamten Baukosten zwischen 1948 und 1957, als der Pumpspeicherbetrieb zwischen den beiden Speicherseen voll aufgenommen werden konnte, wurden aus amerikanischen ERP-Mitteln finanziert.

Zwei hochgelegene Talböden, der Wasserfallboden auf 1600 m Seehöhe und der Moserboden auf 2000 m Seehöhe, wurden durch Staumauern zu Speicherseen umgewandelt, zwischen den beiden so entstandenen künstlichen Seen wird Wasser bei Bedarf hin und hergepumpt, um momentan überschüssige elektrische Energie, etwa aus Windkraftwerken, aufzunehmen und bei hohem Strombedarf fehlende Energie ins Netz zurückzuspeisen.

Als dieses Kraftwerk gebaut wurde, waren „Umweltschutz" und „erneuerbare Energie" noch im Wesentlichen unbekannte Begriffe. Ein Wasserkraftwerk wie der Komplex Glockner-Kaprun ist für sich ein massiver Eingriff in die Berglandschaft, den man in der Nachkriegszeit aber noch ausschließlich mit wirtschaftlichem Aufstieg und dem „Wiederaufbau" positiv assoziierte. Wenn Wasserkraft ein Kohlekraftwerk ersetzt oder dessen Bau unnötig macht, verhindert es dessen Emissionen und erspart der Atmosphäre zusätzliches Kohlendioxid. Die Speicherseen waren ursprünglich dafür angelegt worden, den unterschiedlichen Strombedarf zwischen Sommer und Winter auszugleichen. Heute gleichen sie eher die unterschiedlichen täglichen Angebote aus solaren Erneuerbaren (Wind, Photovoltaik, mitunter auch „wrong time renewables" genannt) und dem momentanen Strombedarf der Kunden aus. Das Pumpspeicherkraftwerk passt also bestens zu den neuen Herausforderungen der beginnenden Energiewende und unterstützt diese sogar, obwohl es ursprünglich für vollkommen andere Ziele gebaut worden ist.

Neben dem ruhigen Wasserspiegel des Margaritzenstausees, den nur der Wind kräuselt, zeugen die alten Endmoränen als grasüberwachsene Hügel vom Höchststand des Pasterzengletschers in der Neuzeit. Damals, im Jahr 1856, hätte der Gletscher den gesamten heutigen Speichersee ausgefüllt, seit damals ist er, unterbrochen von kurzen Vorstößen, auf dem Rückzug. In seiner größten Ausdehnung während des Höhepunktes der Eiszeiten, zuletzt vor etwa 20.000 Jahren, reichte der Pasterzengletscher bis ins oberitalienische Friaul. Er füllte beinahe ganz Kärnten aus, nur einzelne Berggipfel ragten als Nunataker aus dem Eis. Die Schürfspuren jenes Gletscherhöchststandes sind hoch oben unter dem Gipfel des Schwertkopfes noch sichtbar.

2.1 Geschichte einer Weltaneignung

Lange bevor sich auf der Erde Leben entwickeln konnte, bewegte sie sich durch einen nie unterbrochenen – wenn auch zeitlich nicht exakt konstanten – elektromagnetischen Strahlungsfluss, der seinen Ursprung in thermonuklearen Reaktionen in der Sonne hat.

Die radikalste und weitwirkendste Energierevolution erfand das Leben lange vor den Menschen (Ludwig 2006, 26ff): Cyanobakterien (Blaualgen) nutzten als erste Lebewesen vor etwa 3,5 Milliarden Jahren im Wasser des Urozeans das Sonnenlicht, um ihren Bedarf an Energie und Kohlenstoff durch Photosynthese zu decken. Sie entzogen durch diese Reaktion über etwa zwei Jahrmilliarden der Atmosphäre beinahe das ganze Kohlendioxid, verwendeten es, um zusammen mit dem Wasser des Ozeans Glukose als Energiespeicher herzustellen und setzten als Abfallprodukt Sauerstoff frei. Dieser freigesetzte Sauerstoff – er ist für die Blaualgen giftig – oxidierte zuerst das metallische Eisen in den Ozeanen, dann die Erdkruste. Er reicherte in der Folge die zuvor sauerstofflose Gashülle der Erde an und ermöglichte es dem Leben, die Erde auch außerhalb des schützenden Wassers zu besiedeln und sich dort zu entwickeln, weil eine besondere Sauerstoffverbindung, das Ozon, die tödliche kurzwellige elektromagnetische Strahlung der Sonne abschirmte. Indem die Blaualgen die sauerstoffhaltige Atmosphäre der Erde schufen, und damit die Grundlage für das folgende Leben, auch des Menschen, zerstörten sie ihr eigenes sauerstofffreies Ökosystem. Sie „erfanden" mit der Photosynthese die direkte energetische Grundlage der pflanzlichen Lebewesen und die indirekte der tierischen und des Menschen – die Photosynthese ist trotz aller menschlichen Aktivitäten bis zum heutigen Tag die bedeutendste Energieumwandlung auf der Erde. Und die Blaualgen veränderten mit der irdischen Atmosphäre auch das Klima der Erde radikal: Indem sie der Atmosphäre beinahe alles Kohlendioxid entzogen, verschwand dessen Treibhauswirkung, die Erde vereiste erstmals in ihrer Geschichte, und zwar auf ihrer ganzen Oberfläche. Die heute noch lebenden direkten Nachfahren dieser Pionierlebewesen kommen nur noch in sauerstofffreier Umgebung vor: auf dem Meeresboden, in Abwasserschlamm, in den heißen Quellen des Yellowstone-Nationalparkes (Jantsch 1986, 161 ff).

Der Homo sapiens, die einzige Menschenart, die bis zum heutigen Tag überlebt hat (ob er an der Ausrottung seiner Verwandten wie des Neandertalers Anteil hatte, ist noch nicht klar), stammt aus Afrika. Wie seine unmittelbaren Vorfahren ist er fähig, eine dauerhafte mechanische Leistung von 60 bis 100 Watt zu erbringen. Nach zehn Stunden ununterbrochener

Anstrengung resultiert das (wenn wir den höheren Wert von 100 Watt nehmen) in einer Arbeit (oder Energiemenge) von einer Kilowattstunde (kWh). Damit liegt seine spezifische mechanische Leistungsfähigkeit etwa gleichauf mit jener der Tiere, die es ihm später zu zähmen gelang: bei etwa einem Watt pro kg Körpermasse.

Charakteristisch für den Menschen war aber, dass er sich nicht mit seiner eigenen Arbeitskraft zufrieden gab. Die Erfindung des bewusst entfachten und eingesetzten Feuers vor zumindest 400.000 Jahren – einige Autoren datieren diesen Zeitpunkt eine Million Jahre zurück – eröffnete ihm den Zugriff auf damals praktisch unerschöpfliche Energiequellen: auf in Form von Biomasse (Holz) gespeicherte Sonnenenergie. Mit dieser ersten Energietransformation oder -revolution (Smil 2010, 149; im Originalwortlaut „energy transition") setzte sich der Mensch auch energietechnisch vom Rest der Säugetiere ab – und verbrachte den größten Teil seiner Geschichte in diesem (aus energetischer Sicht) „Zeitalter erneuerbarer Energie" der energetischen Nutzung von Holz[11]. Um gekochte Nahrung zu kauen, benötigt der Mensch nur etwa fünf Prozent der Zeit von roher Nahrung; Kochen erschließt neue Nahrungsmittelreserven und deren Nährstoffe und eröffnet dem Menschen damit viel zusätzliche Zeit für alternative Aktivitäten.

Die eine Kilowattstunde (kWh), die der Mensch an einem Tag Plackerei zu arbeiten im Stande ist (in Form hochwertiger mechanischer Energie), findet sich als Primärenergie in ungefähr einem Viertel Kilogramm trockenen Holzes. Ein großer Teil der gegenwärtig lebenden Menschen, etwa 2,6 Milliarden, lebt auch heute noch überwiegend in diesem Zeitalter und nutzt weiterhin in Gestalt verschiedener Formen von Biomasse hauptsächlich oder ausschließlich – neben der eigenen Arbeitskraft und der von gezähmten Tieren – Formen ge-

---

11 Interessanterweise finden sich in den bekannten Höhlenmalereien aus der Steinzeit zahlreiche Bezüge zum jagdbaren Wild, aber keiner auf die Beherrschung des Feuers. Es scheint nicht notwendig gewesen zu sein, den Umgang mit dem Feuer zu problematisieren, woraus man schließen kann, dieser habe dem urzeitlichen Menschen keine nennenswerte Mühe bereitet.

speicherter Solarenergie (Radkau 2000, 294; OECD/IEA 2012). Genaugenommen lebt die ganze Menschheit auch heute in einem beinahe ausschließlich solaren Zeitalter, denn die oben erwähnte solare Einstrahlung von etwa dem 11.000-Fachen des „kommerziellen" Energieverbrauches sorgt ja erst für lebbare Temperaturen auf der Erde. Mit Solarenergie wird im Frühjahr der Schnee geschmolzen, wird das Heu getrocknet, oft auch die Wäsche, sämtliche Pflanzen wachsen mit Solarenergie, sie wälzt Wind und Wasser in einem permanenten Kreislauf um, usw. Dieser wesentliche solare Energieumsatz unserer Welt wird aber meistens als „nichtkommerziell" unbeachtet beiseite gelassen.

Erst am Ende des 19. Jahrhunderts wurde Biomasse als relativ bedeutendster Energieträger der Menschheit von der Kohle abgelöst. Den Blick ins Holzfeuer hat der Mensch also über einen Großteil seiner Geschichte zu schätzen gelernt, er war gleichbedeutend mit Wärme, leicht verdaubarer Nahrung und Schutz vor gefährlichen Tieren.

Der als „Neolithische Revolution" bezeichnete Ursprung des Ackerbaus, der Übergang vom schweifenden Jäger- und Sammlertum zur Sesshaftigkeit, zur Domestikation von Tieren und zur Land- und Viehwirtschaft, der Schritt von aneignender Beutewirtschaft zur Akkumulation von Mehrwert, war ein historisches „Nichtereignis", das vor 10.000 bis 7.000 Jahren begann und sich über Jahrtausende hinzog. Sammlertum und frühe Bodenbearbeitung müssen lange nebeneinander bestanden haben (Radkau 2000, 79).

Die Neolithische Revolution markiert zugleich eine Energierevolution, chronologisch die zweite. Die wenigen domestizierbaren Tiere (vgl. dazu ausführlich Diamond 2002) wurden allmählich zum Fortbewegen (Reiten), zum Ziehen von Lasten und zum Pflügen verwendet und gezüchtet – ein starkes Pferd oder ein Ochse verzehnfacht die Leistungskraft eines Menschen –, der Wind wurde für den Antrieb von Schiffen genutzt. Die Fläche an notwendigem Land, um einen Menschen zu ernähren, sank auf ein Zehntel bis ein Hundertstel im Vergleich zur Jäger- und Sammlergesellschaft. Die Lebensqualität des einzelnen Menschen jedoch sank durch die

Sesshaftwerdung vermutlich, die Jäger und Sammler lebten gesünder als ihre sesshaften Nachbarn und Nachfolger. Dennoch hat sich die „ungesündere" Kultur durchgesetzt (Wells 2012). Die ersten Hochkulturen entstanden im Bereich des „fruchtbaren Halbmondes", im Zweistromland und in den Flusstälern des Nil, des Indus und des Ganges. Dort mussten Bewässerungssysteme instandgehalten und verwaltet, die geernteten Nahrungsmittel gespeichert und an die Bevölkerung verteilt werden. Dafür bedurfte es organisierter Landwirtschaft und arbeitsteiliger hierarchischer Organisations- und Herrschaftsformen.

Eine entscheidende Erfindung aus dieser Zeit, wahrscheinlich eine der größten Erfindungen der Menschheit überhaupt, die eine unabsehbare Folge von Entwicklungen nach sich zog, war die technische Anwendung des mit der Achslagerung zusammenhängenden Rotationsprinzips (Radkau 1989, 108). Die Innovation bestand darin, einen Gegenstand an einem Punkt mechanisch zu fixieren und ihn dadurch drehbar zu lagern. Erstmals wurde das Rotationsprinzip in Mesopotamien im vierten Jahrtausend v. Chr. in Gestalt der Töpferscheibe realisiert. Diese verbreitete sich von dort einerseits in der gesamten Alten Welt – im dritten Jahrtausend v. Chr. findet sie sich in Indien und Ägypten –, andererseits wurde das Rotationsprinzip für andere Maschinen adaptiert, für Mühlen und für die Räder der Streitwagen der Pharaonen.

Die ersten Mühlen waren Reibmühlen gewesen, die vom Menschen hin und her bewegt wurden, eine beschwerliche, mühsame Arbeit. Die Erfindung der Achslagerung und damit der rotierenden Maschinen erlaubte es, diese Plackerei an Tiere und später an Wasser- und Windkräfte auszulagern. Das spielte den Menschen frei – oder anders gesehen, vervielfachten statistisch seine Leistungsfähigkeit. Das Rotationsprinzip ist die Grundlage aller Mechanisierung. Bei der technisch nutzbar gemachten Drehbewegung handelt es sich nicht um die technologische Adaptierung eines Vorganges, den es in analoger Weise in der Natur bereits gibt (Bionik). Sie stellt vielmehr etwas prinzipiell Neues dar, das den Weg der bionischen Nachahmung der Natur verlässt und dem seinesgleichen in der unbelebten und belebten Natur fehlt. Denn obwohl es den Lebewesen beispielsweise gelungen ist, viermal unabhängig voneinander das Fliegen zu erfinden – den Sauriern, den Insekten, den Vögeln und den Säugetieren – gibt es keine Anwendung der achsgelagerten Drehbewegung in der Natur.

Die in den Jahrhunderten vor der Zeitenwende in der heutigen Türkei erfundene Wassermühle, nach Karl Marx das „Urbild aller produktiven Maschinerie", wurde vom zeitgenössischen Chronisten Antipater von Thessalonike als Befreierin der Sklavinnen von der Mahlfron und Bereiterin des Goldenen Zeitalters gefeiert (→ Kap. 3.3.4, S. 238). Vermittels achsgelagerter Maschinen konnte Wasser mit der archimedischen Schraube oder mit Schöpfrädern gehoben werden, um Felder zu bewässern. Das Rad am Wagen vervielfachte die Transportkapazitäten. Ab dem elften Jahrhundert wurde, zuerst in Persien, auch die Windkraft zum Antrieb von Mühlen genutzt. Die Unterlegenheit der Kulturen Amerikas gegenüber jenen der Alten Welt in der direkten Konfrontation ab dem 16. Jahrhundert resultiert auch aus einer technisch-militärischen – Rad und Maschinen mit Achslagerung waren dort unbekannt.[12]

---

12 Für den Primärenergieverbrauch im Römischen Reich errechnet sich ein Wert von etwa 10 GJ pro Kopf und Jahr (Smil 2011a), das entspricht den ärmsten heutigen Ländern im Subsahara-Afrika. Die 25 Millionen (erwachsenen) Einwohner des späten Römischen Reiches wendeten (ohne die dominierende Holzverbrennung) etwa 30 PJ pro Jahr an mechanischer Energie auf (Smil 2010, 71). Davon stammte etwas mehr als die Hälfte aus menschlicher Muskelkraft (hauptsächlich von Sklaven), etwas weniger von Arbeitstieren, und lediglich knapp ein Prozent von den etwa 25.000 Wassermühlen. Die etwa acht Millionen Einwohner Österreichs verbrauchten 2009 im Vergleich dazu etwa 420 PJ an Endenergie für mechanische Zwecke. Umgerechnet in Pro-Kopf-Verbräuche ergibt sich daraus ein Verhältnis von 50 zu 0,64 GJ pro Kopf und Jahr zugunsten der Österreicher von 2009, wobei bei diesen die im Verhältnis zu den Römern sicher spärlicher eingesetzte Muskelkraft noch gar nicht mitgerechnet ist. Wassermühlen spielten in der Antike also, verglichen mit heutigen Energiekonsumgewohnheiten, trotz allem eine bescheidene Rolle.

Aus energiehistorischer Sicht blieben die folgenden Jahrhunderte gewissermaßen revolutionslos. Mit dem vorhandenen Ensemble an Technologien, dem Feuer und den Werkzeugen, die die achsgelagerte Drehbewegung nutzten, ließen sich Mühlen und Flaschenzüge, Belagerungsmaschinen und Hochöfen errichten und betreiben, die Solarenergie wurde weiterhin zum Trocknen von Lehmziegeln, Lebensmitteln und der Wäsche verwendet. In der klimatisch günstigen Periode des Hochmittelalters bis zum Beginn des 14. Jahrhunderts, in der es zu einer „industriellen Revolution des Mittelalters" kam, wurde mit den Nocken ein weiteres technisches Element entwickelt, das es erlaubte, den Wasserantrieb zu diversifizieren und beispielsweise Hämmer, Siebe und Sägen zu betreiben. Das Verständnis der mechanischen Zusammenhänge konnte aus empirischer Anschauung allmählich gesteigert, die Effizienz der Maschinen verbessert werden, was ihrer Verbreitung nutzte und dazu führte, dass die zugrundeliegenden Primärenergieträger, vor allem das Holz und das fließende Wasser, in bestimmten Gegenden auch der Wind, allmählich ausgeschöpft und knapp wurden (Propyläen 3, 25).

Die Niederlande gründeten ihre ökonomische Blüte im 17. Jahrhundert energetisch auf die Nutzung von Torf. Dieser besteht aus organischem Material, das unter Luftabschluss nicht vollständig abgebaut werden kann. Torf stellt mithin den ersten Schritt auf dem langen geologischen Weg vom organischen Material zur Kohle dar. Während 60 Prozent der Niederländer damals in Städten lebten, waren es im Rest Europas nur zehn Prozent. Torf konnte landesweit abgebaut und über Kanäle auf kurzen Wegstecken zu den frühen Fabriken transportiert werden, wo er für zahlreiche energie- und exportintensive Industrien wie die Herstellung von raffiniertem Zucker (1662 befand sich mehr als die Hälfte aller europäischen Zuckerraffinerien in den Niederlanden), Salzsiedereien und die Eisenherstellung eingesetzt wurde (de Decker 2011). Durch die kostengünstige Verfügbarkeit von Energie wuchs die Bevölkerung in den Niederlanden von 950.000 um 1500 auf 1,5 Millionen um 1600 und auf 1,9 Millionen um 1700 und damit wesentlich rascher als im europäischen- und Weltdurchschnitt

– wie auch die niederländische Wirtschaft in dieser Zeit doppelt so schnell wuchs wie diejenige im Rest der Welt.

Wärme wurde, neben der direkt genutzten Sonnenenergie zum Trocknen, im Wesentlichen durch das Verbrennen von Holz erzeugt. Bewegungsenergie steuerten Mensch und Tier bei sowie eine Handvoll von Maschinen wie Windräder und Wassermühlen. In Deutschland wurde Holz im 16., verstärkt im 18. und frühen 19. Jahrhundert zur Mangelware (Radkau 1989 nennt diesen Zeitraum deshalb „hölzernes Zeitalter"). In Großbritannien wurden gegen Mitte des 18. Jahrhunderts zwischen 10.000 und 20.000 Wassermühlen betrieben, in einigen Regionen gab es kaum noch geeignete Plätze für neue Mühlen. In Europa liefen im ausgehenden 18. Jahrhundert 500.000 bis 600.000 Wassermühlen, unter dem Stichwort „Mühle" zählt eine Enzyklopädie 138 verschiedene Arten von Gewerbemühlen auf (Propyläen 3, 35 ff) die für alle möglichen Arbeiten wie Hämmern, Sägen, Stampfen usw. verwendet wurden. Sowohl aus der Verknappung der Holz- wie auch der Wasserressourcen ergab sich ein Trend zur Dezentralisierung der Produktion; das wirkte der seit dem Spätmittelalter bestehenden Tendenz, die Gewerbe in den Städten zu konzentrieren, entgegen und begünstigte die Verlagerung der Gewerbeexpansion auf das Land. Eine wichtige Konsequenz der dezentral und begrenzt verfügbaren Energiequellen findet sich darin, dass es für das Gewerbe und die frühindustrielle Produktion eine natürliche obere Größengrenze gab. Die Produktion konnte nicht beliebig gesteigert werden, die Produktionsausweitung stieß, systemtheoretisch gesprochen, auf negative Rückkopplung, was im ökonomischen Bild abnehmendem Grenznutzen entspricht: Mit einer Wassermühle konnte nicht mehr als eine bestimmte Menge von Mehl ermahlen werden, ein Bach konnte nur eine begrenzte Zahl von Mühlen antreiben, Wachstum über diese Grenze hinaus war sinnlos.

Die dritte große Energierevolution sprengte die Grenzen, die durch die erneuerbaren Energieträger Holz, Wasser und Wind lokal und quantitativ vorgegeben und allmählich immer deutlicher spürbar geworden waren. Sie ersetzte die Biomasse Holz, die sich auf dem Pfad der solaren Kreislaufwirtschaft im Jahresrhythmus erneuert, durch Biomasse, die über viele Jahrmillionen gewachsen, abgestorben, durch geologische Vorgänge in der Erdkruste eingelagert und dort chemisch verändert worden war. Damit erfolgte der Zugriff auf die konzentrierte und gespeicherte solare Produktion von Jahrmillionen. Diese Revolution spielte die Wirtschaft von den erneuerbaren solaren Technologien frei, die gleichwohl weiter genutzt, verbessert und ausgebaut wurden. Viele Zeitgenossen empfanden das auch wirklich so, weil der Betrieb von Wasserrädern und Windmühlen aufgrund naturgegebener Schwankungen der ihnen zugrundeliegenden Naturphänomene, dem Wasserdargebot der Flüsse und der Windgeschwindigkeit, oft lange Zwangspausen hinnehmen musste. Diese dritte Revolution, in deren Bann wir bis heute stehen, führte von der Verbrennung von Biomasse – zumeist Holz für fast ausschließlich Wärmezwecke – zur Verbrennung fossiler Energieträger, also zur Nutzung von Kohle, Erdöl und Erdgas. Im Zuge der dritten Revolution erfanden die Menschen die technischen und erforschten die naturwissenschaftlichen Grundlagen (und zwar in dieser Reihenfolge!), um aus Wärme Bewegung und Kraft zu generieren. Diese Revolution erschuf die moderne Welt und die erste wirklich globale Zivilisation (Smil 2010, 149). Zugleich eröffnete sie aber über die Verbrennung jenem Kohlenstoff einen Weg zurück in die irdische Atmosphäre, den ihr biochemische Prozesse über Jahrmillionen, seit der „Erfindung" der Photosynthese durch die Blaualgen, entzogen hatten. Dieser Vorgang, der unvermindert anhält und in der irdischen Lufthülle jährlich zunehmende Mengen an Kohlendioxid deponiert – im Jahr 2012 beispielsweise zusätzlich 31,6 Mrd. Tonnen – ist dabei, das Klima des Planeten entscheidend umzugestalten.

In den wichtigsten Volkswirtschaften der Welt (Großbritannien, Deutschland, USA, Frankreich, Russland, China, Japan, Indien) vollzog sich die klassische historische Abfolge in der Verwendung der wichtigsten Energieträger im Wesentlichen von der Bioenergie zur Kohle, später zum Öl und zum Erdgas (Smil 2010, 28f). Wie die anderen Energierevolutionen ist allerdings auch die dritte insofern ein „Nichtereignis" (Radkau

2000, 79), als die Welt sich nicht synchron revolutionierte. Der Wandel, der sich seit ca. 1750 in Großbritannien und danach in Teilen Europas abspielte, ist in vielen Ländern gegenwärtig noch nicht vollzogen. Über zwei Milliarden Menschen leben weiterhin im „hölzernen Zeitalter", Holz und nicht-holzartige Biomasse tragen heute in Ländern wie Bangladesch, Sri Lanka oder Nepal mehr als 80 Prozent zur Primärenergieversorgung bei. Noch um 1850, mitten in der Industriellen Revolution, stammte knapp die Hälfte aller weltweit genutzten mechanischen Endenergie von Arbeitstieren, weitere 40 Prozent von menschlicher Muskelkraft, und lediglich die verbleibenden zehn bis 15 Prozent aus Wasserrädern und Dampfmaschinen. Hundert Jahre später war der Anteil der Arbeitstiere auf zehn Prozent geschrumpft, derjenige der menschlichen Muskelkraft auf höchstens fünf Prozent (Smil 2010, 71).

Kohle

Die erste Nutzung von Kohle ist im Römischen Britannien und im China der Han-Dynastie nachweisbar. Bis ins 16. Jahrhundert war Kohle in Britannien hauptsächlich der Brennstoff der armen Haushalte, die sich Holz nicht leisten konnten.

Der Vorteil der Kohle gegenüber der Holzkohle lag aber darin, dass man bei ihrer Verbrennung höhere Temperaturen erreichte (Smil 2010, 29). Die Erfindung von Koks – das ist Kohle, die von Schwefel und flüchtigen Bestandteilen gereinigt worden ist – erlaubte es, diesen fossilen Energieträger auch als Reduktionsmittel im Hochofen einzusetzen, die Eisenproduktion von Holzkohle auf Kohlebasis umzustellen und damit qualitativ hochwertigeres Eisen zu produzieren. Dieser Innovationsschritt am Beginn des 18. Jahrhunderts führte dazu, dass Großbritannien die Niederlande als führenden Industriestaat Europas ablöste und dort die Industrielle Revolution ihren Ausgang nahm (de Decker 2011).

Die Nachfrage nach Steinkohle nahm deshalb stark zu und trieb den Kohlebergbau in immer größere Tiefen. Dem setzten aber bald die Grubenwässer eine Grenze, was den Ruf nach einer starken Kraftmaschine zum Wasserpumpen erhöhte (Propyläen 3, 55).

Industrielle Revolution

Die **Wasserkraft**, nicht die Dampfmaschine, war bis in die 1870er Jahre in allen Industrieländern außer England die verbreitetste Antriebsenergie (Propyläen 4, 18ff). In den USA war noch 1870 in den ca. 55.000 Wasserrädern mit einer durchschnittlichen Leistung von je 21 PS etwa gleich viel Leistung installiert wie in den in Betrieb befindlichen Dampfmaschinen. Die Erforschung der Strömungsverhältnisse führte zu verschiedenen Typen von Wasserrädern wie Pelton-, Francis- und Kaplanturbinen; diese Forschungen wurden später bei der Konstruktion der Dampfturbinen für diese adaptiert.

In der frühindustriellen Phase konnten in den engen Tälern wegen fehlender Eisenbahnanschlüsse überhaupt keine Dampfmaschinen installiert werden. Dort, wo es möglich war, wurde aber ohnehin die Wasserkraft bevorzugt: um 1840 lagen die reinen Installationskosten für eine Pferdestärke (0,74 kW) Wasserkraft bei 200 Talern, für eine Pferdestärke Dampfmaschine bei 354 Talern, wobei für letztere zusätzlich noch laufend Brennstoffkosten anfielen. Die **Steinkohle** setzte sich in vielen Regionen Mittel- und Westeuropas nicht deshalb so zögernd durch, weil gegen sie tiefe Vorurteile bestanden hätten, sondern weil sie nicht gebraucht wurde. „Wo Wasserkraft vorhanden ist, verdient dieser Motor jedem anderen vorgezogen zu werden", schrieb noch 1852 Ferdinand Redtenbacher, einer der Begründer der Wissenschaft vom Maschinenbau in Deutschland, „er ist der billigste von allen Motoren, denn diese motorische Substanz kostet als solche gar nichts, und die zur Benutzung der Wasserkräfte erforderlichen Bauten und Einrichtungen kosten nie mehr, in der Regel viel weniger als jene, welche Dampfkräfte und Tiere verursachen." (Radkau 1989, 71) Ein entscheidender Unterschied zwischen Wasser- und Dampfantrieb bestand zusätzlich darin, dass die Anlage eines Wasserrades nicht erst oberhalb einer bestimmten Mindestgröße des Betriebes sinnvoll wurde, sondern – je nach Wasserdargebot – auch dem Kleinbetrieb möglich war. Beim tierischen Antrieb gab es ein „Downscaling" bis hinunter zu Hunde-, ja zu Mäusetreträdern. Erst die Dampfkraft brachte einen technisch bedingten Impuls zum Größenwachstum (Skalenökonomie) (Radkau 1989, 109).

Für die **Windenergie** stellten sich die Verhältnisse wirtschaftlich etwas ungünstiger dar: 1836 berechnete die holländische Regierung, dass für die Trockenlegung des nach einer Sturmflut überschwemmten Haarlemer Moors vor den Toren Amsterdams vier Jahre lang etwa 60 Windmühlen benötigt würden, während mit drei modernen Dampfmaschinen diese Arbeit in drei Jahren bewältigt werden könnte (Propyläen 4, 45).

1712 baute Thomas Newcomen die erste Dampfmaschine, die dazu benutzt werden konnte, eindringendes Wasser aus Kohleminen zu pumpen. Mit ca. 3,7 kW Leistung und einem Wirkungsgrad von unter einem Prozent war sie so ineffizient, dass sie nur direkt in Verbindung mit einer Kohlemine betrieben werden konnte. Damit etablierte er ein Prinzip, das seitdem auch bei anderen Energieträgern immer wieder angewandt wurde: Man benötigt Kohle, um Kohle zu gewinnen.

Mit der kohlebetriebenen Dampfpumpe verschwand die von den Wasser- und Windrädern bekannte sinnvolle obere Größengrenze für den Produktionsbetrieb. Jetzt ließ sich die Produktion an einem Standort beliebig steigern, die systemtheoretische Rückkopplung wurde positiv, ökonomisch gesehen etablierte sich eine „Skalenökonomie" („economy of scale"): je größer, desto (spezifisch) billiger konnte produziert werden. Die Kohle und der billige Kohletransport mit kohlebetriebenen Eisenbahnen und Dampfschiffen ermöglichte die großen Industriezentren (Hänggi 2011, 97) – und umgekehrt: die aus diesen Möglichkeiten entstandenen urbanen und industriellen Megakomplexe sind auf große Energiedichten und Energieimporte angewiesen.

Newcomens Konzept der Dampfmaschine baute auf Konstruktionen von Thomas Savery (Patent von 1698) und Denis Papin (1690) auf, die aber beide noch nicht wirklich für den praktischen Einsatz tauglich waren. Allen lag eine lange vergessene antike Erfindung des Heron von Alexandria (vermutl. erstes Jahrhundert n. Chr.) zugrunde, die offenbar noch nicht für den Antrieb von Maschinen tauglich gewesen und im Zeitalter des Barock wiederentdeckt worden war – 1575 erschienen Herons Schriften erstmals in lateinischer Sprache (Propyläen 3, 47 f).

James Watt verbesserte das Konzept von Newcomen erheblich und patentierte seine Konstruktion 1769. Durch die geschickte Zusammenarbeit mit einem Investor schaffte er es, seine Erfindung zu kommerzialisieren. Die Kommerzialisierung der Dampfmaschine, nicht ihre Erfindung, gilt als Startschuss für die Industrielle Revolution. Voraussetzung dafür waren staatlich garantierter Patentschutz und ökonomische Profitmöglichkeiten – den Energiebegriff, der sich rückwirkend mit Watts Erfindung verbindet, wie auch die Hauptsätze der Wärmelehre und die Theorie der Dampfmaschine kannte er noch nicht.

Die Dampfmaschine erfuhr ab 1820 eine erstaunliche Leistungssteigerung, der Zeitraum zwischen 1840 und 1880 markiert ihre „Reifejahre" (Propyläen 4, 45 f). Sie machte Produktionsprozesse unabhängig von den raren Standorten an Wasserläufen möglich. In Deutschland wurde der Wechsel von Biomasse zur Kohle ab 1870 staatlich unterstützt. Um 1840 erreichte Kohle einen Anteil von fünf Prozent am jährlichen Welt-Primärenergieverbrauch, in den 1890er Jahren überholte der jährliche Welt-Kohleverbrauch denjenigen von Biomasse (Smil 2010, 63).

Im Jahr 1900 wurden 800 Mio. Tonnen Kohle produziert, hundert Jahre später waren es 4.500 Mio.; aufgrund abnehmender Qualität der geförderten Kohle enthalten diese 4.500 Mio. jedoch nur etwa die vierfache Energiemenge der 800 Mio. von 1900 (Smil 2010, 31). Die Kohleproduktion, insbesondere der flächenintensive Tagbau, veränderte das zuvor agrarisch geprägte Landschaftsbild. Das 20. Jahrhundert ist geprägt von der gleichmäßigen Zunahme des absoluten Kohleverbrauchs bei gleichzeitiger Abnahme ihrer relativen Bedeutung, ihr Abbau verwandelte sich von einer sehr arbeitsintensiven zu einer hochmechanisierten Industrie.

Kohle ist mit einem Anteil von etwa einem Drittel an der Primärenergieversorgung der Welt der statistisch wichtigste Energieträger des 20. Jahrhunderts. Nach einer kurzen Stagnation in den 1990er Jahren stieg ihr Anteil an der Primärenergieversorgung der Welt ab 2001 dramatisch um 4,4 Prozent pro Jahr an, hauptsächlich getrieben von der Entwicklung in China, das 2001 der WTO beitrat: 2010 wird um 55 Prozent mehr Kohle verbraucht als 2000, ihr Anteil am Primärenergieverbrauch der Welt liegt 2011 bei etwa 28 Prozent. Und 40 Prozent der weltweit produzierten elektrischen Energie stammt aus Kohlekraftwerken (OECD/IEA 2011). China, das sich zum Kohleimporteur gewandelt hat, konsumiert 2008 43 Prozent der weltweit geförderten Kohle und zeichnet für 85 Prozent des Verbrauchszuwachses verantwortlich. Der Kohlemarkt ist wesentlich weniger konzentriert als der für Öl, er ist sehr kompetitiv, es gibt kein der OPEC vergleichbares Kohlekartell (Rühl 2010). Bei konstantem Verbrauch von 2010 würden die weltweit wirtschaftlich gewinnbaren Kohlereserven von einer Trillion Tonnen noch für etwa 150 Jahre reichen (OECD/IEA 2011).

Erdöl

Wie Kohle wurde auch Erdöl schon seit der Antike in kleinsten Mengen für verschiedene Zwecke genutzt. Die moderne Ära des Öls begann aber 1846 in Baku (heute Aserbaidschan, damals Russisches Reich) und 1859 in Pennsylvania in den USA (Smil 2010, 33). In Nordamerika wurde die Ölproduktion vorangetrieben, als man eine alternative Beleuchtungsquelle zum teuren Waltran suchte – diese Substitution ist eines der wenigen Beispiele für den ungewöhnlichen Vorgang, dass durch die Verdrängung eines erneuerbaren Rohstoffes durch einen fossilen die Nachhaltigkeit insgesamt erhöht wurde. Petroleumlampen machten die Beleuchtung zu einer Dienstleistung für fast alle; Gaslicht blieb demgegenüber den reicheren Bürgern vorbehalten. John D. Rockefeller (1839–1937) adaptierte für den Transport des Öls das Fass (Barrel), das noch heute als Verrechnungsbasis für Öl dient (Propyläen 4, 42f).

Die Bedeutung des Erdöls vergrößerte sich schlagartig, als es gelang, Verbrennungsmotoren auf der Basis von Erdölprodukten zu konstruieren. Der erste Otto-Motor, eine wassergekühlte Maschine mit zwei PS, lief 1876 (Propyläen 4, 57), 1892 wurde der Dieselmotor patentiert. Weltweit suchte man nunmehr nach Ölvorkommen. Sie wurden hauptsächlich in jenen Ländern, die noch heute den Großteil der Weltproduktion stellen, entdeckt und ausgebeutet. 1900 erreichte die globale Ölproduktion einen Wert von 150 Mio. Barrel pro Jahr – eine Menge, die hundert Jahre später in eineinhalb Tagen produziert wird. Am Vorabend des Ersten Weltkrieges veranlasste Winston Churchill als erster Lord der Admiralität die Umrüstung der britischen Kriegsflotte von Kohle- auf Ölbetrieb, was ihren Aktionsradius entscheidend erweiterte.

Der Ölverbrauch wurde vor allem durch den Wiederaufbau nach dem Zweiten Weltkrieg, durch die zunehmende Anzahl von Kraftfahrzeugen und den weltweiten Flug- und Schiffsverkehr angekurbelt – mit „1950er Syndrom" bezeichnet man den um 1950 einsetzenden Schub im Verbrauch aller Energieträger. Der Transport von Öl wurde durch ein wachsendes Netz von Pipelines und durch riesige Öltanker zu einem globalen Geschäft. Die 1950er und 60er-Jahre waren zwei Rekordjahrzehnte für die Entdeckung gigantischer Ölfelder in Saudi-Arabien, Dubai, Irak, Abu Dhabi, USA, Kanada, Westsibirien, Algerien, Libyen und Nigeria. Zu Beginn des 21. Jahrhunderts lagern drei Viertel der bekannten Weltreserven in 370 Riesenölfeldern, die sämtlich in den sechziger Jahren entdeckt worden sind (Smil 2005, 191 f).

1960 wurde von einigen Produzentenländern, die mit den niedrigen Ölpreisen zunehmend unzufrieden waren, die OPEC (Organisation of Petrol Exporting Countries) gegründet. Diese war es auch, die aus politischen Gründen 1973 die erste Ölkrise auslöste. Die erste wie auch die zweite Ölkrise von 1979/80 führten zu starken Preisanstiegen bei Rohöl und einem vorübergehenden Verbrauchsrückgang; die globale Produktion erreichte 1979 mit 3,2 Gt. (Gigatonnen) pro Jahr einen Höhepunkt, den sie erst 1994 wieder erreichte. Als Reaktion auf diese „Energiekrisen" wurde von den wichtigsten Industrieländern 1974 die Internationale Energieagentur (IEA) als autonome Einheit der OECD mit Sitz in Paris gegründet. Ihre Mitgliedsländer verpflichten sich unter anderem, strategische Ölreserven vorzuhalten.

Etwa 1955 überholte die Weltproduktion an Erdöl (gemessen in Energieeinheiten) jene von energetisch genutzter Biomasse, um 1970 jene von Kohle. 2010 liegt der Weltjahresverbrauch an Erdöl bei etwa 172 EJ oder 32,3 Prozent des gesamten Primärenergieverbrauches, was sie zum relativ bedeutendsten Energieträger macht. Ein Szenario der Internationalen Energieagentur von Dezember 2012 schließt allerdings nicht aus, dass ab 2017 der Anteil der Kohle an der Weltenergieversorgung jenen des Erdöls wieder überholen wird[13].

Ölprodukte werden nicht nur in Verbrennungsmotoren, Flugzeugturbinen und Heizungen verwendet, sie sind auch Rohstoff für die Kunststoffproduktion und für eine Vielzahl chemischer Produkte. Erdöl ist in der Welt, die wir kennen, ein vollkommen unverzichtbarer Rohstoff geworden. Auch für die Zukunft lässt sich aus vielen Gründen eine steigende Nachfrage nach Öl und Ölprodukten erwarten – wobei allerdings zweifelhaft bleiben muss, ob diese angebotsseitig auch nur annähernd befriedigt werden kann (Smil 2005, 206):

Die Weltbevölkerung wächst um etwa 80 Millionen Menschen pro Jahr, hauptsächlich in Asien, Afrika und Lateinamerika, und immer mehr Menschen können ihren Lebensstandard erhöhen und leisten sich Kühlschränke, Klimaanlagen und Kraftfahrzeuge. Unter den Bewohnern der Industrie- und Schwellenländer gibt es einen Trend zum Wohnen in den Vorstädten weitab von den Arbeitsplätzen, was oft mit dem Gebrauch überdimensionierter, treibstoffverschwendender Autos verbunden ist. Flugreisen werden auch für den Mittelstand aus den Schwellenländern erschwinglich; wenn man es sich leisten kann, möchte man die Welt sehen.

Erdgas

Auch der erste kommerzielle Gebrauch von Erdgas ist aus der Han-Dynastie Chinas um 200 v. Chr. überliefert. Über lange Zeit und teilweise bis heute wird verunreinigtes Erdgas, das als Begleitgas bei der Ölförderung austritt, aber einfach abgefackelt, weil es der Erdölförderung im Wege steht und man es nicht transportieren kann oder will.

---

13 http://www.iea.org/newsroomandevents/pressreleases/2012/december/name,34441,en.html (22. Dezember 2012).

Die moderne Ära des Erdgases begann mit drei Innovationen, die es zu einem Brennstoff für Haushalte und die Industrie machten: die kommerzielle Verbreitung sicherer Verbrennungstechnologie (Bunsenbrenner 1885), Hochdruckpipelines für den Transport über größere Distanzen (im Wesentlichen erst nach dem zweiten Weltkrieg) und effiziente Kompressoren, die das Gas durch die Rohre pumpen konnten (heute hauptsächlich Gasturbinen). Diese Voraussetzungen waren – mit der Ausnahme der USA, wo Erdgas bereits 1940 einen Anteil von zehn Prozent unter den fossilen Brennstoffen innehatte – erst nach dem Zweiten Weltkrieg erfüllt. Sie verhalfen der Erdgasindustrie zu globaler Präsenz.

Für die Versorgung von Städten mit Erdgas konnte man auf die Infrastruktur zurückgreifen, die zuvor schon für das Stadtgas aufgebaut worden war. Das giftige Stadtgas (zumeist eine Mischung aus Kohlenmonoxid und Wasserstoff, hergestellt aus glühender Kohle und Wasserdampf) (Smil 2010, 36) wurde allmählich durch Erdgas ersetzt, in Wien, beispielsweise, zwischen 1969 und 1978.

Erdgas verbrennt von allen fossilen Energieträgern am saubersten und mit der geringsten resultierenden Menge an CO_2 pro Energieeinheit. Und mit Erdgas erreicht man die höchsten Umwandlungswirkungsgrade aller fossilen Energieträger, das heißt, von der eingesetzten Primärenergie resultiert für den Verbraucher (etwa das Kraftwerk) die höchste Menge an Endenergie. Diese Eigenschaften machen es auch unter Umweltgesichtspunkten zu einem geschätzten Brennstoff. Erdgas wird auch in großen Mengen als nichtenergetischer Rohstoff genutzt, beispielsweise zur Herstellung von Ammoniak, Dünger, Kunst- und Sprengstoffen.

2005 wurden vier Prozent der globalen Erdgasproduktion abgefackelt, eine Menge, die ungefähr der Hälfte der russischen Erdgasexporte entspricht – Gasfackeln vom Nigerdelta über den Iran und Irak bis nach Sibirien leuchten als Punkte auf nächtlichen Satellitenfotos. Die zunehmende Bedeutung von LNG (verflüssigtes Erdgas) ermöglicht in Zukunft theoretisch die bessere Nutzung dieser bisher verschwendeten Mengen, weil sein Transport nicht mehr an die

Existenz von Pipelines gebunden ist, sondern auch per Schiff oder Schiene vor sich gehen kann. Etwa acht Prozent der international gehandelten Erdgasmenge wurden 2010 als LNG gehandelt. Mithin entwickelt sich langsam ein globaler Wettbewerbsmarkt für LNG, der zur Anpassung der Preise zwischen Europa, Nordamerika und Asien und zur Erhöhung der Energieversorgungssicherheit führen dürfte (Rühl 2010). Durch den relativ hohen Aufwand für die Verflüssigung des Erdgases von zehn bis 25 Prozent seines Energieinhaltes und die kostspieligen Verflüssigungsanlagen ist die Verflüssigung jedoch erst ab Transportstrecken von etwa dreitausend Kilometern wirtschaftlich sinnvoll – sie muss wirtschaftlich gegen eine Pipeline bestehen.

Ab etwa 1970 übertraf die jährlich geförderte Menge an Erdgas jene von Bioenergie, um 2000 erreichte sie kurzfristig jenen der Weltkohleproduktion, wurde aber aufgrund des Kohlebooms in China ab der Jahrtausendwende von dieser wieder überholt. 2010 werden 21,5 Prozent der Weltprimärenergie von Erdgas bereitgestellt. Im Laufe des 20. Jahrhunderts vergrößerte sich die jährlich geförderte Erdgasmenge von 0,23 auf 86 EJ.

Elektrische Energie

Elektrische Energie ist essenziell für die modernen Zivilisationen. Sie hat gegenüber den „alten" Endenergieformen eine Fülle von herausragenden Vorteilen, weil Erzeugung und Verwendung durch Transportleitungen räumlich auf große Entfernungen getrennt werden können und weil sie für beinahe alle Anwendungen herangezogen werden kann: Elektrizität wird zur Beleuchtung eingesetzt, für metallurgische Prozesse, für alle Transportzwecke (mit Ausnahme des Flugzeugs) und für stationäre Motoren. Elektrische Leistungen werden von Bruchteilen von Watt in mikroelektronischen Bauteilen bis zu Flüssen von vielen Gigawatt in nationalen Stromnetzen genutzt, sie überspannen also mehr als zwölf Größenordnungen.

Elektrische Phänomene sind seit dem Altertum bekannt. Bis in das Spätbarock fristeten sie jedoch hauptsächlich ein Dasein im Kuriositätenkabinett für die Belustigung gelangweilter Adelsgesellschaften und auf Jahrmärkten. Gezielt erforscht wurden sie etwa ab der Französischen Revolution, wobei die Komplexität der elektromagnetischen Phänomene ihrer theoretischen Beschreibung einigen Widerstand entgegensetzte.

Alessandro Volta (1745–1827) baute 1800 die erste Batterie, noch ohne dafür eine praktische Anwendung zu kennen. Hans Christian Oersted (1777–1851) entdeckte 1819, dass elektrische Ströme eine Magnetnadel ablenken können, André-Marie Ampère (1775–1836) präzisierte diese Vorstellung und fand eine Äquivalenzbeziehung zwischen elektrischem Strom und Magnetismus. Michael Faraday (1791–1867) entdeckte, dass in einem elektrischen Leiter, auf den ein veränderliches magnetisches Feld einwirkt, elektrischer Strom induziert wird, was die Grundlage für die spätere Umwandlung mechanischer Energie in elektrische darstellt. Seit den 1830er Jahren gab es mit der Telegraphie und der Galvanisierung erste gewerbliche Anwendungen für elektrische Energie, die allerdings noch aus Batterien (Bleiakkus) gespeist wurden, später aus einfachen Generatoren auf der Basis physikalischer Experimentiermaschinen.

Die Entdeckung des dynamoelektrischen Prinzips durch Werner von Siemens (1816–1892) im Jahr 1866 verbilligte Generatoren beträchtlich. Siemens erkannte das darin liegende wirtschaftliche Potenzial: Zuerst produzierte er auf dieser Basis allerdings magnetoelektrische Minenzünder für militärische Anwendungen, „den Vater aller Dinge" (Propyläen 3, 318ff).

Die breite kommerzielle Einführung elektrischer Energiesysteme ist aber weniger das Ergebnis kleiner innovativer Entwicklungsschritte und Entdeckungen, sie gründet vielmehr auf dem Entwurf eines kompletten Systems, das aus mehreren aufeinander abgestimmten Elementen besteht (Smil 2010, 40).

Thomas Alva Edison (1847–1931) errichtete in den 1870er Jahren nahe New York ein großes Entwicklungslabor, eine Art Erfindungsindustrie mit angeschlossener ökonomischer Verwertung, das zum Vorbild aller späteren industriellen Forschungs- und Entwicklungsabteilungen wurde. Ihm gelang die epochemachende gleichzeitige technische und kommerzielle Entwicklung auf jenen Ebenen, die elektrische Energiesysteme noch heute auszeichnen, nämlich bei der Produktion, der Übertragung, der Verteilung und dem Verbrauch elektrischer Energie. Er ging in der Folge als „System Builder" mit einem komplett aufeinander abgestimmten System auf den Markt, das aus Kraftwerken mit Generatoren für die Stromerzeugung, Kabeln und Leitungen für die Stromverteilung, Glühlampen mit dem heute noch gebräuchlichen Schraubgewinde und sämtlichem Zubehör wie Steckdosen, Zählern und Sicherungen bestand (Propyläen 4, 324). Natürlich arbeitete Edison dafür mit einem Team zusammen, das seine Ideen realisieren half, und er hatte mit John Mitchell einen Experten, der diese durch entsprechende finanztechnische Konstruktionen unterstützte. Gemeinsam hatten sie die Vision eines neuen technischen Systems und arbeiteten zielgerecht daran, alle Hindernisse zu beseitigen, die diesem entgegenstanden. Elektrisches Licht war anfangs teurer als das damals in den meisten Städten verbreitete Gaslicht, allerdings auch sicherer, was durch einige Theaterbrände eindrucksvoll illustriert wurde (Propyläen 4, 314ff).

Edison war überzeugt, dass die Zukunft dem Gleichstrom gehören würde – was er in seinen späten Jahren als seinen größten Fehler bezeichnete. Entsprechend waren die frühen Elektrizitätsnetze Gleichstromnetze, in Bleiakkumulatoren wurde die elektrische Energie zwischenzeitlich gespeichert, um die erheblichen Lastunterschiede auszugleichen. Diese Akkumulatorenspeicherung war ein herausragender Vorteil der Gleichstromsysteme, ein Nachteil war dessen geringe Reichweite von lediglich ca. 600 Metern.

Für Wechselstrom ließ sich das Reichweitenproblem mit der Erfindung des Transformators jedoch lösen, weil man die elektrische Energie mit hohen Spannungen und entsprechend geringeren Strömen wesentlich verlustärmer übertragen konnte. Dennoch zog sich der Kampf zwischen den Vertretern des Wechsel- (Tesla, Westinghouse) und des Gleichstromes (Edison) über viele Jahre hin. Er war weniger von der Suche nach dem technisch besten System geprägt als vielmehr vom

Kampf um Marktmacht: So erreichten die Proponenten des Gleichstromes, dass 1890 in den USA erstmals ein zum Tode Verurteilter mit hochgespanntem Wechselstrom hingerichtet wurde – ein Versuch, um die Welt auf die vom Wechselstrom ausgehende Gefahr hinzuweisen. Ab 1900 nahm der Gleichstromanteil aber überall ab und der Wechselstrom setzte sich allmählich durch.

Es dauerte allerdings lange, bis ein einheitliches System etabliert werden konnte. Elektrische Energie wurde in Eigenanlagen von Fabriken und Gewerbetreibenden erzeugt, zahlreiche Inselversorgungen mit unterschiedlichen Spannungen, Frequenzen, mit Gleich-, Wechsel-, oder Drehstrom produzierten nebeneinander. In Großbritannien existierten 1916 insgesamt 230 Elektrizitätsunternehmen in Privatbesitz und 327 in öffentlichem Besitz, welche elektrische Energie von Region zu Region, zum Teil von Wohnblock zu Wohnblock in verschiedenen Qualitäten und Spannungen anboten – in London gab es 1925 noch 24 voneinander abweichende Netzspannungen (Propyläen 4, 329).

Der Verbrauch elektrischer Energie wurde vom Konsum gesteuert, vor allem vom Wunsch nach Beleuchtung. In Deutschland wurde um 1890 etwa 96 Prozent des erzeugten Stromes für Beleuchtungszwecke verwendet. Der Tagesgang der Lastverteilung war deshalb denkbar unausgewogen, viele Elektrizitätswerke schalteten den Strom tagsüber ab (Propyläen 4, 339).

Auch auf der Erzeugerseite gab es Neuerungen. Bei entsprechendem Angebot an fließendem Wasser und an Fallhöhe konnte die Elektrifizierung auf Basis der Wasserkraft erfolgen. Das erste Wasserkraftwerk zur Elektrizitätsproduktion ging 1882 in den USA in Betrieb. Die Konstruktion von Turbinen zur Nutzung der Wasserkraft hatte das strömungstechnische Wissen verfeinert, was für die Konstruktion der ersten Dampfturbinen genutzt wurde.

1884 erhielt der britische Ingenieur Parsons ein Patent auf die Dampfturbine. Erstmals wurde sie 1890 in England eingesetzt, ab 1905 erreichte sie einen höheren Wirkungsgrad als die sehr träge und schwere Dampfmaschine, die das 19.

Jahrhundert als Antriebsaggregat dominiert hatte, und löste diese allmählich ab. Heute wird sie in vielen Kraftwerken zur Stromproduktion eingesetzt.

Während des Ersten Weltkriegs wurden in Deutschland unter kriegswirtschaftlichen Erwägungen Großkraftwerke gebaut: elektrolytische Aluminiumherstellung für den Flugzeugbau, Stickstoffsynthese für Dünger- und Sprengstoffproduktion waren primäre Ziele. In den zwanziger Jahren setzte sich der Trend zur Leistungssteigerung der Kraftwerke, zu immer größeren Übertragungsentfernungen und zu Verbundsystemen fort. Das „Gesetz zur Förderung der Energiewirtschaft" vom Dezember 1935 regelte die Frage dezentral oder zentral zugunsten der zentralisierten Erzeugung (Propyläen 5, 78ff).

Es ist nicht übertrieben, die Einführung elektrischer Energiesysteme als Revolution zu bezeichnen. Sie bringen uns Licht und mechanische Bewegung in die Haushalte und ermöglichen uns von der Kühlung bis zur Telekommunikation eine Fülle von Dienstleistungen und Annehmlichkeiten. Etwa 1,3 Milliarden Menschen müssen weltweit aber weiterhin auf elektrische Energie verzichten.

Elektrische Energie hat sich in modernen Industriegesellschaften beinahe überall durchgesetzt – mit einer entscheidenden Ausnahme: dem Bereich der Mobilität. Die Gründe dafür liegen allerdings auf der Hand. Der größte Vorteil des konkurrierenden Verbrennungsmotors im Automobil ist das geringe Gewicht des Energiespeichers, der mit dem Fahrzeug mittransportiert werden muss, nämlich des sehr energiedichten Treibstoffs. Die Luft für die Verbrennung von Benzin oder Diesel wird der Umgebung entnommen, das Verbrennungsprodukt an diese abgegeben. Elektromotoren hingegen bedürfen schwerer, teurer Batterien, um vergleichsweise geringe Energiemengen zu speichern: Ein Kerosin- oder Benzintank speichert ca. 42 MJ pro kg Masse, eine moderne Li-Ionen-Batterie mit ca. 0,4 MJ pro kg ungefähr ein Hundertstel dessen. Dieser Unterschied lässt sich auch durch den geringeren Verbrauch des Elektromotors nicht wettmachen. Gelingt es hingegen, den Elektro-Energiespeicher irgendwo extern zu installieren und das Fahrzeug via Kabel aus der Ferne mit elek-

Elektrische Energie

Die wichtigsten Gründe für den Siegeszug der elektrischen Energie sind (Smil 2010, 41f):

• Die epochemachende synchrone Mehrfachentwicklung Edisons mit Produktion, Übertragung, Verteilung und Verbrauch elektrischer Energie.

• Eine Fülle von technischen Verbesserungen, die zu enormen Effizienzsteigerungen führte. Größere Produktionseinheiten sind meistens spezifisch kostengünstiger, die Übertragung elektrischer Energie ist damit auch in kontinentalen Größenordnungen wirtschaftlich möglich.

• Der 1888 von Nikola Tesla patentierte Induktionsmotor, der es möglich machte, an jedem Ort mit ausreichender Elektrizitätsversorgung mechanische Energie bereitzustellen, und zwar mit einer Umwandlungseffizienz, die von Verbrennungsmotoren nicht annähernd erreicht wird (zuvor erfolgte die Kraftverteilung in Fabriken, ausgehend von Dampfmaschinen oder anderen Erzeugern, über Riemen, Ketten oder Wellen rein mechanisch mit enormem Materialeinsatz und Gefahrenpotenzial).

• Elektrische Energie kann in einem Leistungsbereich von Milliwatt in elektronischen Bauteilen bis zu tausenden Megawatt in transkontinentalen Netzen bereitgestellt werden, also über zumindest zwölf Größenordnungen.

• Der unvergleichliche Komfort für den Endverbraucher, der auf Knopfdruck und äußerst kostengünstig und sauber über Licht, mechanische Energie und Wärme verfügen kann.

trischer Energie zu versorgen, ist der Elektroantrieb schon heute konkurrenzlos, siehe Elektrolok, Straßenbahn oder Schilift.

Der Großteil der heute (2010) weltweit produzierten elektrischen Energie von 21.408 TWh (Terawattstunden), nämlich 67,5 Prozent, stammt aus der Verbrennung fossiler Energieträger, wiederum zwei Drittel davon aus der Verbrennung von Kohle. Etwa 16 Prozent kommen aus der Wasserkraft, 12,9 Prozent aus Kernenergie, immerhin 3,6 Prozent aus Erneuerbaren wie Wind und Solarenergie. Immer mehr fossile Energie wird indirekt in Form von Elektrizität verbraucht, aber auch Primärelektrizität (aus Wasserkraft oder Wind, also ohne vorangehende Verbrennung) gewinnt an Bedeutung (Smil 2010, 39 ff).

Wasserkraft

Der älteste bekannte Staudamm, von dem noch Reste bestehen, stammt aus Ägypten aus dem Jahr 4900 v. Chr. Er diente wahrscheinlich der Bewässerung und illustriert eine zumindest siebentausendjährige Geschichte gewollten menschlichen Eingriffs in den Wasserhaushalt der Erde. Dieser Eingriff war von Anfang an mit Herrschaftsansprüchen verbunden. Staudämme waren stets auch politische Prestigeprojekte, für Pharaonen und Kaiser, Kolonisten und Antikolonisten, Kommunisten und Demokraten. Deshalb gibt es unter ihnen so viele ökonomisch und ökologisch zweifelhafte Projekte. Für Jawaharal Nehru (1889–1964), den indischen Ministerpräsidenten von 1947 bis 1964, galten Staudämme als „Tempel des modernen Indien". In China gehörte die Bändigung der Flut zum Kaisermythos, Überschwemmungen galten als Zeichen für das Versagen der Regierung und Korruption; mehrmals waren große Überflutungen Anlass für den Sturz von Dynastien.

Im Zuge der Dekolonisierung ab den 1950er Jahren gestalteten sich Staudammprojekte zu Prestigeprojekten in der Dritten Welt. In den 1960 und 1970er Jahren wurden pro Jahrzehnt jeweils ca. 5.000 Staudämme gebaut, ein vorher und später nicht mehr erreichter Wert; seit den 1980er Jahren geht die Anzahl neu realisierter Staudammprojekte zurück. Als ab den 1950er Jahren Staudämme zunehmend in dichter bevölkerten Regionen gebaut wurden, mussten mehr und mehr meist arme Landbewohner umgesiedelt werden – im 20. Jahrhundert mussten zumindest 40, womöglich sogar 80 Millionen Menschen aufgrund des Baus von Staudämmen ihre Heimat verlassen. Etwa 60 Prozent aller großen Staudämme wurden in China und Indien gebaut. In tropischen Ländern können Stauseen Brutstätten von Krankheiten wie Malaria und, wenn bei ihrem Bau die bestehende Vegetation einfach geflutet wird, enorme Quellen von Treibhausgasemissionen (Methan) sein.

Im Zuge des New Deal des US-amerikanischen Präsidenten Roosevelt errichtete die Tennessee Valley Authority (TVA) in den 1930er Jahren in den USA 21 Staudämme. Mit diesem Kraftakt zogen sich die USA selbst aus der tiefen Wirtschaftskrise – und schufen damit ein Großprojekt, das über Jahrzehnte hinweg als allgemeingültiges Vorbild für jedwede Entwicklung galt. Die Faszination der Energieerzeugung erschlug alle Bedenken und verdrängte die multiperspektivische Sicht auf das Wasser. Die Weltbank stellte sich mit vielen Staudammprojekten in der Dritten Welt ziemlich unkritisch in die Tradition der TVA. Vor allem in südlichen Ländern sind Staudammprojekte daher oft zu einem Abbild ökologisch verheerender Großtechnik geworden.

Der Assuan-Staudamm in Ägypten wurde unter der Präsidentschaft von Gamel Abdel Nasser (1918–1970) errichtet, der darin auch ein Symbol für das heroische Image, das er für sich selbst vorgesehen hatte, und für einen panarabischen Nationalismus sah. Der Assuan-Staudamm wurde zwischen 1960 und 1971 von sowjetischen Ingenieuren gebaut, die Projektierung reicht aber bis weit in die britische Kolonialzeit zurück. Der hinter dem Damm aufgestaute See, der den Namen Nasser erhielt, fasst mit 150 Kubikkilometern das Zwei- bis Dreifache der Jahresflussmenge des Nils und verhindert wie geplant die jährlichen Überschwemmungen in Ägypten. Ohne den fruchtbaren Schlamm aus den Nil-Überschwemmungen muss aber ein großer Teil der im Wasserkraftwerk produzierten elektrischen Energie für die Produktion von Dünger verwendet werden. Etwa ein Sechstel des Nilwassers verdunstet im Staussee.

An den Niagarafällen in den USA wurde 1896 das erste Großwasserkraftwerk zur Elektrizitätsproduktion in Betrieb genommen (Propyläen 5, 71 ff). Wasserkraftwerke waren neben Kohlekraftwerken zu Beginn des 20. Jahrhunderts die gängigen Technologien zur Erzeugung elektrischer Energie. In dieser Zeit war Italien, das keinen Zugriff auf Kohle hatte, hinsichtlich der Nutzung der Wasserkraft das führende Land in Europa. Praktisch die gesamte elektrische Energie wurde in den Alpen aus Wasserkraft gewonnen und hauptsächlich in der Po-Ebene verbraucht, wo sich drei Viertel der Industrieproduktion und -arbeiter Italiens konzentrierten.

Die Nutzung der Wasserkraft stellt für die Ökologiebewegung ein Dilemma dar. Einerseits wird sie begrüßt, weil sie eine erneuerbare Energiequelle darstellt, andererseits sind Wasserkraftwerke naturgemäß massive Eingriffe in die Landschaft. In Österreich etwa öffnete sich im Zuge der geplanten Errichtung des Wasserkraftwerks Hainburg 60 km stromabwärts von Wien ab 1984 ein Konflikt, der mitten durch das Herz der Umweltbewegung ging: Der Nobelpreisträger Konrad Lorenz und sein Schüler, der Verhaltensforscher Otto König, fanden sich plötzlich an genüberliegenden Fronten wieder. König wollte dem bloßen Konservieren eines vertrauten Stücks Landschaft ein aktiv-strategisches Handeln entgegensetzen, das auf umweltverträgliches Wirtschaften setzte. Für ihn war die Wasserkraft die notwendige Alternative zu den wesentlich umweltschädlicheren Energieträgern Kohle und Atomenergie. Für Konrad Lorenz und die Mehrheit der Umweltschützer ging es bei ihrem Engagement gegen das Wasserkraftwerk hingegen um den Schutz eines unverzichtbaren Stücks Natur.

Demgegenüber scheinen Kleinwasserkraftwerke, worunter man jene unter einer Engpassleistung von 10 MW zusammenfasst (die Terminologie ist hinsichtlich der Definition von Kleinwasserkraft jedoch nicht eindeutig), eine Fülle der Nachteile der großen Dämme zu vermeiden. Sie fügen sich im Allgemeinen näher an den natürlichen Energiestrom der Gewässer an und greifen baulich weniger stark in die Landschaften ein.

In Gestalt der Pumpspeicher ist die Wasserkraft auch weiterhin die wichtigste und am weitesten verbreitete Möglichkeit, Energie zwischen Zeiten hohen Angebots und solchen hoher Nachfrage zu speichern. Dabei wird Wasser zwischen einem niedrigen und einem hochgelegenen Reservoire je nach Bedarf hinaufgepumpt bzw. über eine Turbine und einen Generator abgebaut und die resultierende Energie als Strom weggeleitet. Die ersten Pumpspeicher wurden um 1890 in Italien und in der Schweiz gebaut (Smil 2005, 246 ff; Radkau 2011, 208; Radkau 2000, 291; McNeill 2001, 157 ff).

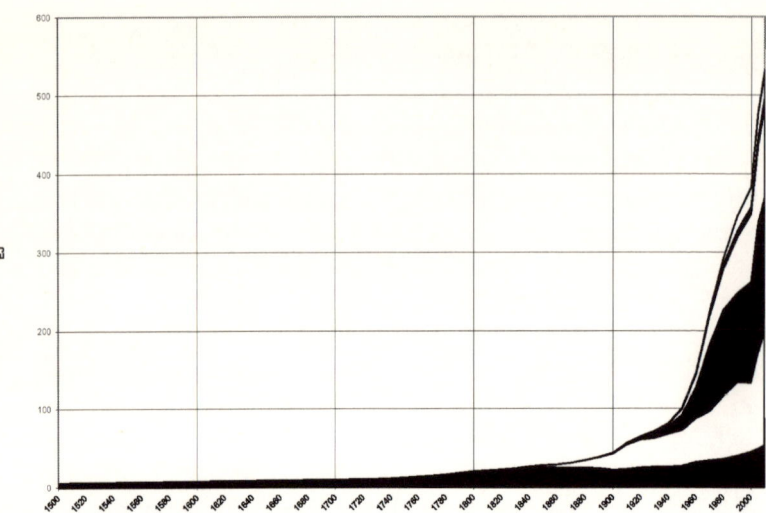

Von oben nach unten:
■ Wind, Solarenergie, Geothermie □ Kernenergie (primär)
■ Elektrizität aus Wasserkraft □ Erdgas ■ Erdöl □ Kohle ■ Biomasse

Abbildung 1: Der Primärenergieverbrauch der Menschheit zwischen 1500 und 2010 in Exajoule (EJ) pro Jahr. Der hier dargestellte Zeitraum von ca. 500 Jahren spiegelt zugleich das Zeitalter abendländischen utopischen Denkens. Deutlich ist zu erkennen, dass mit der Industriellen Revolution eine Dynamik einsetzte, die hauptsächlich auf fossile Energie gründete. Diese wurde nach dem Zweiten Weltkrieg („50er Jahre Syndrom") durch immer energieintensiveren Konsum von immer mehr Menschen gesteigert und ab den späten 1990er Jahren durch den Wirtschaftsaufschwung in China ein weiteres Mal beschleunigt (man könnte entsprechend von einem „Nuller Jahre Syndrom" sprechen; auch dieser Anstieg gründet auf der beschleunigten Nutzung bekannter Technologien und fossiler Energie und nicht auf neuen Erfindungen). Zahlenwerte nach Vaclav Smil 2008; 2010, World Energy Outlook 2012 und eigenen Berechnungen.

Überblickt man die hier zusammengefasste beispiellose Aneignung und technologische Umwandlung von fossilen Energiebeständen und natürlichen Energieflüssen durch den Menschen, so stellt man etwas überrascht fest: Um 1900 war mit wenigen Ausnahmen alles da, was wir heute kennen. Die drei wichtigsten fossilen Energieträger (Kohle, Erdöl, Erdgas) wurden immer effizienter gewonnen, die Elektrizitätserzeugung verbreitete Licht und mechanische Energie in Dörfern

Primärenergieverbrauch der Menschheit seit 1500

Energieträger	Verbrauch 1500–1800	Verbrauch 19. Jh.	Verbrauch 20. Jh.
Biomasse	2.925	2.370	3.025
Kohle	9	485	5.358
Erdöl	0	8	4.539
Erdgas	0	2,4	2.324
Elektrizität aus Wasserkraft	0	1,1	288
Kernenergie	0	0	399
Wind, Solarenergie, Geothermie	0	0	6
Summe	2.934	2.867	15.938

Tabelle 1: Primärenergieverbrauch der Menschheit für den Zeitraum des utopischen Denkens seit Beginn der Neuzeit in Exajoule (EJ). Der Primärenergieverbrauch der Menschheit in 2011 beträgt ca. 547 EJ pro Jahr. Zahlenwerte nach Smil und anderen verschiedenen Quellen, eigene Berechnungen, Werte gerundet.

und Städten, die wichtigsten Komponenten des modernen Energiesystems wie große Kohleminen, Bohranlagen, Raffinerien, Pipelines, Tanker und Kraftwerke wurden betrieben. Es gab aber keinen massenhaften Besitz von Autos, obwohl die Motoren dafür erfunden waren. Es gab neben der sporadischen Beleuchtung kaum Anwendungen der Elektrizität in den Haushalten, obwohl mit dem Elektromotor und der Glühbirne die wichtigsten Voraussetzungen dafür erfunden waren. Es gab eine energieintensive chemische Industrie, aber noch keine Ammoniaksynthese, die Grundlage für die Stickstoffdüngung und damit die wesentliche Voraussetzung dafür, dass der Planet heute sieben Milliarden Menschen ernähren könnte. Und es gab natürlich noch keine Flugzeuge, keine Gasturbinen, keine Energieproduktion auf nuklearer Basis und keine elektronischen Geräte (Smil 2010, 149).

2.2 Zu viel, zu wenig, das Falsche – Ungewissheit und Widerspruch der Gegenwart

> „Es ist die Wirklichkeit, welche die Möglichkeiten weckt, und nichts wäre so verkehrt, wie das zu leugnen."
> Robert Musil, *Der Mann ohne Eigenschaften*

Zu viel

Das 21. Jahrhundert gab, solange es fern in der Zukunft lag, eine ideale Projektionsfläche für eine gänzlich andere Zukunft ab. Nicht nur sollte schon 2001 eine bemannte Odyssee in den Weltraum führen, die Menschheit sollte mit billiger Energie aus Brutreaktoren oder Kernfusionskraftwerken förmlich überschwemmt werden, während Kohle praktisch vom Markt verschwunden sein würde.

In der ersten Dekade des 21. Jahrhunderts hat sich die Welt allerdings in großen Schritten in die Richtung der fossilen Energieträger bewegt anstatt weg von ihnen. Zugleich wuchsen die „neuen" Erneuerbaren – Wind, Sonnenenergie, Biomasse – zwar mit unglaublicher Geschwindigkeit, blieben absolut gemessen aber dennoch weit hinter den Fossilen zurück.

Das 20. Jahrhundert ist aus beinahe jedem Betrachtungswinkel ein *Zeitalter der Extreme* (Eric Hobsbawm). Es ist eine Zeit der unerreichten Dynamik und Veränderungen, der Steigerung des materiellen Umsatzes und der materiellen Aneignung weit über alle bis dahin erreichten Grenzen hinaus, der gewollten, in Kauf genommenen oder zumindest nicht verhinderten Veränderungen der Erde und ihrer Fähigkeit, die materiellen Grundlagen dieser Lebensweise bereitzustellen (McNeill 2001). Es ist auch ein Jahrhundert des Bevölkerungswachstums und der Anwendung bis dahin unbekannter ideologisch begründeter Gewalt.

Bevor wir aber unseren Möglichkeitssinn damit befassen, einen natur- mit einem geisteswissenschaftlichen Kontext zu verbinden und die Gedanken mit den Möglichkeiten der Zukunft zu beschäftigen, müssen wir ihn auf dem Fundament jenes Wirklichkeitssinnes schärfen, den Robert Musil als mit dem Möglichkeitssinn notwendig verbunden erachtet hat.

Energieverbrauch im 19. und 20. Jahrhundert

Entgegen einer oft strapazierten Behauptung war das 19. Jahrhundert eines der bevorzugten Nutzung von Bioenergie, von der etwa fünf Mal so viel verbraucht wurde wie von der Kohle. Diese dominierte dafür das 20. Jahrhundert. Der verzerrte Eindruck, der ein schnell wachsendes Phänomen gegenüber einem dominanten, aber relativ statischen im Vorteil sieht, ist als Weber-Fechnersches Gesetz (→ S. 400) der Wahrnehmungspsychologie bekannt. Darum muss man auch die Wahrnehmung der Gegenwart als Zeitalter der Erneuerbaren relativieren – dieses wird durch einige sichtbare Solarpaneele und Windräder allenfalls zart eingeläutet. Im gesamten 19. Jahrhundert verbrauchte die Menschheit etwa fünf Mal so viel an Primärenergie wie in einem Jahr der 2010er Jahre.

Der Verbrauch an Primärenergie inklusive der in den Entwicklungsländern von den Menschen selbst gesammelten Biomasse (diese wird gerne als „nichtkommerziell" bezeichnet und in Statistiken häufig ignoriert) erhöhte sich während des 20. Jahrhunderts von 44 auf 383 EJ um das 8,7-Fache (die Menge an kommerziell gehandelten Energieträgern, also ohne die Biomasse, im selben Zeitraum um das knapp 16-Fache), während sich die Weltbevölkerung im selben Zeitraum von 1,6 Milliarden auf 6,1 Milliarden beinahe vervierfachte.

Durch den technischen Fortschritt, Effizienzsteigerungen auf allen Ebenen und die Einführung neuer Technologien im 20. Jahrhundert ist es in den Industrieländern gelungen, die Gesamteffizienz der Energieverwendung um einen Faktor 2 bis 3 zu erhöhen – pro eingesetzter (d. h. verbrannter) Einheit an Primärenergie kommt beim Verbraucher im Jahr 2000 also, verglichen mit einem Jahrhundert zuvor, die zwei- bis dreifache Menge an zu nutzender Endenergie an. Verbindet man diesen Anstieg mit der gleichzeitigen Zunahme des Pro-Kopf-Verbrauches an Primärenergie, zeigt sich, dass in den industrialisierten Ländern im Jahr 2000 pro Einwohner, verglichen mit dem Jahr 1900, die acht- bis zwölffache Menge an Endenergie zur Verfügung steht, wodurch sich Komfort, Sicherheit und Lebensqualität ebenfalls entsprechend vergrößerten (Smil 2005, 6ff).

Nennt man die Zahl von ungefähr 547 EJ an jährlichem Primärenergieverbrauch der Menschheit für das Jahr 2011 (2010 waren es noch 533 EJ, die Steigerung in einem Jahr entspricht ungefähr dem Primärenergieverbrauch Deutschlands), dann wird damit nur den Wenigsten etwas veranschaulicht. Diese 547 EJ ergeben, legt man sie auf die sieben Milliarden Erdenbürger gleichmäßig um, einen statistischen Pro-Kopf-Verbrauch von ca. 77,3 GJ (Gigajoule) pro Jahr (→ Abbildung 5, S. 105), was sich immerhin als der Energieinhalt von etwa fünf Tonnen trockenen Holzes oder 1.670 Litern Diesel veranschaulichen lässt. Aber auch mit dieser Durchschnittszahl kommt man der Wirklichkeit nur einen kleinen Schritt näher. Der Realität näher kommen wir, wenn wir den Pro-Kopf-Verbrauch regional aufschlüsseln. Dann wird schnell sichtbar, wo die Menschen im Durchschnitt viel und wo wenig Energie verbrauchen, und es zeigt sich ein schon aus anderen Zusammenhängen[14] bekanntes Bild: Muss ein durchschnittlicher Bewohner in Afrika südlich der Sahara zu Beginn des neuen Jahrtausends (2010) mit 26 GJ pro Jahr auskommen (Z. B. Kamerun, Kongo: 15 GJ, Tschad: 7 GJ, Zentralafrikanische Republik: 6 GJ pro Person und Jahr), ein Durchschnittsinder mit 23 GJ pro Kopf – beide nutzen ihr statistisches Energiequäntchen hauptsächlich in Gestalt von selbst gesammelter Biomasse – so verbraucht ein durchschnittlicher Österreicher mit ca. 160 GJ pro Kopf und Jahr schon mehr als ein durchschnittlicher Europäer, der es auf 141 GJ bringt. Alle werden aber vom nordamerikanischen (USA, Kanada) Otto Normalverbraucher in den Schatten gestellt, der 2010 statistisch ca. 300 GJ pro Kopf und Jahr umsetzt.

Angesichts dieser Mengen an Energie, die am Beginn des 21. Jahrhunderts weltweit gesucht, gefördert, bewegt, gehandelt und verbraucht werden, und der Zunahme dieser Menge im Lauf des 20. und des ersten Jahrzehnts des 21. Jahrhunderts könnte man vermuten, diese Entwicklung sei durch zahllose entscheidende Erfindungen dieses Zeitraums ermöglicht wor-

---

14 ... etwa aus der regionalen Verteilung der Nahrungsmittelverfügbarkeit, der Grundschulbildung oder anderer materieller und ideeller Lebensgrundlagen.

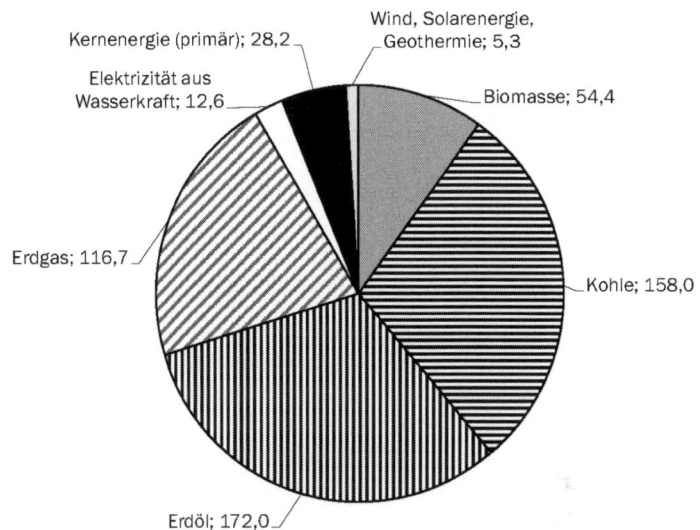

Kernenergie (primär); 28,2

Elektrizität aus
Wasserkraft; 12,6

Wind, Solarenergie,
Geothermie; 5,3

Biomasse; 54,4

Erdgas; 116,7

Kohle; 158,0

Erdöl; 172,0

Abbildung 2: Der Primärenergieverbrauch der Welt für 2011 beträgt etwa
547 EJ (Exajoule). Weiterhin dominieren die fossilen Energieträger Kohle, Öl
und Erdgas. Bei der Bewertung der Kernenergie (wie auch bei Kohle, Erdgas und Erdöl, soweit diese Energieträger verstromt werden), muss man berücksichtigen, dass bei deren Verstromung etwa zwei Drittel der Energie als
Abwärme verloren gehen, ihr Anteil an der (für den Menschen nutzbaren)
Endenergie ist also annähernd so groß wie der der Wasserkraft. Die ca.
547 EJ setzen sich aus Kohle, Öl, Erdgas, Biomasse, nuklearer Primärenergie, Wasserkraft und Erneuerbaren wie Windenergie, Solarenergie, Geothermie und ein paar Exoten wie Gezeiten- und Wellenenergie zusammen.
Nicht enthalten sind hier menschliche Arbeitskraft von ca. 2,7 EJ/Jahr und
tierische Arbeitskraft (ca. 2 EJ/Jahr), die regional sehr unterschiedliche relative Beiträge liefern, etwa 155 EJ an produzierten Nahrungsmitteln und
deren Rückständen (Biomasse) sowie die direkte Strahlungsenergie der
Sonne, die für lebbare Temperaturen auf der Erde sorgt und pro Jahr ca.
5,5 Mio. EJ auf die Erde transportiert. Quelle: OECD/IEA 2013: World Energy
Outlook 2013; Krausmann et al. 2013, ergänzt um eigene Berechnung der
von Menschen und Arbeitstieren erbrachten Arbeitsenergie auf Basis von
durchschnittlich 100 Watt Leistung an 3 Stunden pro Tag pro Person.

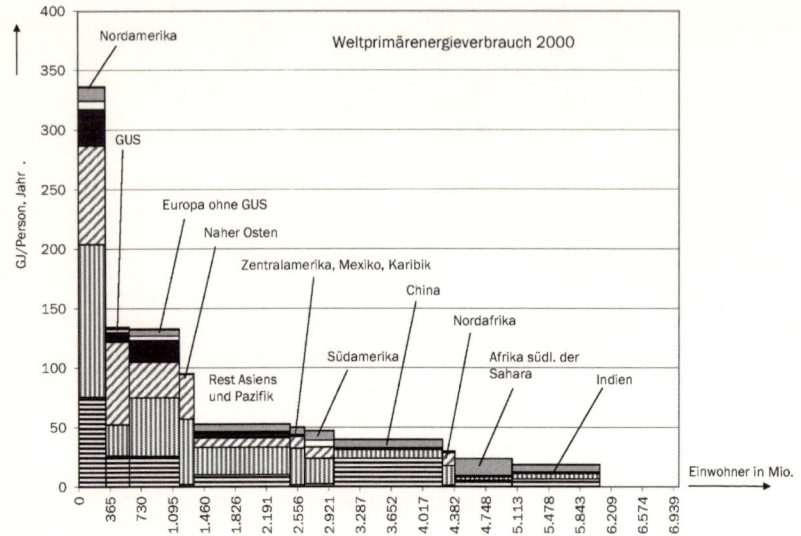

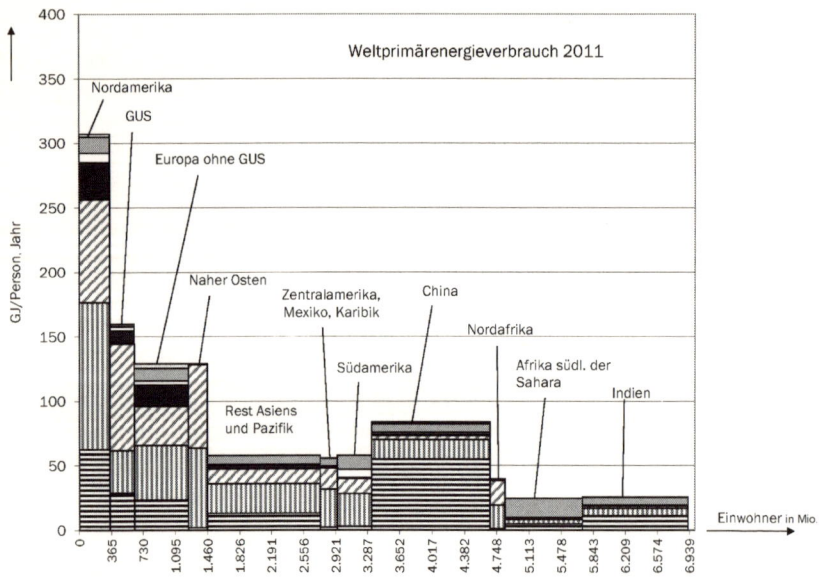

92

Abbildung 3: Die regionale Verteilung des Pro-Kopf-Energieverbrauches zu Beginn des 21. Jahrhunderts offenbart die Dynamik der Gegenwart. Sie illustriert die Situation des Primärenergieverbrauches in den Jahren 2000 (oberes Bild) und 2011 (unteres Bild). Für diese Bilder ist die Welt in elf Regionen unterteilt. Im ersten Jahrzehnt des 21. Jahrhunderts ist der Weltprimärenergieverbrauch von 400 auf 547 EJ (Exajoule) gestiegen, die Weltbevölkerung hat von 6,08 auf 6,93 Milliarden Menschen zugenommen, was man daran erkennt, dass einzelne Kästchen breiter geworden sind. Der Pro-Kopf-Energieverbrauch des durchschnittlichen Erdenbewohners hat in dieser Zeit von 63 auf 77 GJ pro Jahr zugenommen. Deutlich sind die Regionen erkennbar, in denen sich Wachstum abspielt und jene, die auf hohem Verbrauchsniveau stagnieren oder deren Primärenergieverbrauch sogar leicht zurückgeht. Am eindrucksvollsten nimmt sich die Änderung in China aus. Elektrische und thermische Energie aus den sogenannten „neuen Erneuerbaren"(Wind, Solarenergie, Geothermie) ist in Europa und Nordamerika 2011 bereits als dünner Streifen erkennbar, sie ist aber weit von jeglicher Dominanz entfernt. Für die Bewertung von Kohle, Erdgas und insbesondere der Kernenergie ist wichtig, dass diese hier als Primärenergieträger dargestellt sind. Wird daraus elektrische Energie hergestellt, gehen bei der Kernenergienutzung etwa zwei Drittel der Primärenergie als Abwärme verloren, bei der Kohleverstromung (ohne Abwärmenutzung) ebenfalls, die Erdgasverstromung ist etwas effizienter.

Dieses dynamische Bild der Gegenwart, verknüpft mit der langfristigen Entwicklung aus Abbildung 1, illustriert die extreme Sonderstellung der Bewohner der Industrieländer am Beginn des 21. Jahrhunderts in zeitlicher und räumlicher Hinsicht. Abbildung 3 ist eine Aufnahme der Dynamik der Welt zum Zeitpunkt des prognostizierten Endes der euroatlantischen Dominanz. Demnach soll die OECD in den nächsten Jahren und Jahrzehnten relativ an Bedeutung verlieren und von den aufsteigenden Staaten Asiens und Lateinamerikas abgelöst werden.

Die Grafiken sind folgendermaßen zu lesen: Auf der x-Achse ist die Anzahl der Menschen angeführt, die im jeweiligen Teil der Welt leben (in Nordamerika 2011 also beispielsweise ca. 350 Millionen). Auf der y-Achse findet sich der durchschnittliche Pro-Kopf-Primärenergieverbrauch dieser Menschen (für Nordamerika im Jahr 2000 also ca. 335 GJ pro Kopf und Jahr), aufgeteilt in die jeweiligen Primärenergieträger (von unten nach oben: Kohle, Öl, Gas, primäre Kernenergie, Elektrizität aus Wasserkraft, Biomasse, andere Erneuerbare). Die Fläche jedes Kästchens ergibt somit den Gesamtenergieverbrauch der jeweiligen Region (ca. 105 EJ für Nordamerika im Jahr 2000). GUS („Gemeinschaft Unabhängiger Staaten"): Damit sind hier die Nachfolgestaaten der Sowjetunion ohne das Baltikum zusammengefasst. Die GUS wurden 1991 gegründet; ihr Status ist 2014 zum Teil unklar. Aus statistischen Gründen wird die Bezeichnung hier aber beibehalten.

Quellen: www.iea.org,; BP Statistical Review of World Energy (2013); renewables2013, Global Status Report, www.ren21.net.

den. Wie schon oben erwähnt, war das 20. Jahrhundert aber diesbezüglich sehr einfallslos. Die wichtigsten Erfindungen der Energiewirtschaft und -technik, die das 20. Jahrhundert geformt und beispiellos umgestaltet haben und die noch den Beginn des 21. bestimmen, stammen aus der kurzen Periode zwischen etwa 1870 und 1910. Das 20. Jahrhundert hat zwar bedeutende Verbesserungen der bekannten Maschinen und Technologien hervorgebracht und die Verteilungs- und Verbrauchermärkte zu deren Verbreitung stimuliert, gestaltet und optimiert, war aber bis auf eine handvoll von Ausnahmen nicht sonderlich innovativ. Im Hinblick auf Energietechnologien war es eine Zeit des Eklektizismus.

Sicher, die Wirkungsgrade der Umwandlung wurden um Größenordnungen verbessert, Technologien wurden anwenderfreundlicher, die Effizienz der Energiesysteme stieg und damit (entgegen einem häufig bemühten Klischee, → Kap. 3.2.1, S. 154ff) der mit ihnen zusammenhängende Energieverbrauch. Der Dieselmotor, der wichtigste Antrieb der Globalisierung zu Wasser und zu Lande (→ Kap. 2.3, S. 123 ff), stammt aber aus 1892, Windenergie, Wasserkraft und Biomassenutzung sind Jahrtausende alt, der lichtelektrische Effekt, Grundlage der Photovoltaik, wurde 1839 vom französischen Physiker Alexandre E. Becquerel entdeckt, 1877 konnte die erste PV-Zelle hergestellt werden, die 1905 von Albert Einstein theoretisch beschrieben wurde (was später mit dem Nobelpreis belohnt wurde). In den fünfziger Jahren des 20. Jahrhunderts wurde erstmals ein Satellit mit PV-basierter Stromversorgung gestartet.

Die Gas- und Dampfturbinen moderner Kraftwerke und Flugzeuge, seien diese mit Erdgas, Kohle, oder Öl befeuert oder auf der Basis von Kernenergie angetrieben, wurde 1791 von John Barber (Propyläen 5, 75ff) patentiert. Die Turbine wurde im 19. Jahrhundert für die Nutzung der Wasserkraft adaptiert, erforscht und optimiert. Ende des 19. Jahrhunderts war der Wirkungsgrad der Gasturbine noch zu gering für einen ökonomisch sinnvollen Betrieb. Erst 1935 lieferte die Schweizer Firma Brown Boveri & Cie die erste Gasturbine, die industriell genutzt werden konnte.

Das Dynamoelektrische Prinzip, Grundlage der Erzeugung elektrischer Energie und des Elektromotors, wurde in der zweiten Hälfte des 19. Jahrhunderts entdeckt, wie auch der Prototyp des Ottomotors damals gebaut wurde; praktisch der gesamte Verkehr zu Wasser und zu Lande wird heute von Elektro-, Otto- und vor allem Dieselmotoren angetrieben und somit ermöglicht.

An wirklich neuen energierelevanten Technologien brachte das 20. Jahrhundert aber nicht viel mehr hervor als drei Kinder des Zweiten Weltkrieges: die Nutzung der Kernspaltung, den Raketenantrieb und die Anwendung der Gasturbine für den Antrieb von Flugzeugen.

Nihil novi sub sole? Woran kann das liegen?

Einmal ist es klar, dass den Erfindungen aus den „unglaublichen Jahrzehnten" zwischen etwa 1870 und 1910 noch jahrzehntelang ingenieurwissenschaftliche Verbesserungen folgten (Smil 2005, 21 ff), die zu Effizienzsteigerung, zur Verbilligung der resultierenden Produkte und damit erst zur Möglichkeit ihrer breiten Anwendung führten. Der weitreichendste Energietrend, der im 19. Jahrhundert begann und das 20. bestimmte und der offenbar ungebrochen in die Zukunft reicht, ist die ständig zunehmende Bedeutung der elektrischen Energie, die nach und nach andere Energieformen aus Fabriken und Haushalten verdrängte. Fünfzig Jahre sind ein realistischer Zeitraum, der zwischen der ersten Demonstration einer neuen Erfindung und ihrer breiten Umsetzung vergeht. Von der Konstruktion der ersten funktionierenden Dampflokomotive durch Stevenson im Jahre 1814 verflossen sogar rund sechs Jahrzehnte, bis zwei Drittel des gesamten englischen Eisenbahnnetzes errichtet waren.

Otto- und Dieselmotor waren die Grundlage für die Erfindung und jahrzehntelange Weiterentwicklung des Automobils und des Lastwagens, die heute noch andauert. Entwicklung, Produktion und Verbilligung des Elektromotors erlaubten eine zunehmende Fülle von Anwendungen, von der Waschmaschine über Elektrolokomotiven bis zu Plattenspieler und Haarföhn. Die Methoden zur Gewinnung, Umwandlung und zum Transport von fossilen Energieträgern und elektrischer

Energie wurden im 20. Jahrhundert laufend verbessert, was Energie verbilligte und immer mehr Menschen den Zugang zu Energiedienstleistungen ermöglichte. Die Industrie war aus ökonomischen Gründen stark motiviert, auf Basis der unübersehbaren neuen Möglichkeiten neue Produkte zu entwickeln, die sie verkaufen konnte, im Ergebnis also laufend auf bekannten Wegen die umgesetzten Energiemengen zu steigern. Das hielt sie davon ab, nach Neuem auszuschauen.

Innovationen von außerhalb des klassischen Energiesektors, die aber auf diesen einwirken, wie die Mikroelektronik, Computersteuerungen und moderne Telekommunikation, haben die Prospektion von Kohlenwasserstoffen (Erdöl, Erdgas) revolutioniert und die Reserven ständig gestreckt. Sie erlauben die präzise Regelung komplexer dynamischer Prozesse wie etwa das Zusammenspiel von Kraftwerksparks und Verbrauchsmustern über ganze Kontinente hinweg. Zu den Innovationen von außerhalb des Energiesektors muss auch die militärisch-strategische Energiepolitik gerechnet werden, die ganzen Volkswirtschaften den Zugang zu den bekannten kostengünstigen Energiereserven sichert (man vergleiche hierzu beispielsweise die Carter-Doktrin). Der militärische Apparat benötigt Kapital, das dann für die Realisierung von Energiealternativen fehlt bzw. diese überflüssig macht.

Ein wesentliches Hindernis für die Erfindung und Entwicklung von neuen Energietechnologien muss man in der Kernenergie erkennen. Diese monopolisierte nach dem Zweiten Weltkrieg auf Jahrzehnte ungeheure Geldmittel, ganze Jahrgänge von Wissenschaftlern und heute unglaubliche utopische Zukunftsvorstellungen auf sich. All das fehlte für die möglichen Alternativen – und diese wurden angesichts des universalen Lösungsversprechens der Kernenergie erst gar nicht erwogen (→ Kap. 3.3.3, S. 220ff). In Deutschland wurden 1979 noch 60 Prozent der Forschungsausgaben für die Atomenergie aufgewendet, für erneuerbare Energie blieben vier Prozent (Kriener 2012).

Letztlich muss, um die Inventionsträgheit des 20. Jahrhunderts zu verstehen, auch der Verdacht geäußert werden, die wesentlichen Energietechnologien seien vielleicht schon erfunden worden, und es harre einfach nichts Neues mehr der Entdeckung. Diese unwissenschaftliche Vermutung soll nur den Raum möglicher Antworten vervollständigen und gleich durch die beruhigende Mutmaßung relativiert werden, es habe einfach an den richtigen Anreizen für die Entwicklung gefehlt. Unabhängig davon und angesichts der langen Verlaufszeit zwischen erster Idee und deren breiter Umsetzung und der wenigen Zeit, die uns noch bleibt, um Lösungen zu realisieren, werden wir fürs Erste aber wohl mit dem Bestehenden auskommen müssen.

Energie und Geld

Welche wirtschaftliche Macht verbindet sich mit diesen unfassbaren Mengen an gesuchten, gewonnenen, aufbereiteten, transportierten, umgewandelten und verbrauchten Energieträgern? Die Frage ist nicht leicht einzugrenzen, weil nicht a priori klar ist, ob eine Investition jetzt ausschließlich energierelevant ist oder nicht: Das Fenster eines neu gebauten Hauses, ein neu gekauftes Auto…? In vielen Investitionen verstecken sich Energieteile.

Im 20. Jahrhundert korrespondierte die Versechzehnfachung des jährlichen kommerziellen Energieverbrauches mit dem Anwachsen des ökonomischen Umsatzes der Welt auf das ebenfalls 16-Fache (Smil 2010, 14). Wirtschaftswachstum und Primärenergieverbrauch sind, mit kurzen Unterbrechungen während der Ölkrisen und der Weltkriege, eng miteinander gekoppelt. Um 1960 war die Versorgung mit Rohöl kein relevantes Thema in den Industrieländern, ein Barrel kostete wenig mehr als einen Dollar. Dafür grübelten die Elektrizitätsversorgungsunternehmen, mit welchen Arten von Kraftwerken sie die zweistelligen jährlichen Wachstumsraten im Elektrizitätsverbrauch bewältigen sollten, von denen sie annahmen, sie würden für immer so weitergehen. Nur der ungebremste weitere Ausbau nuklearer Erzeugungskapazitäten, ergänzt durch den in Kürze fertig zu stellenden Schnellen Brüter, schien einen Ausweg zu weisen. Kernenergie dominierte damals auch als Leitbild die österreichische Energiepolitik (Heymann 2001).

Wie viel Geld wird im Weltenergiesystem umgesetzt?

Energieträger	Umsätze
Für flüssige Energieträger	13,7 Mrd. $ pro Tag
Für gasförmige Energieträger	6,8 Mrd. $ pro Tag
Für Kohle	1,4 Mrd. $ pro Tag
Für elektrische Energie	5,5 Mrd. $ pro Tag
In Summe	27,4 Mrd. $ pro Tag

• Die gesamte Infrastruktur schlägt mit 2,74 Mrd. $ pro Tag zu Buche.

• 2011 werden ca. 180 Mrd. $ pro Jahr in den Bereich Energieefifzienz investiert, das ist eine halbe Milliarde pro Tag.

• In Summe sind das also ca. 30,5 Mrd. $ pro Tag oder durchschnittlich 4,3 $ pro Kopf und Tag.

• Diese Betrachtung versteht sich als Annäherung, ohne Kapitalkosten und Material- und Personaleinsatz für Erhaltung und Betrieb, und ohne die selbstgeworbene Biomasse in Entwicklungsländern.

• Zu ähnlichen Werten kommt auch Hall (2009): Etwa zehn Prozent unserer Ökonomie werden gebraucht, um die notwendige Energiemenge zu gewinnen, die die Weltwirtschaft benötigt, weitere zehn Prozent der weltweiten Wirtschaftsleistung braucht man, um Energie bis zum Ort der Endenergienutzung zu transportieren.

Quelle: Eigene Berechnungen auf Basis der täglich verbrauchten Mengen, persönliche Emailkommunikation mit Vaclav Smil, 25. Februar 2011*, Werte in US-$.

---

*   „Dear Johannes: Your calculation is basically ok. For liquids you have to include the refining loss (say 12%) and a price (refining+tax+distribution) upgrade for a total average of somewhere (depending on a country) of $1-1.5FF/L or the annual total of some $ 5 trillion. Two trillion cubic meters of gas add about $ 2.5 trillion, coal adds about half a trillion and electricity another 2 trillion, for a grand total of some $10 trillion or $ 27 billion/day excluding all capital, operating and maintenance costs. The entire infrastructure is at least $ 20 trillion. ITER is insanity, virtually abandoned. Best, Vaclav".

Zwanzig Jahre später, nach Khomeinis Revolution im Iran und der dadurch ausgelösten zweiten Ölkrise, entwickelten sich steigende Ölpreise zur existentiellen Bedrohung für die Welt. Frankreich setzte weiter auf den forcierten Ausbau der Kernenergie, um die inzwischen auf niedrige Einstelligkeit gesunkenen Wachstumsraten im Stromverbrauch abzudecken. In den USA wurden Kleinwagen mit geringem Treibstoffverbrauch modern – dort halbierte sich zwischen 1973 und 1985 der durchschnittliche Treibstoffverbrauch neuer Automobile (Smil 2005, 25) – nur um ab 1985, nachdem die Ölpreise auf zeitweise unter fünf Dollar pro Barrel gesunken waren, durch überdimensionierte Geländewagen wieder emporzuschnellen – der Hummer H1 wiegt 3,5 Tonnen (Smil 2011).

Der Zusammenhang zwischen höheren Preisen für die Energiekonsumenten und geringerem Energieverbrauch ist einer der robustesten in langfristigen Energieanalysen. Wie schwer – in ökonomischen Kriterien und im Verhältnis zur gesamten Weltwirtschaft – ist das Weltenergiesystem aber eigentlich?

Eine globale Betrachtung liefert ein eindrucksvolles Bild. Demnach beträgt der weltweite Umsatz im Energiebereich im Jahr 2011 ca. 30 Mrd. US-Dollar pro Tag. Bezogen auf das „Bruttoinlandsprodukt" der Welt, das zu Beginn des 21. Jahrhunderts etwa 61.000 Mrd. US-Dollar (2005) pro Jahr oder 167 Mrd. US-Dollar pro Tag beträgt (Tsao et al. 2010), werden also etwa 18 Prozent der Wirtschaftsleistung der Welt im Sektor Energie erbracht!

Der Verbrauch fossiler Energie wurde 2011 laut Internationaler Energieagentur weltweit mit 523 Mrd. Dollar pro Jahr gefördert (2012 hat sich diese Zahl auf 544 Mrd. erhöht) (OECD/IEA 2013), das heißt, die Konsumenten bezahlten einen Preis, der unter dem rechnerischen Weltmarktpreis lag. Die Hälfte dieser Förderungen wird für Öl aufgewendet und das vor allem in den ölproduzierenden Ländern des Nahen Ostens: im Iran, in Saudi-Arabien, im Irak, in Ägypten, aber auch in Indien, China und Russland. Die Förderung für erneuerbare Energie beträgt demgegenüber 2011 jährlich ca. 88 Mrd. Dollar, 2012 schon 101 Mrd. (OECD/IEA 2012; OECD/IEA 2013). Hermann Scheer sieht in der „atomar-fossilen Energieversorgung den größten Subventionsfall der Weltwirtschaftsgeschichte". Im Detail ging es für die Jahre um 2000 um jährlich 244 Mrd. Dollar an Subventionen für die atomaren und fossilen Energieträger im Gegensatz zu damals neun Mrd. (oder 3,7 Prozent) für die Erneuerbaren. Dazu wären noch die Steuerbefreiung für Flug- und Schiffstreibstoffe zu zählen, die sich auf 250 Mrd. Dollar jährlich belaufen. Die öffentlichen Subventionen für die Atomenergie, die sich aus staatlichen Forschungs- und Entwicklungsmitteln, Steuerbefreiung für atomare Brennstoffe und der Freistellung von Haftungsverpflichtungen zusammensetzen – ohne die nicht einzeln ausgewiesenen militärischen Aufwendungen – belaufen sich nach Scheer über einen Zeitraum von 30 Jahren auf zusammen etwa 1.000 Mrd. Dollar (Scheer 2005, 112; 135 f).

Zu wenig

Beim Blick auf die Gegenwart der Energiefrage übersieht man leicht, dass ein großer Teil der Menschheit energetisch nicht in der Gegenwart der westlichen Industrieländer lebt, sondern weiterhin nahezu ausschließlich von der Solarenergie, also in vorindustriellen Verbrauchsmustern mit einzelnen modernen Einsprengseln (Radkau 2000, 294). Diese der Welt inhärente Diversität findet naturgemäß in der jeweiligen Wahrnehmung der wesentlichen Energieprobleme und damit zusammenhängenden Aufgaben einen Spiegel.

Von den gegenwärtig ca. sieben Milliarden menschlichen Erdenmitbewohnern haben 1,3 Milliarden oder knapp 20 Prozent keinen Zugang zu elektrischer Energie – allein in Indien sind es 300 Millionen. Vier Fünftel davon leben in ländlichen Gebieten der Entwicklungsländer, wobei in Zukunft die Anzahl derart nicht-versorgter Menschen in den stark wachsenden Städten der Dritten Welt zunehmen wird. Ungefähr 1,3 Mio. Barrel Öl, etwa 1,5 Prozent der Weltproduktion, werden deshalb täglich direkt für die Beleuchtung der ärmsten Haushalte aufgewendet, technisch oft realisiert in der Gestalt von Flaschen mit Docht, den berühmten Molotow-Cocktails äußerlich und an Gefahrenpotenzial nicht unähnlich. Diese stehen technologisch noch einen Schritt vor der Petroleum-

Traditionelle Biomassenutzung

Die traditionelle Biomassenutzung stellt in mehrfacher Hinsicht ein Problem dar (Schmidl 2005):

• Feuerholz zu sammeln ist eine sehr zeitaufwändige und anstrengende Angelegenheit, die traditionell meistens Frauen und Kindern aufgebürdet wird.

• Der hohe Feuerholzbedarf in vielen Regionen, namentlich etwa im sub-saharischen Afrika und speziell im Sahel, führt zum Rückgang der Bewaldung, zur Versteppung und Verwüstung ganzer Landstriche.

• Offene Feuer oder primitive Öfen haben Wirkungsgrade von unter 10 bis maximal 30 Prozent. D. h. der Großteil der im Feuerholz enthaltenen Energie geht beim Verbrennen technologiebedingt verloren – ein knappes Gut wird derart verschwendet.

• Werden Biomassen in Form von getrocknetem Tierdung, agrarischen Reststoffen oder Zweigen als Brennstoff verwendet, so entzieht man dadurch dem Boden wertvolle Nährstoffe und Dünger. So repräsentierte beispielsweise der Dung, der allein in Indien im Jahr 2000 jährlich als Brennstoff verwendet wird, einen Wert von ca. 800 Mio. US-$, wenn man ihn als Dünger verwendete. Ökonomisch gesprochen verursacht die Verbrennung des Dunges also hohe Opportunitätskosten.

• Überdies ist schlechte Verbrennung gleichbedeutend mit hohen Emissionen von unverbrannten Kohlenwasserstoffen und Kohlenmonoxid. Die Menschen – zumeist wieder Frauen und Kinder – die mit diesen Öfen kochen und heizen, atmen den Rauch ein, was gesundheitliche Probleme, Atemwegserkrankungen, Tuberkulose und frühzeitigen Tod zur Folge haben kann. Jährlich sterben etwa 1,6 Millionen Menschen an den Folgen von Immissionen in Innenräumen, die von schlechten Holzverbrennungsanlagen stammen (Warwick et al. 2003).

• Statistische Analysen zeigen, dass Armut und der Anteil traditioneller Biomasse an der Energieversorgung miteinander korrelieren.

lampe, die im 19. Jahrhundert Waltran als Energieträger für die Beleuchtung ablöste.

Und 2,6 Milliarden Menschen kochen und heizen weiterhin (wie vor 300 Jahren praktisch die ganze Welt) auf der Basis von Technologien niedrigster Effizienz wie dem Dreisteinfeuer mit Biomasse, also selbst gesammeltem Holz, Stroh, Maisstängeln, Yakdung usw. Mehr als die Hälfte dieser Menschen lebt in Indien und China, den höchsten Anteil an der Gesamtbevölkerung stellen sie aber in Afrika südlich der Sahara[15]. Der fehlende Zugang zu modernen Energiedienstleistungen behindert die persönliche, ökonomische und soziale Entwicklung der Menschen.

Lässt sich der fehlende Zugang zu Energiedienstleistungen auch im direkten quantitativen Vergleich mit Einbußen in der Lebensqualität korrelieren? Oder besser umgekehrt gefragt: Existiert eine unumgängliche Mindestmenge an Energieverbrauch, die für ein menschenwürdiges Leben notwendig ist? Lebensqualität ist ein vieldimensionales Phänomen. Unverzichtbar sind die grundlegenden existenziellen Bedürfnisse nach Nahrung, Wärme, Wasser, Wohnraum, ausreichender Gesundheitsversorgung. In einem nächsten Schritt wollen die Bedürfnisse nach Sicherheit und persönlicher Freiheit, nach sozialer Einbindung und Teilnahme, nach grundlegender Ausbildung im Lesen, Schreiben und Rechnen, nach Anerkennung und kreativer Entfaltung befriedigt werden – ein gern verwendetes Modell dafür liefert etwa die „maslowsche Bedürfnispyramide".

Der Human Development Index (HDI) vereint als Indikator die durchschnittliche Lebenserwartung zum Zeitpunkt der Geburt, die Alphabetisierungsrate Erwachsener, die Einschulungsrate und das Bruttoinlandsprodukt pro Kopf der Bevölkerung. Der HDI steigt mit zunehmendem Primärenergieverbrauch stark an, der Anstieg verflacht aber ab etwa 80 GJ pro Kopf und Jahr. Ab etwa 110 GJ pro Kopf und Jahr resultiert zu-

---

15 Schmidl 2005; WEO 2011 Energy for all – Financing access for the poor; WEO 2012; die Zahlen werden auch in der Ausgabe des WEO 2013 bestätigt.

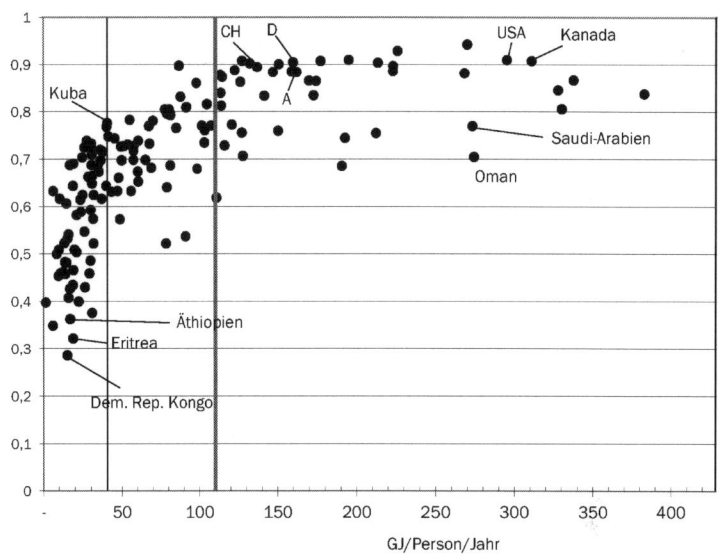

Abbildung 4: Korrelation des jährlichen Pro-Kopf Primärenergiever-brauches (in GJ) mit dem Human Development Index (HDI) für ca. 140 Staaten der Welt. Unter einem Primärenergieverbrauch von 30 bis 40 GJ pro Kopf und Jahr ist der HDI mit wenigen Ausnahmen sehr niedrig, man muss aber auch einräumen, dass die Datenlage für die entsprechenden Länder sehr schlecht ist. Zwischen einem jährlichen Primärenergiever-brauch von 40 und 110 GJ pro Kopf und Jahr steigt der HDI zuerst stark, dann immer weniger an. Ab einem Primärenergieverbrauch von etwa 110 GJ pro Kopf und Jahr lässt sich statistisch aber kein Zugewinn an durch den HDI abgebildeter Lebensqualität mehr erkennen (110 GJ pro Kopf und Jahr ist ungefähr der rechnerische Durchschnitts-Primärenergieverbrauch von Italien oder Bulgarien im Jahr 2010). Die Streuung zwischen den einzelnen Staaten ist groß, einige erreichen höchste Werte an HDI mit relativ gerin-gem Energieverbrauch, andere mit hohem Verbrauch wesentlich weniger. Erwartungsgemäß ist der Pro-Kopf-Energieverbrauch in einigen Ländern mit großen eigenen Energiereserven entsprechend hoch (Kuwait, Katar liegen weit rechts außerhalb dieser Abbildung); der Extremwert für Island von 852 GJ pro Kopf und Jahr – er hat auf diesem Bild ebenfalls nicht mehr Platz – rührt daher, dass dort aufgrund der günstigen elektrischen Energie aus Wasserkraft und Geothermie energieintensive Aluminiumproduktion ange-siedelt worden ist. Der rechnerische Durchschnitts-Primärenergieverbrauch für die Welt pro Kopf und Jahr für 2010 beträgt ca. 77,3 GJ, was ungefähr dem Verbrauch in Lettland, Argentinien oder Bhutan entspricht.
Datenquelle: Datenbasis sind je nach Verfügbarkeit die Jahre 2009 bis 2011. Primärenergieverbrauch pro Kopf: World Bank, http://data.world-bank.org/indicator; Daten zu HDI von UNDP: http://hdr.undp.org/en/.

nehmender Energieverbrauch in keinem Zugewinn an durch den HDI erfasster Lebensqualität mehr. Führt man ähnliche Korrelationen wie in Abbildung 4 mit anderen Indikatoren, die die Lebensqualität abbilden durch, findet man ähnliche Bilder. Von einem Primärenergieverbrauch von zumindest 40 GJ pro Kopf und Jahr aufwärts sinkt die Kindersterblichkeit statistisch auf unter 30 pro 1.000 Geburten. Steigt der Primärenergieverbrauch über 110 GJ pro Kopf und Jahr hinaus, erfolgt keine weitere Abnahme der Kindersterblichkeit mehr, es tritt also Sättigung auf (Österreichs Pro-Kopf-Energieverbrauch liegt 2010 bei ca. 173 GJ pro Jahr, der Polens liegt ziemlich genau bei 110 GJ). Die Lebenserwartung von Frauen zum Zeitpunkt der Geburt steigt ab einem Primärenergieverbrauch von 110 GJ pro Kopf und Jahr ebenfalls nicht mehr weiter an und bleibt bei 80 Jahren konstant (Smil 2005, 98 ff).

Die Relation aus Abbildung 4 geht aber über das Energiethema hinaus und erweist sich als allgemeingültiges robustes Bild für den Zusammenhang zwischen Ressourcenverbrauch und damit zusammenhängender Lebensqualität. Sie lässt sich auf erstaunlich viele Paare von Parametern verallgemeinern: Bei geringem absolutem Verbrauch der entsprechenden Ressource steigt die Lebensqualität mit jedem Quantum Mehrverbrauch stark an. Ab einem gewissen Verbrauch verflacht der Anstieg aber und der relative oder Grenzgewinn an Lebensqualität pro verbrauchter Ressourcenmenge wird kleiner, um schließlich in ein Feld überzugehen, wo kein Zusammenhang mehr zwischen Verbrauch und Lebensqualität erkennbar ist. Dieser Übergang von – etwas drastisch gesprochen – lebensnotwendigem zu nützlichem zu schließlich überflüssigem Konsum und Verbrauch zeigt sich etwa bei Individuen zwischen der Kaufkraft und der Angabe, mit dem Leben zufrieden zu sein, zwischen dem Pro-Kopf-Einkommen und der Lebenserwartung bei der Geburt, der Kindersterblichkeit, dem Bildungsindex usw (Jackson 2011, 59; 72f; Wilkinson/Picket 2010, 217 ff).

Er zeigt sich allerdings nicht beim Zusammenhang zwischen dem Primärenergieverbrauch pro Kopf und dem Status der politischen Rechte und bürgerlichen Freiheiten eines

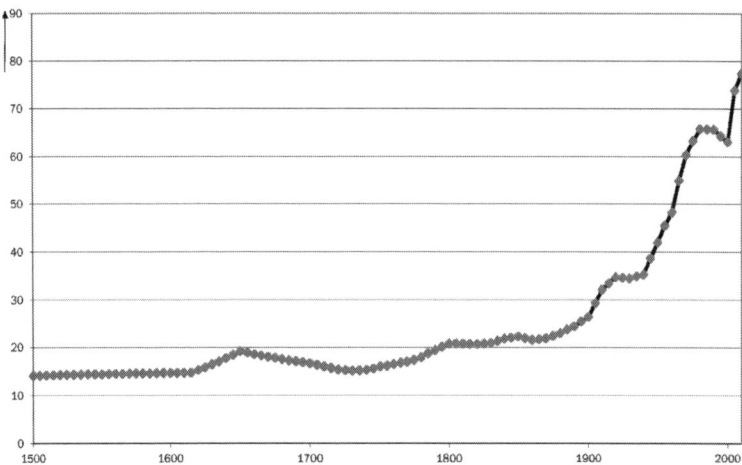

Abbildung 5: Die Entwicklung des statistischen Pro-Kopf-Energiever-brauchs der Menschheit im „utopischen Zeitalter" zwischen 1500 und 2010. Für 2010 ergibt sich ein rechnerischer Durchschnittswert von 77,3 GJ pro Person und Jahr. Deutlich sichtbar sind der Einbruch des Energie-verbrauches ab etwa 1990, der durch den Zusammenbruch der planwirt-schaftlichen Staaten Osteuropas ausgelöst worden ist, und der Anstieg im Energieverbrauch ab Ende der 1990er Jahre, der vor allem auf die Entwick-lung in China zurückzuführen ist.

Landes. Das alljährlich von Freedom House[16] veröffentlichte Rating aller Länder der Erde zeigt klar, dass auch hoher Pro-Kopf-Energieverbrauch nicht automatisch eine Garantie für politische Rechte und bürgerliche Freiheiten darstellt – und umgekehrt – was insofern verständlich ist, als sich Länder wie Saudi-Arabien, Weißrussland oder Kasachstan durch hohen Pro-Kopf-Energieverbrauch auszeichnen. Andererseits er-reicht Kuba die höchsten Werte des HDI mit den niedrigsten Werten an Pro-Kopf-Energieverbrauch von 46,8 GJ pro Jahr (→ Kap. 3.2.3, S. 175 ff).

Diese Zusammenhänge erlauben einige faszinierende Schlussfolgerungen. Gelingt es einer Gesellschaft, die ihr verfügbaren Ressourcen für die Ernährung der Menschen, für Schulbildung und medizinische Grundversorgung aufzu-wenden, so kann sie statistisch hohe Lebensqualität, hohe Le-

---

16 Vgl. www.freedomhouse.org.

benserwartung und annehmbare Ausbildung der Menschen mit einem jährlichen Energieaufwand von 40 bis 50 GJ pro Kopf erreichen. Um die höchstmöglichen Werte an quantitativ ermittelbarer Lebensqualität zu erreichen, sind nicht mehr als 110 GJ pro Kopf und Jahr notwendig. Was an Energieverbrauch wesentlich darüber hinausgeht, hat keinen messbaren Einfluss mehr auf die Indikatoren, die die Lebensqualität abbilden.

Diesen Korrelationen liegen aus statistischen Gründen Daten der Primärenergienutzung zugrunde (→ Glossar, S. 398). Primärenergie (also beispielsweise ein Baum im Wald, Rohöl vor der Raffinerie) wird erst durch entsprechende Umwandlungsschritte zu Endenergie (einem Stück Brennholz, Diesel) und zu Nutzenergie (Wärme in einem Kochherd, Mobilität mit einem Auto) verwandelt. Gelingt es, diese Umwandlungsschritte, etwa durch verbesserte Kochherde, moderne Automotoren oder durch alternative Technologien (einen Solarkocher, einen Elektromotor) effizienter zu gestalten oder auf einen weniger problematischen Primärenergieträger zu gründen, dann sinkt auch die Primärenergiemenge, die notwendig ist, um die entsprechende Endenergie und also Lebensqualität zu erreichen. Durch effiziente Technologien wäre es also grundsätzlich möglich, den Primärenergie-Schwellwert für akzeptable Lebensqualität zu senken. Es gilt auch zu bedenken, dass im Primärenergieverbrauch die sogenannte „graue Energie" nicht enthalten ist, also jene Energiemenge, die in Produkten steckt, die in anderen Ländern hergestellt wurden. Das Aluminium beispielsweise, das in Island produziert wird, schlägt energetisch dort zu Buche, obwohl die zugehörige Aludose vielleicht in Österreich mit einem Energydrink gefüllt wird.

Abbildung 4 muss man aber auch so interpretieren, dass die meisten Volkswirtschaften und auch Individuen nicht damit aufhören, immer mehr Energie zu verbrauchen, selbst wenn sie eine gewisse, messbar nicht mehr steigerbare Lebensqualität erreicht haben. Sie machen nicht bei 110 GJ pro Kopf und Jahr halt. Der Drang nach Mehr bleibt offenbar erhalten. Die USA und Kanada beispielsweise könnten ihren Energieverbrauch reduzieren, ohne Einbußen an messbarer Lebensqualität zu erleiden – der Pro-Kopf-Energieverbrauch in diesen beiden Ländern ist ungefähr doppelt so hoch wie der Durchschnitt in den reichsten Ländern der EU und in Japan.

Diese Korrelationen, wenn sie auch auf staatlicher Ebene ansetzen, machen andererseits aber auch deutlich, dass eine Mindestmenge an Energieverbrauch für eine annehmbare Lebensqualität schlicht unverzichtbar ist. Wird dieser Mindestwert unterschritten, sind die Konsequenzen hohe Säuglings- und Kindersterblichkeit, Krankheit, versäumte Lebensmöglichkeiten und vorzeitiger Tod. Weltweit über fünf Milliarden Menschen müssen aus dieser Sicht also ihren Pro-Kopf-Energieverbrauch erhöhen und damit mehr Energie verbrauchen, um zumindest die materiell notwendigen Grundlagen für ihre Lebensmöglichkeiten zu schaffen.

Führt man diese Tatsachen als Randbedingungen oder Forderungen in ein noch zu entwerfendes utopisches sozialökonomisches System ein, das den materiellen Umsatz optimiert, so bedeutete dies zweierlei: Einmal müsste der lebensnotwendige materielle Grundumsatz außer Frage gestellt werden und jedem Individuum zustehen. Andererseits dürfte in diesem System der materielle Überschuss und Luxus, der nicht mehr messbar zur Lebensqualität beiträgt, erst zugelassen werden, wenn klar ist, dass er nicht jenen weggenommen wird, die zu wenig haben und dass er das soziale und das Ökosystem nicht unzumutbar belastet. Das Ziel wäre entsprechend eine Art normativer materieller Gleichheit. Wie sehr man sich dieser annähern wollte, bliebe den Zielen des utopischen Systems überlassen.

Die Tatsache des „Zu wenig" berührt nicht nur den Verbrauch, sondern quasi von der entgegengesetzten Richtung aus als Befürchtung auch die noch verfügbaren Reserven an fossilen Energieträgern, die der Menschheit zur Verfügung stehen. Namentlich das Überschreiten des Maximums der förderbaren Mengen an Erdöl wird unter dem Titel „peak oil" intensiv diskutiert. Die von den Förderländern angegebenen Ölreserven seien, so der Verdacht, aus vielerlei Gründen viel zu optimistisch bewertet, es stehe mit dem Überschreiten des Maximums der überhaupt förderbaren Ölmenge deren Rückgang notwendig, unausweichlich und unmittelbar bevor. Das werde zu enormen Preisanstiegen, Verteilungskämpfen und möglicherweise Energienotständen führen, aber auch zu einem Boom bei den erneuerbaren Energieträgern und möglicherweise zu einer Renaissance der Kohlenutzung oder der Atomenergie (Vgl. dazu zusammenfassend z. B. Cerveny 2010, Exner et al. 2011, und Zittel, www.lbst.de). Das Phänomen „Peak" wird in Kap. 3.1.1, S. 133 ff noch von einer allgemeineren Seite betrachtet.

Künstliches Licht

Mit dem Ende des Tageslichtes stellt sich in einem Land, das noch nicht mit elektrischer Energie versorgt ist, ein völlig anderer Rhythmus ein, eine Fülle von alltäglichen Tätigkeiten wird unmöglich. In armen Teilen der Erde, wenn sich das Leben notgedrungen um die Feuerstellen oder lebensgefährliche Kerosinfunzeln sammelt, ist nicht nur in diesem Fall der zivilisationsflüchtige Europäer versucht, dieser Form des Mangels ein Gefühl der Ursprünglichkeit und Unverdorbenheit zuzuschreiben – ein Freund hat diesen Zustand einmal die „Rousseau'sche Falle" genannt. Fehlendes Licht bedeutet aber auch, dass die Kinder, die tagsüber bei der Feldarbeit helfen, am Abend nicht schreiben, rechnen und lesen lernen können, dass mögliche kleingewerbliche Tätigkeiten der Erwachsenen wie Schneiderarbeiten ruhen müssen und dadurch kein zusätzliches Einkommen erwirtschaftet werden kann.

Künstliches Licht gibt den Menschen die Möglichkeit, in der Nacht annähernd so produktiv zu sein wie bei Tag, und es öffnet die Innenräume für Aktivitäten, die vordem auf Tageslicht angewiesen waren.

In den drei Jahrhunderten zwischen 1700 und 2000 nahm der Konsum von künstlichem Licht in Großbritannien (gemessen in Lumen (→ Glossar, S. 398) pro Jahr) auf mehr als das Hunderttausendfache zu. Der technologische Fortschritt im Wechsel der Jahrhunderte lässt sich durch den Energieträgerwechsel von Kerzen über Waltran zu Kerosin und Gas und letztlich elektrischer Energie illustrieren. Über diese drei Jahrhunderte wendet die Weltbevölkerung konstant ungefähr 0,72 Prozent ihres Bruttonationaleinkommens für Beleuchtung auf. Im Jahr 2005 sind das weltweit 440 Mrd. $ pro Jahr. Dafür werden 6,5 Prozent des Welt-Primärenergieverbrauches benötigt. Diese Konstanz quer über Jahrhunderte, Revolutionen, politische und technologische Umbrüche und Kriege hinweg erscheint auch hinsichtlich der Zukunftsszenarien und -hoffnungen einer möglichen Energieeinsparung durch verbesserte – effiziente – Beleuchtungstechnologien bemerkenswert (Tsao et al. 2010).

Dass elektrische Energie ursprünglich in erster Linie als Lichtquelle verstanden wurde, ist noch aus den Namen sogenannter „Lichtgenossenschaften" heraus zu lesen, die in vielen Alpendörfern in der ersten Hälfte des 20. Jahrhunderts gegründet wurden, um mit Hilfe von Kleinwasserkraftwerken eben „Lichtstrom" zu produzieren. 1885 wurde in Deutschland praktisch die gesamte elektrische Energie für Beleuchtungszwecke verwendet, 1900 immer noch 60 Prozent, heute sind es etwa 11 Prozent. *Als das Licht kam* heißt ein Buch über Erinnerungen an die Elektrifizierung in Österreich, und alle dort gesammelten Erinnerungen kreisen um die Einführung von elektrischem Licht (Arnold 2003). Auch in nichtelektrifizierten Gegenden sogenannter Entwicklungsländer ist der Wunsch nach Elektrizität zur Beleuchtung oft der erste, wenn nach den dringlichsten Problemen zum Thema Energie gefragt wird. Wird ein zuvor nicht elektrifiziertes Dorf an die Elektrizitätsversorgung angeschlossen, dann kann man das mit Fug und Recht als Revolution bezeichnen.

Die Konsequenzen der **Einführung von Elektrizität** aus einem Kleinwasserkraftwerk in einer vordem nicht elektrisch versorgten **Kommune im Himalaja Nepals** beschreibt Ang Danu Sherpa aus der Sicht eines Bewohners [(Sherpa (2001); es handelt sich um ein Wasserkraftwerk mit damals ca. 600 kW Leistung, das von der Österreichischen Entwicklungszusammenarbeit finanziert wurde, vgl. www.ecohimal.at]. Dazu ist zu ergänzen, dass die Gestaltung des Tarifes für elektrische Energie in diesem Fall dem ärmeren Teil der Bevölkerung extrem entgegen kommt, weil diese **unverhältnismäßig geringere Tarife** bezahlen als die Reicheren. D.h. auch „Arme" können sich in dieser Kommune elektrische Energie leisten. Überdies war ein Grund für die Errichtung des Kleinwasserkraftwerkes explizit jener, Brennholz zum Kochen einzusparen.

- Durch den Verkauf elektrischer Heizgeräte und Kocher geht der Verbrauch von Brennholz signifikant zurück.
- Neue Elektrogeräte erleichtern die Hausarbeit.
- Kinder und Erwachsene können nach Sonnenuntergang an Literarisierungs- und Lernkursen teilnehmen.
- Telekommunikation wird möglich, Fax (1990er-Jahre!), Telefon, Email und PC halten Einzug.
- Durch den Gebrauch wieder aufladbarer Batterien nimmt die Menge gefährlichen Abfalls ab.
- Als negative Folge wird angemerkt, dass die Anzahl der Dorfbewohner, die sich die Nächte mit Glücksspiel um die Ohren schlagen, zugenommen hat, was ungewollt schlechte Auswirkungen auf deren Familien und Arbeitsfähigkeit am nächsten Tag hat.
- Die hölzernen Dachstuhlkonstruktionen wurden durch den „Rauchkuchleffekt" der offenen Feuer konserviert – ein Effekt, der jetzt wegfällt.
- Sorgen bereiten auch die laute Musik und die Ablenkung durch Videos, Fernsehen und Internet.

Das Falsche

Im Dezember 1938, am Vorabend des Zweiten Weltkrieges, experimentierte Otto Hahn (1879–1968) im Kaiser Wilhelm Institut für Chemie in Berlin mit dem schwersten damals bekannten Element, dem Uran. Er beschoss es mit Neutronen, um so auf künstlichem Wege neue, noch schwerere Elemente herzustellen[17]. Hatten die Alchimisten noch vergeblich versucht, Blei in Gold zu verwandeln, so hatten die Physiker und Chemiker in den ersten Jahrzehnten des 20. Jahrhunderts, seit sie den Aufbau der Atome aus Kern und Hülle ungefähr verstanden, diesen uralten Menschheitstraum nahezu verwirklicht: Sie waren in neues Land vorgestoßen und erschufen neue Elemente.

Die Ergebnisse seiner Versuche überraschten Otto Hahn aber vollkommen. Die Folge des Neutronenbeschusses war

---

17 Eine kurze Zusammenfassung der historischen Abläufe in den Jahren 1938/39 findet sich bei Knauer 2011, ausführlichere Darstellungen der Zusammenhänge bei von Schirach 2013, Jungk 1964 und Cooke 2009.

nämlich nicht ein schwereres, sondern ein viel leichteres Element. Wie konnte das sein? Um seine Ergebnisse zu interpretieren, kontaktierte er seine inzwischen vor den Nazis ins schwedische Exil geflohene ehemalige Mitarbeiterin Lise Meitner (1878–1968). Er erhoffte sich von ihr „eine phantastische Erklärung, denn immer mehr kamen wir zu dem schrecklichen Schluss: unsere Radium-Isotope verhalten sich nicht wie Radium, sondern wie Barium" (von Schirach 2013, 83).

Meitner, eine in Österreich geborene Jüdin, besprach Hahns Versuche auf langen Winterspaziergängen mit ihrem Neffen Otto Frisch (1904–1979). Die beiden Physiker stellten die Hypothese auf, dass das Neutron den Urankern destabilisierte und spaltete – und fanden durch theoretische Überlegungen, dass bei diesem Vorgang pro Zerfall die schier unglaubliche Menge von 200 Mio. Elektronenvolt an Energie freigesetzt würde. (Um die Größenordnung und die Faszination der Physiker an Kernreaktionen zu verstehen: das ist mehr als zehn Millionen Mal so viel wie bei einer gewöhnlichen chemischen Reaktion wie der Verbrennung von Öl pro beteiligtem Atom oder Molekül freigesetzt wird.)

Diese bahnbrechende Entdeckung elektrisierte nicht nur die Forschergemeinschaft, die aufgrund der politischen Entwicklung in Deutschland und Italien keine Gemeinschaft mehr, sondern in zwei gegnerische politische Lager getrennt worden war. Bis zum Sommer 1939 war klar geworden, dass sich auf der Grundlage des spaltbaren Uran 235 nicht nur Kraftwerke bauen lassen würden, sondern dass auf derselben Basis im Prinzip auch Bomben mit bislang ungekannter Zerstörungskraft konstruiert werden könnten. Beide Anwendungen entspringen derselben Entdeckung Otto Hahns und gründen auf der berühmten Formel Albert Einsteins von der Äquivalenz von Masse und Energie. Werner Heisenberg behauptete später, noch im Sommer 1939 hätte nicht mehr als ein Dutzend Personen weltweit das Wissen zum Bau einer Atombombe gehabt, und diese hätten durch einen Pakt deren Entwicklung noch aufhalten können (Jungk 1964, 82).

Der ungarische Physiker Leo Szilard (1898–1964) versuchte

seine Kollegen bereits ab 1935 davon zu überzeugen, Ergebnisse ihrer kernphysikalischen Forschungen zumindest vorübergehend nicht zu veröffentlichen, um ihren politischen Missbrauch in Form von Waffen zu verhindern (Jungk 1964, 54).

Der inzwischen wegen der Entwicklung in Deutschland in die USA emigrierte Albert Einstein war es, der im Sommer 1939 den amerikanischen Präsidenten Roosevelt vor der Möglichkeit einer Atombombe in Hitlers Händen warnte – und damit indirekt das amerikanische Manhattan-Projekt initiierte, das den vermuteten Aktivitäten der Nazis mit dem Bau einer eigenen Atombombe zuvorzukommen sollte.

In Hitlerdeutschland konzentrierten sich die dort verbliebenen Wissenschaftler im Rahmen des „Uran-Projekts" auf den Bau eines Reaktormodells[18] und kamen diesem sowie der Realisierung einer Atombombe nicht wirklich nahe. Auf der anderen Seite des Atlantiks gelang es Enrico Fermi und Leo Szilard im Dezember 1942 in Chikago erstmals, einen Kernreaktor im Labormaßstab zu betreiben, der mit allen wesentlichen Teilen, die auch heutige Kernreaktoren auszeichnen, ausgestattet war. In Los Alamos im US-Bundesstaat New Mexico wurde inzwischen im großen Maßstab angewandte Forschung zum Bau von Atombomben betrieben. Am 16. Juli 1945, kurz nach dem Ende des Krieges in Europa, wurde deren erste in der Wüste von New Mexico gezündet, der am 6. und 9. August die Atombombenabwürfe auf Hiroshima und Nagasaki folgten.

1951 gelang es erstmals, mit einem Kernreaktor in den USA elektrische Energie zu erzeugen – im bescheidenen Maßstab

---

18 So zumindest der am deutschen „Uranprojekt" beteiligte Carl Friedrich von Weizsäcker, siehe Weizsäcker 1977, 567 f; die Spekulationen darüber, wie nahe Heisenberg und die anderen Physiker in Hitlerdeutschland der Realisierung einer Atombombe wirklich waren, oder ob sie deren Konstruktion angesichts der Herrschaft der Nationalsozialisten sogar bewusst behinderten (diese These vertritt Jungk 1964) werden wohl auch in Zukunft nicht abreißen. Von Schirach (2013) sieht das deutsche Team unter der Führung des Theoretikers Heisenberg die praktisch-technische Seite der Herausforderung vernachlässigen und daran scheitern.

zwar, kaum genug für die Versorgung eines Haushalts, aber man zeigte damit, dass Kernenergie auch für „friedliche" Zwecke nutzbar gemacht werden konnte – und rechtfertigte so weiteres finanzielles Engagement in diese Technologie. In der UdSSR ging 1954 das erste Atomkraftwerk ans Netz, 1955 in Calder Hall in Großbritannien, 1966 in der DDR. J. Robert Oppenheimer (1904–1967), einer der Väter der amerikanischen Atombombe, sah in der friedlichen zivilen Nutzung der Kernenergie die notwendige Grundlage für die Kontrolle der militärischen Anwendungen (Cooke 2009, 72). Sie ist ohne die parallele Entwicklung von Kernwaffen nicht zu verstehen und wäre ohne sie schon frühzeitig kritischer untersucht und vielleicht auch abgebrochen worden. Im militärischen Anteil von Kernenergieprogrammen wurden über Jahrzehnte die wahren Entwicklungskosten dieser Technologie versteckt, der militärische Komplex absorbierte auch die nuklearen Abfälle und verschleierte so die Kosten für die Endlagerung atomarer Abfälle. Der Kalte Krieg verhinderte Beschränkungen der Kernenergienutzung – zu wichtig war es, wissenschaftliche und technische Kompetenz in diesem militärisch und machtpolitisch anscheinend überragend wichtigen Feld aufzubauen und bereit zu halten. Das hemmte auch den Blick auf die Probleme, ungelösten Fragen und damit auf die wahren Kosten der Kernenergienutzung. Es bedurfte mehrerer schwerer Unfälle in Atomanlagen[19] und einer zunehmend kritischen Öffentlichkeit, um sich auch auf der Ebene politischer Entscheidungsträger zumindest in einigen Ländern zur Einsicht durchzuringen, dass die Kernenergie wegen hoher externer Kosten, insbesondere wegen des Risikos schwerster Schadensfälle, der ungeklärten Endlagerung und der Möglichkeit unkontrollierter Proliferation schlichtweg zu kostspielig ist. Die Verbindung zwischen „friedlicher" Nutzung und dem Bau von Atomwaffen hält bis auf den heutigen Tag die Welt in

---

19 Ohne Anspruch auf Vollständigkeit seien hier die Unfälle in Majak im Ural vom 29. September 1957, Three-Mile-Island in den USA vom 28. März 1979, von Tschernobyl vom 26. April 1986 und von Fukushima vom März 2011 angeführt.

Atem und begleitet aktuell (2013) beispielsweise das Atom-
programm des Iran.

Die Atomenergie konnte ihre Versprechen, kostengünstig
Strom zu produzieren, nie einlösen, die wirklichen Investitionskosten für Kernkraftwerke waren stets höher, die Bau-
zeiten für Atomkraftwerke entpuppen sich zunehmend als
wesentlich länger als die vorab verkündeten[20]. Setzt man alle
Kosten an, die durch die Produktion von elektrischer Energie in Kernkraftwerken entstehen, sieht man schnell, dass sie
ohne die Privilegien, die ihr aus historischen, militärischen
und rechtlichen Gründen zuteil wurden, nicht wettbewerbs-
fähig wäre. Alleine die Kosten für die Versicherung eines
möglichen Schadensfalles würden den Preis für eine Kilowattstunde elektrischer Energie aus Kernkraftwerken ins
Unwirtschaftliche steigen lassen – bereits 1956 war klar, dass
die Haftpflichtversicherung für einen Kernreaktor nicht fi-
nanzierbar und nur über den Umweg praktisch unbegrenzter
staatlicher Haftungen darstellbar ist (Cooke 2009, 160). Die
Kombination aus relativ geringer Eintrittswahrscheinlichkeit
eines Unfalles in einem Kernkraftwerk mal immens hoher
Schadenskosten dieses Unfalls, also die Multiplikation einer
Zahl nahe Null mit einer nahe Unendlich, ist das Gegenteil
dessen, was Versicherungsmathematiker schätzen.

Der in den USA gerichtlich auferlegte Zeitraum, in dem radioaktive Abfälle sicher isoliert werden müssen, beträgt eine
Million Jahre (Cooke 2009, 494). Die Frage der Endlagerung
der radioaktiven Abfälle bleibt nicht zuletzt deshalb weiterhin ungelöst. Die Verpflichtung, ein hypothetisches Endlager
versiegelt halten zu müssen –, realiter also zu bewachen, um
sowohl die ungewollte als auch die intendierte (terroristische)
Freisetzung der gefährlichen radioaktiven Substanzen in die
Umwelt zu verhindern, nötigt deshalb zur grimmigen Einsicht, dass man den Folgen der Kernenergie in Wahrheit nicht
mehr entkommt. Die unabsehbaren Kosten, die nach dem
Abschalten eines Kernreaktors anfallen – allein der Rückbau
der britischen Anlage in Sellafield wird über 100 Jahre dauern

---

20 Z. B. Haas 2010, Österreichisches Ökologieinstitut, Österreichische
Energieagentur 2011.

und etwa 78 Mrd. € verschlingen[21], die Kosten für die abzutragenden nuklearen Altlasten Großbritanniens liegen bei 200 Mrd. Dollar (Cooke 2009, 481) –, verführen die Eigentümer sogar eher dazu, Reaktoren möglichst lange zu betreiben und durch den Verkauf von Strom aus neu gebauten Reaktoren zumindest einen Teil der Kosten für Reaktorrückbau, Abfallentsorgung und Endlagerung zu refinanzieren. Der Rückbau von Kernreaktoren wird über viele Jahrzehnte Experten, Physiker und Ingenieure benötigen, die nicht mehr mit dem Versprechen der Utopie gelockt und motiviert werden können. Ende 2011 werden weltweit in 31 Ländern 434 Kernkraftwerke betrieben. Die in ihnen installierte elektrische Bruttoleistung summiert sich zu 387 GW (Gigawatt). Zusätzlich sind in 14 Ländern 62 Kernkraftwerke mit zusammen 63 GW elektrischer Leistung in Bau. Weltweit wurden 2010 netto 2.627 TWh (Terawattstunden) an elektrischer Energie aus Kernkraftwerken (Zum Vergleich: alle Wasserkraftwerke Österreichs zusammen produzieren pro Jahr ca. 40 TWh an elektrischer Energie) in die Netze eingespeist[22], 2012 waren es 2.346 – der Rückgang in der Produktion ist hauptsächlich darauf zurückzuführen, dass in Japan zahlreiche Reaktoren nach der Erdbebenkatastrophe von März 2011 abgeschaltet wurden. In Deutschland stammten 2010 etwa 22,6 Prozent der erzeugten elektrischen Energie aus Kernenergie, weltweit waren es ungefähr 13 Prozent, 2012 noch zehn Prozent.

Vielen staatlichen und multinationalen Firmen, die im weltweiten Geschäft der Erdölexploration tätig sind, wird vonseiten von Nichtregierungsorganisationen und der betroffenen Bevölkerung immer wieder vorgeworfen, dass sie Bürgerkriege und Waffenhandel finanzierten und in den Ölfördergebieten die Lebensgrundlagen der dort ansässigen Bevölkerung zerstörten. Im Niger Delta beispielsweise (Werner et al. 2001) machen Ölaustritte aus veralteten Pipelines und die technologisch überholte Abfackelung von Erdgas große

---

21 Vgl. www.sueddeutsche.de vom 5. Februar 2013.
22 Deutsches Atomforum e.V., www.kernenergie.de (28. Dezember 2011), Internationale Atomenergieorganisation www.iaea.org (28. Dezember 2011).

Teile der Ackerflächen auf Jahrzehnte hinaus unfruchtbar, die Verschmutzung der Luft und der ehemals fischreichen Gewässer rauben der ansässigen Bevölkerung Lebensgrundlagen und Gesundheit. Den Ölkonzernen wird vorgeworfen, sie arbeiteten mit kleptokratischen einheimischen Eliten zusammen, die sich durch die Einnahmen aus dem Ölgeschäft finanzierten und maßlos selbst privilegierten. Diese hielten über die Militärs und Privatarmeen die faktische Macht im Staat, während sie dem Großteil der Bevölkerung auch nur einen geringen Anteil am Reichtum ihres Landes und damit jegliche Zukunftsperspektive verwehrten. Ähnliche Vorwürfe werden im Hinblick auf die Erdölförderung im Sudan, in Angola, in Ecuador usw. erhoben. Und analoge Vorwürfe erheben Nichtregierungsorganisationen (z. B. die Gesellschaft für bedrohte Völker) gegenüber Bergbaugesellschaften, die im Uranbergbau tätig sind.

Die Problematik beschränkt sich nicht auf die Gewinnung fossiler Rohstoffe, vielmehr zeichnet sich ab, dass ähnliche Methoden auch hinsichtlich der Nutzung landwirtschaftlicher Rohstoffe und der Wälder angewandt werden: unter dem Stichwort „land-grabbing" lassen sich Wirtschaftsformen zusammenfassen, die an die dunkelsten Zeiten des Kolonialismus gemahnen[23].

Vor 2,5 Milliarden Jahren begannen die Blaualgen, Kohlendioxid aus der Atmosphäre zu entfernen, um in der Folge dem Leben die gesamte Erde als Lebensraum zu eröffnen. Der Mensch kehrt diesen Vorgang gerade großräumig um. Um Energie für die Menschheit verfügbar zu machen, werden enorme Massen an Kohle, Erdöl und Erdgas gesucht, mit steigendem Aufwand aus der Erde entnommen, transportiert, verarbeitet, wieder transportiert und schließlich zu einem Teil in Produkte umgewandelt, zum Großteil aber verbrannt. Das Ergebnis dieser Verbrennung ist einerseits Wärme – das zumeist gewollte Resultat – andererseits sind es materi-

---

23 Ich verdanke Herrn Andreas Obrecht den kritischen Einwand, dass diese Problematik in vielen afrikanischen Ländern durchaus differenziert wahrgenommen und die solcherart gesteigerte Produktivität der Landwirtschaft auch positiv bewertet wird.

elle Verbrennungsprodukte wie Stickoxide, Wasser und, vor allem, Kohlendioxid CO_2. Diese Gase gelangen in die Atmosphäre der Erde und in den Ozean.

Insbesondere das CO_2 ist in der Atmosphäre für die bekannteste und wahrscheinlich langfristig unangenehmste und gefährlichste Wirkung des menschlichen Umgangs mit Energie hauptverantwortlich, nämlich für die schleichende, stetige oder auch plötzliche Änderung des Klimas[24].

Aus dem Wissen um den Klimawandel heraus ist es notwendig, die Emission der Verbrennungsgase in die Atmosphäre und damit die Verbrennung fossiler Energie zu verringern, und zwar ziemlich rasch und möglichst weitgehend. Im Hinblick auf das wichtigste Verbrennungs- und Treibhausgas, das Kohlendioxid CO_2, spricht man in diesem Zusammenhang auch von der notwendigen „Dekarbonisierung" der Weltwirtschaft. Durch die Dekarbonisierung soll eine gefährliche und nicht mehr beherrschbare Erhöhung der Welt-Durchschnittstemperatur vermieden werden. Als Folge der Erderwärmung drohen nachvollziehbar negative bis katastrophale Konsequenzen, von der Änderung der Niederschlagsmuster des indischen Monsuns mit Dürren in denjenigen Gebieten, die jetzt noch eine Milliarde Menschen ernähren bis zum Abschmelzen der Polkappen und dem dadurch ausgelösten Ansteigen des Meeresspiegels um viele Meter oder dem möglichen Versiegen des nordatlantischen Stromes (vereinfacht oft Golfstrom genannt). Mit dem sich ändernden Klima verändern sich nicht nur das Bild der Landschaft und der Erde, sondern auch die Möglichkeiten des irdischen Ökosystems, menschliches, tierisches und pflanzliches Leben zu ernähren, zu unterstützen und aufrechtzuerhalten.

Der Faktor, der den menschlichen Umsatz von Kohlenstoff begrenzt, ist nicht seine Verfügbarkeit in der Erdkruste in Form von fossilen Energieträgern. Dort lagern technisch und ökonomisch förderbare Reserven von etwa 2.000 Mrd. Tonnen Kohlenstoff, die Menge an Ressourcen (die derzeit noch

---

24 Für ein detailliertes Studium der Ursachen und erwarteten Konsequenzen des Klimawandels empfiehlt sich die Website des Intergovernmental Panel on Climate change IPCC: www.ipcc.ch.

nicht wirtschaftlich erschlossen werden können) beträgt etwa 30.000 Mrd. Tonnen. Zu Beginn des 21. Jahrhunderts entnimmt der Mensch der Lithosphäre (in Form fossiler Energieträger) und der Biosphäre (in Form von Biomasse) jährlich jeweils ungefähr acht Mrd. Tonnen an fossilem (aus Kohle, Erdöl und Erdgas) und organischem (aus Pflanzen- und Tiermassen) Kohlenstoff (Smil 2011). In der Atmosphäre befinden sich etwa 800 Mrd. Tonnen Kohlenstoff, und will man die zusätzliche Erwärmung der Erde auf unter zwei Grad begrenzen – das ist jener Wert, der als gerade noch bewältigbar gilt –, dürfen in den nächsten einhundert Jahren nicht mehr als 1.000 Mrd. Tonnen Kohlenstoff zusätzlich in die Atmosphäre gelangen[25]. Die Grenze unserer Handlungen wird also von der Entsorgungsseite gezeichnet, von der Aufnahmefähigkeit der Atmosphäre und des Ozeans und nicht von der Menge an verfügbaren fossilen Energieträgern. Die Antwort muss folglich auf ethische Weise gegeben werden, sie wird sich nicht aus naturwissenschaftlich-technischer Notwendigkeit von selbst einstellen.

Die unmittelbare Gegenwart

Um die unmittelbare Gegenwart der Energiesituation der Welt einigermaßen objektiv bewerten zu können, fehlt wie bei den meisten Blicken auf das Jetzt die dafür notwendige Distanz. Mit angemessener Vorsicht sollen daher einige wichtige Entwicklungen skizziert werden, die sich aktuell abzeichnen, von denen aber noch nicht klar ist, wie gravierend sie sein, wie lange sie dauern und welches Ausmaß sie annehmen werden. Jedenfalls ist das eine subjektive Einschätzung. Zwischen 2000 und 2011 wuchs der globale Primärenergieverbrauch um ca. 126 EJ[26] und damit um beinahe 30 Prozent. Fast die Hälfte des Zuwachses, nämlich 59 EJ, stammte aus dem Verbrauch von Kohle, dem klimaschädlichsten Primärenergieträger, der im Gegensatz zu Prognosen aus den 1980er Jahren, die ihn als Auslaufmodell darstellen, seit Mitte der

---

25 Quelle: IPCC; www.ipcc.ch.
26 Von 421,65 auf 547,21 EJ, also um 29,8 Prozent; vgl. World Energy Outlook 2013, S. 58.

1990er Jahre ein Comeback erfährt. Den Rest des Zuwachses teilen sich Erdgas, Öl, Erneuerbare und Kernenergie (OECD/ IEA 2013). Alleine der Anstieg des Primärenergieverbrauches der Weltwirtschaft in diesen zwölf Jahren entspricht knapp dem Hundertfachen des österreichischen Gesamt-Primärenergieverbrauches. Die Dynamik dieses ersten Jahrzehnts des Jahrtausends verdeutlicht Abbildung 3.

Dem Bericht *Stehen wir am Anfang eines goldenen Zeitalters für Gas?* der Internationalen Energieagentur von 2011 zufolge könnte der weltweite jährliche Gasverbrauch bis 2035 um mehr als 50 Prozent auf rund 5.100 Mrd. Kubikmeter ansteigen. Allein der Verbrauch in China soll demnach vom derzeitigen (2009) Niveau von 110 Mrd. Kubikmeter Gas (das entspricht dem Verbrauch von Deutschland) bis 2035 mit jenem der gesamten EU gleichziehen (OECD/IEA 2011a). Die Nachfrage in diesem heraufdämmernden „Gaszeitalter" soll durch enorme Reserven von sogenanntem „unkonventionellen" Erdgas, hauptsächlich von Schiefergas, gedeckt werden.

Der Preis für Erdgas (Schiefergas besteht wie Erdgas hauptsächlich aus Methan, CH_4) in den USA ist aufgrund der Produktion von Schiefergas zwischen 2005 und 2012 von 15 auf 2 US$ pro 1.000 Kubikfuß[27] gefallen. Die aktuelle (2012) Zunahme der unkonventionell produzierten Mengen in den USA wurde durch den Energy Policy Act von 2005 ermöglicht, mit dem die Umweltstandards für die Produktion stark aufgeweicht wurden. Durch zwei entscheidende Innovationen, das horizontale Bohren und das Fracking, ist der Anteil des Schiefergases an der Produktion in den USA von zwei Prozent im Jahr 2000 auf 40 Prozent in 2012 gestiegen, die Gesamtproduktion an Gas in den USA ist in diesem Zeitraum um 25 Prozent gestiegen. Beflügelt durch analoge Produktionsmethoden im Erdölbereich, könnten die USA bis 2020 zum größten Ölproduzenten der Welt aufsteigen und damit Saudi-Arabien überholen, weil durch den hohen Ölpreis bislang ökonomisch unerreichbare Ressourcen zu Reserven aufgewertet werden sollen. Das lässt einige Optimisten davon träumen, die USA könnten ab etwa 2020 zum Nettoexporteur

---

27 1.000 Kubikfuß sind ca. 28,316 m³.

von Energie werden[28]. In der Ausgabe des World Energy Outlook von 2013 klingt die vormalige Euphorie allerdings schon etwas verhaltener, die Abhängigkeit von Ölimporten aus den klassischen Produktionsländern des Nahen Ostens bleibt aufrecht (OECD/IEA 2013). Allerdings führt der amerikanische Gasboom dazu, dass die USA vermehrt Kohle exportieren, die sie wegen des Gases nicht mehr selber benötigen, und diese aus Kostengründen zunehmend in Europa verstromt wird, der Kohleanteil dort nimmt also zu.

Diese sogenannte Shale-Revolution könnte sich aber, so einige kritische Beobachter, auch überhaupt als Schimäre entpuppen: Ein typisches Schiefergasfeld verliert pro Jahr 30 bis 50 Prozent seiner Produktionsleistung, ein einzelner Brunnen 80 bis 90 Prozent in den ersten drei Jahren. Nicht unmöglich, dass sich das „Golden Age of Gas" als ähnlich künstlich zur Steigerung der Aktienkurse der Produktionsfirmen herbeigeschriebene Blase erweist wie die Immobilienblase von 2008[29].

Die Kernenergie steht nach 60 Jahren vielseitigster Unterstützung und finanzieller Förderung in der Größenordnung eines vierstelligen Milliardenbetrags (US $ oder €) nicht endlich vor der Marktreife, sondern vor dem nicht mehr kaschierbaren Eingeständnis des vollkommenen Desasters. Man spricht von Lernkurven, wenn eine Technologie am Beginn ihrer Entwicklung unterstützt und dadurch zur Marktreife herangeführt wird – sprich: billiger wird. Die Lernkurve der Kernenergie ist aber negativ – je mehr man über sie lernt, desto höher werden die Kosten für neue Reaktoren: Für ein in England neu zu bauendes Kernkraftwerk fordern die potenziellen Betreiber im März 2014 beispielsweise einen auf 35 Jahre garantierten Einspeisetarif von 111,7 € pro produzierter MWh (elektrische Energie kostet im Juni 2013 auf dem Spotmarkt ca. 40 € pro MWh, für Strom aus Windkraftwerken erhält man in Österreich 2013

---

28 So insbesondere die IEA in ihrem World Energy Outlook 2012. Die Europäer stehen der Schiefergasproduktion aus vielen Gründen wesentlich skeptischer gegenüber. Durch den Schiefergasboom kostet Erdgas in den USA 2012 etwa ein Fünftel des europäischen Importpreises.
29 Kritisch zur Shale-Revolution insbesondere Werner Zittel von der Ludwig Bölkow Stiftung, vgl. www.lbst.de, sowie Gärtner 2013 und Hughes 2013.

einen Einspeisetarif von 94,50 € pro MWh, allerdings nur auf 13 Jahre). Das ist das Gegenteil von Marktreife, und Ende 2013 sieht es so aus, als würden die potenziellen Betreiber diesen Tarif sogar zugestanden bekommen. Immer mehr Atommeiler werden heruntergefahren, 2012 ist die produzierte Atomstrommenge zum zweiten Mal in Folge rückläufig: um sieben Prozent gegenüber 2011, um 11 Prozent gegenüber 2010. Im Sommer 2013 lobbyieren einige kernenergieproduzierende Staaten der EU (Großbritannien, Frankreich, Tschechien, Litauen, …) bei der Kommission dafür, die Kernenergie generell als förderwürdig auszuweisen – eine Reaktion darauf, dass die Investitionskosten für neue Atomkraftwerke so stark gestiegen sind, dass sie genaugenommen unwirtschaftlich sind.

Die urbanen Zentren – mehr als die Hälfte der Menschheit lebt gegenwärtig in Städten, der Anteil der urbanen Bevölkerung wird weiter zunehmen – und die industriellen Komplexe benötigen aber weiterhin und quantitativ zunehmende hochkonzentrierte verlässliche Energieflüsse von außen, die in den Städten selbst nicht produziert werden können. Zwischen 2012 und 2020 sollen zusätzlich 1,2 Milliarden Menschen weltweit in die Mittelschicht aufsteigen. Damit werden sie mehr Energie verbrauchen.

Die fossilen Reserven sind immer schwerer und kostspieliger erreichbar und zu produzieren, die damit zusammenhängenden Umweltschäden werden gravierender. Eine Frage, an der sich die Zukunft entscheiden wird, ist daher weiterhin die Bewertung externer Effekte – oder Kosten – hauptsächlich des Umwelt- und Klimaschutzes. Nimmt man die Klimaschutzziele wirklich ernst, indem man sie „einpreist", um „Kostenwahrheit" zu erzielen, könnten sich zahlreiche neu errichtete und in Bau befindliche Kohlekraftwerke als veritable Fehlinvestition herausstellen, weil sie schlicht nicht mehr bis zum Ende ihrer technischen Lebensdauer Kohle verbrennen dürfen, also betrieben werden können, soll das Zwei-Grad-Ziel[30] eingehalten werden. Darüber hinaus müssten 60

---

30 Die Emissionen an Treibhausgasen sollen demnach in einem Rahmen bleiben, der die durchschnittliche globale Erderwärmung auf zwei Grad beschränkt.

bis 80 Prozent der in den Bilanzen von Exxon, BP, Shell usw. ausgewiesenen Reserven an Erdöl als nicht mehr verbrennbare, unter diesen Prämissen also wertlose Güter abgeschrieben werden[31].

Der Kostenwahrheit würde man sich auch annähern, wenn die Subventionen für fossile Energie – diese betrugen 2012 weltweit etwa 544 Mrd. Dollar – reduziert oder überhaupt eingestellt würden und diese im Gegenteil mit den externen Kosten belastet würden, die sie volkswirtschaftlich verursachen. Davon ist man aber auch 2014 noch weit entfernt. Trotz gesetzlichen Verbots werden beispielsweise in Nigeria jährlich 15 Mrd. Kubikmeter Erdgas abgefackelt, in Russland 35 Mrd. Kubikmeter. Es macht offenbar ökonomisch Sinn, die begrenzten fossilen Energiereserven derart zu vergeuden. Entsprechend wird es auch von Jahr zu Jahr schwieriger und unwahrscheinlicher, dass das Zwei-Grad-Ziel wirklich erreicht wird – im Mai 2013 stieg die Konzentration von Kohlendioxid in der Atmosphäre erstmals über 400 ppm (parts per million).

Mit der Deutschen „Energiewende" hat aber nicht nur wieder einmal (nach „Blitzkrieg", „Waldsterben" und Co.) ein deutsches Wort in den angelsächsischen Sprachgebrauch gefunden. Die Energiewende stellt ein über alle Maßen couragiertes und ehrgeiziges Projekt mit dem Charakter einer „frontier" dar, ein Ziel ähnlich der bemannten Mondlandung der Amerikaner in den 1960er Jahren, das eines der wichtigsten Industrieländer der Welt in ein Labor für Energietechnologien und -politik verwandelt. Letztendlicher Auslöser für die Energiewende war nicht die Problematik des Klimawandels, sondern vielmehr die Katastrophe von Fukushima. Wenn Deutschland die Energiewende schafft, was heißt, dass auch sichtbar werden muss, dass sie ein ökonomischer Erfolg ist, wird das Land 1.000 Mrd. Euro investiert haben und weltweit eine Führungsposition hinsichtlich neuer Energietechnologien einnehmen. Wenn die Energiewende hingegen scheitert, wird das ein weltweiter Rückschlag sein (Schiermei-

---

31 Unburnable Carbon – Are the world's financial markets carrying a carbon bubble? Vgl. www.carbontracker.org., 15.07.2013.

er 2013). Unter den Gegnern der Energiewende finden sich allerdings nicht nur die Proponenten des fossilen und nuklearen Komplexes, sondern zunehmend auch Vertreter des Umweltschutzes. Weltweit halten fossile Energieträger 2012 – wie auch schon 25 Jahre zuvor – einen Anteil von 82 Prozent am Primärenergieverbrauch. Das Dilemma der Gegenwart, und es ist wirklich ein Di-Lemma, besteht zusammengefasst darin, synchron und möglichst schnell den Pro-Kopf-Energieverbrauch der meisten Menschen erhöhen zu müssen, um ihnen einen annehmbaren Lebensstandard zu ermöglichen, und **zugleich** die Nutzung der quantitativ wichtigsten – nämlich der fossilen – Energieträger radikal zu vermindern, während **gleichzeitig** die Anzahl der Menschen jährlich um 80 Millionen zunimmt.

2.3 Zwischen Globalisierung und Anthropozän

Carl Ritter von Ghega (1802–1860) gilt als Planer und Erbauer der Eisenbahn über den Semmering, die ab 1854 als erste europäische Gebirgsbahn und letztes fehlendes Stück Wien mit dem wichtigsten Hafen der Habsburgermonarchie, Triest, durchgehend verband. Er ließ vor dem Portal des Scheiteltunnels folgende Inschrift anbringen: „Durch die Eisenbahn verschwinden die Distanzen, die materiellen Interessen werden gefördert, die Kultur gehoben und verbreitet."

In der Mitte des 19. Jahrhunderts wurde das Phänomen schwindender Bedeutung der globalen Distanzen noch nicht „Globalisierung" genannt, obwohl man auch damals schon globale Entfernungen überwand. Diese spielten aber, im Gegensatz zu heute, eine entscheidende Rolle beim Transport von Gütern und Menschen. „Globalisierung" soll hier deshalb das Phänomen genannt werden, das – mit allen daraus folgenden Konsequenzen – globale Distanzen für die moderne ökonomische Zivilisation sowohl für die meisten Güter als auch für Informationsflüsse und Menschen quasi verschwinden lässt. Globalisierung heißt damit auch, dass Unrecht, Ausbeutung, Gewalt, die Menschen weltweit erleiden, andererseits aber auch Vergnügen, Reichtum, Überfluss, deren sich gewisse andere Menschen erfreuen, allgemein also die

Lebenslagen potenziell aller Menschen, nicht nur weltweit praktisch ohne Zeitverzögerung sichtbar werden, sondern auch nachdrücklich als Furcht- oder Wunschbilder in alle Gesellschaften einwandern, sie verändern, sie untereinander in einer seltsamen Weise annähern. Bilder aus der industrialisierten westlichen Welt kommen als Hoffnung und Anspruch auf materielle, politische, persönliche Verbesserung in den armen Ländern an und können nicht vollständig erfüllt werden, weil ihnen schlicht die physische Basis fehlt: Das globalisierte Begehren trifft auf nicht globalisierbare Lebensformen. Bilder von Elend, Ausbeutung und Kriegen wecken andererseits die Angst derjenigen, die sich relativ großen materiellen Wohlstandes und jahrzehntelangen Friedens erfreuen und veranlassen sie, ihre Welt mit Mauern, Zäunen und Ideologien zu schützen (Musner 2010).

Auf das Energiethema umgelegt, bedeutet Globalisierung nicht nur, dass Energieträger wie Öl, Kohle und zunehmend auch Erdgas (als LNG) und Biomasse, im globalen Maßstab zu einem immer einheitlicheren Weltmarktpreis transportiert und gehandelt werden. Unverzichtbare Grundlagen für die Globalisierung sind Technologien, die diesen weltweiten Transport von Energieträgern und von Mio. Tonnen von Rohstoffen und Fertigwaren zu unvergleichlich geringen Kosten überhaupt erst ermöglichen, und die es den Menschen prinzipiell erlauben, beinahe jeden beliebigen Punkt der Erde in zwei bis drei Tagen persönlich zu erreichen. Die Galapagos-Inseln, zu denen Charles Darwin von Dezember 1831 an mit der Beagle – einem Segelschiff – noch beinahe vier Jahre lang unterwegs war[32], liegen in zeitlicher Perspektive nicht einmal mehr zwei Tagesreisen von unserer Haustür entfernt.

Die Rahmenbedingungen haben sich weltweit in den vergangenen drei bis vier Jahrzehnten in einer Weise geändert, die den internationalen Transport und Verkehr explodieren ließen. Den sinkenden Transportkosten lag jedoch kein Technologiesprung zugrunde, sondern die kontinuierliche

---

32 Darwin war auf einer Forschungsreise und folgte daher nicht dem kürzesten Weg. Wäre er schnellstmöglich zu den Galapagos-Inseln geeilt, hätte er das wohl in fünf bis sechs Monaten geschafft.

Weiterentwicklung und Diffusion bestehender Technologien zusammen mit einigen organisatorischen Innovationen. Darunter sind die Verbreitung des Containers im See- wie im Landverkehr, computergestützte Beladungs- und Stapelprogramme, die die Hafenaufenthalte erheblich verkürzen, Beladungshilfen für LKW wie Wechselpritschen, Abrollkipper, Autokräne und Ladebordwände, die den Transport beschleunigen und Personal einsparen, Autobahnen und die Senkung des spezifischen Treibstoffverbrauchs der Fahrzeuge. Für kaum ein Produkt außer Baumaterialien liegen die Transportkosten über fünf Prozent des Produktwertes, zumeist eher bei einem Prozent, trotz der gegenüber früher erheblich längeren Transportwege (Tichy 2008). Die niedrigen Transportkosten machten es möglich, die einzelnen Produktionsschritte jeweils in das Land mit den geringsten Produktionskosten zu verlegen, was wiederum zu einem starken Anstieg des Verkehrs führte.

Für den Transport von Waren zur See und zu einem guten Teil auf dem Land ist der Dieselmotor, eine Erfindung des deutschen Ingenieurs Rudolf Diesel (1858–1913) aus den 1890er Jahren, die entscheidende Technologie. Für den interkontinentalen Flugverkehr ist die Gasturbine das bestimmende Antriebsaggregat. Deren erste Erfolg versprechende Prototypen wurden in den dreißiger Jahren des zwanzigsten Jahrhunderts von Frank Whittle (1907–1996) und von Hans-Joachim Pabst von Ohain (1911–1998) hergestellt (vgl. v. a. Smil 2007), obwohl ihr Vorläufer bereits 1791 von John Barber (Propyläen 5, 75ff) patentiert worden ist.

Seit dem Zweiten Weltkrieg dominiert der Dieselmotor den internationalen Schiffsverkehr und Warenaustausch und ermöglicht so die Grundlage der globalisierten Welt. Englische Kohlekraftwerke werden mit Kohle aus Australien, Südafrika und Indonesien befeuert, ein nordenglisches Biomassekraftwerk mit einer Million Tonnen Holzpellets pro Jahr aus Kanada; beim Export von Fertigwaren aus China in alle Welt spielen die Kosten für deren Transport in Containerschiffen nur am Rande eine Rolle.

Wie der Dieselmotor für den See- und teilweise Landtransport ist die Gasturbine seit 60 Jahren das dominierende Antriebsaggregat für Langstreckenflüge. Für beide Technologien ist weit und breit kein Ersatz in Sicht. Trotz bedeutender Fortschritte sowohl hinsichtlich der Leistung als auch der Effizienz des Dieselmotors im 20. Jahrhundert – seine grundlegende Konzeption stammt vom Ende des 19. Jahrhunderts. Seit ungefähr siebzig Jahren dominiert er den Warenverkehr zur See und mit dem Lastwagen und teilweise der Eisenbahn zu Lande.

Dieselmotoren

Dieselmotoren sind hinsichtlich Wartung und Brennstoff wesentlich anspruchsloser als Benzinmotoren. Ist Benzin das teuerste Produkt im Prozess der Rohöldestillation, wird Diesel aus schwereren, billigeren Destillaten hergestellt, sein Energiegehalt pro Volumen ist um 12 Prozent höher als der von Benzin. Überdies erreichen moderne Dieselmotoren für den Schiffsantrieb Wirkungsgrade von über 50 Prozent, während auch die besten modernen Benzinmotoren mit kaum über 30 Prozent Wirkungsgrad aufwarten können. Zusammen ergeben diese Eigenschaften den Vorteil, dass Dieselmotoren mit demselben Volumen an Treibstoff ungefähr doppelt so viel nutzbare Energie in den Antrieb einer Schiffsschraube stecken können, als es vergleichbare Benzinmotoren könnten.

Die ersten dieselbetriebenen Lokomotiven und Autos wurden in den dreißiger Jahren des 20. Jahrhunderts gebaut, die technische Reife des Dieselmotors fiel aber erst in die Zeit des ökonomischen Aufschwungs nach dem Zweiten Weltkrieg. Wurde 1939 ein Viertel der Welt-Handelsflotte von Dieselmotoren angetrieben, waren es 2000 schon 90 Prozent, darunter die riesigen Flotten von Öltankern.

Kleine Dieselgeneratoren sind, allen Kleinwindrädern und Photovoltaikmodulen zum Trotz, Keimzellen der Elektrifizierung von Siedlungen und anderen Elektrizitätsverbrauchern fernab der Elektrizitätsversorgungsnetze. Allein etwa zehn Millionen Stück solcher Generatoren mit Leistungen unter zehn Kilowatt werden 2010 jährlich installiert, die Wachstumsrate beträgt sieben Prozent pro Jahr.

Anthropogene Massenbewegungen in Mrd. Tonnen pro Jahr

Biomasse	19,0
Fossile Energieträger	11,9
Metalle	1,0
davon Eisen	0,8
Abraum aus der Erzproduktion	3,5
Industrieminerale	1,2
Baumaterialien (Zement, Asphalt, ...)	22,9
CO_2-Eintrag in Atmosphäre und Ozean (2012)	31,6
Summe menschengemacht	91,1

Natürliche Massenbewegungen in Mrd. Tonnen pro Jahr

Winderosion	1,0
Gletscher	4,3
Gebirgsbildung	14,0
Vulkanismus	30,0
Sedimenttransport durch Wasser	53,0
Summe natürlich	102,3

Tabelle 2: Die quantitativ wichtigsten natürlichen und anthropogenen Netto-Materialbewegungen in Mrd. Tonnen pro Jahr. Werte gerundet. (Nicht enthalten sind hier Massenbewegungen, die im Kreislauf geführt werden, wie etwa das Wasser). Aus den Zahlen wird deutlich, wie groß der Anteil energierelevanter Massenströme ist: Diese umfassen jeweils den Großteil der fossilen Energieträger und des CO_2-Eintrags sowie etwa ein Fünftel der Biomasse. Zusammen stehen sie also für knapp die Hälfte aller menschengemachten Materialbewegungen. Quelle anthropogen: Krausmann et al. 2009; Quelle natürlich: McNeill 2001, 30.

Die Erde befindet sich aktuell, und zwar hauptsächlich aufgrund der Aktivitäten etwa eines Viertels der Menschheit im Energiebereich, im Hinblick auf wesentliche ihrer Schlüsselparameter und auch hinsichtlich deren Änderungsgeschwindigkeit in einem erdgeschichtlich einmaligen Zustand, zumindest was die vergangenen 500.000 Jahre angeht[33]. Mehr Stickstoff-

---

33 Crutzen 2002, im Wortlaut: „In summary, we conclude that Earth is currently operating in a no-analogue state. In terms of key environmental parameters, the Earth System has recently moved well outside the

dünger wird künstlich hergestellt als auf natürliche Weise in allen terrestrischen Ökosystemen entsteht, die Emissionen von Stickoxiden aus der Verbrennung übertreffen natürliche, aus der Verbrennung von fossilen Energieträgern und aus der Landwirtschaft resultieren wesentlich höhere Emissionen von Treibhausgasen als aus natürlichen Prozessen: bei Kohlendioxid um 30 Prozent, bei Methan um mehr als 100 Prozent. Konzentrationen von Treibhausgasen in der Atmosphäre erreichen heute die höchsten Werte seit zumindest 400.000 Jahren, der pH-Wert der Ozeane sinkt aktuell um 0,1 pH pro Jahrhundert, das ist eine Zunahme des Säuregehalts um 30 Prozent in den letzten hundert Jahren mit einer Geschwindigkeit der Versauerung (durch das Kohlendioxid, das in die Ozeane gelangt), die höher ist als alle Werte der vergangenen 300 Millionen Jahre. Das wird in den Weltmeeren vermutlich ein beispielloses Artensterben zur Folge haben – viele Korallen und Weichtiere werden bei dem erwarteten Säuregehalt der Weltmeere in ca. hundert Jahren nicht mehr leben können (Marshall 2012). Und das globale Klima wird auf viele Jahrtausende hinaus vom Weg seiner natürlichen Schwankungen abweichen.

Nach Angaben der IUCN (International Union for the Conservation of Nature)[34] sind fast ein Viertel der Säugetiere und ein Drittel der Amphibien ausgestorben oder vom Aussterben bedroht. Tiere und Pflanzen verlieren ihre Lebensräume, ihre genetische Vielfalt geht verloren. Natürliche Lebensräume verschwinden zugunsten landwirtschaftlicher Anbauflächen und wachsender Städte, erneuerbare Ressourcen werden vom Menschen jenseits ihrer natürlichen Regenerierungsfähigkeit übernutzt und verschmutzt. Das Artensterben geht tausend- bis zehntausend Mal schneller vor sich, als es ohne

---

range of natural variability exhibited over at least the last half million years. The nature of changes now occurring simultaneously in the Earth System, their magnitudes and rates of change are unprecedented and unsustainable."

34 http://www.iucn.org/iyb/about/ „Of the world's 5,490 mammals, 78 are Extinct or Extinct in the Wild, with 188 Critically Endangered, 540 Endangered and 492 Vulnerable. 1,895 of the planet's 6,285 amphibians are in danger of extinction, making them the most threatened group of species known to date."

den Einfluss des Menschen zu erwarten wäre, seine aktuelle Geschwindigkeit ist im Vergleich über geologische Zeiträume herausragend hoch (Barnosky et al. 2011).

Geologische Ereignisse, bei denen mehr als drei Viertel aller Pflanzen- und Tierarten in einer geologisch kurzen Zeit aussterben, werden Massensterben genannt. Fünf Massensterben hat es in den letzten 540 Millionen Jahren der Erdgeschichte gegeben, ausgelöst von Vulkanausbrüchen oder Meteoriteneinschlägen. Nach der Ursache des wahrscheinlich sechsten Massensterbens erhält das gegenwärtige Zeitalter seinen Namen.

3 Enertopia

Vor der Dunkelheit

Die Dunkelheit ist gewiss. Wir zögern, zweifeln, glauben an Möglichkeiten und vielleicht an nicht widerlegbare Gewissheiten. Wir rechnen mit Wahrscheinlichkeiten, kalkulieren seltene Ereignisse mit ein, leugnen in Gedanken und Glauben, was unser Verstand weiß, verwerfen Hoffnungen als unwahrscheinlich und klammern uns dennoch an sie. Nur die Dunkelheit ist gewiss.

Sie wird am 3. September 2081 am helllichten Tag eintreten, die Pasterze, den 2012 noch längsten Gletscher der Ostalpen, in Schatten tauchen und, einigermaßen wolkenlosen Himmel vorausgesetzt – aber das ist ungewiss –, werden einige Planeten und hellere Sterne am Himmel sichtbar sein. Die Pasterze wird an diesem Tag wahrscheinlich kein Gletscher mehr, sondern eine von einem Fluss durchflossene Weide mit Gras, niedrigen Sträuchern, Seen und einigen Lärchen sein, deren älteste, im ehemaligen Gletschervorfeld, an die achtzig Jahre alt sein werden. Aber das ist nicht wirklich gewiss. Die Dunkelheit hingegen ist es.

Gewiss ist die Lage des Schattenstreifens, den der Mond am 3. September 2081 über die Pasterze und deren Vorfeld werfen wird, der zwischen Salzburg und Graz im Norden, Trient und Triest im Süden die Landschaft in graues düsteres Licht versenken wird, das schon Adalbert Stifter angesichts der Sonnenfinsternis vom 8. Juli 1842 in Wien so eindrücklich geschildert hat. Der Zeitpunkt des Eintreffens dieser Dunkelheit steht fest. Der Schatten des Mondes wird die Erde im Nordatlantik vor der Küste Spaniens erstmals berühren und sie in Indonesien wieder verlassen. Dazwischen wird er Mitteleuropa, die Türkei, Arabien, den Indischen Ozean überstreichen. Nicht sicher ist, wer dieses Schauspiel an diesem Ort beobachten wird, und wie groß der Gletscher dann wirklich sein wird. Dies hängt unter anderem auch vom Willen zahlreicher Menschen ab, aber nicht nur.

Ziemlich sicher hingegen ist, mit einem Blick auf die Sterbetafeln, die von den Statistikämtern alle paar Jahre neu veröffentlicht werden und die, auf die große Anzahl der Betroffenen umgelegt, mit beängstigender Genauigkeit stimmen, dass ich selbst dieses Schauspiel nicht mehr betrachten können werde, obwohl es mich natürlich freuen würde, da noch dabei zu sein. Das dafür notwendige Lebensalter von 118 Jahren erscheint mir auch angesichts aller noch zu erwartenden Fortschritte der Medizin jenseits persönlicher Reichweite zu liegen.

Was aber ist jetzt gewiss?

Der Weg, der mich im Sommer 2012 vom Margaritzenstaudamm weiter talwärts führt, berührt auf etwa 1700 Metern Seehöhe neben der Haritzeralm zwei unscheinbare längliche Hügel. Murmeltiere haben ihre Baue in diese hineingetrieben, mit ihren Pfiffen haben sie einander vor dem näherkommenden Wanderer gewarnt. Eine halbe Stunde weiter talwärts, neben der Trogalm, einer im Sommer bewirtschafteten Almhütte, ist ein weiterer, jetzt etwas größerer länglicher Hügel aufgeworfen und formt einen Trog, der wohl auch der Alm ihren Namen gegeben hat. Beide Hügel sind Moränen eines früheren Gletscherhochstandes, der sogenannten Jüngeren Dryas. Auf der Endmoräne dieses Gletschervorstoßes steht die Wallfahrtskirche von Heiligenblut.

Etwa 12 800 Jahre vor der Gegenwart stürzte ganz Europa, das gerade unter der eiszeitlichen Vergletscherung als langsam wieder belebtes Grasland hervorgetaucht war, innerhalb eines Jahres, wahrscheinlich sogar innerhalb weniger Monate, in eiszeitliche Kälte zurück, die 1300 Jahre andauerte. Die letzte große Eiszeit war bereits vorüber, die Gletscher hatten sich weit zurückgezogen, warme Regenfälle vom Atlantik bahnten dem Leben den Weg zurück auf den Kontinent. Die Gletscher schmolzen überall, auch in Nordamerika. Dort füllten und stauten sie allerdings den riesigen Schmelzwassersee Lake Agassiz – in seiner größten Ausdehnung war der Agassizsee größer als das heutige Kaspische Meer –, und als sich die Gletscher immer weiter zurückzogen, barsten die letzten Eisdämme und das Süßwasser dieses Sees strömte innerhalb weniger Tage in den Nordatlantik. Dort brachten die Süßwasserfluten die thermohaline Zirkulation der Meeresströmungen zum Erliegen, der Golfstrom, dem Europa sein vergleichsweise warmes Klima verdankt, versiegte, die Temperaturen stürzten auf beinahe eiszeitliche Werte zurück. Dieses Ereignis wird heute Jüngere Dryas genannt[35].

Die Jüngere Dryas war Ergebnis eines Ablaufs von Einzelereignissen, die sich physikalisch modellieren lassen. Rückwirkend können wir sie datieren, Baumringe und Pollen in Mooren können analysiert werden. Das Zusammenwirken der Einzelereignisse erfolgte aber nicht linear und widerspricht unserer Intuition: Es war die starke Erwärmung nach der letzten Eiszeit, die diese katastrophale Kälteperiode ausgelöst hat.

Was ist als Folge unserer gegenwärtigen Eingriffe in das Gesamtsystem der Erde zu erwarten, was davon ist gewiss? Wie hängen unsere Handlungen mit möglichen Grenzen und Schwellwerten dieses Systems zusammen? Kann uns unsere Verantwortung zu notwendigen Handlungen anleiten – und sind wir überhaupt frei darin, diese Möglichkeiten zu realisieren?

---

35 Ravilious 2009; Schiermeier 2010; die Wärmeleistung, die das Meeresströmungssystems (AMOC) ständig aus den Tropen in höhere Breiten transportiert, liegt bei etwa 1 PW (Petawatt, 10^{15} Watt). Das resultiert in einer Energiemenge von ca. 31.500 EJ (Exajoule) pro Jahr, das ist ca. das 57-Fache des jährlichen Energieverbrauches der Menschheit in 2011.

3.1 Energieutopische Präliminarien

„Immer noch liegt ein Graben zwischen den Denkweisen der Natur- und Geisteswissenschaften. Normalerweise herrscht ein durch wechselseitige Ignoranz stabilisierter Friede an den Grenzen – bis ein Problem auftaucht, für das beide die Deutungshoheit beanspruchen."
Rudolf Burger

Das in diesem Buch thematisierte Problem könnte jedoch mehr als den Waffenstillstand zwischen Natur- und Geisteswissenschaften stören.

Vorauszuschicken sind der natur- versus geisteswissenschaftlichen Begegnung – oder Konfrontation – noch drei notwendige Gedanken:

• eine Lagebeurteilung und damit Präzisierung der Herausforderung, vor der wir stehen, also ein Bild der wahrgenommenen Krise und zugleich ein Blick auf die Grenzen des Systems,

• eine Art strategischer Richtungsweisung, um abzuklären, warum wir überhaupt handeln sollen, damit die Klärung unserer Motivation,

• und die Diskussion der oft übersehenen impliziten Voraussetzungen, die unsere prinzipielle Handlungsmöglichkeit betrifft.

3.1.1 Begrenzte Ressourcen – Mangel und Peak

„Vieles fiele leichter, könnte man Gras essen. (…) Wäre der tägliche Bissen so sicher wie die Luft, dann gäbe es kein Elend."
Ernst Bloch, *Das Prinzip Hoffnung*

Ernst Bloch (1885–1977) sieht in seinem *Prinzip Hoffnung* den Ursprung allen Elends im Mangel lebensnotwendiger Güter. Umgekehrt ist dieser aber auch anerkannter Motor ökonomischen und innovativen Denkens und Handelns, der Neugier und der Suche nach einem besseren Leben. Erst durch seine Knappheit erhält ein Gut einen ökonomischen Preis, erst durch Mangel an Gewolltem und Unumgänglichem können ökonomischer Reichtum, Krise und wirtschaftliches Elend entstehen. Knappheit und Mangel spielen also eine zentrale Rolle in unserem Leben – und auch im utopischen Diskurs.

Die Nutzung und der Verbrauch jedes Rohstoffes, der sich nicht erneuert, gelangt irgendwann an den Punkt, an dem seine Endlichkeit ökonomisch und faktisch spürbar wird. Die endlichen Vorräte an Kohle, Erdöl, Erdgas und Uran werden irgendwann aufgebraucht sein, verbrannt, gespalten, deponiert. Für viele Rohstoffe liegt dieser Zeitpunkt in ferner Zukunft, für einige ist er aber zeitlich nahe gerückt oder vielleicht bereits erreicht. Dasselbe gilt im Prinzip für jede von der Natur bereitgestellte Dienstleistung, die auf der Erde in begrenztem Ausmaß verfügbar ist und sich nicht oder zu langsam durch natürliche oder künstliche Prozesse erneuert, wie beispielsweise die Aufnahmefähigkeit der irdischen Atmosphäre für die Endprodukte von Verbrennungsprozessen.

Besondere Aufmerksamkeit wird seit einigen Jahren dem „peak oil" zuteil, dem Erdölpeak, da Erdöl in unseren Volkswirtschaften als Energieträger und Rohstoff für die stoffliche Nutzung – Stichwort Kunststoffe – eine zentrale Rolle spielt und in den Jahren seit 1973 schon einige bemerkenswerte Preissprünge verzeichnet hat. Peak oil ist der Zeitpunkt, ab dem sich die Fördermenge von Erdöl nicht mehr signifikant erhöhen lässt, in der Folge sein Preis ansteigt und weltweit Verknappung eintritt, falls es nicht gelingt, die Wirtschaft wesentlich von Erdöl unabhängiger zu machen (Vgl. z. B. http://www.peak-oil.com/peak-oil/ oder Cerveny 2010).

Der „peak", die „Spitze" oder der Höhepunkt bezeichnet das Maximum der möglichen Nutzung eines wichtigen oder lebensnotwendigen Rohstoffs, einer Ressource, einer Entsorgungsmöglichkeit oder einer Dienstleistung, also denjenigen Zeitpunkt, ab dem sich mit naturnotwendiger Unausweichlichkeit ihre gewinnbare Menge oder die Aufnahmefähigkeit einer Entsorgungsmöglichkeit verringert. Der peak ist auch dort zu erwarten, wo eine prinzipiell erneuerungsfähige Ressource schneller verbraucht wird, als sie sich regeneriert.

Spürbar wird der peak, wenn die zur Verfügung gestellte Menge oder Dienstleistung so weit genutzt ist, dass sie größenordnungsmäßig etwa zur Hälfte verbraucht und für sie kein überzeugender Ersatz sichtbar ist, wenn er also sozusagen in die Gegenwart rutscht. Von Erdöl ist nach Ansicht zahlreicher Experten Anfang des 21. Jahrhunderts etwa die Hälfte jener Menge verbraucht, die insgesamt gewinnbar ist und somit der Menschheit zur Verfügung steht. Wir stehen somit ungefähr am „peak oil". Für Uran, den „Brennstoff" – exakter: den durch thermische Neutronen spaltbaren Primärenergieträger – der Kernkraftwerke, gilt ähnliches. Etwa im Jahr 2042 werden die bekannten Uranreserven den Bedarf nicht mehr decken können (Österreichisches Ökologieinstitut; Österreichische Energieagentur 2011).

Historisch wurde der peak zum ersten Mal wohl 1798 von Thomas Robert Malthus (1766–1834) in seinem *Essay on the Principle of Population*, wenn auch unter anderem Namen, angesprochen. Malthus sah ein notwendiges, naturgegebenes Dilemma darin, dass die Bereitstellung von Nahrungsmitteln mit dem exponentiellen Bevölkerungswachstum nicht Schritt halten könne. Die überzähligen Menschen, so Malthus, sollten von Natur aus abtreten, sie seien zu viel auf der Erde.

Etwa zeitgleich, um 1790, kulminierte „ein europaweites Alarmgeschrei" über die Zerstörung der Wälder und die „so entsetzlich einreißende Holznot". Bei der Einberufung der französischen Generalstände 1789 rangierten die Klagen über Holzmangel sogar an oberster Stelle, durch die Verwüstung der Wälder „werde unseren Nachkommen das Dasein, Handeln und Wirken auf alle Weise erschwert und ihnen durch unsere Verwüstungen das Andenken an uns schrecklich gemacht", so eine Denkschrift von 1795 (Radkau 2011, 40 f).

Obwohl sich Malthus' Argumente vorerst als falsch erwiesen haben, unter anderem weil er die Rolle von Innovationen nicht berücksichtigte, und schon kurz nach 1800 auch die Holznotalarmisten von führenden Forstleuten mit Spott und Hohn überschüttet wurden, waren insbesondere die aus Malthus' Argumenten abgeleiteten, scheinbar auf naturwissenschaftlicher Basis gegründeten Werturteile und sein Hinweis auf die Grenzen der Tragfähigkeit der Erde sehr einflussreich. Charles Darwin übernahm von Malthus das Prinzip der natürlichen Selektion (Repcheck 2007, 218 f), das als deskriptive „Konkurrenz um begrenzte Ressourcen" eine der Säulen seiner Evolutionstheorie bildet. Ins Normative gewendet, fand sich malthusianisches Denken in ökonomischen Theorien, die das (wirtschaftliche) „Überleben des Stärkeren" zum ethisch Guten erklärten; es erwies sich als enorm einflussreich und weltgestaltend[36]. Um 1900 verlagerte sich die Angst, nicht mehr genug Nahrungsmittel für die Menschheit produzieren zu können, zum drohenden Mangel an Stickstoff. Die Erfindung der Stickstoffsynthese durch Haber und Bosch 1909 hob den „peak Stickstoff" auf und verschob die Befürchtungen erstmals hin zu einem allfälligen Ende der fossilen Energie, mit der man in einem energieintensiven Prozess den Stickstoff aus der Luft produzierte (Hänggi 2011, 67 ff). Der gegenwärtig, insbesondere im Lichte der Produktion von Agrartreibstoffen heftig diskutierte „peak soil", die begrenzte lokale und auch globale Verfügbarkeit von Böden für die Produktion von Nahrungsmitteln und Energiepflanzen, ist ebenfalls ein Argument im Geiste Malthus'.

Das Problem der Nichterneuerbarkeit der fossilen Ressourcen war den Experten seit der zweiten Hälfte des 19. Jahrhunderts durchaus bewusst, blieb aber in den meisten technozentrischen Zukunftsentwürfen ausgespart. 1871 wies eine englische Kommission auf die Erschöpfung der Kohlevorräte in 250 Jahren hin, in Deutschland mahnte der Verein Deutscher Ingenieure in den 20er Jahren des 20. Jahrhunderts zur Schonung der Kohlevorräte die Nutzung von Wind, Sonne und Wasser ein. Die Begriffe „Raubbau an der Natur" und „Stoffwechselkreislauf" wurden in der zweiten Hälfte des 19. Jahrhunderts von Justus von Liebig geprägt (Uerz 2006, 251). Auf einem internationalen Geologenkongress 1913 erscheint drohend und mahnend das Gespenst einer künftigen Kohlennot. „Im günstigsten Falle reichen wir mit der uns bekannten

---

36 Ein Einfluss dieses Gedankens auf die von den Nationalsozialisten propagierte „völkische Weltanschauung" scheint nicht abwegig zu sein. Diese „huldigt (…) prinzipiell dem aristokratischen Grundgedanken der Natur und glaubt an die Geltung dieses Gesetzes. (…) die völkische Weltanschauung entspricht dem innersten Wollen der Natur, da sie jenes freie Spiel der Kräfte wiederherstellt, das zu einer dauernden gegenseitigen Höherzüchtung führen muss (…)" (Hitler 1939, 421 f).

nutzbaren Kohle noch 1500 Jahre. Aber nicht überall, sondern im Durchschnitt!" In den USA komme man noch 2000 Jahre aus, England wird in 200 Jahren keine Kohle mehr haben, in Deutschland reiche sie im günstigsten Fall noch 400 Jahre. Es folgt eine albtraumhafte Schilderung einer Welt ohne Kohle, d. h. ohne Industrie, Eisenbahnen, ohne elektrisches Licht, zurück zu Kienspan und Tranlampe. „Keine Kohle mehr" heißt also letzten Endes „Verschwinden der Zivilisation". Die erste Folge einer beginnenden Kohlenot wäre „Krieg der kohlearmen gegen die kohlereichen Länder". Noch viel schlechter sieht es 1913 für die „Petroleumquellen" aus, die aller Voraussicht nur noch zwei bis drei Jahrzehnte ertragreich sein dürften (Günther 1931).

In den 1930er Jahren wurde in den USA zur Schonung der Erdölreserven von landwirtschaftlichen Interessengruppen die Beimischung von aus Getreide gewonnenem Alkohol (Ethanol) zum Kraftfahrzeugbenzin realisiert. So konnte unter dem Eindruck der „großen Depression" Getreide mit größerem Gewinn verkauft werden. Unterstützt wurden diese und ähnliche Bestrebungen von Teilnehmern an der 2. Weltkraftkonferenz in Berlin 1930, die befürchteten, die Mineralölvorräte würden weltweit nur noch etwa zehn Jahre reichen (Propyläen 5, 231).

Der Peak kann aber nicht nur als Einzelgröße auftreten wie beispielsweise beim Öl, sondern – und das ist die wesentliche Erkenntnis der von der Kybernetik und den Umweltwissenschaften beeinflussten Denkweise ab den 50er Jahren des 20. Jahrhunderts – als systemische Größe durch das Zusammenwirken mehrerer Einflussparameter. Nachdrücklich bewusst wurde das einer breiten Öffentlichkeit durch den Bericht des Club of Rome von 1972 (Meadows et al. 1973; Uerz 2006, 298 ff). In diesem Bericht über die Grenzen des Wachstums wurde erstmals vermittels einer computergestützten Systemanalyse ein (aus heutiger Sicht sehr einfaches) Weltmodell entworfen: Anhand von fünf global wirksamen Parametern (Industrialisierung, Bevölkerungsentwicklung, Ernährungssituation, Rohstoffverfügbarkeit und Lebensraumzerstörung) wurden zwölf mögliche Szenarien für die Zeit zwischen 1972 und 2100 simuliert. Eine Reihe von anschaulichen, nachvollziehbaren und überzeugenden Annahmen wurde vermittels des Computermodells in die Zukunft fortgeschrieben. Die simulierte Verknüpfung der Auswirkungen dieser Annahmen führte, je nach Szenario, zu teilweise drastischen und katastrophalen Ergebnissen wie dem Hungertod eines wesentlichen Teils der Erdbevölkerung noch vor dem Jahr 2100. Die seitdem oft wiederholte Botschaft in malthusscher Tradition, dass exponentielles, also unbegrenztes Wachstum in einer begrenzten Welt nicht möglich ist, hat seitdem nichts an Brisanz verloren. Und auf den Blick auf die Systemebene können seriöse Prognosen seit dem Bericht des Club of Rome nicht mehr verzichten (→ S. 297 ff).

Die systemische Verknüpfung von immer mehr Einflussgrößen und ihre dynamische Simulation in immer leistungsfähigeren Computern führen im Ergebnis mitunter zu sogenannten Kipppunkten. Ein einfaches Beispiel aus der Natur betrifft flüssiges Wasser: Es kühlt ab, langsam ändern sich seine Temperatur und seine Dichte, nichts Dramatisches geschieht. Dann unterschreitet die Temperatur einen gewissen Punkt, den man bei Wasser den Gefrierpunkt nennt, der sich bei komplexen Systemen aber zumeist der Vorausberechnung entzieht, und plötzlich hat man einen harten Klumpen Eis vor sich liegen. Überschreitet man in komplexen nichtlinearen Systemen eine bestimmte Grenze, kippt das ganze System plötzlich in einen anderen Zustand, aus dem man – im Gegensatz zum gefrorenen Wasser – aber nicht mehr entkommt, wenn man diesen kleinen Schritt wieder zurückgeht (in der Physik nennt man derartiges Verhalten „Hysterese"). Einfache Beispiele wären eine plötzlich auftretende Massenpanik in einem Fußballstadion oder das Zerreißen eines Gummibandes, das man zuvor immer weiter gedehnt hat. Kipppunkte erzeugen systemische Peaks. Da es aber kaum möglich ist, alle Einflussgrößen eines so komplexen Systems wie der gegenwärtigen Welt, namentlich die Interaktion ihrer sozialen Teilmengen mit ihrer materiellen Basis, vollständig zu verstehen, erscheint auch eine Simulation der zukünftigen

Entwicklung des Systems nur begrenzt möglich. Der Zuversicht, mit der Betrachtung immer neuer zusätzlicher Einflussparameter höhere Präzision in die Systembeschreibung einzuführen, steht das Problem entgegen, dass man mit jedem zusätzlichen Parameter auch eine zusätzliche potenzielle Fehlerquelle einschleust.

Sind schon exponentielle Entwicklungen für die menschliche Wahrnehmung kontraintuitiv, so widersprechen Kipppunkte in dynamischen Systemen der menschlichen Intuition fundamental. Sie können nur rational verstanden und akzeptiert, also gewusst werden, es gelingt nur sehr schwer, sie zu einem Teil des eigenen animalischen Selbstverständnisses, des „Es" im Sinne Sigmund Freuds, zu machen.

Ein öfter diskutierter Kipppunkt (Schellnhuber 2009) betrifft die sogenannte „Atlantic meridional overturning circulation", sinnigerweise abgekürzt mit AMOC, das weltweit wichtigste ozeanische Strömungssystem. Dieses transportiert mit dem Golfstrom ca. 1 PW (Petawatt, 10^{15} Watt) und damit, über ein Jahr gerechnet, etwa das Sechzigfache des gesamten menschengemachten Energieumsatzes an Wärme aus den Tropen in nördliche Breiten vor Europa. Änderungen dieses Systems, sein mögliches Erlahmen oder gar dessen Zusammenbruch sind mehrfach diskutiert und modelliert worden. Eine natürliche Änderung dieses Systems löste die Jüngere Dryas-Kaltzeit aus. Andere Kipppunkte könnten eine Änderung der Muster des indischen Monsuns verursachen oder durch Erwärmung plötzlich in der Tiefsee Methanhydrate freisetzen. Ein dramatischer Kipppunkt wäre erreicht, wenn durch die globale Erwärmung das im Permafrost gespeicherte Methan freigesetzt würde, das über seine Treibhauswirksamkeit die Erwärmung der irdischen Atmosphäre galoppierend beschleunigen würde.

Im wirtschaftshistorischen und im utopischen Diskurs begegnen uns Mangel und Peak in zwei unterschiedlichen Gestalten: Einmal sind sie durch die beschränkten Kräfte des Menschen verursacht, der Natur ihre Gaben abzuringen, zum anderen sind es die Grenzen der Natur selbst, an denen die Anstrengungen des Menschen scheitern. Am Graben zwischen den

Denkweisen der Natur- und Geisteswissenschaften bemühen sich oft die jeweiligen Experten, dem Gegenüber auf der anderen Seite das eine als das je andere weiszumachen.

Die Antwort in Platos *Politeia* auf den Peak – in der Folge auch von Thomas Morus in *Utopia* und von zahlreichen Utopisten in deren Tradition – ist das Luxusverbot. Nur die Befriedigung „natürlicher Bedürfnisse" sei legitim, die Grenze sei durch den „von Natur aus zu kargen Boden" gegeben; (Saage 2001, 38) die notwendigen Bedürfnisse aller ließen sich mit den vorhandenen Mitteln befriedigen, nicht notwendige Luxusbedürfnisse hingegen nicht. Wird ein Luxusverbot ausgesprochen, bedeutet das notwendig eine mehr oder weniger drastische Form erzwungener Einschränkung und Gleichheit.

Die zweite mögliche Antwort auf den drohenden Peak schlägt vor, das betroffene Element durch ein Substitut zu ersetzen, das nicht (oder noch nicht) von der Gefahr der Begrenzung betroffen ist. Das ist die Antwort aus dem Geist Francis Bacons, die Erschließung der im Überfluss spendenden Kräfte der Natur. Durch verbesserte Prospektion und Erkundung neuer Lagerstätten steigt die Menge an Rohstoffen, die noch gewonnen werden können, durch neu entwickelte Technologien können Stoffe durch andere ersetzt werden, etwa Kupferkabel durch Glasfaserkabel oder Elektronenröhren durch Flachbildschirme. Eigentlich werden Rohstoffe wie Kupfer oder Seltenerdmetalle nicht verbraucht, sondern umgeschichtet, in materiellen Produkten bis zu ihrer jeweiligen Entsorgung als Abfall zwischengelagert und danach wären sie wieder verwendbar. Kohle kann durch Erdöl ersetzt werden, dieses großteils durch Erdgas, alle zusammen dereinst durch verschiedene Formen der unbegrenzt verfügbaren Solarenergie. Aus dieser Sichtweise erweist sich der Peak im Extremfall als notwendiger Motivator für Innovationen. Diese These wurde vom amerikanischen Ökonomen Julian Simon (1932–1998) in seinem 1981 erschienenen Buch *The Ultimate Resource* nachhaltig vertreten, was als Gegenentwurf zu den Grenzen des Wachstums wahrgenommen wurde, in jüngerer Zeit auch von Bjørn Lomborg (geb. 1965) in seiner *Apocalypse No! The Skeptical Environmentalist*.

Eine dritte Möglichkeit, auf den Peak zu reagieren, ist die bewusste oder zumindest in Kauf genommene Begrenzung der Anzahl der Zugriffsberechtigten und damit die Privilegierung eines Teils der Menschen gegenüber dem verbleibenden Rest. Die auserwählte Gruppe von Nutzern kann durch willkürliche, zumeist wohl metaphysisch zu untermauernde Begründungen, göttliche Gnade oder auch durch ökonomische Wettbewerbsspiele ermittelt werden. Diese Antwort wurde von Thomas Robert Malthus gegeben. Ihr utopischer Ort ist die Insel. Alle drei Antworten sind im utopischen Diskurs der Neuzeit vertreten, zum Teil in dystopischem Gewande. Ihnen werden wir in den folgenden Kapiteln 3.2 bis 3.4 versuchen, näher zu kommen.

3.1.2 Verantwortung

Verantwortung ist eine Funktion von Macht und Wissen. Beide waren früher, im Hinblick auf das System Erde, so beschränkt, dass von der Zukunft das meiste dem Schicksal, der Gottesgnade und der Beständigkeit der Naturordnung überlassen werden musste – und konnte. Erst im 19. Jahrhundert verdrängte der Begriff „Verantwortung" jenen der „Pflicht", erst im 20. wurde er geläufig (Schlink 2010). Eine notwendige Bedingung für Verantwortung ist kausale Macht, also die Möglichkeit, begangene Taten jemandem kausal zurechnen zu können (Jonas 1984, 172). Der Verantwortungsbegriff ist stets durch eine vierstellige Relation gekennzeichnet: **Jemand** (zum Beispiel der Minister) ist **für etwas** (prospektiv oder retrospektiv für seine Politik) **vor jemandem** (z. B. dem Parlament) **nach Maßgabe von Normen** (den gesetzlichen Vorschriften) verantwortlich.

Hans Jonas (1903–1993) hat sein *Prinzip Verantwortung: Versuch einer Ethik für die technologische Zivilisation* (1979) als Kritik des utopischen Denkens angelegt. Schon der Titel stellt sich Ernst Blochs *Prinzip Hoffnung* entgegen. Gegenspieler der westlichen Marktwirtschaft ist für Jonas in der Spätphase des Kalten Krieges der Kommunismus sowjetischer Prägung, das *Prinzip Verantwortung* lässt sich aber ohne wesentliche Einschränkung auch als Konfrontation des utopischen Denkens mit dem Verantwortungsbegriff lesen. Welches der beiden Systeme, das westlich-marktwirtschaftliche oder eben das planwirtschaftliche, besser geeignet erscheine, den „größten Herausforderungen, die je dem menschlichen Sein aus eigenem Tun erwachsen sind", zu begegnen, ist für Jonas a priori keineswegs klar.

Jonas kritisiert das in beiden Systemen annähernd verwirklichte utopische Ideal, das „älteste Menschheitsträume für sich hat und nun in der Technik auch die Mittel zu besitzen scheint, den Traum in ein Unternehmen umzusetzen". Damit sei der vormals müßige Utopismus zur gefährlichsten – gerade weil idealistischen – Versuchung der heutigen Menschheit geworden. Dessen unbescheidener Zielsetzung, die ökologisch ebenso wie anthropologisch fehlgehe, stellt Jonas die bescheidenere Aufgabe entgegen, welche Furcht und Ehrfurcht gebieten: dem Menschen in der verbleibenden Zweideutigkeit seiner Freiheit, die keine Änderung der Umstände je aufheben könne, die Unversehrtheit seiner Welt und seines Wesens gegen die Übergriffe seiner Macht zu bewahren (Jonas 1984, 9).

Die Gefahr geht für Jonas von der Überdimensionierung der naturwissenschaftlich-technisch-industriellen Zivilisation, dem „Baconischen Programm" aus: Die Herrschaft über die Natur, die durch wissenschaftliche Technik für die Besserung des Menschenloses ausgeübt werde, entfalte seine Katastrophengefahr durch die Größe ihres Erfolges (Jonas 1984, 251). Angesichts der freien Wirtschaft der westlichen Industriegesellschaften, die als Herd der Dynamik der Todesgefahr zutreibe, stelle sich die Frage, ob die kommunistische (oder allgemeiner: die eine oder andere utopische) Alternative Hilfe leisten könne, sei doch dem Kommunismus die Einstellung auf die Zukunft des gesamten menschlichen Unternehmens eigen. Und nur ein Höchstmaß politisch auferlegter gesellschaftlicher Disziplin könne die Unterordnung des Gegenwartsvorteils unter das langfristige Gebot der Zukunft zuwege bringen (Jonas 1984, 253ff).

Aus moralischen Gründen sei es auch nicht mehr möglich, bei naturwissenschaftlichen Experimenten, die planetarisches

Ausmaß angenommen haben, wie z. B. der Klimaproblematik, auf die an sich erkenntnistheoretisch gebotene Überprüfbarkeit durch Widerlegungsversuche von Hypothesen zu setzen. Dafür stehe zu viel auf dem Spiel. Notwendig sei vielmehr der Vorrang der schlechten vor der guten Prognose, nämlich der „... keinem Wägen mehr unterwerfbaren Gefahr unendlichen Verlustes gegen die Chance endlicher Gewinne" (Jonas 1984, 70 ff). Also ist für dies um jeden Preis in seiner Integrität zu erhaltende Kernphänomen die genügend einleuchtende Unheilsprognose maßgeblicher als die vielleicht nicht weniger einleuchtende, aber auf eine essentiell niedrigere Ebene bezogene Heilsprognose. Der Vorwurf des Pessimismus gegen solche Parteilichkeit für die Unheilsprophetie könne damit beantwortet werden, dass der größere Pessimismus auf Seiten derer sei, die das Gegebene für schlecht oder unwert genug halten, um damit ihre möglicherweise katastrophalen Experimente anzustellen.

Für eine Ethik der Zukunft nennt Jonas zwei entscheidende „Pflichten" (Jonas 1984, 64 ff):
a) Die vorausdenkende Beschaffung einer Vorstellung von der Fernwirkung der menschlichen Taten.
Wie wir heute wissen, können sich die „Fernwirkungen" der Handlungen des Menschen über räumliche, zeitliche oder kausale Fernen darstellen. Ihre Folgen sind im Einzelnen nicht immer leicht zuordenbar und nachvollziehbar, vor allem gibt es meistens keinen einzelnen „Schuldigen" hinter bestimmten Wirkungen und daher auch nicht unmittelbar die für Verantwortung notwendige kausale Macht. Diese Wirkungen sind vielmehr oft durch kollektives Handeln ganzer Gesellschaften über große Zeiträume diffus verursacht, und es mangelt dabei angesichts der „jeder (auch elektronischen) Rechenkunst spottenden Komplexität gesellschaftlicher und biosphärischer Wirkungsganzheit" (Jonas 1984, 66), also der Existenz von Nichtlinearität und Schwellwerten, ganz einfach jener Form von Sicherheit, an die wir uns hinsichtlich gewollter und technisch vermittelter Wirkungen gewohnt haben. Exponentielles Wachstum beispielsweise ist extrem kontraintuitiv, weil es in der Natur nur über kurze Zeiträume

vorkommt und wir uns in unserer Evolution nie damit beschäftigt haben. Die Änderung des irdischen Klimas vollzieht sich über Zeiträume, die jenseits der Lebensspanne eines Menschen liegen und der dazu beitragenden Handlung – wenn man etwa ein Auto anstatt dem Fahrrad oder dem Zug benutzt – entspricht keine erfahrbare Wirkung.

Die Menschen, wie auch die Tiere, haben in der Evolution kein Reaktionsmuster herausgebildet, das sie gegen sehr langfristige negative Konsequenzen ihres Handelns schützen würde. Die Blaualgen hätten ansonsten am Beginn der Evolution des Planeten ihre Sauerstoffproduktion wohl rechtzeitig eingestellt, bevor sie damit ihr Ökosystem vernichteten. Lebewesen reagieren auf Hunger, Kälte, vorsorgend auf den nahen Winter, schützend für ihre Nachkommen. Aber um Drohungen zu erkennen, die Jahrzehnte in der Zukunft liegen, bedarf es anderer Hilfsmittel. Dafür sind wir auf unsere Vernunft angewiesen, der es aber wieder am starken, animalischen Antrieb mangelt, der für die kurzfristigen Ziele charakteristisch ist. Oder, negativ gefragt: Warum ist die öffentliche Meinung derart anfällig für manche Ängste, hingegen angesichts von anderen, viel gewisseren Phänomenen völlig unempfindlich, wie zum Beispiel der heute absehbaren Klimakatastrophe? (Walter 2010, 238)

b) Die zweite Forderung von Hans Jonas, die Aufbietung des dem Vorgestellten angemessenen Gefühls, ist eine „Furcht geistiger Art", die „Bereitschaft, sich vom erst gedachten Heil und Unheil kommender Geschlechter affizieren zu lassen" (Jonas 1984, 65).

Der gemäß der ersten Forderung noch mit naturwissenschaftlichen Methoden gewonnenen Erkenntnis der Fernwirkung des menschlichen Handelns soll gemäß der zweiten also quasi die Empathie nachfolgen. Dem vorgestellten Geschick künftiger oder räumlich weit entfernter unbekannter Menschen, „das weder mich noch irgendjemanden trifft, der noch mit mir durch Bande der Liebe oder direkten Mitlebens verbunden ist" (Jonas 1984, 65), sollen wir einen Einfluss auf unser Gemüt gewähren. Wir sollen unsere Insel im Hier und Jetzt nicht nur erkenntnissuchend verlassen, sondern unsere Ethik im Sinne Schopenhauers auf Mitleid gründen – mit jenen, die wir bei der „vorausdenkenden Beschaffung einer Vorstellung der Fernwirkung" unserer Taten als von uns beeinträchtigt erkennen. Diese zweite Forderung von Jonas verlangt Anstrengungen anderer Art als die erste. Sie muss ein Phänomen aus seiner Behandlung durch die Vernunft in ein intensives, teilnehmendes, bewegendes Erlebnis anverwandeln, wie es etwa Adalbert Stifter angesichts der totalen Sonnenfinsternis vom 8. Juli 1842 in Wien zuteil wurde (Stifter 1963): „Es gibt Dinge, die man fünfzig Jahre weiß, und im einundfünfzigsten erstaunt man über die Schwere und Furchtbarkeit ihres Inhaltes." Hans Jonas fordert hier etwas Ähnliches wie diesen Ruck vom Wissen zur persönlichen Erschütterung, zum Glauben eingedenk eines zukünftigen, vom Menschen verursachten Phänomens, mit Sigmund Freud gesprochen also eine Verschiebung vom Über-Ich ins Es.

Utopisten versuchen mit der künstlerisch inspirierten Rahmengeschichte, die die Utopie bzw. vor allem die Dystopie begleitet und beschreibt, das dem Vorgestellten angemessene Gefühl zu wecken. Doch bleibt das „angemessene Gefühl" ein Ziel, das ähnlich schwierig zu erreichen ist wie etwa Hunger als einschneidende Erfahrung für jemanden vorzustellen, der nie Hunger gelitten hat. Viele Phänomene, die der Fernwirkung menschlicher Handlungen entspringen, wie etwa der Klimawandel, widersprechen der Art und Weise, wie Menschen Risiken wahrnehmen.

Als Max Frisch kurz nach dem Zweiten Weltkrieg erstmals aus einem Flugzeug auf die streichholzschachtelgroßen Häuser und Straßen der Schweizer Dörfer blickt, erkennt er, noch eingedenk des gerade beendeten Krieges, in selbstmitleidslos-offener Selbstbeobachtung, dass er durchaus in der Lage sei, Bomben abzuwerfen (Frisch 1985, 46). Die räumliche Entfernung des Flugzeuges erscheint dem Feldartilleristen Frisch ausreichend, um die Vorstellung des Geschickes ihm unbekannter Menschen erfolgreich ausblenden zu können – was in der Kriegsführung zweckvoll in Form der Artillerie, heute vermittels Drohnen praktiziert wird, die menschliches Leid auf die Ebene eines Videospiels transferieren.

Es gibt zahlreiche andere Angebote zur Distanzhaltung des Leides entfernter Menschen, mithin zur Vermeidung jenes angemessenen Gefühls. Hans Jonas fordert den genau umgekehrten Weg, nämlich alle diese Angebote zu verwerfen.

Welches der beiden Systeme, das kommunistisch-diktatorische oder das liberale marktwirtschaftliche, taugt besser dafür, eine Menschheitskatastrophe zu verhüten (Jonas 1984, 259 ff)? Jonas erkennt Vorteile einer planenden Bedürfniswirtschaft gegenüber einer Profitwirtschaft; da Verschwendung eine der Wunden der uns beschäftigenden Situation ist, „sollte zentrale Planung gemäß den kollektiven Bedürfnissen den Verschleiß der Wettbewerbsmechanik und den meisten Unfug der auf Verbraucherkitzel zielenden Marktproduktion überlegen sein" (Jonas 1984, 260). Vorteile der Profitwirtschaft seien demgegenüber ein inneres Motiv zur Kostensenkung und Sparsamkeit, und sie benötige keine ineffiziente überbordende Bürokratie.

Zu den im Ganzen doch wohl besseren Chancen für einen Geist der Rationalität in einer sozialistischen Gesellschaft sieht Jonas noch die größere Macht dieses Systems hinzukommen, diesen praktisch auch durchzusetzen und zu seinen Gunsten auch das Unpopuläre aufzuerlegen. Die drohende Zukunft nämlich verlange nach Maßnahmen, „die das Eigeninteresse der Betroffenen sich spontan nicht auferlegt hätte, die demnach, wenn sie gar die Majorität treffen, im demokratischen Prozess schwer zum Beschluss gebracht werden könnten"(Jonas 1984, 262). Machttechnisch erscheint die kommunistische Tyrannis den Möglichkeiten des kapitalistisch-liberal-demokratischen Komplexes also überlegen. Weitere Vorteile dieses Systems erkennt Jonas in einer asketischen Moral bei den Massen, die in der sozialistischen Disziplin heimisch sei, und im Ummünzen des Enthusiasmus für die Utopie in einen für die Bescheidung, also in einem Spiel der Massentäuschung, die eine mit Entbehrungen zu erkaufende Erfüllung verheiße. Für die kapitalistischen Länder sei für das gleiche Ergebnis eine neue religiöse Massenbewegung notwendig. Letztlich sieht Jonas einen Vorteil für die Bereitschaft, zu verzichten, in der erzwungenen Gleichheit der

Menschen, die ihm in einem sozialistischen System gegeben scheint: Wirkliche Gleichheit schütze die zu verhängenden Entbehrungen vor dem Verdacht, dass sie zugunsten der Schonung Privilegierter gefordert würden.

Man muss Jonas in Kenntnis der historischen Entwicklung in den vormals kommunistischen Staaten Mittel- und Osteuropas seit 1989 entgegenhalten, dass sich die reale Situation dort keineswegs so darstellte, wie sie die Ideale beschrieben. Der Zustand der Umwelt erwies sich vielmehr vielerorts als katastrophal. Die regierenden Eliten hatten sich der positiven Rückkopplung der Kritik und der empirisch begründeten Einwände über Jahrzehnte verweigert und durch ihre Ignoranz der Kenntnisse und Ergebnisse der Umweltwissenschaften, die sich im Kanon der Dogmen ihres Systems nicht fanden, den Bezug zur Realität verloren. Ihre ideologische Standfestigkeit erwies sich als derart labil, dass sie sich nicht scheuten, quasi über Nacht in ein antagonistisches, extrem marktliberalistisches System zu konvertieren und sich in diesem in maßloser Form am einst kollektiven Volksvermögen zu bereichern, während sie die ihnen vormals schutzbefohlene Bevölkerung bedenkenlos ins nackte Elend kippten.

3.1.3 Zur Freiheit des Menschen[37]

Der Nobelpreisträger für Biologie von 1974, Christian de Duve, gab in einem Interview im *New Scientist* im Februar 2011 etwas resigniert zu bedenken, der Mensch trage aufgrund seiner genetischen Natur beinahe unvermeidlich zu seiner eigenen Zerstörung bei. Der Preis für seinen Erfolg als Spezies auf diesem Planeten sei die Erschöpfung der natürlichen Ressourcen, die zu Energiekrise, Klimawandel, Vergiftung und Zerstörung seines Lebensraumes führe. Die natürliche Selektion kenne keine Voraussicht. Sie habe dazu geführt, dass Wesensmerkmale wie der Gruppenegoismus in unseren Genen festgeschrieben worden seien. Diese hätten unseren Vorfahren unter den Rahmenbedingungen, in denen

---

37 Eine um das erwähnte Gedankenexperiment erweiterte Version dieses Kapitels ist vom Autor in der Zeitschrift Soziologie Heute, Juni 2012, 10 - 13 erschienen; vgl. www.soziologie-heute.at.

sie lebten, wertvolle Dienste geleistet, sie seien für uns heute jedoch absolut verderblich. Die natürliche Selektion optimiere lediglich, was aktuell von Nutzen sei. Dieser „Erbsünde" könne man nur entkommen, indem man bewusst gegen die natürliche Selektion und einige unserer wichtigsten genetischen Charaktereigenschaften handle (Witchalls Clint 2011).

Sind wir aufgrund unserer genetischen Ausstattung also dazu verurteilt, uns in Form der allmählichen Überlastung der ökologischen Tragfähigkeit der Erde unsere eigenen Lebensgrundlagen zu zerstören, ähnlich den Blaualgen zu Beginn der Evolution des Planeten? Statistisch lässt sich die Lebensqualität (als Human Development Index gemessen, → Abbildung 4, S. 103) nicht mehr steigern, wenn der Primärenergieverbrauch wesentlich über ungefähr 110 GJ pro Kopf und Jahr steigt – das ist ungefähr der Wert, den Polen 2010 erreicht hat, und einige Länder erreichen höchste Werte messbarer Lebensqualität mit einem Drittel dieses Verbrauches (→ Kap. 3.2.3, S. 175). Dennoch verbraucht ein Durchschnittsösterreicher 2010 ca. 160 GJ pro Jahr, ein nordamerikanischer Normalverbraucher gar ca. 300 GJ. Laut WHO waren 2010 weltweit annähernd gleich viele Menschen überernährt wie unterernährt, je etwa eine Milliarde (Weingärtner/Trentmann 2011, 30 ff). Warum machen wir nicht halt, wenn es genug ist, wenn ein Mehr an Ressourcenverbrauch uns zu schaden beginnt, kollektiv oder, was noch leichter erkennbar sein müsste, individuell? Die Gier ist älter als die Menschwerdung, sonst würden sich Tiere bei Gelegenheit nicht überfressen.

Bevor wir damit beginnen, den zugleich gefährlichen wie faszinierenden Schatz abendländischen utopischen Denkens auf die aktuelle Energie- und Ressourcenfrage anzuwenden, ist daher ein Blick auf unsere prinzipiellen Handlungsmöglichkeiten notwendig. Wie weit sind wir eigentlich frei in unserem Tun? Können wir überhaupt tun, was wir für richtig erachten?

Utopien beanspruchen, rationale Entwürfe einer gedachten Welt des gesellschaftlichen Zusammenlebens zu sein, die sich wohl auf die aktuellen Verhältnisse beziehen, sich aber nicht um die Dynamik des Übergangs vom Hier und Heute ins erdachte Land kümmern. Sind unsere Gedanken und Handlungen aber vorherbestimmt, von unserem Genom gelenkt und unfrei, dann gibt es womöglich gar keine autonomen Entwürfe, und die entscheidenden, womöglich weltrettenden Utopien bleiben uns verborgen. Haben wir eine Wahl beim Entwerfen von utopischen Gesellschaftsmodellen? Zukunftsvorstellungen sind nicht nur Produkte, sondern auch Faktoren im Prozess der gesellschaftlichen Konstruktion der Wirklichkeit (Uerz 2006, 66). Wenn wir zu dem Schluss kommen, wir hätten ohnehin keine Wahl, unsere Zukunft sei schon festgelegt, dann erübrigt sich das Grübeln nach der besten Lösung und wir können uns damit begnügen, dem Treiben in uns und in der Außenwelt gleichmütig zuzusehen.

Die Ansichten über die möglichen menschlichen Beiträge zur (Heils-)Geschichte, gestellt als Frage danach, ob und inwieweit menschliche Akteure ihr eigenes und das Heil der Welt aktiv mitzugestalten vermögen – also die Frage der Vorherbestimmung oder des freien Willens des Menschen – beschäftigten schon die Vorsokratiker. Die Atomisten Leukipp und Demokrit lehnten den freien Willen aus quasi naturwissenschaftlichen Überlegungen ab. Die Stoa verneinte ihn ebenso wie Spinoza und Schopenhauer, im Gegensatz zu Augustinus, der einen freien menschlichen Willen zur Abwehr des gnostischen Manichäismus benötigte, um den Menschen mit Schuld beladen zu können (Burger 2011, 125ff), und den idealistischen Humanisten (Zu zahlreichen aktuellen wissenschaftlichen Standpunkten siehe Geyer 2004). Intensiv und leidenschaftlich wurde die Frage der Prädetermination, also der Vorherbestimmung, seit dem Mittelalter im Hinblick auf die Rolle und Schuldfähigkeit des Menschen gegenüber einem allmächtigen Gott diskutiert (siehe dazu vor allem Flasch 2009). Das Lateinische unterscheidet zwei Wörter, die für den deutschen „Willen" stehen können: „arbitrium" bedeutet Wahlfreiheit, im Gegensatz zu „voluntas", dem Willen und Wunsch im Sinne von Trieb, Begierde (voluptas)[38].

---

38 Bemerkenswerterweise bezieht sich das christliche Vaterunser mit seinem an Gott gerichteten Wunsch „Dein Wille geschehe!" (fiat voluntas tua) auf den Willen im Sinne einer triebbestimmten unfreien Begier-

Seit einigen Jahren liefert die bildgebende Hirnforschung immer neue wissenschaftliche Beiträge, die Hirnaktivitäten sichtbar und die Rolle des menschlichen Willens zumindest in neuem Lichte diskutierbar machen. Für Rudolf Burger ergeben diese „Befunde der empirischen bzw. experimentellen Hirnforschung einen durchgehenden Determinismus aller Bewusstseinsphänomene, inklusive ihrer volitiven Dimensionen, als subjektive Korrelate objektiver physischer Hirnprozesse. Für eine ‚Freiheit des Willens' im Sinne einer Aseität, eines nicht-verursachten, rein aus sich selbst entspringenden Schöpfungsaktes einer absolut neuen Kausalkette", sieht er in diesem geschlossenen Ursache-Wirkungs-Gewebe nirgends einen Platz. Wäre es anders, so Burger weiter, „so würde jeder freie Willensakt ex nihilo eine neue empirische Kausalkette zur Welt bringen, was deren Ordnung in kürzester Zeit chaotisieren müsste" (Burger 2011, 134 f).

Gegen die „Chaotisierung in kürzester Zeit" schützten jedenfalls, darf man Burger beruhigen, die Naturgesetze, die dafür sorgen würden, dass die humanen Schöpfungsakte weder ein Perpetuum mobile noch grundsätzlich etwas hervorbringen würden, was nicht auch aus Ketten rein kausal-deterministischer Provenienz ebenfalls entstehen könnte. Der menschliche Wille würde seine Freiheit nicht zeigen, indem er Naturgesetze bräche. Die Hauptsätze der Thermodynamik, um bei unserem Thema zu bleiben, wären auch für humane Schöpfungsakte unüberwindbar – falls es diese überhaupt gibt.

Die bildgebende Hirnforschung, die anscheinend einen Determinismus nahelegt, baut u. a. auf Forschungen nach dem Muster eines bekannten Experimentes auf, das Benjamin Libet 1979 vorgestellt hat und das seither in zahlreichen Varianten wiederholt und verbessert wurde (Geyer 2004). Demnach bereiten sich im menschlichen Gehirn Entscheidungen vor und sind durch bestimmte objektiv messbare biochemische Muster detektierbar, bevor diese dem zugehörigen subjektiven menschlichen Geist bewusst werden. Vielmehr glaube der menschliche Geist, er löse jene Entscheidung aus freien

---

de und nicht auf die Entscheidung im Sinne eines freien Willens (arbitrium).

Stücken aus, die ihm in Wahrheit die Biochemie seines Gehirns vorschreibt. Die Vorlaufzeit beträgt bis zu einigen Sekunden – so lange im Vorhinein erkennt der Wissenschafter an dem bildgebenden Messgerät, was der von ihm untersuchte Mensch demnächst als seine ureigene Entscheidung bezeichnen wird. Der „bewusste freie Wille" sei demnach wie ein Hündchen, das der Biochemie des Gehirns an der Leine hintennach laufe und beanspruche, sein Herrchen vor sich herzuschieben.

Es lässt sich allerdings im Gedankenexperiment zeigen, dass ein widerständiges menschliches Bewusstsein eine Vorhersage über seine zukünftige Entwicklung zu widerlegen im Stande ist, Deteminismus mithin nicht gegeben sein muss (Schmidl 2012). Der Mensch mit seinem widerständigen Bewusstsein ist also zu freien Handlungen fähig. Das verbürgt allerdings noch nicht, dass er sich dieses freien Willens betätigen würde, um aus seiner selbstverschuldeten Unmündigkeit zu entkommen. Er kann auch in „freiwilliger Knechtschaft" verharren (de La Boétie 1553). Allerdings muss er das nicht. Er kann frei sein, als Einzelner und im Kollektiv, er kann davon ausgehen, dass sein Wille nicht Teil eines prädeterminierten Programms ist, bei dem er nur zuschauen kann, wie es abläuft.

Im Folgenden geht es nun darum, zu zeigen, welche Antworten Utopisten – darunter auch solche, die nicht wussten oder wissen, dass sie welche waren oder sind – auf diese Herausforderung gefunden haben, nämlich auf das ressourcentechnische Mangelproblem und die Verantwortung des Menschen im Bewusstsein seiner Freiheit für die Natur und seinesgleichen in Gegenwart und Zukunft.

3.2 Morus oder Die erzwungene Maßhaltung

Ist der Mensch des Menschen Wolf?

Nach Thomas Hobbes (1588–1679) hat im Naturzustand jeder das Recht auf alles, jeder ist frei und alle sind gleich – und genau das ist die Hölle, denn in diesem Fall tritt die Wolfsnatur des Menschen zutage: Jeder steht mit jedem im Kriege und existiert in ständiger Angst, das Leben ist einsam, arm, gefährlich, roh und kurz. Der Weg aus dieser Hölle führt über die Begrenzung der menschlichen Wolfsnatur und damit seiner Freiheit, die Menschen unterwerfen sich – nach Hobbes im Rahmen eines freiwilligen Vertragsverhältnisses – der Autorität einer obersten Herrschaft, bei ihm *Leviathan* genannt. Aktuell leistet dies nach Rudolf Burger, im Geiste Hobbes', der moderne säkulare Verfassungsstaat mit garantierten Freiheitsrechten, Gewaltenteilung und repräsentativer Massendemokratie auf Basis einer sozialstaatlich und ökologisch supplementierten kapitalistischen Ökonomie (Burger 2009, 286 f). Dieser Staat ermöglicht die individuelle Freiheit gerade dadurch, dass er sie für jedermann einschränkt, reglementiert, begrenzt – oder auch verändert.

Die Frage für den Utopiker lautet: Welches Ziel kann der utopische Entwurf erreichen und wie weit darf er dabei gehen, wenn er die Verfügungsmacht des Menschen über seinesgleichen und über die Natur einschränkt und umlenkt oder überhaupt die Eigenschaften des Menschen, seine „Wolfsnatur", zum Objekt seines Eingriffes macht? Allen diesen Bestrebungen, Mensch oder Welt zu verändern, auch jenen, sie in eine angeblich notwendige, überlebensnotwendige, absolut unabkömmliche Richtung zu verändern, steht die Freiheit des Menschen entgegen, diese Änderungen nicht mitzumachen, sie zu verweigern, ihre Notwendigkeit überhaupt nicht einzusehen. Hobbes' *Leviathan*, der diese Änderung oder Einschränkung gewaltsam durchsetzt, steht deshalb in der Tradition der archistischen, auf Herrschaft begründeten utopischen Gedankengebäude zur Leitung des Menschen.

Vielleicht aber ist der Mensch in Wahrheit des Mitmenschen Bruder oder Schwester? Hat die Zivilisation das ursprüngliche Wesen des Menschen womöglich deformiert, den Fortschritt des Menschen nicht gefördert, sondern im Gegenteil zerstört? Ist vielleicht „alles gut, wie es aus den Händen des Schöpfers kommt, und entartet unter den Händen des Menschen"? Rousseau beginnt seinen Roman *Émile* mit diesen deutlichen Worten.

Ist dies der Fall, wären äußere Eingriffe in das Verhältnis der Menschen zueinander das eigentliche Problem, weil sie verhindern, dass die geschwisterliche Natur des Menschen zutage tritt. Weitere Vertreter dieser zweiten Richtung neben Rousseau sind John Locke (1632–1704) und der schottische Philosoph David Hume (1711–1776): „Es wird deutlich", so Hume „dass eine Tendenz auf das allgemeine Wohl und auf die Förderung des Friedens, der Eintracht und der Ordnung innerhalb der Gesellschaft uns immer für die sozialen Tugenden einnimmt (…) und dass diese Prinzipien der Menschenliebe und Sympathie so tief in alle unsere Gefühle eingreifen und einen so starken Einfluss ausüben, dass sie die stärkste Missbilligung oder Billigung wachzurufen imstande sind" (Hume, zit. n. Sedláček 2012, 260). Damit finden sich Rousseau und Hume in der Tradition anarchistischer Vorschläge, die in normativen Eingriffen in die Gesellschaft selbst das Problem sehen. Sie stehen damit nicht nur Thomas Hobbes entgegen, sondern auch einer ganzen utopischen Tradition, die hier mit Thomas Morus als Leitfigur zusammengefasst ist.

Bei Morus und der von ihm ausgehenden utopischen Linie geht es um Maßhaltung und Verzicht. Geschehen diese freiwillig, spricht man von Askese. Askese bedeutete im klassischen Griechenland Übung, Training. Asket war jener, der um des Sieges im Wettkampf willen freiwillig auf bestimmte Freiheiten verzichtete (Rock 1991, 98). Ganz allgemein ist Askese die Drosselung bestimmter Freiheiten, um nicht die eigentlich interessante und lohnenswerte Freiheit zur Eroberung des Endzieles aufs Spiel zu setzen. Konsumaskese basiert auf der Einsicht, dass volle Befriedigung und unbeherrschte Erfüllung kurzfristiger, momentan verführerischer Bedürfnisse langfristig ins Unheil treiben. Der Asket kontrolliert sich beim Umgang mit Konsumware, bändigt den Trend zum Luxus, schraubt Ansprüche zurück. Askesen werden gegen den Hunger, gegen die Überlastung durch die athletische Mehrbelastung, gegen die Sexualnot angewendet (Sloterdijk 2011, 658ff).

Kritisch gesehen: Askese ist aufgrund ihrer definitionsgemäß vorausgesetzten Freiwilligkeit ein Minderheitenprogramm. Sie findet sich zwar als Ideal in allen Religionen, zugleich macht der gelebte Alltag aber sichtbar, wie kraftlos diese Religionen geworden sind und wie viele Renegaten sie an die „Religion des totalen Marktes" (Carl Amery) verloren haben. In den USA zeigte es sich zwar, dass bestimmte Haushalte mit sehr hohem Stromverbrauch diesen verringerten, sobald sie erfuhren, dass ihre Nachbarn mit weniger Verbrauch das Auslangen fanden. Allerdings nicht alle Haushalte: Während dieser Nachahmungseffekt bei politisch liberalen Zeitgenossen, die ihren Strom bewusst aus erneuerbaren Quellen beziehen, messbar auftritt, scheinen konservative Zeitgenossen diesen Reiz aus der Nachbarschaft zu ignorieren, ja reagierten sogar mit einem durchschnittlichen Mehrverbrauch (Costa, Dora L./Matthew E. Kahn et al. 2010).

Wo Appelle zur Askese fruchtlos bleiben und man dennoch glaubt oder sicher ist, nicht auf ihre möglichen Früchte verzichten zu können, müssen Maßhaltung und Entsagung also in irgendeiner Weise erzwungen werden, das heißt, es wird in die Freiheit des Menschen eingegriffen. Bleibt ein gewisser notwendiger Konsum davon unberührt, so treffen die Interventionen den positionellen und symbolisch-materiellen Konsum umso mehr. In den folgenden Abschnitten nehmen Radikalität und Eingriffstiefe mit jedem Schritt zu. Das bedeutet aber nicht automatisch, dass der Mensch jeden Schritt als zunehmende Bedrückung empfinden müsste.

Utopien der Maßhaltung bewältigen Knappheit, indem sie die menschliche Freiheit und damit, auf unseren Gegenstand gewendet, die Menge an Energie und materiellen Ressourcen begrenzen, die dem Einzelnen zu verwenden oder zu verschwenden erlaubt sein soll. Sie rechtfertigen diese Beschränkungen durch den Schutz der Menschheit vor sich selbst, sie versuchen zu bremsen, zu schützen, zu bewahren und so eine Entwicklung zu verhindern, die zum Untergang der Menschheit führen könnte (Jonas 1984).

3.2.1 Die Effizienzfaktoren – Maßhaltung durch Technologie?

Effizienz bedeutet zweierlei: Mit einer gegebenen Menge an Inputmaterial (beispielsweise Kohle) soll ein möglichst großer Output (beispielsweise elektrische Energie) erreicht werden; oder ein bestimmter fixierter Output (beispielsweise ein Gebäude) soll mit möglichst geringem Input (beispiels-weise Materialaufwand) erreicht werden. Warum gehören Effizienzlösungen zum Morus'schen Strang der Energieutopien?

Es geht hier insofern um den Umbau oder zumindest einen Einfluss auf die menschliche Natur, als den technologischen Effizienzlösungen implizit die Annahme zugrunde liegt, die menschliche Besitz-, Hab- und Raffgier könnte durch Technik gesättigt werden. Gelingt es, so dieser Lösungsan-satz, wenn man ihn sozusagen klinisch herauspräpariert, die menschlichen Bedürfnisse und den Wunsch nach Mehr durch hocheffiziente Technologien mit maximal möglichem Umwandlungswirkungsgrad in einer Weise zu sättigen und zu befriedigen, die mit einem noch verträglichen Minimum an primärem Material- und Energieeinsatz verbunden ist, so erreicht man dadurch die notwendige Dematerialisierung der Lebensweise; die negativen Folgen der menschlichen Handlungen können abgefangen werden, bevor diese zu tiefe Spuren in die Natur eingegraben haben. Effizienzre-volutionen sind wirksam, wenn es den genügsamen Konsu-menten gibt.

„Technologie" wird hier in einem erweiterten Sinn als aus zwei Komponenten bestehend verstanden (Rogers 1995, 12 f):
• einem Hardwareteil, der aus einem Werkzeug, einem mate-riellen oder physischen Objekt besteht, und
• einem Softwareteil, der im Wesentlichen aus Information besteht, die sich auf diese Hardware bezieht. Eine Technolo-gie kann auch hauptsächlich aus Software bestehen (Rogers bezeichnet sogar politische Ideologien wie den Marxismus als „Technologie").

Die zahlreichen Anhänger dieses Lösungsansatzes kön-nen mit der steten Steigerung technischer Umwandlungs-wirkungsgrade einzelner Prozesse zur Herstellung bekann-ter und neuer Produkte beeindrucken. Diese reichen von Fernsehgeräten mit LED-Bildschirmen, immer wieder neu-en Kühlschränken mit sinkendem Stromverbrauch bis zu Passiv- und Plusenergiegebäuden, die praktisch ohne Heiz-energie auskommen. Es erscheint möglich, zahlreiche Güter, die unser Leben angenehm machen, mit deutlich geringerem Verbrauch an Material, Energie und Fläche zu produzieren. Technologische Verbesserungen können dabei auf dreierlei Art zur Einsparung von Material und Energie führen:

• als verbesserter Prozessschritt, der bei der Herstellung eines Gutes mit weniger Verbrauch von Energie und Material auskommt,

• als neues, effizienteres Produkt, das weniger Material für seine Herstellung und weniger Energie für seinen Betrieb benötigt,

• durch den Ersatz eines Produktes durch eine Serviceleistung (etwa indem Carsharing den Besitz eines eigenen Autos ersetzt).

Effizienzgewinne in der Wirtschaft warten mit eindrucksvollen Zahlen auf. Eine menschliche Arbeitsstunde schafft 1995 zwanzig Mal so viel Wohlstand wie 1840 (Weizsäcker et al. 1995). Der Energieverbrauch pro kg produzierten Papiers in der deutschen Papierindustrie ist seit 1955 um 67 Prozent gesunken, der Wasserverbrauch der Papierindustrie hat sich in hundert Jahren auf ungefähr ein Hundertstel verringert (Jäger 2010). Benötigte man um 1600 noch etwa 20 kg an Holzkohle mit einem Energieinhalt von 600 MJ, um 1 kg Eisen herzustellen, findet man heute mit 20 bis 25 MJ (meistens in Form von Koks) das Auslangen. In der Stahl- und in der Zementindustrie, die zusammen für etwa 15 Prozent der weltweiten CO_2-Emissionen verantwortlich sind, ließe sich allein durch die konsequente weltweite Einführung des Standes der Technik ein Faktor Fünf an Ressourcenproduktivität realisieren, das heißt, für dieselbe Mange an Stahl oder Zement würde nur noch ein Fünftel der derzeit benötigten Energiemenge gebraucht (Weizsäcker et al. 2009, 130ff).

Mit solchen und ähnlichen positiven Beispiele werden Bücher gefüllt. Die Summe einzelner Effizienzgewinne summiert sich: Beispielsweise verbrauchten die USA um 1860 ungefähr knapp 100 GJ pro Einwohner und Jahr an Primärenergie, vor allem an leicht gewinnbarem Holz und in Form von Holzkohle. Die Effizienz der Umwandlung in Endenergie lag allerdings lediglich bei etwa zehn Prozent, 10 GJ kamen also beim Endverbraucher auch an. Innovationen aller Art und Effizienzgewinne führten dazu, dass von den ca. 330 GJ (dreieinhalb Mal so viel), die ein Durchschnittsamerikaner am Anfang des 21. Jahrhunderts pro Jahr an Primärenergie verbrauchte, etwa 40 Prozent oder 130 GJ, also 13 Mal so viel wie 150 Jahre zuvor, auch vom Endkonsumenten genutzt wurden (Smil 2010, 8).

Steigende Energieeffizienz führte im Fall der USA zu steigender Qualität der Volkswirtschaft, zu steigendem Komfort – aber auch zu steigendem Verbrauch von Energie! Dieser Effekt wurde erstmals 1865 von William Stanley Jevons (1835–1882) beschrieben (*The Coal Question*) und ist als "Jevons Paradoxon", auf den Ressourcenverbrauch insgesamt bezogen als **"Rebound-Effekt"** bekannt, und kann allgemein als „Ceteris-Paribus-Falle" bezeichnet werden. Jevons betrachtete den britischen Verbrauch an Kohle und stellte rückblickend fest, dass James Watts Verbesserung der Dampfmaschine, mit der die Kohle wesentlich effizienter genutzt werden konnte als mit dem Vorgängermodell von Thomas Newcomen, dazu geführt hatte, dass in Summe wesentlich mehr Kohle verbraucht wurde, weil die neue Dampfmaschine zusätzlich in Industrie und Verkehr eingesetzt werden konnte und sich ihr Einsatz auch dort lohnte, wo deren Kohleverbrauch zuvor zu hoch gewesen war. Durch Watts Erfindung verbrauchte jede einzelne Dampfmaschine weniger Kohle, ihr Betrieb wurde billiger – und sie wurde für eine Vielzahl von zusätzlichen Anwendungen verwendet.

Zwischen 1990 und 2005 fiel in Österreichs Haushalten durch verstärkte Wärmedämmung, verbesserte Fenster, Neubau in Passivbauweise usw. der durchschnittliche Energieverbrauch pro Quadratmeter um 14 Prozent. Die Anzahl der Haushalte in Österreich stieg im selben Zeitraum von 2,9 Millionen auf 3,5 Millionen an, die durchschnittliche Wohnfläche pro Haushalt vergrößerte sich von 84 auf 97 Quadratmeter. Trotz gestiegener Effizienz löste sich der positive ökologische Effekt wieder auf, der Endverbrauch der Haushalte erhöhte sich um 17 Prozent. In den USA liegt die durchschnittliche Wohnungsfläche bereits bei 167 Quadratmetern pro Haushalt (Exner et al. 2008). Der von Weizsäcker strapazierte Faktor 4,

Der Rebound-Effekt

Das tatsächliche Ausmaß des Rebound-Effekts wird immer noch beforscht und teilweise widersprüchlich diskutiert: Der Rebound-Effekt besteht zusammengefasst darin, dass durch den kostensenkenden Effekt von Effizienzmaßnahmen Mehrverbrauch von Energie angeregt wird. Es gibt direkte und indirekte Rebound Effekte, finanzielle, psychologische, materielle usw. Eine aktuelle Studie zählt insgesamt 13 verschiedene Formen auf, die aber nicht einfach addiert werden können, weil sie sich teilweise gegenseitig schwächen oder verstärken. Der direkte Rebound-Effekt im Bereich der Raumwärmenutzung beträgt beispielsweise 10 bis 30 Prozent (d. h. 10 bis 30 Prozent der Effizienzgewinne einer thermischen Gebäudesanierung werden durch direkten Mehrverbrauch an Raumwärme, etwa durch höhere Raumtemperatur oder länger beheizte Räume, wieder egalisiert), bei der Raumkühlung beträgt er 0 bis 50 Prozent. Die Summe aller Rebound-Effekte wird auch langfristig mindestens die Hälfte der Einsparungen von Effizienzmaßnahmen aufzehren bzw. auf volkswirtschaftlicher Ebene 20 bis 60 Prozent. Zum Teil sind die empirischen Daten zum Rebound-Effekt noch ungenügend.

Bei sehr niedrigem Pro-Kopf-Energieverbrauch einer Personengruppe oder in einem Land ist der Rebound-Effekt sogar erwünscht, weil er die Lebensqualität erhöht. Quellen: Santarius 2012, S. 4; Kanatschnig/Lacher 2012, S. 8; Gillingham/ Kotchen et al. 2013, S. 476.

der zu doppeltem Wohlstand bei halbem Energieverbrauch führen sollte (Weizsäcker et al. 1995), findet sich historisch realisiert bei der Einführung des Glühstrumpfes durch Auer von Welsbach 1885. Dieser erbrachte ziemlich genau die doppelte Lichtausbeute bei halbiertem Gasverbrauch. Die Konsequenz war aber nicht reduzierter Ressourcenverbrauch, sondern, ganz im Sinne des Rebound-Effektes, die Beleuchtung zusätzlicher Flächen mit Gaslicht. Friedrich Siemens konnte 1867 in Dresden eine Glasfabrik erwerben. Durch einige ausgeklügelte Innovationen im Effizienz- und im Energiebereich konnte er ab 1874 die Glasproduktion um zwei Drittel verbilligen und machte damit die Produktion von Glasflaschen in großem Umfang möglich (Propyläen 4, 41).

Die Erhöhung der Effizienz der Automotoren hat zwar den spezifischen CO_2-Ausstoß verringert, den Gesamtausstoß jedoch erhöht, weil der niedrigere spezifische Treibstoffverbrauch zu verbilligtem Betrieb und zu schwereren Fahrzeugen, stärkeren Motoren und längeren Fahrstrecken geführt hat. Durch vermehrt eingesetzte schwerere Fahrzeuge, etwa allradgetriebene SUVs (Sports Utility Vehicles), müssen auch die verbrauchsgünstigeren Kleinwagen nachrüsten: So werden deren Karosserien verstärkt, um den Zusammenprall mit einem SUV überstehen zu können, in Folge erhöht sich auch ihr Treibstoffverbrauch. Die Bemühungen, den Treibstoffverbrauch durch windschlüpfrige Karosserien und damit geringeren Luftwiderstandsbeiwert zu senken, haben zu flacheren Front- und Heckscheiben geführt, die – als Folge der unvermeidlichen solaren Aufheizung – energiefressende Klimaanlagen erforderlich machen (Tichy 2008).

Die Anzahl solcher und ähnlicher Beispiele lässt sich leider ebenfalls seitenlang fortführen. Wir stoßen damit zwangsläufig auf die Frage, ob es aus dieser Falle des Rebound-Effekts einen Ausweg gibt und wenden unseren Blick auf das, was uns Utopien seit Morus dazu vorschlagen.

Der Effizienzbegriff, der sich vor allem auf den Hardwareaspekt der Technologie bzw. den Materialeinsatz bezieht, ist ein Kind des Knappheitsdenkens und des Verständnisses der Hauptsätze der Thermodynamik. Die klassischen Utopien bis in die Mitte des 20. Jahrhunderts kennen ihn in diesem technologiezentrierten Sinne lediglich in einer bestimmten Form, und zwar als Auftrag zur maximalen und egalitären Mobilisierung aller – vor allem menschlichen – Ressourcen für die Produktion. Das Ergebnis dieser Anstrengungen, ergänzt um eine entscheidende Komponente, kann sich in Gestalt ansehnlicher Wohlstandsgewinne und Arbeitszeitverkürzung für alle aber sehen lassen. In Morus' *Utopia* genügen sechs Stunden täglicher Arbeit, bei Tommaso Campanella und in Skinners *Futurum Zwei* sogar vier, während „fast alle Frauen, die Priester und frommen Ordensbrüder, diese gewaltige, faule Schar, (…) alle die reichen Leute, insbesondere die Großgrundbesitzer, die man gewöhnlich ,Standespersonen und Edelleute' nennt, (…) weiter deren Dienerschaft, dieser ganze Kehricht bewaffneter Tagediebe" (Morus 1516/1983, 68 f) in den Produktionsprozess eingegliedert sind. Ähnliches findet sich bei den utopischen Sozialisten.

Was ist diese entscheidende ergänzende Komponente? In den Utopias gelingt die Effizienzrevolution, weil die gewonnene Ressource – hier ist es die frei verfügbare Lebenszeit der Arbeitssubjekte – nicht für vermehrte Produktion genutzt wird, sondern für verordnete Muße. Mußezeit für den Menschen ist sogar das erklärte Ziel aller wirtschaftlichen Anstrengungen: „…die Wirtschaftsverfassung dieses Staates (…) hat das Ziel vor Augen, (…) für alle Bürger möglichst viel Zeit frei zu machen von der Knechtschaft des Leibes für die freie Pflege geistiger Bedürfnisse. Denn darin, glauben sie, liege das wahre Glück des Lebens" (Morus 1516/1983, 72 f).

„[V]ielerlei ganz unnütze und überflüssige Gewerbe, die nur der Verschwendung und Genusssucht dienen" werden in *Utopia* hingegen nicht betrieben, Luxus und das Prunken mit überflüssigen Dingen ist verboten. „Da nun fast die ganze (…) Masse des Volkes weder müßig noch mit unnützen Gewerben beschäftigt ist, so ist leicht abzuschätzen, wie wenige Tagesstunden nötig sind, um viel gute Arbeit zu leisten" (Morus 1516/1983, 69 ff). In Campanellas – heute würde man sagen: klerikalfaschistischem – *Sonnenstaat* ist die Nachfrage nach Gütern aufgrund eines strikten Luxusverbotes auf das Notwendigste beschränkt – auf Schminken, das Tragen hoher Schuhe oder von Schleppkleidern steht sogar die Todesstrafe. In Ernest Callenbachs *Ökotopia*, der Ökoutopie der Hippiezeit, nimmt man in Kauf, gegenüber den anderen Volkswirtschaften zurückzufallen, um sich dafür nach zwanzig Stunden eher gemächlicher Wochenarbeit individuell weiterzubilden oder allenfalls gemeinnützig zu betätigen (oder sich einzurauchen). Entsprechend finden sich die Utopier (nach Karl Marx) annähernd in einem „Reiche der Freiheit", das ja erst dort beginnt, wo jene Arbeiten, die durch Not und äußere Zweckmäßigkeit bestimmt ist, aufhören.

Das ist der entscheidende Aspekt.

Es wird von allen für alle, teilweise auf hohem technischen Niveau, genügend produziert, aber dann ist Schluss. Im Sinne des Effizienzbegriffes bedeutet das, der Output in Gestalt der lebensnotwendigen Güter ist die fixe Größe, der Input in Form menschlicher Arbeit und materieller Ressourcen wird entsprechend dem Effizienzgedanken minimiert. Damit sind die Utopias effizient, bevor es dieses Wort gibt, und sie lösen die Problematik des Rebound-Effekts, bevor dieser formuliert worden ist!

Für eine Volkswirtschaft unserer Tage würde das bedeuten, man verbessert sehr wohl durch Effizienzgewinne die Prozesse und Produkte. Den so lukrierten Gewinn, der zur Verbilligung der Produkte und in der Folge zu Mehrverbrauch führen würde, schöpft man aber durch Steuern oder andere Maßnahmen ab und stellt ihn den Menschen in Gestalt einer modernen Form von Muße zur Verfügung. Das kann wie in *Utopia* mehr Freizeit sein, vielleicht sogar von der Art, die (im Gegensatz zu *Utopia*) wirklich der freien Verfügung des Einzelnen unterstellt ist, die aber eben nicht zu mehr materiellem Umsatz, nicht zu „unnötigem" Luxus führt. Realiter würde das auf die Neudefinition des Staatszieles hinauslaufen.

Bringt man diesen Vorschlag in einen entsprechenden Diskurs ein, wird man auf den Einwand nicht lange warten müssen: Das funktioniere nur, solange alle anderen Volkswirtschaften bei diesem Spiel ebenfalls mitmachen würden. Verzichtet man auf diesen notwendigen internationalen Gleichklang, erweisen sich Anstrengungen zur Steigerung der Effizienz primär als Vehikel, um die individuelle oder nationale ökonomische Wettbewerbsfähigkeit zu erhöhen und weniger, um den Ressourcen- und Energieverbrauch zu senken.

Bei der positiven Bewertung des Effizienzdenkens als Mittel zur Ressourcenschonung zeigt sich ein entscheidender inhärenter Widerspruch zum Modell des „Homo Oeconomicus". Diesem Modell zufolge sind ja die menschlichen Bedürfnisse unbegrenzt, die Ressourcen aber knapp. Effizienz bedeutet demzufolge, die knappen Ressourcen bestmöglich zur Befriedigung der menschlichen Bedürfnisse zu nutzen. Da diese Bedürfnisse aber definitionsgemäß unbegrenzt sind, führt effizientes Verhalten dazu, dass wir einfach mehr an Nutzen aus den begrenzten Ressourcen gewinnen können – immerhin. Aber es führt nicht zu Einsparungen bei den Ressourcen selbst.

Auch als die Menschen von allem im Überfluss hatten und im Paradies lebten – wie im Alten Testament zu lesen, reichte ihnen das noch nicht. Sie wollten von dem kosten, also dasjenige konsumieren, das sie nicht benötigten und das ihnen verboten war. Die Schlange weckte in Eva ein Begehren, das sie bis dahin nicht gekannt hatte, nach Dingen, die sie nicht brauchte. Unsere Bedürfnisse wachsen mit dem, was wir haben. Der Anstieg des Angebots wird den Anstieg der Nachfrage nie einholen und restlos befriedigen (Sedláček 2012). Vom Einzelnen auf das Kollektiv übertragen entsteht so der von Hans Jonas (1984) als Ursache des Problems erkannte rastlose Antrieb.

Der Bus, der Mitte der fünfziger Jahre mit 25 Passagieren die Großglockner Hochalpenstraße befuhr – es handelte sich um das Modell Steyr 380a mit 25 Sitzplätzen; zwischen 1950 und 1955 wurden 300 Stück davon gebaut und ausgeliefert – war nicht nur ernüchternd unbequem im Vergleich zu modernen Bussen, die heute diese Alpenstraße wesentlich schneller und für die Insassen angenehmer bewältigen. Er verfügte auch nur über einen vergleichsweise ineffizienten Dieselmotor mit lediglich 85 PS; jeder Mittelklassewagen ist heute stärker motorisiert, ja, es gibt Motorräder, die mit mehr als 85 PS die Glocknerstraße befahren und dabei das ganze Tal akustisch mit Motorengeräuschen bespielen. Forschungen zur Verbesserung von Dieselmotoren haben in den letzten 50 Jahren bedeutende Effizienzgewinne hervorgebracht. Ein moderner Bus benötigt heute für dieselbe Strecke allerdings wesentlich mehr Treibstoff als sein Vorgänger vor 50 oder 60 Jahren (Tichy 2008). Die durchschnittliche Leistung der in Deutschland im ersten Halbjahr 2012 neu zugelassenen Personenkraftwagen beträgt 138 PS, zehn Jahre zuvor reichten noch 116 PS.

Die Effizienz hilft uns, Zeit zu gewinnen. In der gewonnenen Zeit können wir andere Lösungen finden; wir müssen das

I = P * A * T

In den **Umweltwissenschaften** wird etwa seit den 1970er Jahren der menschengemachte Einfluss auf die Umwelt in drei von **Paul Ehrlich** vorgeschlagene Elemente zerlegt, um damit zugleich drei strategische Handlungsebenen vorzuschlagen. Die entsprechende Gleichung lautet:

$$I = P * A * T$$

Hier steht „**I**" für eine bestimmte **Umweltwirkung (impact)**, also beispielsweise die Änderung des irdischen Klimas. „**P**" steht für die **Bevölkerung (population)**, also die Anzahl der Menschen im jeweils betrachteten Territorium (das kann eine Insel, aber auch die ganze Welt sein). „**A**" ist der **Wohlstand (affluence)** pro Kopf der Bevölkerung (beispielsweise gemessen in Wirtschaftsleistung pro Person) und „**T**" ist ein **Technologiefaktor (technology)**, der beschreibt, wie ressourcenintensiv die Produktion dieses Wohlstandes ist (Umweltwirkung pro Wirtschaftsleistung).

Nach dieser Identität, die trivialerweise immer stimmt, gibt es entsprechend auch **drei strategische Handlungsmöglichkeiten**, um den menschlichen Einfluss auf die Umwelt zu begrenzen:

• Erstens kann die Anzahl der Anspruchsberechtigten reduziert bzw. das Bevölkerungswachstum eingeschränkt werden – oder der Wohlstand bleibt einer kleinen Gruppe Auserwählter vorbehalten.

• Zweitens kann der pro Kopf verfügbare Wohlstand begrenzt, die Wirtschaftsleistung pro Person verringert werden, was gegenwärtig hauptsächlich in Zeiten wirtschaftlicher Rezession geschieht.

• Drittens kann die Technik immer noch effizienter oder hinsichtlich ihrer Umweltauswirkungen unschädlicher gemacht werden, sodass sich die negative Umweltwirkung pro Wirtschaftsleistung verringert.

Es ist zu Recht kritisiert worden (Z.B. Hänggi 2011, 311), dass die Verteilung des Wohlstandes unter den Menschen in dieser einfachen Aufzählung nicht aufscheint und sich daher auch nicht – oder allenfalls indirekt – als strategische Handlungsmöglichkeit anbietet.

aber auch, denn für sich alleine genommen genügt die gewonnene Zeit eben nicht. Auch effiziente Technologien verbrauchen die materiellen Ressourcen irgendwann; auch sie deponieren die Abfallprodukte aus der Verbrennung in Atmosphäre und Ozean, nur zeitverzögert. Auch die Internationale Energieagentur räumt ein, dass die rasche Realisierung aller ökonomisch schon heute sinnvollen Effizienzmaßnahmen im Energiebereich einen Zeitgewinn von lediglich fünf Jahren bedeuten würde – gemessen ab dem Zeitpunkt, ab dem keine neuen Kraftwerke auf Basis der fossilen Energieträger mehr gebaut werden dürften, wenn ein mittlerer Temperaturanstieg von zwei Grad Celsius nicht überschritten werden soll (OECD/IEA 2012, 241 ff).

Effizienzanstrengungen tragen nur dann zur Lösung unserer Energieprobleme bei, wenn sie durch Maßnahmen komplementiert werden, die in die Verfügungsgewalt des Einzelnen eingreifen und ihn dazu anregen, weniger an materiellen Ressourcen zu verbrauchen. Um es anders auszudrücken: Es muss der Begriff der Effizienz („die Dinge richtig tun") auf jenen der Effektivität („die richtigen Dinge tun") erweitert werden, damit wir nicht darin stecken bleiben, die falschen Dinge richtig zu tun.

Was uns auf die Frage bringt, wie man die richtigen Dinge richtig tut.

3.2.2 Reich und Grün: Die Idee der Leitplanken oder Der Bock als Gärtner

> „Nur eine Waffe taugt, die Wunde schließt der Speer nur,
> der sie schlug!"
> Richard Wagner, *Parsifal*

Trachtet der moderne Mensch wirklich in ständigem rastlosen Antrieb danach, seine ökonomische und materielle Situation zu verbessern? Und ist dieses Streben letztlich für die ökologische Überlastung des Planeten hauptverantwortlich? Wenn wir diese beiden Fragen mit ja beantworten, können wir uns anschließend fragen, wie wir dieses Streben so begrenzen könnten, dass es dem Planeten und der Überlebensfähigkeit der Menschheit nicht mehr schadet, wir also im Rahmen der ökologischen Tragfähigkeit des Planeten bleiben würden und gleichzeitig Lebensqualität und Wohlbefinden der Menschen erhalten können.

Der durchschnittliche Treibstoffverbrauch US-amerikanischer Autos könnte innerhalb weniger Jahre um ein Drittel reduziert werden, indem die steuerliche Begünstigung treibstoffverschwendender SUVs abgeschafft würde. Innerhalb eines Jahrzehntes könnte er sogar halbiert werden, wenn beispielsweise der durchschnittliche Flottenverbrauch japanischer Kleinwagen als Ziel angestrebt würde (Smil 2005, 207). Steuerliche Begünstigung des einen oder stärkere Besteuerung des anderen sind typische Formen von Leitplanken.

Empirisch ist gut belegt, dass ohne Wirtschaftswachstum die Zahl der Arbeitslosen steigt, mithin also die Lebensqualität zahlreicher Menschen sinkt. Wenn jetzt aber andererseits gerade Wachstum das Problem darstellt, befindet man sich in einem Teufelskreis. Man könnte ihm entkommen, wenn es entweder gelänge, quasi ohne materiellen Mehrverbrauch, mit neuen Attributen oder „grün" zu wachsen. Oder indem man eine neue Gesellschaftsform schafft, die überhaupt ohne Wachstum auskommt (Steady State Economy, Postwachstumsgesellschaft). Zugleich müsste man versuchen, andere Formen der Messung von Wohlstand zu finden als das seit Jahrzehnten verwendete BIP. Vielleicht würde dadurch deutlicher werden, wie zusätzliches Wohlbefinden für mehr Menschen ohne zusätzliches materielles Wachstum erreicht werden kann. Sowohl seitens der EU, der OECD (Better Life Initiative) als auch von einzelnen Ländern gibt es hier vielversprechende erste Initiativen. (Für eine gut aufbereitete Übersicht über zahlreiche Ansätze zu alternativen Wirtschafts- und Gesellschaftskonzepten siehe Pirgmaier 2012.)

Die Idee der Leitplanken zielt darauf ab, die Marktkräfte im Wesentlichen weiterhin wirken zu lassen, sie aber so zu beschränken, zu begrenzen oder umzulenken, dass sie die ökologische Wirklichkeit oder Notwendigkeit als begrenzende Randbedingungen rechtzeitig in den Markt spiegeln. Damit sollen die Marktkräfte die Volkswirtschaft in die richtige Richtung ziehen. Das auslösende Problem, der utopische Zielort wie auch der Lösungsvorschlag des Leitplankensystems liegen also im Wesentlichen innerhalb des marktwirtschaftlichen Systems, indem der als Verursacher der Krise erkannte Kapitalismus beibehalten und in die richtige Richtung gelenkt wird: man dreht an Preisschrauben, Kosten für umweltbelastendes Verhalten werden erhöht, das Anreizsystem wird geändert.

Manche Beobachter sehen in einem derartigen Versuch eine Art Kategoriefehler: Ein Problem könne nämlich nicht mit derselben Denkweise gelöst werden, durch die es verursacht wurde[39]. Eine Lösung müsse vielmehr von einer Stufe oder Kategorie höher ausgehen, von einem Metasystem. – In meinen Augen ist aber nicht erkennbar, warum eine derartige endogene Lösung prinzipiell sinnlos und unwirksam sein sollte. Es wird sich allerdings bei solchen Lösungen oft um Verbesserungen in kleinen Schritten handeln. Andererseits zeigt sich am Anfang des 21. Jahrhunderts ein empirisch erhobener Unterschied im Pro-Kopf-Primärenergieverbrauch zwischen EU-Europa und Nordamerika von eindrucksvollen 100 Prozent, der hauptsächlich durch Maßnahmen auf Basis der Leitplankenidee zustande gekommen ist, in Summe also nicht mehr als unbedeutend betrachtet werden kann. Ein durchschnittlicher US-Amerikaner verbraucht mehr als doppelt so viel Primärenergie wie ein Durchschnittseuropäer. Um einmal die etwas antiquierte Energieeinheit „Öleinheiten"[40] zu bemühen: 8,5 Tonnen Verbrauch des Durchschnittsamerikaners stehen 3,7 Tonnen des Durchschnittseuropäers gegenüber. Die reichsten europäischen Länder (wie Deutschland, Österreich oder Frankreich), aber auch Japan, kommen auf ca. 4,2 Tonnen Öleinheiten Primärenergieverbrauch pro Kopf

---

39 „Probleme kann man niemals mit derselben Denkweise lösen, durch die sie entstanden sind", ist ein Albert Einstein zugeschriebenes, in diesem Zusammenhang gerne verwendetes Zitat.

40 Mit „Öleinheit" wird eine Energiemenge von 41,868 MJ (Megajoule) bezeichnet, das entspricht ungefähr der Energiemenge, die bei der Verbrennung von einem kg Öl frei wird. Unter anderem verwendet die IEA (Internationale Energieagentur) diese Einheit, obwohl in der EU und den meisten anderen Staaten die Benützung des internationale Einheitensystems SI mit der entsprechenden Einheit Joule für Energie vorgeschrieben ist.

und Jahr. Dieser Unterschied lässt sich nicht mit Wohlstandsunterschieden rechtfertigen, die Amerikaner genießen nicht die doppelte Lebensqualität, werden nicht doppelt so alt wie die Europäer und sind auch nicht doppelt so gesund wie diese (Smil 2009a, 47 ff).

Man sieht also, dass zahlreiche normative, planerisch aufeinander abgestimmte kleine Eingriffe von staatlicher Seite in das Wirtschaftsgefüge in Summe herausragende Resultate zeitigen können. In den USA müssten derartige Eingriffe auf dem Fundament elementarer Änderungen im Sozial- und Wirtschaftssystem ruhen, die für viele überzeugte Vertreter des American Way of Life nicht weniger utopisch oder diktatorisch erscheinen mögen wie Campanellas *Sonnenstaat* oder die Ideen Robert Owens. Es müsste dafür eine Fülle von Errungenschaften des als liberaler Individualismus wahrgenommenen Lebensstils rückgebaut werden, von der Tendenz des Wohnens weitab von den Arbeitsplätzen bis zu den von Europäern oft als gelinde gesagt seltsam empfundenen Heiz- und Kühlgewohnheiten für Wohnungen und Supermärkte. Die Liberalisierung der Transportwirtschaft in den USA beispielsweise verhinderte den Ausbau leistungsfähiger Eisenbahnverbindungen, obwohl diese im dicht besiedelten Nordosten des Landes mit 50 Millionen Einwohnern und einer Bevölkerungsdichte höher als derjenigen Frankreichs (360 pro km^2) jedenfalls eine wirtschaftliche Basis hätte (Smil 2011, 215). In diesem Fall erscheint der Verzicht auf die Planung der wirtschaftlichen Rahmenbedingungen als Innovationshindernis.

Leitplanken haben verschiedene Gestalt

Das erste, „mildeste" Leitplankeninstrument erlaubt unerwünschtes Verhalten grundsätzlich, verteuert es aber durch Besteuerung oder ähnliche Maßnahmen bzw. fördert umgekehrt erwünschtes Verhalten durch bestimmte Anreize, etwa finanzielle. Die im Vergleich zu Nordamerika oder den Erdöl produzierenden Staaten im Nahen Osten hohen Preise für Treibstoffe in Europa führen zu vergleichsweise geringerem Treibstoffverbrauch und zu anderem Mobilitätsverhalten.

Als Ordnungsrecht, also als gesetzlich verordnete Beschränkung ("Freiheitsberaubung" würde eine liberalistische Bezeichnung dafür lauten), waren Leitplanken zweitens vor allem bei der Begrenzung der Schadstoffemissionen wie der Schwefelemissionen aus Kohlekraftwerken oder der Stickoxidemissionen aus dem Autoverkehr durch Einführung der Katalysatorpflicht erfolgreich, aber auch als Rauchverbot in den Gaststätten der Europäischen Union. Auch Energie- und Ressourceneffizienz kann mit ordnungsrechtlichen Eingriffen erreicht bzw. "erzwungen" werden, wenn beispielsweise die thermische Qualität von Gebäuden oder der maximale Treibstoffverbrauch von Autos festgelegt wird (von Weizsäcker et al. 2009). Konsequent weitergetrieben, können ordnungsrechtliche Eingriffe allerdings zu diktatorischen Systemen führen (→ Kap. 3.2.3, S. 175 ff).

In der Praxis ergänzen sich diese beiden Arten von Leitplanken.

Ökosoziale Marktwirtschaft

Mit der ökosozialen Marktwirtschaft (Friewald-Hofbauer/ Scheiber 2001; Scheiber/Ceipek 2013; www.oesfo.at) wurde eine sachte, gemäßigt utopisch-ökologische Vorstellung in das Programm einer politischen Partei in Österreich aufgenommen und in bescheidenem Ausmaß sogar umgesetzt. Die ökosoziale Marktwirtschaft setzt der bereits etablierten und akzeptierten sozialen Marktwirtschaft zusätzliche ökologische Anreize und Grenzen. Diese sollen die ökonomischen Aktivitäten der Individuen und anderer Wirtschaftssubjekte durch künstlich gestaltete steuerbasierte Preissignale und durch normative Eingriffe in die gewünschte Richtung lenken. Umweltschutz, Ressourcenverbrauch und Umweltverschmutzung sollen Eingang in die Preisgestaltung finden, also internalisiert werden, das Steuersystem soll den Faktor Arbeit zu Lasten des Ressourcenverbrauches begünstigen.

Die ökosoziale Marktwirtschaft ist graduell und in kleinen Schritten ohne Revolution implementierbar, was sie im demokratischen Diskurs akzeptabel und leicht umsetzbar macht.

In Österreich ist die ökosoziale Marktwirtschaft ein konservatives, letztendlich von der kreislaufnahen Wirtschaftsweise der klein strukturierten bäuerlichen Land- und Forstwirtschaft inspiriertes Projekt[41]. In Gestalt der Global Marshall Plan Initiative soll die ökosoziale Marktwirtschaft weltweit umgesetzt werden.

Gemeinwohl-Ökonomie

Christian Felbers (geb. 1972) Vorschlag einer Gemeinwohl-Ökonomie (Felber 2010) reagiert, wie es Utopien immer getan haben, auf aktuelle Krisen, die heute Hunger und Umweltzerstörung, Finanzkrise und Beschädigung des demokratischen Systems, allgemein „die Gefährdung von seelischem, sozialem und ökologischem Frieden" sind. Sie stellt einen im Vergleich zur ökosozialen Marktwirtschaft sichtbar radikaleren – utopischeren – Vorschlag zum Umbau der Wirtschaft dar.

Als gemeinsame Wurzel der erwähnten Probleme nennt Felber die fundamentale Anreizstruktur des gegenwärtigen Wirtschaftssystems, nämlich Gewinnstreben und Konkurrenz. Dem setzt er als neue Verhaltensmaximen Vertrauensbildung, Wertschätzung, Kooperation, Solidarität und Teilen entgegen. Damit soll genau jenes Verhalten belohnt werden, das die menschlichen und ökologischen Beziehungen gelingen lässt. Dieses neue System wird dadurch unterstützt, dass beispielsweise in Unternehmensbilanzen neben wirtschaftlichen auch ökologische und soziale Gesichtspunkte berücksichtigt werden sollen – Felber schlägt auch Kriterien für eine solche neue Unternehmensbilanz vor.

Entsprechend der Gemeinwohlökonomie muss der Anreizrahmen umgepolt, unternehmerischer Erfolg muss neu definiert werden. Die Inhalte des Gemeinwohls sollen, da sie noch nirgendwo aufgeschrieben sind, in einem Konvent als Ergebnis einer möglichst direktdemokratischen Diskussion durch intensiven Austausch der Konventsmitglieder mit allen Bevölkerungsgruppen während einer Konventsdebatte erar-

---

41 Wesentlicher politischer Proponent der ökosozialen Marktwirtschaft in Österreich war seit Ende der 1980er Jahre Josef Riegler (geb. 1938), von 1987–1991 Bundesminister für Land- und Forstwirtschaft und Vizekanzler in zwei österreichischen Bundesregierungen.

beitet werden. Legitimiert durch eine abschließende Volksabstimmung, sollen diese Inhalte in den Verfassungen der
Staaten verankert werden. Nachträgliche Änderungen sind
nur durch erneute Volksabstimmungen möglich (Felber 2010,
25). Die Ergebnisse, zu denen dieser demokratische Konvent
gelangen soll, scheinen für Felber im Wesentlichen aber schon
fest zu stehen:

Die bisherige Finanzbilanz eines Unternehmens wird zur
unverbindlichen Nebenbilanz, die neue Gemeinwohlbilanz
übersetzt die zentralen gesellschaftlichen Wertvorstellungen,
die im Wirtschaftskonvent definiert worden sind, in messbare
Kriterien. Überschüsse sind nur mehr begrenzt verwendbar,
Investitionen nur erlaubt, wenn sie einen sozialen und ökologischen Mehrwert generieren. Um „eine mächtige Spirale
in Richtung Gemeinwohl" zu drehen, sollen Eigentumsrechte
stark beschränkt werden: Einkommensungleichheiten auf
das Verhältnis von maximal 1 zu 20, Privatvermögen auf zehn
Mio. Euro, was auch auf Unternehmen anzuwenden ist. Die
Produktion soll in Zukunft kooperativ geplant werden. Die
positive Einstellung zur Muße, die sich in vielen klassischen
Utopien findet, hat bei Felber die Gestalt von einem Jahr Aus-
zeit (Freijahr) pro Dekade des Berufslebens.

Mit einem Blick auf die utopische Tradition findet man,
dass Christian Felber von Charles Fourier und Robert Owen
die Bedeutung der Genossenschaften und die direkte Finanzierung von Unternehmen ohne Involvierung der Börse
übernimmt, von Fourier zusätzlich die zentrale Rolle der zwischenmenschlichen Liebesbeziehungen als Keim des Staatsgebildes[42]. Die Sozialpflichtigkeit des Kapitals (hier „Gemeinwohl" genannt) ist ein wesentlicher Bestandteil des Denkens
des utopischen Sozialisten Saint Simon. Der Anarchist Peter
Kropotkin (1842–1921) hat den Primat der gegenseitigen Hilfe in der (Tier- und) Menschenwelt schon 1902 dem darwi-
nistischen Konkurrenzprinzip entgegengestellt. Von Thomas

---

42 Fourier befand sich diesbezüglich selbst in einer Tradition, die zumindest auf seinen Landsmann Denis Diderot (1713–1784) zurückgeht
und ihre Vorläufer in der Antike, namentlich bei den Epikureern hat.
Vgl. auch Blom 2010, 329.

Morus über Robert Owen bis in die Gegenwart stammt die Kritik an der kapitalistischen Konkurrenzgesellschaft, die die Individuen gegeneinander aufhetze und zu selbstsüchtigen Wesen umforme. In einem Satz zusammengefasst: Christian Felber steht mit seinem Vorschlag einer Gemeinwohl-Ökonomie mit beiden Beinen fest im utopischen Diskurs.

Konvivale Gesellschaft

Auch wenn Ivan Illich (1926–2002) explizit konstatiert, kein Utopia entwerfen zu wollen (Illich 1983; 1998, 33), trägt seine „konvivale Gesellschaft" alle Züge eines deindustrialisierten anarchistischen utopischen Modells. In einer konvivalen postindustriellen Gesellschaft benutzt jeder Mensch so autonom wie nur möglich seine Werkzeuge, die in so geringem Maße wie möglich der Macht anderer unterstehen. Jeder Mensch kann sich durch seine Arbeit verwirklichen, ohne deshalb einem anderen eine bestimmte Form von Konsum aufzuzwingen. In der konvivalen Gesellschaft bedienen sich nicht Manager der modernen Technologien, sondern Individuen. Die Werkzeuge unterliegen „vernünftigen Wachstumsbeschränkungen" (Illich 1998, 13). Es geht Illich um einen möglichst großen schöpferischen Anteil menschlicher Betätigung an der Produktion, um autonome, kreative zwischenmenschliche Beziehungen, um die Beherrschung des Werkzeugs durch den Menschen. Im Gegensatz dazu sieht er in der modernen Industriegesellschaft den Menschen von seinen Werkzeugen beherrscht – so trage etwa das Automobil eher dazu bei, Entfernung zu schaffen, als sie zu überwinden. Konvivalitätsfähige Werkzeuge gleichen den klassischen Handwerkzeugen, entsprechend hat seine (Nicht-)Utopie die Gestalt eines Rückbaus der Industriegesellschaft ins unentfremdete handwerklich-Gewerbliche.

Illich hält in einer Gesellschaft gerechte soziale Beziehungen nur dann für möglich, wenn diese den Energieverbrauch selbst ihres mächtigsten Bürgers begrenzt. Wachsender Energieüberschuss hingegen erfordere zunehmende Herrschaft über Menschen, die Technik zwinge den wehrlosen Menschen in ihren Dienst. Ab einer gewissen Schwelle des Energieverbrauches, die Illich allerdings nicht quantifiziert, beginnen die technischen Prozesse die sozialen Beziehungen zu dominieren. Die partizipatorische Demokratie verlange eine karge Bemessung des Energieverbrauches ihrer Technik: Produktive Sozialbeziehungen unter freien Menschen, so Illich dogmatisch, bleiben auf das Fahrradtempo beschränkt.

Weniger Verbrauch an Energie könne, so die These von Illich, einer Gesellschaft auch zum Guten gereichen. Mit dieser Prämisse verliert „das Ende des Ölzeitalters" seinen Schrecken (diese Ansicht wird auch von Hänggi (2011) vertreten und empirisch gut unterstützt).

Bhutan

Bhutan fliegen alle Sympathien zu. Es ist ein kleines, verletzliches Land zwischen den Riesen Indien und China, mit schöner Landschaft und dem mystischen Mahayana-Buddhismus als Staatsreligion. Bis vor wenigen Jahren war es für westliche Touristen praktisch unzugänglich, was seinen Reiz als verstecktes Shangri-La noch erhöhte.

In Bhutan lässt sich das seltene Beispiel eines Königs bewundern, der sich selbst per Dekret langsam entmachtet, um eine demokratische Transformation einzuleiten (und der vielleicht dadurch, im Gegensatz zum König des nicht weit davon gelegenen Nepal, weiterhin an der zunehmend konstitutionell gemilderten Macht bleiben kann). Das buddhistische Königreich Bhutan ist das einzige Land der Welt, das „Entwicklung" nicht prioritär ökonomisch definiert. Die offiziell 700.000 Einwohner erfahren seit etwa der Jahrtausendwende, nach einhundertjähriger absolutistischer Herrschaft, eine Demokratisierung „von oben". Die umfassende Demokratisierung ist auch eine Folge des Konzeptes des „Bruttonationalglückes" („gross national happiness"), das schon vom seinerzeitigen König Singye Wangchuck Mitte der 1980er Jahre proklamiert wurde. Bei diesem Konzept geht es nicht in erster Linie um ökonomische Maßzahlen und Wachstumsraten als Indikatoren für Entwicklung, sondern um individuelle und gesellschaftliche Zufriedenheit, die in die buddhistische Kultur und Spiritualität eingebettet sind. Dieses Konzept erfährt weltweit große Beachtung und interessiert immer mehr Entwicklungsexperten als möglicher „dritter" Entwicklungsweg. Sehr früh, in den 1960er Jahren, wurde Geld vor allem in Gesundheit und Schulbildung investiert, und relativ wenig in Infrastruktur. Der Aufbau einer grundlegenden Gesundheitsversorgung hat sensationell gegriffen. Das unterscheidet Bhutan fundamental von der damaligen Mainstream-Entwicklungsphilosophie, die das meiste Geld in industrielle bzw. wirtschaftliche Entwicklung investierte, die vor allem den Eliten zugute kam[43].

Aus energiewirtschaftlicher Sicht verfügt Bhutan über unglaublich große Reserven an Wasserkraft. Das macht es zu einem potenziell auch materiell reichen Land. Der Pro-Kopf-Energieverbrauch in Bhutan blieb zwischen 1993 und 2008 beinahe konstant, nämlich bei 76,4 bis 79 GJ pro Kopf und Jahr.

Trotz der programmatischen Festschreibung des Bruttonationalglücks als Entwicklungskonzept und politische Leitlinie hat Bhutan aber ein Menschenrechtsproblem. Dieses lässt sich insbesondere an der Behandlung seiner nepalesischstämmigen ethnischen Minderheit im Süden ablesen. Mit der Einführung des Staatsbürgerschaftsgesetzes 1985 sollte der Anteil dieser Minderheit reduziert werden, indem sie illegalisiert wurde. Ein neues Ehegesetz führte dazu, dass Ehefrauen und Kindern bhutanischer Staatsbürger unter bestimmten Voraussetzungen ihre Staatsbürgerschaft aberkannt wurde, eine starke symbolische Bhutanisierung setzte ein, die bis zur Verwendungspflicht der staatstragenden Sprache Dzongkha und zum Tragen der Nationaltracht, die für den warmfeuchten Süden des Landes denkbar ungeeignet ist, führte. Etwa 100.000 nepalesischstämmige Südbhutaner wanderten in Folge dessen aus, teilweise unter Zwang. Die Mehrzahl von ihnen war seit Generationen, seit Beginn des 20. Jahrhunderts, in Bhutan ansässig.

Bhutan versucht ein Konzept des Wirtschaftens, welches das Wohlbefinden des Menschen ins Zentrum rückt. Es ist dabei, eine Insel der Nachhaltigkeit zu verwirklichen, die aber von der Insel der Exklusion nicht weit entfernt liegt (→

---

43   Walther Moser im Gespräch mit Stefan Priesner in: Obrecht 2010.

Kap. 3.4, S. 279 ff). Das Land verfolgt ein weltweit beachtetes Modell der Entwicklung, dem möglicherweise die Notwendigkeit inhärent ist, sich von der Umgebung abzugrenzen und damit Menschen zurückzuweisen. Diese Notwendigkeit wird umso drängender, je stärker der Gradient an wahrgenommenen Lebensmöglichkeiten und -qualitäten entlang der Grenzen den Menschen jenseits davon erscheint.

Die Leitplankenmodelle müssen den Markt dazu zwingen, dass er selbst für zusätzliche Knappheit sorgt. Beispielsweise müssten Erdölprodukte für den Verbraucher teurer werden, damit er weniger davon verbraucht, für den erdölproduzierenden Konzern aber müsste der Anreiz, Rohöl zu fördern, abnehmen, der Rohölpreis also fallen, damit er weniger davon aus der Erde pumpt – ein anspruchsvoller Spagat. Entsprechend müssen sich Leitplankenmodelle der Kritik stellen, sie seien nur umsetzbar, wenn dies im internationalen Gleichklang geschehe. Ansonsten führe ihre Realisierung in einem Land lediglich dazu, die jeweilige nationale Volkswirtschaft gegenüber den Nachbarn, die auf die Leitplanken verzichten, zu schwächen.

Die Utopien reagieren auf diese Forderung meistens mit dem Konzept der Insel. Ökologische Steuern, sozialpflichtiger Grundbesitz und hohe Körperschaftssteuern machen etwa den „internationalen Gleichklang" in Callenbachs *Ökotopia*, das von den Rest-USA abgeschirmt wird, von vornherein unnötig. Und das Königreich Bhutan schließt eine Minderheit aus seinen Grenzen aus, um seine Staatsziele leichter erreichen zu können.

Die Forderung nach „internationalem Gleichklang" ist damit aber natürlich nicht vom Tisch. Praktisch gibt es diesen Gleichklang in einigen ausgewählten Fällen: wenn etwa Konsens darüber besteht, dass wirklich viel auf dem Spiel steht, etwa bei der Implementierung des Montreal-Protokolls zum Verbot ozonschichtzerstörender Substanzen[44]. Meistens

---

44 Das Montreal-Protokoll ist ein multilaterales, völkerrechtlich bindendes Umweltabkommen, es trat am 1. Januar 1989 in Kraft. Die Staaten bekennen sich darin zu einem Vorsorgeprinzip und verpflichten sich, die Emissionen von chlor- und bromhaltigen Chemikalien,

steht man aber vor einem Allmende-Problem: Wer bei der Einschränkung und Selbstbegrenzung nicht mitmacht, profitiert durch die Anstrengungen der anderen. Der Schutz der alten dörflichen Allmende erforderte nichts weiter als ein Arrangement zwischen den verschiedenen Interessenten. Der Schutz der globalen Allmende dagegen – der Weltmeere, der Atmosphäre – ist auf mächtige Instanzen über allen Interessenten angewiesen. Eingedenk der bisherigen historischen Erfahrungen fällt es sehr schwer, sich durchsetzungsfähige Instanzen solcher Art vorzustellen (Radkau 2000, 293).

Dennoch muss noch einmal bekräftigt werden, dass die meisten derzeit erfolgreichen Projekte, die die Tragfähigkeit des Planeten stärken, aus dem Arsenal der Leitplankenideen stammen. Die meisten.

3.2.3 Ökodiktatur

Führt die Individualisierung als global beobachtbares Phänomen zwar zu einzelnen Beispielen individuellen Verzichts und zu asketischen Lebensentwürfen, so ist sie doch zugleich gekennzeichnet durch die Verweigerung kollektiv-synchroner Verzichtshandlungen. Jeder Appell an die persönliche Änderung des Lebensstils muss sich an empirischen Befunden wie dem von weltweit einer Milliarde Übergewichtigen messen lassen, also an der Weigerung, etwas Sinnvolles wie die verminderte Energiezufuhr in Form von Nahrung umzusetzen, selbst wenn es unmittelbar und sichtbar der eigenen Gesundheit nutzen würde. Wie viel schwieriger, ja unmachbar müssen dann erst kollektive Verhaltensänderungen sein, die keinen unmittelbar sichtbaren persönlichen Nutzen abwerfen, dafür aber als Schmälerung der Lebensmöglichkeiten empfunden werden, wie vergeblich folglich alle Appelle an diese. Gerade kollektive Einschränkungen erscheinen aber angesichts schwindender Ressourcen und Entsorgungsmög-

---

welche die stratosphärische Ozonschicht zerstören können, vollständig zu unterlassen. Da die ozonschichtzerstörenden Chemikalien zumeist auch sehr treibhauswirksam sind, hat sich das Montreal-Protokoll quasi nebenbei auch als erfolgreiches internationales Klimaschutzabkommen erwiesen. Vgl. Molina et al. 2009.

lichkeiten dringend notwendig. Sind sie nicht freiwillig zu haben, so lassen sie sich zumindest im Modell zwangsweise herbeiführen.

Eine Ökodiktatur, das muss man vorab betonen, obwohl es schon im Wort selbst steckt, ist zuallererst einmal eine Diktatur. Eine Ökodiktatur beansprucht, die ökologischen Probleme der Welt – oder zumindest einen Teil der Probleme für einen Ausschnitt der Welt – durch tiefgreifende normative, ordnungspolitische Eingriffe in die Freiheit der Bürger zu lösen.

Für einen gestandenen US-Republikaner vom rechten Parteiflügel beginnt Diktatur allerdings bereits mit der Einführung einer verpflichtenden Krankenversicherung. Zwischen dieser und Kuba, dem Stalinismus oder dem Nationalsozialismus bestehen für ihn nur mehr graduelle Unterschiede.

Einige aktuell existierende Diktaturen wie etwa Nordkorea erfüllen zumindest ansatzweise den Zukunftsanspruch von Nachhaltigkeit, weil sie ihre Bevölkerungen in drückender Armut halten und schon deswegen auf volkswirtschaftlicher Ebene mit geringem – ineffizientem – Ressourcenverbrauch das Auslangen finden[45]. Dieses Ziel ist aber zumeist nicht intendiert, sondern Nebenprodukt einer systemimmanenten Unfähigkeit. Im Gegensatz zu den demokratischen Industriestaaten werden hier zukünftige Ressourcen auf Kosten gegenwärtiger Lebensqualität geschont – und nicht alle Diktaturen sind automatisch Ressourcensparer[46].

Demokratie ist in ihrem Selbstverständnis nicht dazu geeignet, den besten Zustand zu finden, sondern in kleinen Schritten den jeweils relativ besseren. Demokratie moderiert Partizipation und verhindert Übel, mit ihrer Hilfe wird man schlechte Herrscher ohne Blutvergießen wieder los. Das kann man nicht zuletzt von Karl Popper lernen (1957/1980). Was aber, wenn es nicht mehr reicht, einen Partizipationsprozess zu moderieren? Kommt dann der demokratische Prozess selbst angesichts überwältigender Probleme und willens-

---

45 Das zeigt sich beispielsweise eindrucksvoll auf nächtlichen Satellitenaufnahmen der koreanischen Halbinsel.
46 Saudi-Arabien und Weißrussland sind es beispielsweise nicht.

schwacher, irrtumsanfälliger Menschen an sein Ende? Was, wenn der moderne, säkulare, ökologisch einigermaßen nachhaltige Verfassungsstaat die in ihn gesetzte Lösungskompetenz nicht mehr zu erfüllen scheint? Wenn wirklich die in der Evolution herausgezüchtete Natur des Menschen schuld an seinem nichtnachhaltigen Verhalten ist, dann wird mehr Partizipation am politischen Prozess nicht unbedingt zur Lösung der ökologischen Probleme beitragen.

Der Konkurrenzkapitalismus tendiert zur Vergeudung von Ressourcen, die vielleicht durch zentrale Planung staatlichen Eigentums verhindert werden könnte (Schwendter 1994, 100). Auch Hans Jonas sieht im *Prinzip Verantwortung* Vorteile totaler Regierungsgewalt, die im Falle einer Ökodiktatur eine „wohlwollende, wohlinformierte und von der richtigen Einstellung beseelte Tyrannis" sein müsste – womit das Dilemma jeglicher Form von Diktatur wohl punktgenau getroffen ist[47]. Eine Ökodiktatur nämlich würde ziemlich sicher derselben Lernunfähigkeit und Machtarroganz verfallen, an denen die anderen historischen Diktaturen vor ihr steckengeblieben oder gescheitert sind. In den Gesellschaftsordnungen sowjetischen Typs beispielsweise fehlte mit der Kritik auch das Korrektiv der ökologischen Massenbewegung. So konnte sich das rein instrumentelle Naturverhältnis vielfach noch katastrophaler auswirken als in den westlichen Industriestaaten.

Wenn andererseits „vor Gott, wenn es ihn gäbe, alle Menschen gleich wären, so sind sie es real angesichts des Todes, und so gälten einer ökumenischen Moral, die sich unter dem absolut dominanten Vermeidungsimperativ einer säkularisierten Apokalypse formulierte, alle gesellschaftlichen und politischen Systeme als gleich, sofern sie nur das Überleben der Gattung sichern" (Burger 2009, 140). Ist es also nur die noch nicht erkannte Monstrosität der ökologischen Drohung und Herausforderung, die uns vor einer Ökodiktatur zurückschrecken und an suboptimalen – demokratischen –

---

47 Jonas 1984, 262; → Kap. 3.1.2, S. 141 ff sowie Bertrand Russell 1946/1991, 124: „The problem of finding a collection of „wise" men and leaving the government to them is thus an insoluble one. That is the ultimate reason for democracy".

Lösungsversuchen festhalten lässt? Eigentlich bedürften der Klimaschutz und die Ziele der Nachhaltigkeit tiefgreifender Veränderungen der etablierten Lebensstile, sozialen Strukturen, Normen und Verhaltensweisen der Menschen in den industrialisierten Ländern. Zugleich erscheinen die demokratischen Akteure ernüchtert und entpolitisiert, und fortgeschrittene moderne Konsumentendemokratien nicht mehr in der Lage, überhaupt noch den politischen Willen und die politische Handlungsfähigkeit aufbringen zu können, um den Hebel in Richtung Nachhaltigkeit umzulegen (Blühdorn 2008). Um nicht der Erotik und Eitelkeit der Macht zu verfallen, wäre der ideale Ökodiktator vielleicht eine „wohlinformierte und richtig eingestellte" Maschine?

Für die Gegner der Ökodiktatur wiederum kann die Lösung nur darin bestehen, die gesellschaftlichen Gruppen selbst zu Subjekten des Umweltschutzes zu machen. Ob diese demokratische Option greift, hängt entscheidend davon ab, inwieweit es gelingt, die Phantasie der Menschen mit attraktiven Gegenbildern einer Gesellschaft zu besetzen, die die Sackgasse ökologischer Verwüstung vermeidet. Ohne Utopien im Sinne alternativer Ideen wird den Bürgern nicht deutlich gemacht werden können, was sie bei der fälligen Umkehr zu gewinnen haben. Wie lässt sich eine ökologische Ethik begründen und rechtfertigen, wenn sie nicht vom Konsens autonomer, auf ihre Selbsterhaltung bedachter Individuen ihren Ausgang nimmt? Kann eine dynamische, unübersichtliche Welt darauf verzichten, empfindsame Akteure an der Basis zu haben, die Gefahren und Chancen erkennen und in das Gesamtsystem einkoppeln, damit dieses einerseits reagieren kann und sich diese Akteure wiederum mit dem System identifizieren (Saage 1997, 35; 145)?

Volksrepublik China

Die Volksrepublik China führte nach dem Ende der Mao-Ära 1979/80 zur Kontrolle des Bevölkerungswachstums die Einkindpolitik ein. Demnach darf eine Familie – mit Ausnahmen für ethnische Minderheiten, Paare in ländlichen Regionen usw. – nur ein Kind bekommen. 2012 beträgt die statistische

Geburtenziffer in der Volksrepublik 1,55 Kinder pro Frau. Nach offiziellen Angaben ist die Einkindpolitik die Ursache für etwa 300 Millionen vermiedene oder verhinderte Geburten allein im Jahrzehnt zwischen 1994 und 2004. Wenn diese Angaben stimmen – und sie können in jedem Fall nur auf Hochrechnungen und Näherungen beruhen – ist dies einer der bedeutendsten normativen Eingriffe zugunsten der ökologischen Überlebensfähigkeit des Planeten. Das Vorbild für diese Intervention geht auf Thomas Robert Malthus' Essay on the Principle of Population" (1798) zurück, der empfahl, das Bevölkerungswachstum durch staatlichen Eingriff zu beschränken, wobei dieser allerdings auch nicht davor zurückschreckte, vorzuschlagen, bereits Lebende durch gezielte Maßnahmen am Weiterleben zu hindern.

Notwendig für den Erfolg der Einkindpolitik war die Entwicklung wirksamer empfängnisverhütender Mittel; dies ist in den Worten des Umwelthistorikers Joachim Radkau möglicherweise überhaupt die wertvollste Errungenschaft der neuesten Umweltgeschichte (Radkau 2000, 292) (→ Kap. 3.2.4, S. 186ff). Für China war diese Entwicklung aber möglicherweise nicht zureichend, d. h. es bedurfte neben der technologischen Möglichkeit der Empfängnisverhütung des zusätzlichen Zwanges normativer Politik, auch deshalb, weil die Einkindpolitik in diametralem Gegensatz zur konfuzianischen Tradition steht, die die männliche Erblinie und zahlreiche Kinder bevorzugt.

Die negativen Folgen der Einkindpolitik, die China zu tragen hat, sind mit der langfristigen Überalterung der Gesellschaft, der Verhätschelung der „kleinen Kaiser", die kaum Sozialkompetenz entwickeln und vor allem mit der Verzerrung des Geschlechterverhältnisses allerdings gravierend: Durch die weithin verfügbare (wiewohl offiziell untersagte) Pränataldiagnostik, die gezielte Abtreibung weiblicher Föten zusammen mit der Vernachlässigung von Mädchen und ihrer daraus bedingten höheren Sterblichkeit wurde das Geschlechterverhältnis zwischen Buben und Mädchen auf 1,2 zu 1 verzerrt.

Dabei handelt es sich um ein auch in anderen Staaten wie

Indien oder Pakistan virulentes Phänomen. Weltweit fehlen etwa 117 Millionen Frauen zur Geschlechterparität, allein in China sind es ca. 37 Millionen – ein potenzieller und realer Stress- und Gewaltfaktor für die infolgedessen übrigbleibenden jungen, erzwungenermaßen partnerlosen Männer[48]. Geht es auch ohne derartige diktatorische Eingriffe?

Der Iran erreichte ohne Zwangsmaßnahmen einen Rückgang der Fruchtbarkeitsrate von 6,6 Kindern pro Frau im Jahr 1970 auf 1,9 im Jahr 2010 – so schnell ging das sonst nirgendwo. 1989, nach dem Ende des Krieges mit dem Irak, konnte die religiöse Führung davon überzeugt werden, dass hohe Fruchtbarkeitsraten nicht mehr im Interesse des Landes waren. Die Regierung startete eine umfassende Lebensqualitäts-Kampagne, die Familienplanungskurse für alle sowie kostenfreie Verhütungsmittel inkludierte. Frauen und Männer erhielten Kondome. Parallel dazu kam es zu einer drastischen Erhöhung des Bildungsniveaus junger Frauen, insbesondere in ländlichen Gebieten (Südwind 6/2010).

Das Bevölkerungswachstum korreliert stark mit der Kindersterblichkeit bis zum fünften Lebensjahr. Sinkt die Kindersterblichkeit unter zehn Prozent, sinkt parallel dazu die Geburtenrate und, mit zeitlicher Verzögerung, das Bevölkerungswachstum dramatisch. „Je gefährdeter Leben ist, desto mehr Leben wird produziert – um die materielle Reproduktion unter armen Bedingungen zu gewährleisten" (Obrecht 2003, 168). Um die Kindersterblichkeitsrate zu senken, ist eine gewisse Grundausstattung mit materiellen Gütern allerdings unumgänglich. Neben dem Überleben der Kinder müssen noch drei weitere Dinge zutreffen, um die Kinderanzahl pro Frau auf ein planetenverträgliches Maß zu beschränken: Die tägliche Arbeit muss ohne große Zuarbeit der Kinder möglich sein, Frauen müssen in das Bildungssystem und in den Arbeitsmarkt möglichst gleichberechtigt eingebunden werden und Familienplanung muss auch technologisch möglich und allen zugänglich sein.

---

48 Ball 2008; Südwind Nr. 12/2013, S. 32, www.suedwind-magazin.at; 24 Millionen chinesische Männer werden 2020 keine Chance haben, eine Ehefrau zu finden.

Kuba

Wer Kuba als inzwischen recht singuläres Staatsgebilde irgendwo positiv oder negativ erwähnt, darf darauf vertrauen, damit Emotionen zu wecken: Vom „sozialistischen Völkerkerker" ist da bald die Rede, andererseits vom „Vorzeigestaat Lateinamerikas" mit der höchsten Lebenserwartung, mit bester medizinischer Versorgung und mit Ausbildung für alle. Oder der Schlagabtausch entzündet sich an der Frage, ob jetzt Donald Rumsfeld oder Fidel Castro, Dick Cheney oder Che Guevara die „professionelleren Massenmörder der Geschichte"[49] sind.

In einer Zusammenfassung zum Thema Ökodiktatur darf Kuba aber deshalb nicht fehlen, weil es als einziges Land der Welt sowohl hinsichtlich Gegenwarts- als auch Zukunftsanspruch das Ideal der Nachhaltigkeit bis vor kurzem messbar erfüllte[50].

Das recht weiche Ziel der Nachhaltigkeit wird hier durch zwei Indikatoren abgebildet, die die menschliche Lebensqualität und den damit zusammenhängenden Naturverbrauch messen. Im Vergleich von 93 betrachteten Nationen (Moran et al. 2007) bedeutet ein „Mehr" des einen meistens auch ein „Mehr" des anderen Messwertes: Mehr Wohlstand und damit Erfüllung des Gegenwartsanspruches Nachhaltigkeit (hier gemessen als HDI, „Human Development Index", → Glossar, S. 397) ist zumeist nur durch höheren Natur- und Ressourcenverbrauch (gemessen als „nationaler Fußabdruck", → Glossar, S. 398), also auf Kosten zukünftiger Generationen, zu haben.

Kuba erfüllte 2003 (und zuletzt 2006) mit einem HDI von 0,83 in diesem Vergleich von 93 Ländern als einziges Land den Anspruch einer hohen Lebensqualität, der laut UNDP ab einem HDI von 0,8 erreicht wird, ohne gleichzeitig ein Über-

---

49 Beispielhaft für eine derartige Position: Franz Schellhorn: Super-Markt: Fidel Castro, der alte Kapitalist, im Spektrum der „Presse", 23.4.2011, Wien.
50 Moran et al. 2007: Die umfangreiche Datenanalyse dieser Publikation bezieht sich auf das Jahr 2003. Kuba erfüllte diese Kriterien zuletzt 2006.

maß an Ressourcen dafür zu beanspruchen: Das Verhältnis von Fußabdruck pro Durchschnittskubaner zur globalen Biokapazität, also zur Fähigkeit der Biosphäre, Ressourcen und Dienstleistungen bereitzustellen, liegt mit 0,87 unter dem Schwellwert 1 – würden alle Erdenbewohner so leben wie der Durchschnittskubaner, wären dafür 87 Prozent der produktiven Fläche der Erde ausreichend.

Kuba ist in diese zumindest aus Außensicht „vorbildliche" Rolle aber nicht ganz freiwillig geraten: Nach dem Zusammenbruch der planwirtschaftlichen Staaten Osteuropas 1989/91 verlor Kuba etwa 80 Prozent seines Außenhandels, vor allem der energieintensive Anbau von Zuckerrohr und der Zuckerexport in die Sowjetunion brachen zusammen. Zwischen 1989 und 1993 ging das Bruttoinlandsprodukt um 35 Prozent, die Agrarproduktion sogar um 52 Prozent zurück, die Importe verringerten sich innerhalb von vier Jahren auf 21 Prozent des vormaligen Volumens (Lessmann 2011). Um die Bevölkerung in der Hauptstadt zu ernähren, wurden – unter Zurücknahme der staatlichen Ideologie – Stadtgärten angelegt, die auf kleinteiligem Biolandbau beruhten. Die Hälfte der pflanzlichen Nahrungsmittel, die Havanna konsumierte, wurde in der Stadt selbst erzeugt (Exner et al. 215). Die Hälfte des staatseigenen Agrarlandes wurde an landwirtschaftliche Genossenschaften übergeben, die es vermittels biolandwirtschaftlicher Techniken bewirtschafteten – etwa 75 Prozent der kubanischen landwirtschaftlichen Fläche wurden 2012 ökologisch bewirtschaftet. Den Genossenschaften wurde überdies erlaubt, ihre Erzeugnisse auf Märkten zu verkaufen, was deren Einkommen erhöhte[51].

Zwischen 1990 und 1993 ging die durchschnittliche tägliche Nahrungsaufnahme pro Einwohner von 2.899 kcal auf 1.863 kcal zurück – im Vergleich: der entsprechende Wert in den Industrieländern liegt bei 3.500 kcal pro Kopf und Tag, der von der FAO empfohlene Mindestwert bei 2.100 kcal. Aufgrund massiver Treibstoffverknappung mussten die Menschen zusätzlich mehr Rad fahren und zu Fuß gehen. Der Anteil von

---

51 Worldwatch Institute (30.3.2012). http://blogs.worldwatch.org/sustainableprosperity/sustainabilitysweetspot/.

körperlich aktiven Erwachsenen nahm notgedrungen von 30 auf 67 Prozent zu. Ein spezielles Rationierungssystem und starke soziale Kohäsion sorgten aber – und das zeichnet das kubanische Beispiel aus – für tendenziell egalitäre Strukturen und die Gleichverteilung des Mangels. Zwischen 1991 und 1995 fiel in Folge dessen der durchschnittliche Body-Mass-Index der kubanischen Bevölkerung um 1,5 Punkte, das Durchschnittsgewicht der erwachsenen Bevölkerung reduzierte sich um 4 bis 5 kg. In den folgenden Jahren, von 1997 bis 2002, verminderte sich die Sterberate signifikant: als Folge von Diabetes um 51 Prozent, als Resultat von Erkrankungen der Herzkranzgefäße um 35 Prozent, als Folge von Schlaganfällen um 20 Prozent, im Durchschnitt um 18 Prozent (Franco et al. 2008).

Die Autoren dieser bemerkenswerten Studie, ein Gruppe von Medizinern aus Kanada, erlauben sich eine Projektion der Ergebnisse auf Kanada und die USA. Um dort ähnliche positive Resultate für die Volksgesundheit zu erreichen, müssten Obst und Gemüse leichter verfügbar und billiger gemacht werden, im Gegenzug zu Preiserhöhungen und der realen Begrenzung der Verfügbarkeit von Hochenergie-Nahrungsmitteln; Zufußgehen und Radfahren müssten gefördert werden.

Bereits seit 1993 wurde in Kuba auch ein nationales Energieentwicklungsprogramm umgesetzt, um die Importabhängigkeit im Energiebereich zu verringern. Beispielsweise wurden vordem nicht-elektrifizierte Schulen und Kliniken mittels Solarenergie elektrifiziert. Das Programm setzte auf Effizienz und heimische Energieträger als „bevorzugte nationale Energiequellen", konnte die Krisensituation aber nicht bewältigen. 2006 begann aus der Notsituation heraus deshalb das, was in Kuba heute „Energierevolution" genannt wird (Guevara-Stone 2009).

Beispielsweise wurden innerhalb von sechs Monaten sämtliche Haushalte zwangsweise mit Energiesparlampen ausgerüstet, Millionen von energieeffizienten Endverbrauchergeräten wurden verkauft, darunter neben etwa zwei Millionen Kühlschränken auch Ventilatoren, Wasserpumpen usw. Eine der erfolgreichsten Methoden, Einsparungen im Elektrizitätsbereich zu erzielen, war aber ein stark progressiver Tarif für elektrische Energie: Kosten die ersten 100 kWh pro Monat – also die sozusagen unverzichtbare Grundversorgung – den Durchschnittshaushalt umgerechnet 0,09 Pesos (ca. 0,38 Cent) pro Kilowattstunde, steigt der Preis ab 100 kWh für jedes Quantum von 50 kWh stark an; ein Haushalt, der mehr als 300 kWh pro Monat benötigt, zahlt dafür mit 1,3 Pesos pro kWh schon mehr als das 14-Fache. Begleitet wurden diese Maßnahmen von einem „Erziehungsprogramm", im Zuge dessen Schüler, Arbeiter, Familien und ganze Gemeinden von 13.000 „Sozialarbeitern" mit den wichtigsten Maßnahmen des Energiesparens vertraut gemacht wurden, was durch Fernseh- und Radiospots unterstützt wurde. Um die zahlreichen Stromausfälle (blackouts) zu bekämpfen, wurden 3.000 MW an dezentralen Dieselaggregaten installiert, dazu noch 500 MW an Notstromaggregaten in Krankenhäusern, Schulen und Fabriken.

Der Pro-Kopf Verbrauch an Primärenergie lag in Kuba 1993 bei 39 GJ pro Jahr; bis 2009 stieg er um 20 Prozent auf immer noch sehr bescheidene 46,8 GJ[52].

Dezentrale Erzeugung, Erziehung und Ausbildung, Effizienz, Solidarität und der schrittweise Ausbau erneuerbarer Energie führten dazu, dass Kuba im Vergleich zur Zeit vor der „Energierevolution" nur mehr 34 Prozent des Kerosins, 40 Prozent des Flüssiggases und 80 Prozent des Benzins verbraucht. Pro Kopf verbraucht der Durchschnittskubaner 1.380 kWh elektrische Energie im Jahr, der durchschnittliche US-Amerikaner dagegen mit stolzen 14.240 kWh mehr als das Zehnfache, die CO_2-Emissionen betragen 2,1 Tonnen pro Kopf – im Gegensatz zu 20,1 Tonnen pro Kopf in den USA – bei annähernd gleicher Lebenserwartung, Kindersterblichkeit, und anderen humanökologischen Indikatoren.

Das Beispiel Kuba demonstriert, dass ein akzeptabler Lebensstandard mit ökologisch nachhaltiger Wirtschaftsweise kombiniert werden kann (Wilkinson/Picket 2010, 220 f) – zu-

---

52 Die entsprechenden Werte für Österreich lagen bei 135 und 166 GJ pro Kopf und Jahr.

mindest, wenn beide quasi autoritär verordnet werden können. Kuba erreicht diesen Zustand weitgehend ohne den Einsatz der modernsten effizientesten Technologien – oder vielleicht gerade wegen des Verzichtes darauf. Jedenfalls sollte dieser gegenwarts- und zukunftsverträgliche Zustand und relativ nachhaltige Ressourcenverbrauch auch für andere Länder erreichbar sein, wenn sie auf moderne solarbasierte Energietechnologien setzen. Ob er aber in demokratischen Gesellschaftssystemen möglich ist, bedarf noch der empirischen Überprüfung. Für die Übertragbarkeit der Resultate des kubanischen Modells würde sprechen, dass die persönliche Freiheit in einem Staat und dessen Pro-Kopf-Energieverbrauch kaum miteinander korrelieren (Smil 2005, 103 f und → Kap. 3.3, S. 200 ff), zwischen beiden also kein notwendiger Zusammenhang besteht.

In Kuba wurde exemplarisch Genügsamkeit erzwungen, die dennoch zu hohen messbaren Lebensqualitätsindikatoren führte. Damit definiert die Karibikinsel ex negativo einen Zustand der Völlerei, des für die Lebensqualität – oder zumindest deren messbare Komponenten – nicht notwendigen Konsums, der dem unbeschränkten ökonomischen Liberalismus inhärent ist. So betrachtet, kritisiert Kuba die unreflektierte Identifikation von Demokratie und liberalistischer Marktwirtschaft, in der den Marktkräften jenes subjektive Bewusstsein und jene Eigenschaften zugesprochen werden, die eigentlich der demokratischen Öffentlichkeit zukommen sollten. Und noch eine Voraussetzung war und ist in Kuba gegeben, die vielleicht unbemerkt ausschlaggebend für die Rettung vor dem wirtschaftlichen Untergang war: der enorm hohe Ausbildungsstand der Bevölkerung in beinahe jeder fachlichen Hinsicht. Kuba hat eine hohe Akademikerquote und kann kurzfristig auf ausgezeichnet ausgebildete ExpertInnen zugreifen, die offenbar für die Lösung dieser existenziellen Krise gesorgt haben.

3.2.4 Der gebändigte Antrieb

Das Modell des „Homo oeconomicus", des fratzenhaft ver-einfachten Wirtschaftsakteurs mit unbegrenzten Bedürfnis-sen, der seine Position stets rational optimiert, geht auf die *Bienenfabel oder Private Laster, öffentliche Vorteile* von Bernard Mandeville (1670–1733) von 1705 zurück (Sedláček 2012, 229 ff). Mandeville war der erste, der postulierte, dass das Allgemeinwohl auf dem Egoismus der Einzelnen aufgebaut werden müsse. Er ist der Vater der Idee, dass sich persönliche Untugenden durch die unsichtbare Hand des liberalen Wirt-schaftsgefüges in öffentliche Vorteile verwandeln.

Das Resümee des Evolutionsbiologen über diesen Akteur mit unbegrenzten Bedürfnissen fällt allerdings ernüchternd bis fatalistisch aus (Witchalls Clint 2011): Die menschlichen Eigenschaften, die das Überleben der Gattung Mensch bedro-hen, sind tief in seiner Natur, im Genom, angesiedelt, sie sind nicht anerzogen oder angelernt. Sie waren über hunderttau-sende Jahre Garanten und Voraussetzung seines Überlebens in der Wildnis, sie haben ihn zu den richtigen Handlungen geleitet, solange er jagte und sammelte. Jetzt, in einer von Kultur geprägten Welt, haben sich diese Eigenschaften über-lebt, sind uns sogar gefährlich geworden, aber sie sind uns jetzt genetisch eingeschrieben und wir werden sie nicht mehr los. Die Konsequenzen dieses Erfolges des Menschen seien Energie- und Ressourcenkrise, Klimawandel, Vergiftung und Zerstörung des Lebensraums.

Sind wir gezwungen zu diagnostizieren, der Mensch sei dem animalischen Teil seiner Natur, der sich über darwini-stische Mechanismen in Jahrmillionen herausgezüchtet hat, quasi hilflos ausgeliefert, sei mithin weitgehend determiniert und dazu verurteilt, genau das für sein Überleben Falsche zu tun (→ Kap. 3.1.3, S. 147 ff)? Etwas in uns wehrt sich gegen diese Idee biologisch begründeter Ausweglosigkeit und stellt die Frage: Gibt es keine Möglichkeit, dem zu entkommen?

Erscheinen ökologische Leitplanken als zu schwach, eine Ökodiktatur als zu drastisch und schreckt man vor einem ra-dikalen Eingriff in die menschliche Natur, wie beispielsweise ihrem gentechnischen Neubau oder ihrer gewalttätigen Knebelung zurück (→ Kap. 3.2.5, S. 193ff), muss man einen Weg finden, diese im Genom sitzenden Eigenschaften im Hinblick auf ihr ökologisches Schadenspotential sozusagen zu entschärfen, sie ins Leere oder gar ins dem Menschen Nützliche laufen zu lassen. Wie könnte die ökologische Sublimierung der potenziell schädlichen Eigenschaft des Homo Oeconomicus aussehen, wie könnte ihr das ökologische Schadenspotenzial genommen werden?

Beispiele von Einzelmenschen und kleinen Gruppen, die auf materielle Möglichkeiten verzichteten und ihre dadurch frei gewordenen Energien anders verwendeten – zur aufopfernden Sorge um den Mitmenschen oder zur entindustrialisierten Primärproduktion auf bescheidener Basis –, gibt es von den Heiligen und Religionsgründern bis zu den Aussteigern und Schafzüchtern unserer Tage. Kirchen und säkularen Verzichtspredigern ist es aber nicht gelungen, ausgehend von diesen exemplarischen Vorbildern ein breit akzeptiertes Programm zu formen, Mütter Teresas gibt es nur vereinzelt, ein Damaskuserlebnis wird den wenigsten zuteil, Gier und Bereicherung stellen die Mehrheitsfraktionen; selbst die milde Hürde eines freiwillig bezahlten Zuschlags für zertifizierten Ökostrom bleibt in der Minderheit.

Es gibt allerdings für die ökologische Sublimation eines nicht beherrschbaren animalischen, in unserer Urnatur beheimateten Antriebs ein überzeugendes, ja epochales historisches Beispiel: die schon erwähnte Entwicklung wirksamer empfängnisverhütender Mittel, die den sexuellen Genuss nicht trüben (Radkau 2000, 292).

Moderne Verhütungsmittel sind eine Technologie, mit der der animalische Teil der menschlichen Natur zweckvoll und im Konsens mit dem menschlichen Bewusstsein „hineingelegt" wird. Der menschliche Fortpflanzungstrieb, den die Natur mit der Belohnung des sexuellen Genusses ausgestattet hat, wird mit ihrer Hilfe ebenso erfolgreich seines „Schadenspotenzials" (wenn man Überbevölkerung als solches zu bezeichnen wagt) entledigt, ohne dass die Anwender der Technologie den Eindruck gewännen, ihrer Freiheit beraubt zu werden. Der angesichts dessen zuversichtlich gewordene

Anhänger technologischer Lösungen ruft nach mehr davon, was zur Frage führt: Wie müsste eine Lösung des Energie- und Umweltproblems aussehen, die – ähnlich wie moderne Verhütungsmittel die Konsequenzen des sexuellen Genusses „dematerialisieren" – den rastlosen Antrieb, den die Ökonomie dem „endgültig entfesselten Prometheus" (Hans Jonas) verleiht, dematerialisiert? Oder, anders gefragt: Wie kann der ökonomische Antrieb des Menschen nach schranken- und grenzenloser Nutzung und Anhäufung materieller Güter und Energie so umgelenkt werden, dass er sich sozusagen in einem materielosen Feld unschädlich austobt?

Die Antwort des utopischen Sozialisten Charles Fourier (1772–1837) (→ Kap. 1.2.2, S. 35 ff) bleibt sozusagen auf dem erfolgreich demonstrierten Terrain und schlägt vor, durch die uneingeschränkte Befriedigung sexueller Bedürfnisse jene integrativen Energien freizusetzen, die das harmonische Funktionieren sozialer Ordnung ermöglichen. Promiskuität auch für Frauen erscheint ihm – im ersten Drittel des 19. Jahrhunderts! – wünschenswert. Ließe sich durch die ungebremste Entfaltung und Verwirklichung aller sexuellen Wünsche der „rastlose Antrieb" sozusagen erschöpfen, kanalisieren, von schädlicher materieller Völlerei befreien? Fourier erweist sich in seiner Antwort als Vordenker Sigmund Freuds. Habgier und Konkurrenzverhalten als wichtigste Antriebe des ökonomischen Betriebes werden auf einer höheren Ebene geläutert. In Tommaso Campanellas *Sonnenstaat* (1602), einem durch eine säkularisierte Form der Beichte stabilisierten totalen klerikalen Überwachungsstaat, entfällt durch nicht näher detaillierte Elemente der Planwirtschaft das persönliche Profitmotiv. Die dahinter stehende Triebkraft wird erfolgreich auf einen Wettbewerb um gesellschaftliche Anerkennung umgeleitet.

Ein zumindest hinsichtlich der Zielrichtung ähnlicher Vorschlag stammt von Georg Franck (geb. 1946) (Franck 1998). Ihre materielle Produktion mache die Absorptions- und Regenerationskräfte der Biosphäre zum Flaschenhals des Überlebens der Menschheit und stelle deshalb das zu entschärfende Problem dar. Es sei daher ein moralisch begründetes Anliegen, aus der Materialschlacht gegen die Natur – auch gegen unsere eigene – auszusteigen. Die Angleichung der Geldpreise an die ökologischen Knappheitsverhältnisse – das Leitplankenmodell – könne die Kehre ohne weitere Hilfe jedoch nicht bewirken, so Franck.

Francks *Ökonomie der Aufmerksamkeit* folgend, könnte man jedoch auf Basis der menschlichen Eitelkeit ein marktwirtschaftliches System konstruieren, in dem diese Eigenschaft als nichtmaterielle Form von Kapital die Kapitalien des alten materialistischen Systems teilweise ersetzte. So entstünde eine immaterielle Ökonomie. Der menschliche Antrieb, so Franck, könne dematerialisiert werden, indem er auf die Aufmerksamkeit anderer Menschen an einem selbst umgelenkt werde, die „unwiderstehlichste aller Drogen, die jedes andere Einkommen aussticht" (Franck 1998, 10). Nicht der sorglose Genuss, sondern die Sorge, dass die anderen auch schauen, werde so zum tragenden Lebensstil in der Wohlstandsgesellschaft. Die rationale Vorteilsuche des homo oeconomicus, das zentrale Postulat der ökonomischen Theorie, gelte auch für die eigene und die begehrte Aufmerksamkeit der anderen.

Das Quantum an Aufmerksamkeit, das es in einem Gemeinwesen zu verteilen gibt, ist mehr oder weniger konstant. Es kann umverteilt, aber nicht wesentlich gesteigert werden, und Franck argumentiert ausführlich die Analogie von klassischer und Aufmerksamkeitsökonomie. Moralisch sei der neue Kapitalismus dem materiellen nicht von vornherein überlegen. Der Unterschied zwischen dem Kampf um die Aufmerksamkeit und dem Kampf um Geld und materielle Güter liege aber in den jeweiligen ökologischen Auswirkungen beider – und das wäre eben die Lösung für das eingangs gestellte Problem.

Soll wirklich an eine ökologische Umkehr des Wirtschaftens zu denken sein, dann müsse sich, so Franck weiter, das wirtschaftliche Streben auch von der subjektiven Seite her ändern. Das Geldverdienen dürfe dann nicht länger die Hauptrolle im Leben spielen (Franck 1998, 213ff). Die massenhafte Bereitschaft zur Abstinenz erscheint ihm illusorisch, eine Abkehr von der Fixierung aufs Materielle müsse daher innerhalb der hedonistischen Grundorientierung entstehen. Es bedürfe dann anderer als jener Zielvorstellungen, die ums Geld und den physischen Komfort kreisen, und es müsse neuartige Karrieremöglichkeiten für diejenigen geben, die der Ehrgeiz treibt. Und es müssen sich neue Realisierungschancen für das aggressive Kämpfen um große Ziele auftun.

Dieser Wandel könne nur von einer Ökonomie kommen, die sich in Augenhöhe der alten als Alternative anbietet. Die neue Ökonomie müsse die direkte Verfolgung der Ziele anbieten, die mit dem Geldverdienen und dem materiellen Umsatz schon indirekt verfolgt wurden. Sie müsse den Umweg über den materiellen Aufwand als überflüssig und sogar als unelegant erscheinen lassen. Die auf Facebook gewährten „likes" könnten ein Vorgeschmack auf die neue Währung sein, wie auch die via Twitter verteilten „retweets".

Historisch sei ein analoger Wandel bereits zumindest einmal gelungen: Es sei eine der entscheidenden Zivilisierungsleistungen des materiellen Kapitalismus gewesen, dass er Karriereziele anbieten konnte, die mit den militärischen kriegerischer Heldentaten konkurrierten. Der Geist des demokratischen Kapitalismus spannte einst den Teufel, der sich zuvor in Form zwischenmenschlicher Gewalt austobte, vor den Pflug und verwandelte den potenziell bösen Eigennutz im Menschen über die „unsichtbare Hand" in kollektiven, wirtschaftlichen Nutzen (Sedláček 2012, 55 f). Diese durch die Wirtschaft domestizierten Karriereziele seien es jedoch, die heute den Korpsgeist auf den Feldherrnhügeln im Krieg gegen die Natur bestimmten. Wolle man, dass dieser Krieg aufhöre, dann müssen die wirtschaftlichen Ziele ernstzunehmende Konkurrenz bekommen.

Francks Vorschlag, den Umweg über die materielle- und Geldwirtschaft abzukürzen und gleich eine dematerialisierte Aufmerksamkeitsökonomie zu errichten, reibt sich zumindest an der Frage, ob eine derartige Wirtschaft wirklich materiell derart asketisch betrieben werden könnte. Würden die Menschen tatsächlich nach Befriedigung der Grundbedürfnisse Halt machen und einander in materiefreien Aufmerksamkeitsgeschäften zu übertrumpfen versuchen, einander begegnen und virtuelle Waren austauschen? Birgt eine Aufmerksamkeitsökonomie vielleicht die zusätzliche Gefahr, in vorkapitalistische Gewaltmuster zurückzukehren? Gibt es sie vielleicht schon in Form von befristetem Ruhm „im Nachmittagsprogramm des Fernsehens, dort, wo die Sozialhilfeempfänger vorgeführt und darin trainiert werden, Spaß an ihrer öffentlichen Demütigung zu haben" (Gauß 2012, 113)? Oder wäre sie der Kondensationskeim für die nächste ökonomische Blase? Rudolf Burger teilt derartige Bedenken mit einem Verweis auf Hobbes' *Leviathan*.

> Der Materialist Thomas Hobbes erweist sich als überragender Diagnostiker des Menschen als **idealistisches** Tier. Er wird nicht müde, das Streben nach Ehre und Anerkennung, nach Vorrang vor den anderen Menschen und nach Anerkennung durch die anderen Menschen, den Ehrgeiz, den Stolz und die Ruhmsucht als jene Eigenschaften zu beschreiben, welche den Menschen charakteristisch von den anderen Tieren abheben. Über den Kampf um knappe Güter hinaus ist darum jeder Mensch zuletzt jedes anderen Menschen Feind, weil er jedem überlegen sein will und eben dadurch jeden verletzt. Auch nach dem Ende des materiellen Mangels, so wichtig dieser ist, geht der Kampf um Anerkennung eines jeden durch alle anderen weiter (Burger 2009, 286f).

Gerade das ist aber das Ziel der Aufmerksamkeitsökonomie. Trotz aller Zweifel bleibt der Gedanke daher faszinierend, jene Eigenschaft im Menschen, die derzeit die Übernutzung der materiellen Basis der Erde sowohl vonseiten der Nachfrage als auch vonseiten des Angebots und damit zusammenhängend die Ausbeutung des Menschen durch den Menschen verantwortet, der „rastlose Antrieb" des Homo Oeconomicus, könnte auf ein neues, materiell und human weniger schädliches Ziel gelenkt, vielleicht sogar in eine alternative Form von Nutzen verwandelt werden. Vielleicht bahnt sich eine derartige Entwicklung schon an, wenn Jugendliche immer häufiger auf ein eigenes Auto verzichten und ihre derart befreite Aufmerksamkeit und ihre Ressourcen den vielfältigen Möglichkeiten der mobilen Kommunikation zuwenden.

Unsere in der Evolution gewonnenen Eigenschaften, die das Überleben des Jägers und Sammlers ermöglichten, müssten also von der Politik genutzt werden, um unsere industrielle Zivilisation zu dematerialisieren. Damit kann man mit kleinen Schritten beginnen: Um Menschen dazu zu bewegen, langfristigere Ziele gegenüber kurzfristigem Erfolg zu bevorzugen, ist es beispielsweise hilfreich, ihre Wohnumgebung sicherer und vertrauenswürdiger zu gestalten, Zukunft also als erreichbar auszuweisen. Die soziale Umgebung beeinflusst das Verhalten der Menschen: Weist man sie darauf hin, dass der Nachbar weniger Strom oder Wasser verbraucht, folgt auch das eigene Verhalten meistens dieser Vorgabe. Allein der Geruch von Reinigungsmitteln in Eisenbahnwaggons reduziert den dort ansonsten achtlos weggeworfenen Abfall um 70 Prozent (van Vugt/Griskevicus 2012).

Die geheimnisvolle Zauberin Kirke hat Odysseus, dem Prototypen des neugierigen, abenteuerlustigen, innovativen und gewalttätigen Abendländers, schon von den beiden Sirenen erzählt. Ihr Gesang zeitigt unbegreifliche Wirkungen, kein Irdischer könne ihm widerstehen; doch wer ihm verfällt, ist des Todes. Als sich sein Schiff der Insel der Sirenen nähert, kann Odysseus der Versuchung, die Sirenen zu hören, gerade deswegen nicht widerstehen, möchte ihr allerdings auch nicht zum Opfer fallen. Und er möchte, dass seine Gefährten ihm als Ruderer des Schiffes erhalten bleiben. Wie von Kirke angeregt, befiehlt er ihnen also, die Ohren mit Wachs zu verstopfen, damit sie den unwiderstehlichen Gesang nicht hören können. Ihn selbst aber sollen sie an den Schiffsmast binden, sodass er einerseits „mit Ergötzen die Stimme der beiden Sirenen" (Homer 1958/2003, 208 ff) hören und auskosten, ihrer Verführung andererseits aber nicht erliegen kann. Von den Sirenen umworben und umschmeichelt[53], befiehlt er

---

53 Die beiden Sirenen locken nicht mit sexueller Verführung, sie rühmen Odysseus vielmehr für seine Heldentaten. Gerade dass sie seine Eitelkeit ansprechen, erscheint ihm unwiderstehlich – oder erfüllen derartige Huldigungen eine sublimierte Form sexuellen Verlangens?

seinen Gefährten, ihn loszubinden; diese jedoch, wie vorab vereinbart, binden ihn nur noch fester an den Mast.

Odysseus begrenzt durch diesen Eingriff von eigener Hand seine Möglichkeiten, sich selbst zu schaden, während er bei seinen Gefährten, aus demselben Erwägen, direkt in deren körperliche, menschliche Souveränität eingreift[54].

In utopische Gesellschaftsmodelle, mit denen wir hier spielen, übersetzt, demonstriert uns Odysseus damit zwei Strategien, mit denen wir die für die Welt schädlichen menschlichen Eigenschaften entschärfen können: Der menschliche Antrieb des Odysseus wird durch äußere Bändigung, hier durch die Fesselung an den Schiffmast, gezähmt und im Unschädlichen gehalten, was unseren Leitplanken oder auch der Ökodiktatur entspricht. Die menschliche Natur der rudernden Gefährten aber und damit ihre Möglichkeit, sich selbst zu schaden, wird als Ganzes durch direkte Eingriffe verändert – in der Odyssee sind sie noch temporär und reversibel. Aber das muss nicht so bleiben.

3.2.5 Im tiefen Wasser der Anthropotechnik

Als Hal Bregg in seine Heimat zurückkehrt, findet er die Welt und vor allem die Menschen vollkommen verändert vor. Jegliche Aggressivität scheint aus ihnen getilgt – damit aber auch Verhaltensmuster wie Konkurrenz, Wissensdrang, Leistungsbereitschaft und innovative Neugier. Die Wesensveränderung der Menschen wird mit der neuartigen Droge Brit erreicht. Schon die Kinder werden inzwischen gleich nach der Geburt „betrisiert", damit die Droge, die den Aggressionsverlust auslöst, gleich für das ganze Leben wirkt (ähnlich wie der Zaubertrank seinerzeit bei Obelix lebenslang wirkte, der bekanntlich auch darauf verzichten kann, sich bei Bedarf damit zu stärken). Auf der Erde sind während der Reise Hal Breggs 123 Jahre vergangen, während er die Expedition zum Stern Formalhaut und auf die Erde zurück in zehn Bordjah-

---

54 Das Prinzip der unwiderstehlich rufenden Sirenen wird aktuell angewandt, um Lebensmittel- oder Kleidermotten in Klebefallen zu locken, jedoch vermittels Sexualduftstoffen, da Ruhmversprechen Motten nicht zu verführen vermögen.

ren bewältigt hat (Lem 1961/2002). Gefährliche Berufe wie die von Piloten und Feuerwehrmännern werden inzwischen von Robotern erledigt – und Stanislaw Lem sieht (1961!) voraus, dass auf Papier gedruckte Bücher durch „kleine Kristalle mit gespeicherten Inhalten" ersetzt werden, die man mit Hilfe eines Optons lesen konnte: Das „Opton … sah einem Buch sogar ähnlich, allerdings mit nur einer Seite zwischen den Einbanddeckeln. Berührte man dieses Blatt, so erschienen hintereinander die Textseiten in ihrer Reihenfolge." Hat Stanislaw Lem mehr vorweggenommen als das E-book mit Flüssigkristallanzeige?

„Die letzte Plage (…) ist nicht die Hungersnot, nicht die Pest, nicht der Tod; es ist der Mensch. Wenn der Mensch dem Menschen ausgeliefert ist, kann man mit Fug und Recht sagen, dass man Gottes Zorn kennt" (Louis Veuillot, zit. n. Walter 2010, 175). Gelangt man zu diesem grimmigen Befund, liegt die Konsequenz nahe, als letzten, stärksten und damit auch problematischsten Eingriff den Menschen selbst kraft chemischer, genetischer, elektronischer oder anderer Technologien zu beeinflussen und letztendlich umzubauen. Können die fatalen Folgen gewisser menschlicher Handlungen nicht vermittels effizienter Technologien entschärft, nicht mit Leitplanken eingehegt, nicht ins ökologisch Unschädliche um- oder abgelenkt und auch nicht diktatorisch eingebremst werden, muss die menschliche Natur womöglich als ganze technologisch verändert werden, um sie davon abzuhalten, ihre eigenen Lebensgrundlagen und sich selbst durch die Übergriffe ihrer Macht zu zerstören (Jonas 1984, 9).

Solche radikale Ideen sind Utopikern nicht fremd. Wenn wir biologisch noch dem Steinzeitmenschen gleichen, besteht vielleicht sogar die Notwendigkeit, die Zukunft der Spezies in die eigene Hand zu nehmen (Freyermuth 2004, 86).

Aldous Huxley konstatiert, die wirklich revolutionäre Revolution lasse sich nicht in der äußeren Welt bewirken, sondern nur in den Seelen und Körpern der Menschen. Es geht um das erzwungene Glücklichsein, mit anderen Worten also um das Problem, wie man Menschen dahin bringt, ihr Sklaventum zu lieben.

Ein wirklich leistungsfähiger totalitärer Staat wäre einer, worin die allmächtige Exekutive politischer Machthaber und ihre Armee von Managern eine Bevölkerung von Zwangsarbeitern beherrschen, die gar nicht gezwungen zu werden brauchen, weil sie ihr Sklaventum lieben. Ihnen die Liebe dazu beizubringen ist in heutigen totalitären Staaten die den Propagandaministerien, den Zeitungsredakteuren und Schullehrern zugewiesene Aufgabe (Huxley 1978, 10ff).

Unterstützend müsse als notwendige Voraussetzung bei den Versklavten das Bewusstsein wirtschaftlicher Sicherheit geschaffen werden, was in der *Schönen Neuen Welt* durch eine handvoll weltweit agierender gemischt privat-staatlicher Großkonzerne geschieht.

Sind wir vielleicht dem eigenen Sklaventum gar nicht so abgeneigt? Revolutionäre aller Couleurs mühten sich an diesem seltsamen stillen Einverständnis des Menschen mit seinem eigenen Sklaventum ab, wollten das individuelle und soziale revolutionäre Potenzial des Menschen wecken – und blieben doch oft resigniert bei der bitteren Einsicht, dass der Mensch seiner „freiwilligen Knechtschaft" gar nicht entgehen wolle. Schon Étienne de La Boétie (1530–1563), ein Zeitgenosse und Freund Montaignes, stellte fest: „Aber gewiß hat die Gewohnheit, die in allen Dingen große Macht über uns hat, nirgends solche Gewalt wie darin, daß sie uns lehrt, Knechte zu sein und (...) uns beibringt, das Gift der Sklaverei zu schlucken und nicht mehr bitter zu finden" (La Boétie 1550, zit. n. Gustav Landauer 2003).

In Étienne Cabets (1788–1856; ein Freund des utopischen Sozialisten Robert Owen und stark von ihm beeinflusst) *Reise nach Ikarien* (1840) sind die Menschen – wieder einmal auf einer utopischen Insel – wie Pflanzen und Tiere durch Züchtung veredelt. Und schon 1602, im *Sonnenstaat* des Dominikanermönchs Tommaso Campanella (1568–1639), ist eine ähnliche Idee realisiert: Die Eugenik hat dort zentrale staatspolitische Bedeutung, die Fortpflanzung erfolgt unter strikter herrschaftlicher und wissenschaftlicher Kontrolle, unterstützt von Astrologen und Ärzten; Männer und Frauen haben nicht nur dieselbe Kleidung, dieselben Frisuren und Kopfbedeckungen, ihr Aussehen hat sich als Folge der staatlich gelenkten Fortpflanzungspolitik sogar weitgehend aneinander angenähert. Im Fahrwasser des in seiner Selbstwahrnehmung nicht utopischen Marxismus-Leninismus wuchsen kurz vor und nach der Russischen Oktoberrevolution von 1917 Ideen für ein kybernetisches Optimierungssystem. Leo Trotzki forderte den genetischen Neubau des Menschen und seine physische Optimierung durch Ausmerzung der kranken und minderwertigen Varianten. Andere Utopiker dieser Zeit imaginierten die Emanzipation des Menschen von Raum und Zeit, von der Schwerkraft, von der Vergänglichkeit des Körpers und von der herkömmlichen Fortpflanzung (Sloterdijk 2011, 615 ff). Eine Losung der Russischen Revolution war: Der Mensch wird umgebaut (Saage 1997, 22).

In der *Großen Sowjetenzyklopädie* von 1926 wird „Anthropotechnik" als „angewandte[r] Zweig der Biologie definiert, der sich die Aufgabe stellt, die physischen und geistigen Eigenschaften des Menschen mit denselben Methoden zu verbessern, welche die Zootechnik zur Verbesserung und Züchtung neuer Haustierrassen anwendet" (Sloterdijk 2011, 628). Allgemein gesprochen ist Anthropotechnik die Anwendung der Technik auf den Menschen selbst, der Mensch wird damit also vom Subjekt der Technik zugleich zu ihrem Objekt.

Peter Sloterdijk (1999) formulierte seine *Regeln für den Menschenpark*, die auch deshalb so kontrovers aufgenommenen wurden, weil sie teilweise als Programmschrift und nicht als Szenario gelesen wurden. Das latente Thema des Humanismus, so Sloterdijk, sei die Entwilderung des Menschen, und seine latente These heiße, richtige Lektüre mache zahm. Die Epochenfrage lautet nun, was zähmt noch den Menschen, wenn der Humanismus als Schule der Menschenzähmung scheitert? Was zähmt den Menschen, wenn seine bisherigen Anstrengungen der Selbstzähmung in der Hauptsache doch nur zu seiner Machtergreifung über alles Seiende geführt haben? Dass die Domestikation des Menschen das große Ungedachte ist, vor dem der Humanismus von der Antike bis in die Gegenwart die Augen abwandte – dies einzusehen genüge, um „in tiefes Wasser zu geraten". Es werde, so Sloterdijk, in Zukunft wohl darauf ankommen, das Spiel aktiv aufzugreifen und einen Codex der Anthropotechniken zu formulieren.

Ob aber die langfristige Entwicklung auch zu einer genetischen Reform der Gattungseigenschaften führen wird – ob eine künftige Anthropotechnologie bis zu einer expliziten Merkmalsplanung vordringt; ob die Menschheit gattungsweit eine Umstellung vom Geburtenfatalismus zur optionalen Geburt und zur pränatalen Selektion, zur Manipulation biologischer Risiken wird vollziehen können – dies sind Fragen, in denen sich, wie auch immer verschwommen und nicht geheuer, der evolutionäre Horizont vor uns zu lichten beginnt (Sloterdijk 1999, 46 f).

Auch der Aufstieg in die Höhen des Enhancement und der Cyborgs beginnt auf den vielbefahrenen Straßen der Ebenen, wo ausgefallene Zähne durch Implantate ersetzt, fehlsichtige Augen vermittels Brillen oder Kontaktlinsen zur Scharfsichtigkeit korrigiert werden. Prothesen ersetzen verlorene Gliedmaßen, Pharmazeutika heilen oder verhindern Krankheiten, erhöhen aber auch die Fitness des Athleten. Die technische, medizinische, biologische oder pharmazeutische „Optimierung" des Mängelwesens Mensch, also die Verbesserung „normaler" Eigenschaften von „normal gesunden" Menschen, bezeichnet man als „Enhancement" (Özmen 2011, 101 ff), und spätestens hier verlässt man den reinen Reparaturbetrieb. Doping und ästhetische Chirurgie bleiben weitgehend beim körperlichen Eingriff. Pharmazeutika, Implantate und Mensch-Computer-Schnittstellen können aber nicht nur Gedankenimpulse gelähmter Menschen in technische Signale und damit in Handlungen umsetzen, sondern darüber hinausgreifend als kognitives- und psychisches Enhancement gezielt die Persönlichkeit des Menschen ändern. Ist nach Nietzsches Zarathustra der Mensch etwas, das überwunden werden soll, so liefert die Anthropotechnik inzwischen einige geeignete zugehörige Werkzeuge.

Eine andere Form der Anthropotechnik ist Artificial Intelligence, mit der die Funktionsweise des menschlichen Gehirns und des menschlichen Denkens immer besser simuliert wird.

Transhumanismus propagiert mit der selbstgesteuerten Evolution sogar nicht weniger als die totale Umgestaltung der menschlichen Art[55].

Ergebnis solcher Anstrengungen kann ein Cyborg sein, ein Mensch, der sowohl aus biologischen als auch künstlichen Teilen besteht, ein Mischwesen aus Maschine und traditionellem biologischen Menschen. Wenn künstliche Zähne aus Keramik und Hüftgelenke aus Titan alltäglich geworden sind – können da nicht auch vermittels Schnittstelle im Gehirn angebrachte, direkt das Bewusstsein erweiternde Datenspeicher oder auch die Handlungen des Menschen unmittelbar beeinflussende Mikroroboter eines Tages selbstverständlich sein?[56] Das Mensch-Maschinen-Wesen Cyborg lässt sich nicht in dichotomen Kategorien beschreiben und denken, Gegensätze wie natürlich-künstlich, Mensch-Maschine sind nicht mehr länger gültig. Der amerikanischen Philosophin und Biologin Donna Haraway (geb. 1944) zufolge hätten wir uns alle im späten 20. Jahrhundert in Hybride aus Maschine und Organismus verwandelt, also in Cyborgs (Haraway 1995, 33 ff).

Stanislaw Lem hat in seiner *Summa Technologiae* (Lem 1981, 579 ff; Uerz 2006, 275 ff) schon 1964 Überlegungen zur Manipulation der neuronalen Grundlagen der menschlichen Wahrnehmung, zu virtuellen Welten angestellt. Entweder müsse den Sinnen diese Welt vorgespielt werden, oder es erfolge ein direkter Eingriff auf das zentrale Nervensystem über eine Schnittstelle und implantierte Mikrosensoren.

Ließe sich, in unser Thema gewendet, damit vielleicht ein Mensch anthropotechnisch gestalten oder gar züchten, der keine Vorliebe mehr für schnelle treibstoffverschwendende Geländewagen erkennen lässt, der zugunsten virtueller Weltreisen mit der Erlebnisbrille auf treibstoffintensive Flugreisen nach Australien oder die Besteigung eines Achttausenders

---

55 Deutsche Gesellschaft für transhumanismus, http://www.detrans. de/intro.html (4. November 2011); World transhumanist Association vgl.: http://transhumanism.org/index.php/WTA/hvcs/.

56 Mit den Konsequenzen dieser Technologien für die Gesellschaft beschäftigt sich beispielsweise das Niederländische Rathenau-Institut (www.rathenau.nl; 17.4.2013).

verzichtet und sich in einer mäßig geheizten Wohnung mit 40 Quadratmetern wohler fühlte als in einer Villa? Der gerne zu Fuß geht oder mit dem Fahrrad unterwegs ist, seine Freizeit lesend oder in entmaterialisierter Muße verbringt, in das Studium der Vorsokratiker oder von Spinoza vertieft, und der sich weitgehend vegetarisch ernährt – kurzum, ein Mensch, dessen materielle Bedürfnisse sowohl vonseiten der Nachfrage wie vonseiten der Entsorgung nachhaltig globalisierbar wären, ohne die Tragfähigkeit des Planeten zu gefährden? Hier erscheint am evolutionären Horizont die Möglichkeit einer bedeutsamen Dematerialisierung der Weltwirtschaft.

Irgendwann beginnen dann die biologischen Teile des Menschen vielleicht generell überflüssig zu werden und ein maßgeschneiderter Maschinenmensch ersetzt den Menschen. Dessen Geschichte reicht vom wie Adam aus Lehm geformten Golem über den aus Leichenteilen fabrizierten künstlichen Menschen von Mary W. Shelleys Wissenschaftler Victor Frankenstein (1818) bis zu Kunstwesen wie dem Homunculus und vom Menschen subjektiv nicht mehr unterscheidbaren, perfektionierten Nachbau, den der Kybernetiker Oswald Wiener in einem Gedankenexperiment entwickelt hat[57]. Diesem Ersatzhirn können vermittels äußerer elektrochemischer Reize alle Phänomene einer lebenswerten Außenwelt so eingespielt werden, dass sie vom Subjekt als ebendiese perfekte Außenwelt wahrgenommen werden („Glücks-Anzug"). Diese Idee findet sich als Dystopie im Film *Matrix* (1999) annähernd verwirklicht. Sie kommt dem Ziel von minimalem materiellem Anspruch an die Welt bei gleichzeitig maximal möglichem subjektivem Erlebnisgehalt so nahe wie keine andere Gedankenkonstruktion.

---

57 Wiener 1969/1985, das Gedankenexperiment befindet sich im Nachwort.

3.3 Bacon oder Das Geschenk des Überflusses

Die größte Summe der Glückseligkeit ist nur im geselligen und freundschaftlichen Leben zu finden; und ein solches wird und muss eintreten, sobald die Ursachen zur Feindschaft zwischen den Menschen aufgehört haben. Diese Ursachen zur Feindschaft sind bei unserem jetzigen gesellschaftlichen Zustande und bei der allgemeinen Armuth unvermeidlich; aber sie alle werden und müssen in einem Staate abnehmen, wo Überfluss herrscht und sich der Bürger von aller unangenehmen Arbeit und Beschäftigung und von sich durchkreuzenden Interessen befreit sieht. (…) Jeder Grund zu niedriger List und Betrug, um seine Mitmenschen im Vermögen und Rang zu übervortheilen, wird fortan aufhören, (…), es wird überhaupt keinen Handel geben, weil alles wohlfeil wie das Wasser und so frei wie die Luft ist.

Johann Adolph Etzler, *Das Paradies, für Jedermann erreichbar*

In Edward Bulwer-Lyttons (1803–1873) utopischem Roman *Das kommende Geschlecht* (*The Coming Race*, 1871) haben Maschinen und Automaten in einem von der Welt getrennten unterirdischen Bereich alle Arbeiten übernommen, wodurch die Kosten für sämtliche Dienstleistungen entfallen. Die Maschinen werden von Kindern spielerisch gesteuert, wodurch diese, wenn sie das Erwachsenenalter erreichen, genug für ihr Leben geleistet haben. Die entscheidende, dem zugrundeliegende spitzentechnologische Innovation ist das beinahe allmächtige Vril, eine geheimnisvolle Energieform, die das Wetter manipuliert, Maschinen antreibt, die Lebenskräfte erneuert, die Wildnis kultiviert – und auch die gesellschaftlichen Konflikte im Konsens regelt.

„Wäre der tägliche Bissen so sicher wie die Luft, dann gäbe es kein Elend" (Bloch 1985, 547). Ernst Bloch beschreibt damit im *Prinzip Hoffnung* die zweite der Möglichkeiten, alle Menschen ausreichend mit dem zu versorgen, dessen sie bedürfen. Müssen in dem oben besprochenen ersten utopischen Strang, den wir auf Thomas Morus zurückführen, noch alle Menschen Abstriche von ihren Möglichkeiten hinnehmen – ob zähneknirschend oder mehr oder weniger begeistert zustimmend –, um allen das Notwendige zu sichern, so fällt diese Einschränkung angesichts des Versprechens der Überfülle im baconschen Strang weg. Nach Bloch ist die Sehnsucht nach einem besseren Leben so etwas wie eine anthropologische

Grundkonstante, die die menschliche Ideengeschichte mit einer Fülle von Vorstellungen zur Verbesserung bereichert hat. Ein besseres Leben stellt sich ein, wenn die Natur ihre Gaben ohne Einschränkung und unbegrenzt zur Verfügung stellt und dem Menschen im Überfluss spendet, dessen er bedarf. Stellen wir den Anspruch der Überfülle an die Energieversorgung der Menschheit, stoßen wir an zumindest zwei Punkten auf die Notwendigkeit unbegrenzter Ressourcenverfügbarkeit: am Eingang und am Ausgang des anthropogenen Wirtschaftssystems. Sind es am Eingang die materiellen und immateriellen (wenn man die elektromagnetische Strahlung der Sonne hier dazuzählen möchte) Primärenergieträger, die vom Menschen aufgesucht, gewonnen, verarbeitet, umgewandelt und zur Steigerung seiner Lebensqualität verbraucht werden, so sind es am Ausgang des Systems die Entsorgungsmöglichkeiten, die das globale Ökosystem und das Weltall zur Verfügung stellen. Die Wärme, die als Endprodukt aller Energieumwandlungen nach stets zunehmender Entropie und abnehmender Wertigkeit der Energie anfällt und notgedrungen übrigbleibt[58], wird letztendlich ins Weltall abgestrahlt, dort ist genug Platz dafür; für die Energie selbst, das eigentliche Objekt der Begierde, stellt sich das Entsorgungsproblem also nicht. Anders sieht es mit den Gasen aus, die als Endprodukte der Verbrennung oder als Nebenprodukte der Gewinnung von Energieträgern anfallen. Diese werden gegenwärtig in der irdischen Atmosphäre und in den Ozeanen der Welt deponiert und verändern deren Eigenschaften mit teilweise noch unabsehbaren, möglicherweise und wahrscheinlich dramatischen Konsequenzen.

Im *Kommenden Geschlecht* verleiht das geheimnisvolle Vril der unter der Erde lebenden Rasse von „Übermenschen" Macht über die belebte und unbelebte Natur. Wie bei vielen Utopien reist der Erzähler in diese utopische Unterwelt und zeigt sich von der Kraft und der potenziellen Gefahr, die von diesen Übermenschen, den Vril-ya, angesichts ihrer Technologie ausgeht, gleichermaßen angetan und entsetzt. Wo aber

---

58 Eine Notwendigkeit, die durch den zweiten Hauptsatz der Thermodynamik beschrieben wird.

Gefahr ist, wächst bekanntlich das Rettende auch, und wir nehmen uns die Idee eines Vril, das uns Macht über die belebte und unbelebte Natur verleihen möge, einmal aus der Unterwelt herauf in unsere mit.

Utopien des Überflusses im Geiste Francis Bacons versprechen, dass genug für alle da sei, und sie wollen dieses „Genug" auch allen mit technisch-wissenschaftlichen Methoden zur Verfügung stellen. In Bacons *Nova Atlantis* ist entsprechend auch kein Luxusverbot erkennbar, einer der Väter des Hauses Salomon, das auf dieser Insel herrscht, zeigt sich den auf der Insel gestrandeten Europäern prunkvoll gekleidet auf einem Thron aus Gold und Edelsteinen.

Das baconsche Programm läuft darauf hinaus, das menschliche Wissen zur Herrschaft über die Natur einzusetzen und die Herrschaft über die Natur für die Besserung des Menschenloses zu nutzen (Jonas 1984, 251). Damit soll ökonomische Knappheit eliminiert und jegliches soziale Übel zum Verschwinden gebracht werden, weil soziale Übel durch die einseitige Akkumulation von Kapital und Lebensmöglichkeiten entstünden.

Mit diesem Denken wird die menschliche Arbeit tendenziell als „eine gehobene Form der Folter" dargestellt – in der Tradition von Aristoteles, Jesus oder Ivan Illich (Schwendter 1994, 73 f). Natur hingegen erscheint als ungenutzte Ressource und also als zu nutzendes Potenzial und nicht mehr primär als Gefahr und Belastung.

Der mythische Ursprung aller Technologie in den beiden großen abendländischen Erzählungen, der jüdisch-christlichen und der griechischen, erscheint zumindest ambivalent. Im biblischen Paradiesesgarten geschieht die erste Technologieanwendung durch die Verwendung von Tierfellen zur Bedeckung der gerade entdeckten Scham, woraufhin der darob erzürnte Gott als Hüter des Gartens den Menschen zur weitergehenden Technologienutzung als Ackerbauer „im Schweiße seines Angesichtes" **verdammt**. Der griechische Titan Prometheus hingegen stiehlt den Göttern das Feuer, um es den Menschen als technologisches Hilfsmittel zur **Linderung ihrer Not** zu schenken. Für diesen Frevel wird er vom

Göttervater streng bestraft[59]. Beiden mythischen Strängen ist aber offenbar gemein, dass die Technologieanwendung durch den Menschen ursprünglich nicht im Sinne des Gottes bzw. der Götter war. Einer der ersten, der Technik als Mittel zur Befreiung des Menschen beschreibt, ist Antipater von Thessalonike (106–43 v. Chr.) mit seinem hymnischen Preisgedicht auf die im ersten vorchristlichen Jahrhundert erfundene Wassermühle (→ Kap. 3.3.4, S. 238 ff). Er bezieht sich dabei aber explizit auf mythische Bilder, von denen er offenbar annehmen konnte, dass sie seinen Lesern geläufig waren. Dem Goldenen Zeitalter kommt der Mensch einen Schritt näher, indem er die Kräfte der Natur in Gestalt des fließenden Wassers auf seine Erfindung, das Wasserrad, lenkt und so die Sklavinnen von der mühsamen Arbeit an der Handdrehmühle befreit.

Natur erscheint also – und das ist erstmals bei den sesshaften Völkern nach der neolithischen Revolution der Fall – nicht mehr nur als dasjenige, was von sich aus da ist (physis), sondern auch als Produkt von Eingriffen (techné) (Hartmut Böhme in: Musner/Wunberg 2003, 151-176). Das Goldene Zeitalter der Menschen, das Hesiod um 700 v. Chr. als bereits vergangenes paradiesisches, demjenigen der Götter ähnliches Leben beschreibt, ein Leben ohne Eigentum, Gewalt, Gesetz, wird von Vergil im ersten vorchristlichen Jahrhundert als in ferner Zukunft wiederkehrend angekündigt. Ein gottgleiches Leben ist den Menschen möglich, weil ihnen der Titan Prometheus das Feuer und andere Kulturtechniken gebracht hat; mit diesen Techniken und Werkzeugen, die die Götter eigentlich für sich behalten wollten, werden sich die Menschen ihr Paradies dereinst selbst erschaffen, die Natur wird zur Mitspielerin und Zuträgerin der Kultur.

Das baconsche Projekt im Geist des antiken Titanen Prometheus ruft also Bilder wach, die nicht utopisch, sonder mythisch sind. Die Methode, um diese Bilder zu realisieren, bleibt aber im Utopisch-Rationalen. Durch die Entwicklung der Wissenschaft wird sich der Mensch, wie Bacon meint, (wieder) in einen Zustand versetzen, den er vor der Ver-

---

59 Damit ist Prometheus dem Luzifer („Lichtbringer") der biblischen Geschichte verwandt.

treibung aus dem Paradies innehatte, nämlich in jenen der vollständigen Bedürfnisbefriedigung: „im paradiesischen Zustand fehlte es dem Menschen an nichts, während er im gefallenen Zustand hungern, darben und Not leiden muss" (Schäfer 1999, 102).

Bedürfnisbefriedigung auf Basis von Überfülle können nur Energieträger spenden, die aus menschlicher Sicht annähernd unendlich vorhanden sind. Diesen Anspruch erfüllen jedenfalls jene „Erneuerbare" genannten, die direkt durch die Sonneneinstrahlung auf die Erde entstehen. Die Sonne strahlt auf die Erde etwa 11.000 Mal so viel an Energie ein, als die Menschheit verbraucht, das Zahlenverhältnis erscheint eindeutig. Was die fossilen Energieträger wie Kohle, Öl und Erdgas betrifft, so sind diese zwar prinzipiell begrenzt und bereiten ein Entsorgungsproblem, diese beiden Probleme werden aber erst über längere Zeitspannen sichtbar. Die Nuklearenergie kennt diese Einschränkungen mit anderer Gewichtung ebenfalls.

In der christlichen Tradition wird die Idee der Überfülle für alle eher nicht gutgeheißen. Diese ist dem Paradies vorbehalten, das die Menschen verspielt haben. Die Tiroler Frau Hitt etwa, die in der Sage ihren Sohn mit Weißbrot reinigt, einem armen Bettelweib aber ihre Hilfe verwehrt, wird für diesen Frevel in Stein verwandelt und wird als solcher stehen bis zum Jüngsten Tag. Und die auf dem Grasboden der mittelalterlichen Pasterzenweide mit Butterkugeln und Kegeln aus Topfen unmäßig sündigenden Knappen wurden, nachdem sie dreimal die Aufforderung zu Umkehr und Buße in den Wind geschlagen hatten, von einem gottgesandten Unwetter mit Schnee und Eis geschlagen.

Im Gegensatz zur christlichen Tradition greift die utopische mit beiden Händen ins Volle. Leo Trotzki interpretierte die Natur als Feind, die mit Hilfe von Wissenschaft und Technik ausgebeutet werden sollte, sie sei bloßes Material, das sich der Mensch beliebig nach seinen Vorstellungen zu formen habe, ein Feind, der auf dem Weg zur kommunistischen Gesellschaft mit Hilfe fortgeschrittener Technik zu besiegen sei (Saage 1997, 118). Viele der marxistisch orientierten Utopien setzten auf progressive Naturbeherrschung, um einen gesellschaftlichen Reichtum produzieren zu können, der alle Konkurrenz und damit das gesellschaftliche Herrschaftsphänomen selbst aufheben sollte (Saage 1997, 27).

Die utopische Idee des Überflusses im Geiste Francis Bacons ist auch allen jenen Formen sozialen Zusammenlebens implizit eingeschrieben, die den persönlichen Erwerb von Gütern und Ansprüchen nicht deckeln, die also das Luxusverbot der utopischen Tradition aus dem konkurrierenden Strang von Thomas Morus zurückweisen. Zu diesen Utopikern, die von sich selbst oft nicht wissen, dass sie welche sind, dürfen wir auch jene Anhänger des American Way of Life zählen, die keine Grenzen für die persönliche Verwendung von Ressourcen, Material, Dienstleistungen und Entsorgungsmöglichkeiten anerkennen. Weitere Mitglieder dieser Bruderschaft sind die Bonusempfänger der Investmentbanken und die Generation derer, die uneingeschränkten Gratisdownload für alle Erzeugnisse der künstlerischen Softwareproduktion, Film, Musik und Literatur fordern oder gleich praktizieren.

Das baconsche Projekt des Überflusses stiftet vorgeblich sozialen Frieden und Wohlstand, wenn angesichts der Überfülle alle Menschen gleich geworden sind. In Libyen beispielsweise wurden vor der Revolution Brot und Treibstoff subventioniert und in der Folge so billig angeboten, dass sich jeder im Land diese leisten konnte. In den planwirtschaftlich verfassten Staaten Zentral- und Osteuropas hatten mit Fernwärme versorgte Wohnungen häufig gar keine Regelung und keine Möglichkeit, den Heizwärmeverbrauch individuell zu steuern. So wurden von den Bewohnern oft einfach die Fenster geöffnet, wenn eine Wohnung im Winter zu warm geworden war. Führt derartiger Überfluss notwendig zur Verschwendung? Der American Way of Life der unbegrenzten Möglichkeiten stehe nicht zur Verhandlung, so George Bush der Ältere auf der ersten UN-Klimakonferenz in Rio 1992. Bill Clinton unterzeichnete zwar das Kyoto-Protokoll zur Begrenzung der Emissionen von Treibhausgasen, legte es dem Senat aber nicht einmal mehr zur Ratifizierung vor. Und George Bush der Jüngere lehnte das Protokoll demonstrativ in seiner ersten Amtshandlung ab.

Im Folgenden werden die drei wichtigsten derzeit realisierten Energieversorgungsstränge auf ihren Ursprung im Utopischen und auf ihre Potenziale für den utopischen Diskurs hin untersucht.

• Die fossilen Energieträger (Kohle, Erdöl, Erdgas und damit zusammenhängende oder davon abgeleitete Primärenergieträger wie Schiefergas, Erdölbegleitgase, Grubengas usw.) bereiteten den historisch ersten und seither vielfach wiederholten Pfad in das industrielle Zeitalter. Sie sind es im Wesentlichen, die das utopische Versprechen zu **erfüllen** halfen – zumindest auf einer Insel in Zeit und Raum, auf der mit großer Wahrscheinlichkeit auch der Leser/die Leserin dieses Buches lebt, oder, wie zahlreiche Erzähler, die uns von Utopien berichten, gestrandet ist. Der Weg ihrer Gewinnung, ihres Transportes und ihrer Umwandlung von den Kohleminen im Donezkbecken, den sibirischen Erdgas- und den arabischen Erdölquellen, von der Taiga und der Wüste, über Tanker, Pipelines, Raffinerien und Kraftwerke bis zu den Steckdosen, Tankstellen, Batterien, Oberleitungen und LED-Lampen in den Industrieländern ist mit materiellen Infrastrukturen ausgestattet, deren Ausmaß alles andere Menschengemachte quantitativ in den Schatten stellt. Entsprechend träge ist dieses System. Die möglicherweise katastrophalen Auswirkungen der fortgesetzten Nutzung der fossilen Energieträger sind in der Allmende der irdischen Atmosphäre und des Ozeans verwischt und werden erst allmählich sichtbar, aber ökonomisch noch kaum abgebildet.

• Die nuklearen Energieträger verkörpern fast idealtypisch unbegrenztes utopisches **Versprechen**, das jahrzehntelang die menschlichen und finanziellen Ressourcen der wichtigsten Industrieländer mit fantastischen Zukunftsverheißungen an sich band. Sie benötigen wegen ihrer Nähe zu Massenvernichtungswaffen und dem ungeheuren Fehlerpotenzial, das in ihnen steckt, das ganze Landstriche und Städte unbewohnbar machen und „eine die gesamte Gesellschaft betreffende irreversible Katastrophe auslösen kann" (Scheer 2012, 93) aufwendige begleitende Sicherheitsmaßnahmen. Wegen der aus menschlicher Sicht zeitlich praktisch unbegrenzten Gefahr, die von ihnen ausgeht, stellen sie eine Sackgasse dar, aus der wohl kein Entkommen mehr ist.

• Die erneuerbaren Energieträger schließlich, das sind alle Formen der direkten und indirekten Sonnenenergienutzung wie Wasserkraft, Bioenergie, Windenergie, Solarthermie, Photovoltaik, dazu noch die Geothermie und die Gezeitenenergie, stellen unwidersprochen und anerkannt die langfristig unausweichlichen und theoretisch unbegrenzten zukünftigen Formen der Energieversorgung dar. An sie knüpft sich die utopische **Erwartung,** die jener aus den Anfängen der Nuklearutopien nicht unähnlich ist. Momentan fliegen ihnen noch die Sympathien zu, die sie in der übersichtlichen rebellischen Nische, der „Insel der Nachhaltigkeit", sammeln. Diese drohen sie aber zu verlieren, wenn sie substantiell, sichtbar und ästhetisch auffällig werden.

Allen diesen Versprechen der Überfülle liegt die unausgesprochene begleitende Annahme zugrunde, man würde bei deren Realisierung auf keine Grenzen stoßen. Wir wissen aber längst, dass es diese Grenzen gibt, als Wassermangel oder Knappheit an gewissen Metallen, als begrenzte Aufnahmefähigkeit für die Deponierung der Endprodukte, als Widerstand aus der Bevölkerung gegen bestimmte Projekte oder schlicht als Kapitalmangel.

3.3.1 Perpetuum Mobile und Schlaraffenland

Das Perpetuum Mobile ist eine Maschine, die für den Menschen verwendbare Endenergie abgibt, ohne dafür eine quantitativ entsprechende Primärenergiemenge zu benötigen. Das wäre beispielsweise eine Mühle, die nicht nur Getreide mahlt, sondern das Wasser, das sie zu ihrem Antrieb benötigt, gleich wieder in das Einlaufbecken hinaufpumpt. Auf den von Thomas Morus und Francis Bacon beschriebenen utopischen Inseln ist sie schon längst in Betrieb.

Der gedankliche Ursprung einer derartigen Mühle liegt im indischen Rad des Lebens und in der Idee des Aristoteles von der ewigen Bewegung der Himmelssphären. Um 1150 beschrieb der indische Astronom und Mathematiker Bhaskra II ein in Analogie zu der Bewegung der Sphären sich ewig drehendes Rad (Lohrmann 2008). Über Vermittlung der Araber gelangte diese Idee zugleich mit der Aristoteles-Rezeption nach Westeuropa, wo sie sich ab dem späten 12. Jahrhundert findet, bald auch in Gestalt konkreter technischer Modelle. Nachdem die heutigen Begriffe „Kraft" und „Energie" damals noch nicht entwickelt waren, erschien es den Zeitgenossen offenbar nicht absurd, analog zu den Möglichkeiten der mechanischen Kraftverstärkung via Hebel, Zahnrad oder Flaschenzug Ähnliches auch für Energie zu erwarten[60].

Warum es in der Praxis dennoch nie gelungen ist, ein Perpetuum Mobile zu bauen, geschweige denn zu betreiben, wurde klar, als im 19. Jahrhundert die Hauptsätze der Thermodynamik allmählich ausgearbeitet und verstanden wurden. Der Arzt Julius Robert Mayer (1814–1878) formulierte 1842 deren ersten, den später so genannten Energieerhaltungssatz[61] – Mayer sprach in seiner Publikation allerdings noch von einem „Erhaltungssatz der Kraft". Er beschreibt die Unmöglichkeit eines Perpetuum Mobile – genaugenommen eines Perpetuum Mobile erster Art. Energie kann demnach von einer Form in eine andere umgewandelt werden, sie kann aber nicht aus dem Nichts entstehen und auch nicht dorthin verschwinden. Der erste Hauptsatz lässt sich daraus ableiten, dass die Gesetze der Physik unabhängig von der Zeit existieren, also heute ebenso gelten wie vor zehn Millionen oder in tausend Jahren[62].

Für den zweiten Hauptsatz der Thermodynamik gibt es verschiedene Formulierungen. Er wurde erst nach dem ersten Hauptsatz beschrieben und später aufgrund statistischer Überlegungen von Ludwig Boltzmann (1844–1906) begründet. Gemäß dem zweiten Hauptsatz kann Wärme nicht von einem niedrigen Temperaturniveau von selbst auf ein höheres

---

60 Den Baumeistern der gotischen Dome im Spätmittelalter wurde von den zeitgenössischen Beobachtern häufig unterstellt, mit dem Teufel im Bunde zu sein, so unerwartet schnell erschien diesen der mit den Kraftmaschinen betriebene Baufortschritt.

61 Eine endgültige Formulierung erhielt der Energieerhaltungssatz 1843 durch James Prescott Joule und 1847 durch Hermann von Helmholtz.

62 In allgemeiner Form ist dieser Zusammenhang 1918 von der deutschen Mathematikerin Emmy Noether gefunden worden.

Niveau fließen; dazu bedarf es einer Wärmepumpe, der extern Energie zugeführt wird, oder einer analogen Maschine. Wird eine Konstruktion vorgestellt, die auf Basis eines derartigen Wärmeflusses ohne Wärmepumpe funktioniert, so hätte man ein Perpetuum Mobile zweiter Art vorliegen, das gemäß den Gesetzen der Physik nicht existiert. Der zweite Hauptsatz der Thermodynamik zerstört die Symmetrie physikalischer Phänomene bezüglich der beiden Richtungen der Zeit. Er ist aus der Alltagserfahrung gewonnen und bestimmt den thermodynamischen Zeitpfeil, er treibt die Zeit von der Vergangenheit in die Zukunft, und er entwertet dabei Energie, indem er Exergie in Anergie verwandelt[63]. Mit einer Badewanne voll warmem Wasser könne man sich keine Wurst kochen, lautet eine anschauliche Formulierung für den zweiten Hauptsatz der Thermodynamik[64]; obwohl diese Badewanne mehr Energie enthält als ein kleiner Topf siedenden Wassers. Gießt man das siedende Wasser in die volle Badewanne, wird diese ein wenig wärmer. Man kann aus der vollen, immer noch lauwarmen Badewanne aber kein siedendes Wasser in den Topf zurückschöpfen. Mit der in den Ozeanen der Erde enthaltenen Wärmeenergie lässt sich keine Glühbirne zum Leuchten bringen, mit der um viele Größenordnungen kleineren Energiemenge in einer Taschenlampenbatterie aber schon.

Der erste Hauptsatz, der Energieerhaltungssatz, bildet zweifellos eines der stabilsten Fundamente der angewandten Physik. Das hinderte seriöse Physiker allerdings mitunter nicht daran, an seiner prinzipiellen Gültigkeit im atomaren Bereich zu zweifeln. Als die vollkommen neuartigen Phänomene der Atomphysik und Quantenmechanik am Anfang des 20. Jahrhunderts verstanden werden wollten, schlug beispielsweise der dänische Nobelpreisträger Niels Bohr vor, den Energieerhaltungssatz als ein lediglich im statistischen Mittel gültiges Gesetz zu betrachten, das im Einzelfall des radioak-

---

63 Dies gilt auch umgekehrt: Wir gewinnen eine Vorstellung von fortschreitender Zeit nur anhand von Phänomenen der sichtbaren Entropiezunahme, wie dem Zerbrechen einer Tasse oder dem eigenen Alterungsprozess.

64 Prof. Helmut Jäger, Vorlesung Experimentalphysik I, ca. November 1982, TU Graz.

tiven Zerfalles eines Teilchens aber sehr wohl verletzt werden könne. Bohrs Vorschlag erwies sich bald als unnotwendiges Zugeständnis, offenbart aber eine gewisse Offenheit und Neugierde den Phänomenen des Mikrokosmos gegenüber. Zumindest Offenheit muss man auch den Protagonisten der „Freien Energie", des „Tachyonengenerators"[65], der „Raumenergie" und ähnlicher von einigen Menschen für existent gehaltener Prinzipien und für realisierbar erachteter Maschinen zugestehen, die auf nichttriviale Weise Energie aus dem Nichts oder zumindest aus einer noch unbekannten Quelle schöpfen und produzieren sollten (Heinzerling 2008). Oft wird bei der Beschreibung dieser Prinzipien oder Maschinen, die in naher Zukunft zu realisieren seien bzw. von mächtigen Interessen verhindert würden, in an die etablierte Physik angelehnter Sprache auf reale exotische Randphänomene wie die Quantenfluktuation des Vakuums, die Nullpunktsenergie, die kalte Kernfusion (→ Kap. 3.3.3, S. 220 ff) oder den Casimir-Effekt verwiesen, weiters werden angebliche Experimente des Physikers Nicola Tesla gerne bemüht, um über mehrere Zwischenschritte letztlich zur Ignoranz des ersten Hauptsatzes der Thermodynamik zu finden. Auch wenn man der Aussage, die Physik sei ein offenes System und damit nie letztgültig ausformuliert, zustimmen möchte, wird man eine Maschine mit Tachyonenantrieb nicht aufgrund einer Prinzipskizze für realisierbar halten, sondern erst, wenn sich damit tatsächlich ein Motor betreiben lässt.

Dennoch erscheint ein Wort der Verteidigung für die Suche nach einem Perpetuum Mobile angebracht: Aus den erfolglosen Versuchen der Alchimisten, Gold herzustellen, entwi-

---

65 Tachyonen, hypothetischen Teilchen, die sich mit Überlichtgeschwindigkeit bewegen, werden ähnliche Eigenschaften zugeschrieben wie der utopischen Vril-Energieform im Roman Edward Bulwer-Lyttons, *Das kommende Geschlecht* von 1871: „Tachyonen enthalten in sich alle Energieformen, die dem Menschen zur Wiedereingliederung in die Ordnung des Universums dienen. Die Nutzung der Tachyon-Energie stellt einen Quantensprung in eine Lebensweise dar, die Gesundheit und Harmonie für den einzelnen wie für die ganze Erde bewirkt." (Quelle: Christian Opitz 1997, Unbegrenzte Lebenskraft durch Tachyonen. http://www.tachyon.de).

ckelte sich die heutige Chemie, aus den vergeblichen Bemühungen der Astrologen die Astronomie. Die aussichtslosen Bestrebungen, ein Perpetuum Mobile zu konstruieren, vertieften das Verständnis der Mechanik und Physik insgesamt – wie auch die Konstruktionspläne von Utopia Nachbauten in der realen Welt inspirierten.

Auch im **Schlaraffenland** (Richter 1984) wird die Gleichheit aller Menschen durch Fülle und Überfluss hergestellt. Alles ist für alle im Überfluss da. Die Ökonomie des Schlaraffenlandes hat ihren Ursprung in der überdimensionalen Fruchtbarkeit der Natur, es wird nicht gearbeitet, es gibt kein Aneignungsverhältnis des Menschen. Die Versorgung des Menschen geschieht durch die Natur und durch Automaten: Der Pflug fährt ohne Ross und Ochs, es gibt Wagen, die selber fahren. Das Schlaraffenland ist als Trivialutopie eine plebejische Vision der kleinen Leute und kommt ohne direkten Bezug auf eine göttliche oder religiöse Verheißung aus. Es ist aber auch eine wirkungskräftige Vorstellung für eine gerechte Ordnung der Welt. Das Schlaraffenland ist wirtschaftlich und politisch dezentralisiert, Leistungsmoral ist dort unbekannt, fremdbestimmte Arbeit wird abgelehnt (Saage 1997, 146). Der Automatismus der Überproduktion, die Vorstellung von Übersättigung, Völlerei und Fülle widersprechen aber nicht nur dem christlichen Bild des Menschen, sondern auch dem Luxusverbot der Utopietradition aus dem Geiste von Thomas Morus und damit auch dem Geist der ökologisch motivierten Utopien.

Erscheinen heute einige der im Schlaraffenland gezeichneten Bilder (der Wagen etwa, der sich ohne Ross und Rind von selbst, also „automobil" bewegt) als längst realisiert, so wird gerade deswegen die warnende Stimme des Umweltethikers umso deutlicher: „Die Katastrophengefahr des Baconschen Ideals der Herrschaft über die Natur durch wissenschaftliche Technik liegt in der Größe seines Erfolgs" (Jonas 1984).

3.3.2 Die Versuchung der Fossilen oder Die erfüllte Utopie

„Manchmal
scheinen auch mir
diese Ungeheuer
nur gewöhnliche Windmühlen zu sein"
Halyna Petrosanyak, aus dem *Zyklus Tau*

Nach einer schier unermesslichen Anzahl von Jahren der Mühsal, der Gefahren und der Bedrohung war es mit einem Mal ruhig und friedlich geworden. Die bedrängte Stadt war über Nacht aus ihrer Umklammerung erlöst, die Belagerer überraschend abgezogen – und sie hatten den gepeinigten Bewohnern sogar ein Geschenk hinterlassen. Zwar gab es Stimmen, die davor warnten, das Geschenk anzunehmen (es handelte sich um die Stimmen von Kassandra und Laokoon), doch diese blieben ungehört. Mit vereinten Kräften zogen die Bewohner von Troja, die die zehnjährige Belagerung der Griechen überstanden hatten, das hölzerne Pferd in ihre Stadt und schlossen das Stadttor. Dann begannen die Menschen zu feiern, um ihrer Erleichterung Ausdruck zu verleihen.

„Kein Zeitalter der Geschichte ist stärker von den Naturwissenschaften durchdrungen und abhängiger von ihnen als das 20. Jahrhundert. Aber seit Galileis öffentlichem Widerruf hatte sich kein Zeitalter unbehaglicher mit ihnen gefühlt." (Hobsbawm 2009, 645) Ein wesentlicher Grund dafür ist die überragende Bedeutung fossiler Energieträger in der Weltenergieversorgung (→ Abbildung 2 und Abbildung 3, S. 91 f). Von den 533 EJ (Exajoule), die die Welt 2010 verbraucht, stammen 432 aus fossilen Quellen, also aus Kohle, Öl und Erdgas. Bei derartiger Dominanz ist nicht mehr viel an utopischem Potenzial vorhanden. Das Utopische hat sich auf die Inselfestung zurückgezogen und die Devise ausgegeben, alles könne oder müsse weiterhin so bleiben – in zweierlei Hinsicht: einmal von der Versorgungsseite her betrachtet, also mit dem Anspruch, es sei genug an fossilen Energieträgern da (zumindest auf absehbare Zeit für die Bewohner der Insel), andererseits entsorgungsseitig mit der Forderung, die Atmosphäre und die Ozeane der Welt könnten weiterhin ohne gravierende negative Folgen die Endprodukte der Verbrennung der Fossilen aufnehmen[66].

Jedes Lebewesen und jedes System, das überleben, bestehen oder gar wachsen will, muss bedeutend mehr an Energie aufnehmen, als es benötigt, um diese Energie zu erlangen. Das Wolfsrudel kann es sich nicht leisten, in kollektiver Anstrengung eine Maus tief aus der Erde auszugraben, weil der Energiegewinn aus deren Verzehr im Verhältnis zum Aufwand zu gering wäre. Der flüchtende Elch hingegen ist aus der Sicht des Wolfsrudels konzentrierte Energie in ausreichender Menge, es lohnt, ihn über ansehnliche Distanzen zu hetzen. Noch geringer ist der Aufwand des Rudels, wenn es sich gleich ein krankes oder schwaches Tier als Beute aussucht, dessen Erjagung die Kräfte schont. Damit minimiert es das Verhältnis von Aufwand zu Gewinn und folgt einem ökonomischen Imperativ. Und der Mensch? Auch er benötigt Energie, um sein Wirtschaftssystem aufrecht zu erhalten und um die dafür notwendige Energie zu gewinnen, nicht nur in Form von Nahrung. Je konzentrierter und leichter erreichbar ein Energieträger, desto größer die Versuchung, sich genau diesen zu holen (Hall et al. 2009): Das Verhältnis von Aufwand zu erwartetem Gewinn bestimmt auch hier die wirtschaftliche Attraktivität einer Handlung.

Der unwiderstehliche Charme der fossilen Energieträger Kohle, Erdöl und Erdgas war über lange Zeit (und ist zum Teil bis heute), dass sie mit geringem Aufwand verfügbar und in vielfältiger Weise verwendbar sind. Leicht gewinnbare, hoch konzentrierte fossile Energieträger speisten und ermöglichten Dienstleistungen, die das Leben der Menschen in bis dahin unbekannter, allenfalls eben in Utopien oder Mythen beschriebener Form erleichterten. Die jahrtausendelange Mühsal hatte mit ihrer Hilfe ein Ende – zumindest für diejenigen Menschen, die fossile Energieträger mit neuen Technolo-

---

66 Durch technische Innovationen soll in Zukunft auch die Erdkruste als Endlager für Kohlendioxid gewonnen werden. Damit zusammenhängende Bestrebungen, die noch nicht zu ökonomisch sinnvollen Ergebnissen geführt haben, werden als „Carbon Capture and Storage" (CCS) bezeichnet.

gien nutzen konnten. Die Kohle löste zuerst in der Mitte des 18. Jahrhunderts in einigen Gegenden Großbritanniens die Biomasse als wichtigsten Energieträger ab und wurde dort zum Motor der Industriellen Revolution. Bezogen auf die Masse beinhaltet Kohle ungefähr doppelt so viel an Primärenergie wie das bis dahin fast ausschließlich verwendete Holz, ein Kilogramm Erdöl fast drei Mal so viel[67]. Mit der Verbrennung von Kohle konnte man überdies höhere Temperaturen erreichen als mit Holz. Kohle war anfangs oberflächennah zu finden, auf den Britischen Inseln in wesentlich größeren Mengen als das dort knappe Holz. Man musste nicht warten, bis der Wald nach sechzig Jahren wieder nachgewachsen war, und überdies benötigte man das Holz ohnehin für den Flottenbau. Die Vorräte an Kohle erschienen anfangs unermesslich und unerschöpflich. Grenzen fanden sich allenfalls anderswo: beim Bau und Einsatz der Maschinen, mit denen die Kohle gewonnen und verbraucht wurde, oder in der Geschwindigkeit des Abbaus.

Heute wird aus Kohle als einer der billigsten Möglichkeiten bevorzugt elektrische Energie erzeugt: Kohle hat 2011 einen Anteil von 28,8 Prozent an der Energieversorgung der Menschheit, aber einen von 40 Prozent an der Stromproduktion.

Später wurde neben Kohle auch Erdöl gewonnen, noch später Erdgas. Heute, 250 Jahre nach dem Beginn, 120 Jahre nachdem Kohle die Biomasse als weltweit wichtigsten Energieträger abgelöst hat, tragen die fossilen Energieträger überwältigende 82 Prozent zur Energieversorgung der Menschheit bei[68]. Ein beispielloser Erfolg.

Fossile Energieträger haben im Vergleich zu den Erneuerbaren sehr hohe Energiedichten (also gespeicherte Energie pro Massen- oder Volumeneinheit). Sie sind mit ziemlich geringem – wiewohl ständig zunehmendem – Aufwand und

---

67 Das Verhältnis des Energieinhalts von guter Steinkohle zu trockenem Holz liegt bei 8 kWh/kg zu 4 kWh/kg (Kilowattstunden pro kg), die bei der Verbrennung frei werden, also bei 2:1. Ein Kilogramm Öl beinhaltet sogar 11,63 kWh, ein m^3 Erdgas ca. 10 kWh.
68 Die Anteile der Fossilen stellen sich 2011 bei 547 EJ Gesamtprimärenergieverbrauch folgendermaßen dar: 28,8 Prozent Kohle, 31,4 Prozent Erdöl, 21,3 Prozent Erdgas.

in vorerst noch ausreichender Menge zu gewinnen, man kann sie über globale Entfernungen transportieren, und wir verwandeln sie in eine Vielzahl von sekundären Energieträgern, vom Benzin über in Pipelines transportiertes Erdgas zum Heizen bis zum elektrischen Strom aus Kohlekraftwerken. Eine gigantische kapitalintensive Infrastruktur wurde für ihre Gewinnung, Umwandlung, ihren Transport und ihre Verteilung weltweit realisiert.

Fossile Energieträger haben essenziell dazu beigetragen, unsere utopischen Wünsche und Vorstellungen zu erfüllen. Wenn man der Ansicht zuneigt, die oben diskutiert worden ist (→ Kap. 1.3, S. 49ff), der reiche Teil der Bevölkerung in den industrialisierten Ländern der Erde würde gegenwärtig quasi im einst ersehnten Utopia leben, dann findet man in den fossilen Energieträgern die entscheidende materielle Basis dafür. Das fossile Energiesystem liefert auf Knopfdruck nutzbare Endenergie für den Konsumenten, unabhängig von Windgeschwindigkeit, Wasserdargebot der Flüsse und Sonnenstand – auf Wunsch über 24 Stunden an 365 Tagen im Jahr. Beinahe der gesamte Treibstoff für unsere Mobilität, die unsere arbeitsteilige Weltwirtschaft ermöglicht, der Brennstoff für die meisten Kraftwerke, die unsere elektrische Energie erzeugen, die Heizenergie für die meisten unserer Wohnungen stammt aus fossilen Energieträgern[69]. Traktoren haben schon seit den 1920er Jahren Pferde ersetzt, was zusätzliche Flächen für die Produktion alternativer Produkte freimachte, Kunststofffasern ersetzen Baumwolle und Hanf, Plastik ersetzt Holz, Straßen werden mit Asphalt befestigt. Der Großteil der Kunststoffe, die unseren Alltag begleiten und erleichtern, wird aus Erdöl und Erdgas hergestellt, ebenso wie chemische Dünger und Herbizide, Fungizide und Medikamente, Spielzeug und Autos. Damit nicht genug – und die Liste ließe sich noch seitenlang fortführen – auch die Technologien zur Nutzung er-

---

69 Hier wird über die national teilweise sehr hohen Anteile erneuerbarer Energie und der Kernenergie vereinfachend hinweggegangen. So beträgt der Anteil der Wasserkraft an der Stromproduktion Norwegens etwa 96 Prozent, der Kernenergieanteil an der Stromproduktion Frankreichs 74 Prozent. Aufs Globale bezogen stellen die Fossilen jedoch die erwähnten 82 Prozent.

neuerbarer Energie wie Windkraftwerke und Photovoltaik enthalten (sogenannte graue) fossile Energie als Vorläufer in ihren Produktionsketten, vom Stahl für den Turm des Windkraftwerkes bis zum Treibstoff für den Transport an ihren Standort.

Bis vor die erste Ölkrise von 1973/74 suggerierten die niedrigen Preise für Öl, Kohle und Erdgas die unbegrenzte Verfügbarkeit dieser Energieträger (obwohl man natürlich schon damals wusste, dass das falsch ist). Sie waren bestenfalls ersetzbare, relativ unbedeutende Produktionsfaktoren im ökonomischen Prozess, aus dem dereinst potenziell grenzenloser Wohlstand für alle fließen würde.

Energieträger	EROEI (Energy Return on Energy Invested)
Kohle	50-80
Erdöl	20-40
Erdgas	15-25
Ethanol aus Getreide	1-1,5
Biodiesel	1,5-3
Kernenergie	5-15
Photovoltaik	8-10
Wasserkraft	20-40
Windenergie	15-25

Tabelle 3: EROEI (Energy Return on Energy Invested bzw. Energiemenge, die man erhält, wenn man eine Energieeinheit für ihre Gewinnung aufwendet). Ein EROEI von 10 beispielsweise bedeutet, dass man mit dem Aufwand von einer Energieeinheit (eine kWh, ein Joule, ...) zehn Energieeinheiten gewinnen kann. Im Bild des Wolfsrudels, das den Elch jagt, wäre es der Energiegehalt des verspeisten Elches geteilt durch die Energie, die das Rudel benötigt, um ihn zu erjagen. Werte nach Hall et al. 2009.

Das Verhältnis zwischen dem energetischen Gewinn und dem energetischen Aufwand, um sie zu gewinnen, liegt aktuell zwischen 80:1 bei Kohle, wenn sie unmittelbar im Land der Förderung (also ohne lange Transportwege) verbraucht wird, und ungefähr 20:1 für Öl und Erdgas (im Weltdurchschnitt) (Hall et al. 2009, 35). Aus fossilen Energieträgern kommt also immer noch genug an Energie zurück, wenn man sie im Verhältnis zum Aufwand misst, den man benötigt, um sie zu gewinnen.

Fossile Energieträger benötigen aber Zeithorizonte von ca. 100 Millionen Jahren, um sich zu regenerieren. Das liegt jenseits aller menschlichen Horizonte, wir verbrauchen sie also quasi in einem geologischen Augenblick unwiederbringlich. Und es wird zunehmend aufwändiger, sie zu gewinnen: Bekam man in den 1930er Jahren noch 100 Energieeinheiten (in Form von Barrel oder Kilowattstunden) zurück, wenn man eine einsetzte, um aus oberflächennahen Ölquellen, die beinahe von selbst sprudelten, in den USA Öl zu gewinnen, so verschlechterte sich das Verhältnis dort zu 30:1 in den 1970er Jahren und zu 20:1 in den ersten Jahren des dritten Jahrtausends. Wir müssen also immer höhere Anstrengungen in Form von einzusetzender Energie unternehmen, um die Energie, die wir benötigen, bereitzustellen.

Die entscheidende Frage lautet aus dem Blickwinkel der Versorgungsseite also nicht, wie viel an fossiler Energie noch da ist, um unser Wirtschaftssystem weiterhin zu betreiben, sondern wie viel davon die Menschen mit akzeptablem Aufwand von Ressourcen zu Reserven (→ Glossar, S. 398) und letztlich zu Energiedienstleistungen transferieren werden können? Wann, um in unser Bild zurückzukehren, wird der Aufwand, den das Wolfsrudel betreiben muss, um einen der letzten Elche zu finden und zu erjagen, zu hoch, weil die Elche zu selten, zu schnell oder zu mickrig sind? Und was macht das Wolfsrudel, wenn es wirklich zu aufwändig wird, die verbleibenden Elche zu jagen? Steigt es doch auf Mäuse um, oder versucht es sich zähneknirschend in vegetarischer Lebensweise? Oder mutiert dann der Wolf zum Wolf des Wolfes?

Aus diesem Umfeld, das oft mit dem griffigen Terminus „peak" zusammengefasst wird (→ Kap. 3.1.1, S. 133 ff), stammt die Befürchtung, wir seien in Gefahr, zugleich mit ihrer materiellen Basis die Wohltaten der Utopie zu verlieren. Ähnlich dem Blick auf das verlorene Goldene Zeitalter oder das biblische Paradies könnten wir in naher Zukunft, wehmütig und geschlagen, auf eine verlorene utopische Vergangenheit des Überflusses zurückblicken müssen. Kriege um die letzten verbliebenen Ölfelder, rationierte Treibstoffe und Nahrungsmittel, kalte Wohnungen und der erzwungene Rückzug auf die wirklich elementaren materiellen Bedürfnisse wären die unausweichlichen Folgen. Der soziale Frieden in den industrialisierten Staaten ist durch Überfluss erkauft. Der Erfolg der Utopie wäre langfristig die Ursache ihres Endes.

Eben das Ende der materiellen Basis dieser Utopie ist andererseits die Hoffnung jener Menschen, die die verwirklichte Utopie selbst – als wesentliches Element des „baconschen Projektes" (Jonas 1984) – als Ursache der nahe bevorstehenden Zerstörung der sozialen und ökologischen Fundamente des Planeten verstehen. Am hinteren Ende des utopischen Wirtschaftssystems bleiben von den fossilen Energieträgern, die dieses antreiben, nämlich die gasförmigen Endprodukte ihrer Verbrennung übrig. Diese werden in der irdischen Atmosphäre und im Ozean langfristig deponiert. In der Atmosphäre tragen sie dazu bei, dass diese ihre Eigenschaften verändert, was zur Erwärmung des Heimatplaneten führt, mit allen daraus resultierenden drastischen lebensbedrohenden Folgen. Im Ozean führt das Kohlendioxid aus der Verbrennung dazu, dass dieser versauert. Beides, so die anstehende Befürchtung, wird die Fähigkeit der Erde, die menschlichen Lebensgrundlagen bereitzustellen und langfristig aufrecht zu erhalten, nachhaltig beschädigen[70]. Jedenfalls übersteigt die Reichweite der fossilen Reserven die Aufnahmefähigkeit von Atmosphäre und Ozean.

Diese beiden Gefahren, die letztlich notwendigen Folgen des lokal und temporär erfüllten utopischen Versprechens, erscheinen seltsam widersprüchlich, und das macht es auch so schwer, mit beiden zugleich zurande zu kommen. Droht mit der ersten Befürchtung ein „Zuwenig", tut es die zweite mit einem „Zuviel". Sind die peaks auf der Versorgungsseite

---

70 Die Internationale Energieagentur beschreibt dieses Dilemma so: „It is not an exaggeration to claim that the future of human prosperity depends on how successfully we tackle the two central energy challenges facing us today: securing the supply of reliable and affordable energy; and effecting a rapid transformation to a low-carbon, efficient and environmentally benign system of energy supply" (OECD/IEA 2008).

noch relativ kurzfristig in Form von Preiserhöhungen spürbar, so sind jene auf der Entsorgungsseite systemischer Natur und erschweren Eingriffe durch ihren Charakter als „Allmendetragödie" (tragedy of the commons). Beide Gefahren drohen, das soziale System des gesellschaftlichen Zusammenlebens zu zerstören. Mit der Aussicht auf ihre nahe bevorstehende Erschöpfung und der Drohung mit ihrer Unerschöpflichkeit bedrängen uns die fossilen Energieträger simultan aus zwei Richtungen.

Das weltweit realisierte System der Nutzung fossiler Energie macht deutlich, welch ungeheure Kraft im Bestreben liegt, die menschlichen Lebensbedingungen zu verbessern. Für die Verwirklichung der Utopie sind wir bereit, außer Acht zu lassen, was wir wissen. Wir betrachten es als angemessenen Preis, die Lebensgrundlagen uns ferner Menschen in der Zukunft und in den Herkunftsländern der fossilen Energieträger zerstören zu lassen – die Verwüstung des Nigerdeltas etwa nehmen wir in Kauf, um von dort Öl heranschaffen zu lassen. Wir wissen, dass die Erfüllung der Utopie das Leben zukünftiger Generationen bedroht, aber dieses Wissen scheint uns kaum in einer Form zu erreichen, dass wir daraus Taten ableiteten. Unsere Handlungen als Einzelne, als Gruppe oder auch als Volkswirtschaft scheinen keine kausale Macht auf die Rahmenbedingungen ausüben zu können, und die, die in unserer Wahrnehmung solche kausale Macht hätten, jene vielgeschmähten nationalen und multinationalen Weltkonzerne, lassen wir gewähren, weil das, was sie tun, auf heimtückische Weise geschieht, um uns die Utopie zu erfüllen.

In der Spätantike gab es in Kleinasien eine Sekte, die in Judas Ischariot den wirklichen Erlöser der Menschheit erkannte (Borges 2001, 139 ff). Dieser sei in Wahrheit nicht der schändliche Verräter, sondern der wichtigste und heiligste Märtyrer der Christenheit. Judas entsagte der Ehre, dem Guten, dem Frieden, dem Himmelreich, so wie andere, weniger heldenhaft, der fleischlichen Lust entsagen. Er suchte den freiwilligen Tod, um der Verdammnis in noch höherem Maße würdig zu werden. Judas entschied sich für jene Verfehlungen, denen keinerlei Tugend beiwohnt: Vertrauensbruch und Verrat. Judas trachtete nach der Hölle, weil ihm das Glück des Herrn genug war.

Er hat ja in Wahrheit seinen Freund nicht ausgeliefert, sondern die ganze Geschichte, auf die es diesem ankam, erst ermöglicht. Wenn er die Verkündigung der Botschaft des rechten Glaubens und die Erlösung der Menschheit nur durch das Opfer eines Menschen erreichen kann, den er liebt und schätzt, und wenn er dann dieses Opfer annimmt und diesen Menschen dem Tod ausliefert, einzig um die restliche Menschheit, die er nicht kennt, zu erretten, ist ihm unsere Hochachtung nicht zu verwehren. Judas hat seinen geliebten Freund geopfert und sein eigenes Seelenheil für alle Ewigkeit der Verdammnis anheim gegeben, um der Menschheit Heil und Paradies zu eröffnen.

3.3.3 E=mc²: Die Versprechen der Nuklearutopien

Der Ursprung der utopischen Begeisterung für die Nutzung der Kernenergie liegt in der berühmten Formel von Albert Einstein von 1905, einer der bekanntesten Formeln der Physik, die viele Leute auswendig aufsagen können: $E=mc^2$. Kaum ein Ereignis hat utopische Vorstellungen derart beflügelt wie die Aussicht, über die Äquivalenzbeziehung zwischen Masse und Energie praktisch unbegrenzte Energiemengen zur Verfügung zu haben[71]. Jeder Mittelschüler konnte sich ausrechnen, wie wenig an in Energie umzuwandelnder Masse der Jahresproduktion eines Kohlekraftwerkes entsprach, oder dem Primärenergiebedarf einer ganzen Volkswirtschaft. Man konnte einen Stein in die Hand nehmen, sein Gewicht abschätzen, er hatte vielleicht 1 kg, er ließ sich somit leicht werfen. Würde man diesen Stein vollständig in Energie verwandeln, wären etwa 90 PJ das Resultat, theoretisch genug, um ganz Österreich für gut drei Wochen mit Energie zu versorgen. Das Quadrat der Lichtgeschwindigkeit, das winzige Massen in ungeheure En-

---

71 Die Äquivalenz von Masse und Energie wurde allerdings schon ab ca. 1880, also vor Einsteins „annus mirabilis" von 1905, von der Physikergemeinde erkannt, was zum Konzept der „elektromagnetischen Masse" $m = (4/3) * E/c^2$ führte. 1904 zeigte der Wiener Physiker Fritz Hasenöhrl, dass elektromagnetische Strahlung einen Beitrag zur Masse strahlender Körper leistet.

Abbildung 6: Um den gesamten aktuellen Energieverbrauch der Menschheit für ein Jahr (2010 ca. 530 EJ) durch die Umwandlung von Masse bereitzustellen, würden ungefähr 5.900 kg genügen. Gemessen als Wasser entspricht das dem Inhalt einer etwas zu großen Badewanne. Das „Wie" der Umwandlung interessiert den Utopiker aufs Erste einmal nicht. (Zeichnung: Judith Zillich).

ergiemengen hinaufmultipliziert, befeuerte die Wünsche mit phantastischen – utopischen – Vorstellungen.

Für das utopische Denken generell ist charakteristisch, dass sich die Begeisterung am Ziel festmacht und das technische „Wie" der Realisierung und Umwandlung von Masse in Energie vorerst einmal beiseite gelassen wird. Das würde sich schon finden. Die utopische Begeisterung strahlt von der geringen Masse aus, in der alle Energie steckt. H. G. Wells beschreibt 1914 in einer dystopischen Zukunftskriegsgeschichte (*The World set free: a story of mankind*) eine nukleare Kettenreaktion, die 1933 glückt. Der Physiker Leo Szilard berichtet in seiner Autobiografie, diese Erzählung habe ihn intensiv beschäftigt und eben auf die Frage gestoßen, wie eine derartige Kettenreaktion herbeigeführt werden könnte. Szilard arbeitete später am Manhattan-Projekt zum Bau der ersten Atombombe mit (Uerz 2006, 257 f).

„Die Unmittelbarkeit, mit der die Strahlung auftritt, ist ein

Rätsel, Gegenstand höchsten Erstaunens", schreiben Pierre und Marie Curie 1900, zwei Jahre nach der Entdeckung des Radiums. Das Radium, das ohne erkennbare Ursache scheinbar Energie aus dem Nichts erzeugt, schien damit sogar den ersten Hauptsatz der Thermodynamik zu verletzen. Und Frederick Soddy, ein Mitarbeiter von Ernest Rutherford, spekuliert bereits 1904 damit, mit der neuen Alchemie „Wüsteneien zu begrünen, die Polkappen abzutauen und die ganze Erde in einen freundlichen Garten Eden zu verwandeln", gab aber im selben Jahr auch zielgruppenbewusst einem militärischen Publikum zu verstehen, dass derjenige Staat, der als erster Kernwaffen entwickeln würde, die Welt beherrschen würde (Cooke 2009, 23).

Die chemischen Bindungsenergien in der Atomhülle liegen im Bereich einiger eV (Elektronenvolt, → Glossar, S. 396), die Kernbindungsenergie ist um einen Faktor 10^7, also ungefähr zehn Millionen Mal größer. Baut man also ein Kraftwerk, das nicht mehr auf Basis chemischer Umwandlung (Verbrennung von Kohle, beispielsweise) funktioniert, sondern auf Basis der Kernenergie, so gewinnt man ungefähr diesen Faktor an Energie pro Umwandlungsschritt, oder umgekehrt: Man benötigt nur noch ein Zehnmillionstel der Brennstoff- (oder Spaltstoff-)masse für die gleiche Ausbeute an Energie.

Angesichts der drohenden Verknappung von Kohle und Erdöl sinniert Hanns Günther in der Zwischenkriegszeit über mögliche Alternativen zu den fossilen Energieträgern und kommt nach einigem Abwägen zur damals noch fernen Kernenergie: (…) Es bleibt

> die Nutzbarmachung der inneratomaren Energie durch künstliche Zertrümmerung der Atome: in einem Tropfen Wasser steckt laut Einstein genug Energie, um ein ganzes Jahr lang 200 Pferdestärken zu leisten. Doch dieses Gebiet bleibt dem Techniker vorhanden noch verschlossen, bis die Wissenschaft ihm eines Tages den Schlüssel überreicht. Eines Tages aber wird die Menschheit sicher auch an diesem Ziele stehen. Dann wird sie lächelnd auf die mächtigen Wasser- und Wärmekraftwerke schauen, die heute die Erde – noch so unzulänglich – mit Elektrizität versorgen. Der

neuartigen Zwergmaschine (sic!) wird eine Diät von inneratomarer Energie verordnet werden. Mit diesem Tag wird alles verschwinden, was heute dem Brennstofftransport von einem Ende der Welt zum anderen dient, denn der jährliche Brennstoffbedarf eines Elektrizitätswerkes wird in einer Wasserflasche unterzubringen sein, und für jede Arbeit wird man selbstverständlich überall Elektrizität benutzen. Unbegrenzte Energiemengen werden der Menschheit dann zu Verfügung stehen, ebenso gut geeignet, Tod und Vernichtung zu säen wie Leben und Glück (Günther 1931, 77 ff).

Der Überschwang der Erwartung in Günthers Worten ist noch zu spüren, ebenso wie der umfassende – totale – Lösungsanspruch für eine Fülle von Problemen. Auch diese Totalität des Anspruches zeichnet Utopien aus. Als die Kernenergienutzung ab 1942 in den USA im Manhattan-Projekt erstmals praktisch demonstriert wurde, geschah dies bekanntlich, um eine „totale" Waffe herzustellen.

Die 1950er und zum Teil noch die 1960er Jahre waren einerseits aufgrund der atomaren Bedrohung ein Zeitalter der Furcht, andererseits aber eine Epoche grandioser und grenzenloser Begeisterung für technologische Lösungen aller Art. Die Menschen waren in Ost und West von der Zuversicht ergriffen, sie könnten mittels moderner Technologien die Naturkräfte vollständig unterwerfen und damit das Himmelreich auf Erden erschaffen. Infolgedessen begannen die Grenzen zwischen Phantasie und Wirklichkeit, Utopie und Praxis, Science Fiction und Wissenschaft zu verschwimmen. Im deutschen Sprachraum wurde diese Technikeuphorie vor allem von der Zeitschrift *Hobby* geweckt und transportiert (Strouhal 1991, 15 ff).

Science-Fiction-Autoren hatten schon seit 1900 und verstärkt ab den 1930er Jahren die Möglichkeiten der Kernenergienutzung beschrieben, zum Teil mit beachtlicher Präzision, sodass sie deshalb mitunter sogar Besuch vom Geheimdienst bekamen (Uerz 2006, 258). Eine ganze Generation gab sich dem Rausch utopischer Technikbilder hin. Diese Traumarbeit produzierte eine Art Urgestein der Gegenwart, das im Rückblick zwar fremd erscheinen mag, aber dennoch unbewusst und ungewollt auch heutige Technikvorstellungen beeinflusst (Gestwa 2004, 37f). Mehr als alle anderen Technologien erschien die Nutzung der Kernenergie als der Motor, mit dem alle Ziele erreichbar sein würden.

Die zivile Atomeuphorie wurde durch zwei Ereignisse gefestigt: die Ansprache des US-Präsidenten Eisenhower 1953, in der er der Welt „Atomic Power for Peace" versprach, und die Genfer Atomkonferenz von 1955 (Gall 1998, 144ff). Spätestens nach der Genfer Konferenz hielt man in vorerst ungebrochenem Optimismus den Antrieb von Schiffen, Flugzeugen und Lokomotiven durch die Atomenergie für so gut wie sicher.

Einen Ursprung der Kernenergie im utopischen Wunschdenken sieht auch der Umwelthistoriker Joachim Radkau: Die Atomkraft war die erste Technologie, die mit umfangreichen staatlichen Mitteln beforscht und entwickelt wurde, ohne dass auch nur von Ferne ein Bedarf sichtbar gewesen wäre, der diesem Aufwand entsprochen hätte. Als es mit dem deutschen Reaktorbau in den 1950er Jahren ernst wurde, bestand das alles beherrschende Problem bundesdeutscher Energiepolitik in einem Überangebot an Kohle (Radkau 1989, 338). In der Nachkriegszeit erfüllten die fossilen Energieträger utopische Erwartungen in beinahe beängstigender Präzision. Der grundsätzliche Konsens zugunsten der Kernenergie umfasste in den fünfziger- und sechziger Jahren nicht nur fast alle Machtgruppen der Gesellschaft, er verdrängte auch die regenerativen Energiequellen als mögliche Alternativen. Selbst der Naturschutz erwartete sich von der Kernenergienutzung einen Beitrag zur Schonung wasserlandschaftlicher Naturschönheiten vor dem Zugriff der Energiewirtschaft (Radkau, zit. n. Gall 1998, 150). Kernenergie sollte eine Zukunft des Überflusses ermöglichen, wenn nicht die Produktion, sondern der Verbrauch der begrenzende Faktor sein würde.

„Nuplexe" genannte Kernkraftwerke, die Meerwasser entsalzen, Dünger produzieren, industrielle Landwirtschaft antreiben, werden die Wüsten ergrünen lassen (Richard L. Meier 1956). Eine seriöse Prognose aus dem Jahr 1971 lautete, Ende der 1990er Jahre würden ca. 90 Prozent der neuen Kraftwerkskapazität außerhalb Afrikas nuklear sein und Kernspaltung ca. 60 Prozent des Elektrizitätsverbrauches der Welt liefern. Nuklear betriebene Passagierflugzeuge und Schiffe würden den Transport beherrschen, Atomblitzzüge mit 7.000 PS die Kontinente durcheilen, Atombombenexplosionen zum Abbau von Mineralien verwendet werden, um den Lauf von Flüssen zu ändern und Kanäle und Häfen in den Fels zu sprengen[72].

Der Triumph der Idee der „billigen" Atomenergienutzung ist nicht nur durch grenzenlosen Fortschrittsoptimismus gekennzeichnet – so verhieß der Vorsitzende der amerikanischen Atomenergiekommission Lewis Strauss 1954, elektrische Energie aus Atomkraftwerken werde eines Tages so billig sein, dass es sich nicht mehr lohnen werde, den erzeugten Strom überhaupt zu messen („too cheap to meter"; Cooke 2009, 12). Er führte auch dazu, dass man sich nicht mehr um alternative Möglichkeiten der Energieerzeugung bemühte, weil in absehbarer Zeit ohnehin Energie im Überfluss vorhanden sein würde, die Atomeuphorie verdrängte alternative Energieformen (Radkau 1983, 87). Eines der ersten Opfer der Kernenergieeuphorie war das gleichfalls gigantische Atlantropa-Projekt Hermann Sörgels, der Gibraltarstaudamm (→ S. 262ff). Dieser sei zwar technisch möglich, „im Zeitalter der Atomenergie aber nicht mehr die rationellste Methode zur Fruchtbarmachung Nordafrikas", hieß es in einem Zeitungsartikel in der FAZ anlässlich des Todes von Hermann Sörgel am 31. Dezember 1952 (Gall 1998, 166). Und die niederländische Regierung forcierte noch in den späten 60er Jahren den möglichst schnellen Export ihrer gerade erst entdeckten Erdgasreserven mit dem Hintergedanken, dieser würde in ein paar Jahren, wenn Elektrizität aus Kernenergie konkurrenzlos billig sein würde, nicht mehr möglich sein, weil niemand mehr das Erdgas benötigen würde. Und sogar der Republik Österreich, die den Betrieb von Kernkraftwerken zur Energieproduktion inzwischen per Verfassung verbietet,[73] diente in den 60er Jahren

---

72 Einen guten Überblick über Prognosen zur glänzenden Zukunft der Kernenergie, aus dem hier zitiert ist, findet man bei Smil (2003, 129ff).
73 1978, nach der Volksabstimmung gegen die Inbetriebnahme des

die friedliche Nutzung der Atomenergie als Leitbild seiner Energiepolitik (Lackner 2001).

Nuklearutopien zeichnen sich durch die Konzentration auf einen Aspekt aus, der sich mit fortschreitender Kenntnis der Tatsachen und technischen Probleme als nicht mehr wesentlich erweist, nämlich die Massenbilanz bei der Kernspaltung. Dieser eine Aspekt, die verschwindend kleine Masse, die man für die Energieproduktion umwandeln müsse, steht am Anfang der Euphorie im Zentrum der Aufmerksamkeit, an ihm entwickelt sich die technische Utopie. Erst die Gesamtschau – von der Technik zur Technologie – enthüllt dann alle vordem ignorierten Implikationen, von den viel höheren Kosten bis zu den ungelösten Proliferations- und Abfallproblemen. Diese fokussierte Faszination für ein Phänomen oder ein vermeintliches Lösungselement muss man utopischem Denken generell vorwerfen.

Nachdem es der Sowjetunion 1949 gelungen war, selbst eine Atombombe zu entwickeln und zu zünden, setzte man dort im Namen der herrschenden Ideologie alles darauf, die Überlegenheit des eigenen Systems auch im Bereich der zivilen Nutzung der Kernenergie zu demonstrieren. Man wollte aber weit über den Imperativ von Lenins bekanntem Diktum von 1920, Kommunismus sei Sowjetmacht plus Elektrifizierung des ganzen Landes, hinaus.[74] Man hatte im nuklearen Wettrüsten zu den USA aufgeschlossen, und schon 1954 nahmen sowjetische Forscher und Ingenieure in Obninsk sogar das erste Atomkraftwerk der Welt in Betrieb. „Wir wollen die Atomenergie dazu verwenden, um Berge zu sprengen, Flüsse umzuleiten, Wüsten zu bewässern, immer neue und neue Le-

---

Kernkraftwerkes Zwentendorf, wurde vom österreichischen Nationalrat ein einfaches Gesetz beschlossen (BGBl 676 vom 30. Dezember 1978), 1999 ein entsprechendes Bundesverfassungsgesetz (149. Bundesverfassungsgesetz für ein Atomfreies Österreich). Dieses Verfassungsgesetz verbietet allerdings nur den Betrieb von Spaltungsreaktoren zur Energieproduktion. Die mögliche Inbetriebnahme des Kernkraftwerkes Zwentendorf war bis 1984 Bestandteil der Energieberichte der Österreichischen Bundesregierung.
74 Ein beeindruckender Überblick über die zivilen sowjetischen Atompläne findet sich bei Gestwa 2004.

benswege zu bahnen in Gegenden, die selten eines Menschen Fuß betrat" (Andrej Vysinskij, Außenminister der UdSSR 1949 vor der UN Vollversammlung). In Moskau war man fest davon überzeugt, das heraufziehende Atomzeitalter würde zum weltweiten Siegeszug des Kommunismus führen. Die Hoffnung auf die Möglichkeiten der Atomenergie setzte eine neue Schubkraft im utopischen Denken frei. Projekte zur Umbildung des Erdballes wurden gewälzt. Der Mensch ändert „tragische Klimaumstände ganzer Kontinente, lenkt Winde und Meeresströmungen um, bringt die Pole zum Schmelzen und ebnet missratene Gebirgsketten ein. Wie der Bildhauer dem Ton die gewünschte Form verleiht, so könne auch der Mensch das Relief des Erdballs und die Küstenlinien im Einklang mit seinen Plänen und Zielen verändern. So ließen sich „viele Fehler der Natur korrigieren" und unverkennbare Widersinnigkeiten in der Natur beseitigen. „Ein Blick auf die Weltkarte genügt, um eine ganze Menge solcher Stellen zu entdecken, wo die Erde umgebildet werden müsste, um dem Menschen von Nutzen zu sein." Ziel ist es, sich in bisher als unveränderbar erschienene Naturkreisläufe einzumischen. „Das Klima verändert sich nicht mehr von selbst, es wird fortan vom Menschen nach seinem Willen gesteuert." Das Sowjetische Selbstverständnis sah auch den Kapitalismus vor den Gegebenheiten der Natur kapitulieren; dieser sei nicht imstande, die planmäßige Arbeit der Umgestaltung der Natur zu organisieren ..." (Gestwa 2004, 24).

Und der marxistische Philosoph Ernst Bloch (1885–1977) stößt in dasselbe Horn und überschlägt sich regelrecht vor Begeisterung, wenn er die Aussichten der Atomenergie wortreich beschreibt:

> ... es ist, als ob Fabriken unmittelbar über den Energieorgien der Sonne oder des Sirius stünden. (...) Wie die Kettenreaktionen auf der Sonne uns Wärme, Licht und Leben bringen, so schafft die Atomenergie, in anderer Maschinerie als der der Bombe, in der blauen Atmosphäre des Friedens, aus Wüste Fruchtland, aus Eis Frühling. Einige hundert Pfund Uranium und Thorium würden ausreichen, die Sahara und die Wüste Gobi verschwinden zu lassen, Sibirien und Nordkana-

da, Grönland und die Antarktis zur Riviera zu verwandeln. Sie würden ausreichen, um der Menschheit die Energie, die sonst in Millionen von Arbeitsstunden gewonnen werden musste, in schmalen Büchsen, höchstkonzentriert, zum Gebrauch fertig darzubieten. Mit alledem wäre zugleich die Entorganisierung der Technik, der nicht mehr euklidischen, bis ins Entlegenste vollkommen ... (Bloch 1985, 774 ff).

Im Westen dachte Edward Teller (1908–2003), einer der Mitarbeiter am Manhattan-Projekt und Väter der amerikanischen Wasserstoffbombe unter anderem daran, vermittels atomarer Explosionen die Meerenge von Panama aufzusprengen und so einen breiten Panamakanal zu schaffen – nicht ahnend, dass durch eine derartige Tat der Nordatlantische Strom (Golfstrom) seine Richtung geändert und sich das Klima in Europa infolgedessen in eiszeitliche Richtung entwickelt hätte. Systemisches Denken war nicht die Stärke der Nukleareuphoriker.

Ein Projekt, das auf sowjetischer Seite mit dem sogar gewollten Eingriff in die Meeresströme spielte, verdient eine etwas ausführlichere Erwähnung. Unter anderem, weil es die ebenso euphorische wie erschreckende Denkweise enthüllt, die sich an utopischen Möglichkeiten entzündet und keine obere Grenze kennt (Gestwa 2004, 30 ff): Das Beringstraßenkraftwerk kann als die größte je geplante Warmwasserheizung bezeichnet werden. Schon 1881 nennt der russische Klimaforscher Aleksandr Voejkov die warmen Meeresströmungen die „Wasserheizungsrohre der Welt". Daraus entsteht die Idee der direkten gewollten Klimabeeinflussung durch den Menschen. 1948 legte ein sowjetischer Ingenieur einen Plan vor, der zehn Jahre später vom Stalinpreisträger Petr Borisov überarbeitet und der Öffentlichkeit vorgestellt wurde (Borisov-Projekt). Er sah den Bau eines 74 km langen und 50 bis 60 m hohen Dammes in der Beringstraße zwischen Ostsibirien und Alaska vor. Angetrieben von einem Dutzend an Land stehender oder schwimmender Atomkraftwerke, würden Wasserturbinen die kalten Wassermassen des Polarmeeres südwärts treiben und es so dem Golfstrom ermöglichen, entlang der Nordküste Sibiriens durch das nördliche Eismeer zu fließen, das Eismeer könnte so seine kalten Meeresströmungen, vor allem den Labradorstrom und den Ost-Grönlandstrom, nicht mehr dem warmen Golfstrom entgegenschicken. So würde auch das Eis schmelzen, kein Sonnenlicht mehr reflektieren, die Wassertemperatur der Ozeane würde weiter ansteigen, „unser Planet erhielte dadurch auf einen Schlag einen märchenhaften Schatz an Wärme und Wasser." Der Staudamm wirkt als „Klimafabrik", am nördlichen Eismeer würden fortan Temperaturen wie in der Ukraine herrschen.

Mit diesem Projekt war die Sowjetunion in den 1950er Jahren auf der Höhe ihrer Zeit. Die sowjetischen Klimaverbesserer verglichen ihr Projekt auch mit dem Atlantropa-Projekt Hermann Sörgels (→ S. 262 ff), das zu dieser Zeit schon als gescheitert galt. Die Moskauer Technikpropagandisten verwiesen darauf, dass im Westen die großartigen Vorhaben bürgerlicher Phantasten totgeschwiegen oder bestenfalls als Utopie verspottet würden. Der Beringstraßenstaudamm würde in der Folge nicht nur eine Autostraße, sondern auch eine transkontinentale Eisenbahnlinie tragen und so nicht nur zur Verbesserung des Klimas in Sibirien, sondern auch des politischen Weltklimas beitragen.

Zum ersten Mal wurde im Westen aber Angst vor dieser „meteorologischen Bombe" angesichts des nach dem Abschmelzen des Polareises steigenden Meeresspiegels artikuliert. Zumindest eine Eisenbahn bzw. Straßenverbindung über eine noch zu errichtende Brücke über die Beringstraße wird aber weiterhin als seriöses Projekt diskutiert.

Die 1950er Jahre waren ein Zeitalter der durch den Kalten Krieg entfachten Furcht, aber auch ein Neben- und Miteinander von Weltuntergangsängsten und grenzenlosem Zukunftsoptimismus. Eine ganze Generation schwelgte im Rausch utopischer Technikbilder. Der Enthusiasmus der Sowjetbürger für das technisch Machbare sollte als gesellschaftliche Energiequelle erschlossen werden, um die Legitimität und Autorität des zukunftsgläubigen Parteistaates zu stärken. Die Zukunftsentwürfe sollten den Menschen der Sowjetunion helfen, sich eine Vorstellung von dem großartigen Arbeitsfeld zu machen, auf dem sie sich zu bewähren hätten – und sie sollten von der beschämend dürftigen Gegenwart ablenken, die lediglich als Durchgangsstadium zu verstehen war.

Geschichte ist nicht nur das, was sich „wirklich" ereignete und realisieren ließ, sondern auch das, was nicht geschah und sich nicht umsetzen ließ, aber dennoch in der Vorstellung der Menschen als Phantasiegebilde oder Alptraum existierte (Gestwa 2004, 16).

Brüter

„Too cheap to meter", zu billig, um überhaupt noch gemessen zu werden, sollte elektrische Energie auf nuklearer Basis Anfang der fünfziger Jahre bald sein[75]: ein utopisches Versprechen des grenzenlosen Überflusses aus dem Geist Francis Bacons. Neben dem energetischen Schlaraffenland versprach die Kernenergie noch die militärische Unangreifbarkeit, sodass sich etwa in Frankreich Regierungsstellen darum stritten, beim Reaktorbetrieb eher den Elektrizitäts- oder den Plutoniumausstoß zu maximieren (Cooke 2011, 182). Damit nicht genug, sollte es schon bald eine Technologie auf dem Markt geben, die spaltbares Material nicht mehr verbrauchen, sondern im Gegenteil bei der Energieproduktion zusätzlich erzeugen würde. Diese Technologie war der „Brüter". In einem Brutreaktor herrscht, verglichen mit einem normalen Reaktor, etwa die fünffache Energie- bzw. Leistungsdichte, d. h. pro Volumen wird das Fünffache an thermischer Leistung freigesetzt. Wegen der hohen Kosten für die Anreicherung von Uran war auch das erste, noch experimentelle amerikanische Kernkraftwerk, das im Jahr 1951 im Bundesstaat Idaho in Betrieb ging, ein Brutreaktor mit 200 kW Leistung[76].

Der Brüter würde die Vorräte an Kernbrennstoff praktisch unbegrenzt vermehren, „erbrüten". Im Brüter würde nicht-

---

75 So ein von Lewis Strauss, Chairman der US Atomic Energy Commission, aus 1954 übermitteltes Zitat, in: Cooke 2011, 12.
76 200 kW entsprechen der Leistung eines etwas übertrieben motorisierten Autos; der Reaktor in Idaho erlitt 1955 eine partielle Kernschmelze.

spaltbares Kernmaterial durch Neutronenbeschuss in spaltbares umgewandelt, das dann wiederum in konventionellen Kernkraftwerken zur Energieproduktion verwendet werden könnte. Das Ganze klingt beinahe wie das Prinzip eines Perpetuum Mobile, spielt sich allerdings vollkommen im Rahmen seriöser Kernphysik unter inhaltlicher Würdigung des ersten Hauptsatzes der Thermodynamik ab. Allerdings zeigte es sich an der Brütertechnologie schneller als an der „gewöhnlichen" Kernenergie, dass nicht alles technisch machbar ist, geschweige denn gesellschaftlich akzeptiert wird, was physikalisch funktionieren würde.

Grundsätzlich gibt es zwei Typen von Brütern, den „schnellen" und den „thermischen" Brüter – die Bezeichnungen „schnell" und „thermisch" (=langsam) beziehen sich auf die Geschwindigkeiten der für den Brutprozess verwendeten Neutronen. Ersterer erbrütet aus dem reichlich vorhandenen[77], nicht spaltbaren Uran 238 über einige Zwischenschritte Plutonium 239, das zur Energiegewinnung in einem Reaktor gespalten werden kann. Ein „thermischer" Brutreaktor wiederum erbrütet aus Thorium 232, von dem es auf der Welt zwei bis drei Mal so viel gibt wie von Uran, das spaltbare Uranisotop 233, das dann wieder in konventionellen Kernkraftwerken als Spaltstoff eingesetzt werden kann. Obwohl Brutreaktionen in jedem Kernreaktor stattfinden, spricht man erst dann von einem eigentlichen „Brutreaktor", wenn dieser mehr Spaltstoff erzeugt, als die ursprüngliche Kernreaktion verbraucht.

Voraussagen über den baldigen Einsatz des Brüters lesen sich wie eine Liste der gebrochenen Versprechen (Smil 2005, 2008, 2010; Radkau 1989, 2000; Gerwin 1976). 1970 wurden schnelle Brüter für 1980 vorausgesagt, sie erschienen (wieder einmal) als die „endgültige Energiequelle der Menschheit". „Es gibt kaum Zweifel daran, dass Brüter erfolgreich und die ultimative Energiequelle der Menschheit sein werden." General Electric, das den Brüter für die USA baute, ist 1973 sicher, „dass der Brüter ca. 1982 kommerziell eingesetzt werden wird

---

77 Natururan besteht zu 99,3 Prozent aus dem nicht-spaltbaren Uran 238 und nur zu 0,7 Prozent aus dem spaltbaren Isotop Uran 235.

und um 2000 ca. die Hälfte aller neu errichteten thermischen Kraftwerke in den USA Brüter sein werden". Ein noch im Bedürfnis der affirmativen Nuklearbegeisterung verfasstes deutsches Werk (Gerwin 1976, 136) sieht 1976 den kommerziellen Betrieb von Brütern in Frankreich und Großbritannien für die 80er, in Deutschland, Japan und den USA für die 90er Jahre realistisch. Und der Autor räumt – aus heutiger Sicht prophetisch – ein, Brutreaktoren seien deshalb notwendig, weil die Entwicklung von Kernkraftwerken ansonsten „eine Eintagsfliege, eine kurzfristige Lösung unserer Energieprobleme" zu werden drohe. Ebenfalls 1976, als die französische Regierung das Brüterprojekt Superphénix bewilligte, kündigte die französische Atomenergiebehörde CEA an, bis zur Jahrhundertwende würden weltweit 540 Reaktoren dieses Typs ans Netz gehen – realiter war es keiner (Cooke 2011, 185).

Brüter und Wiederaufbereitung schließen den Brennstoffkreislauf und rücken die Kernkraft theoretisch in die Nähe der erneuerbaren Energie. Wenn man schon kein Endlager für radioaktive Abfälle finden konnte, würde man sie einfach weiter verwenden. Unter der Präsidentschaft Jimmy Carters wandte sich die US-Regierung aber vor allem aus Gründen der Proliferationsverhütung, also im Interesse der Aufrechterhaltung des Nuklearwaffenmonopols der Atommächte, gegen Schnelle Brüter und Wiederaufarbeitungsanlagen. Das amerikanische Brüterprogramm wurde 1983 eingestellt (Smil 2003, 130 f). Schon ab Mitte der 1970er Jahre wurden in den USA, hauptsächlich aus Kostengründen, keine neuen Kernkraftwerke mehr bestellt (Radkau 2011, 217 f). In Deutschland war man noch im April 1985 zuversichtlich, der Schnelle Brüter in Kalkar („der Koloß von Kalkar") würde binnen Jahresfrist den ersten Strom erzeugen[78]. Die projektierten Kosten waren damals von den 1973 geplanten 1,35 Mrd. DM auf 6,5 Mrd. DM emporgeschnellt. Die Planungen für dieses Kraftwerk hatten 1966 begonnen; es wurde auch tatsächlich 1985 fertig gestellt, ging aber nie in Betrieb. Im nuklearfreundlichen Frankreich verfügte Dominique Voynet in ihrem er-

---

78 „Brüter: Bauarbeiten exakt im Terminplan". Bild der Wissenschaft, April 1985, 16.

sten Akt als grüne Umweltministerin 1997 die Stilllegung des Schnellen Brüters Superphénix, der hochgefährlich und kommerziell längst schon unrentabel geworden war, auch angesichts des Überangebotes an Plutonium aus dem Betrieb gewöhnlicher Kernkraftwerke (Radkau 2011, 293).

In der Praxis, bei den wenigen Demonstrationsanlagen, die weltweit überhaupt in Betrieb gingen, erwiesen sich die technischen Herausforderungen der schnellen Brütertechnologie als kaum bewältigbar. Insbesondere die Abfuhr der Wärme aus dem Reaktorkern, die nicht wie bei gewöhnlichen Kernreaktoren vermittels Wasser geschehen kann – der im Wasser enthaltene Wasserstoff würde die Neutronen „moderieren", also abbremsen, die Brutreaktion würde in der Folge abklingen –, sondern durch flüssige Metalle wie Natrium, zeigte sich als Ausgangspunkt zahlreicher Sicherheitsprobleme. Nur wenige der geplanten schnellen Brutreaktoren (SBR) konnten tatsächlich gebaut werden. Mit Ausnahme des Reaktors in Belojarsk (Russland) wurden alle Brüter, zum Teil nach kürzester Laufzeit, aufgrund von Schwierigkeiten mit der Steuerung, Unfällen oder Bürgerprotesten von den Betreibern stillgelegt. Das Konzept des Schnellen Brüters erscheint sicherheitstechnisch nicht gelöst (Österreichisches Ökologieinstitut, Österreichische Energieagentur 2011).

Als „neue Generation" (die inzwischen vierte) lebt sie jedoch auch nach dem Unfall im japanischen Fukushima weiter[79]. Im tschechischen Dukovany soll ab 2015 die Demonstrationsanlage für einen heliumgekühlten schnellen Brüter mit etwa 75 MW geplant werden. Der vorgesehene Probebetrieb soll zwischen 2026 und 2046 stattfinden.

Kernfusion

Auch die Kernfusion war seit den 50er Jahren ein großes Zukunftsversprechen für die Energieversorgung der Menschheit. Anders als bei der Kernspaltung in einem Atomreaktor, wo schwere Atomkerne in leichtere gespalten werden, wird bei der Kernfusion Energie gewonnen, indem zwei leichte Atomkerne (zum Beispiel Wasserstoffisotope) zu einem

---

79 Vgl. Internationale Atomenergieorganisation www.iaea.org.

schweren (z. B. Helium) fusionieren. Dieses Prinzip ist in der Sonne realisiert, was seit 1938 bekannt ist, und genießt vielleicht deshalb, und weil in einem Fusionsreaktor weniger gefährliche radioaktive Substanzen entstehen als in einem Spaltungsreaktor, gewisse Sympathien. „Die Kernfusion, wenn sie uns je beschert wird, könnte das Energieproblem auf immer lösen" (Jonas 1984, 337) ist nicht einmal Hans Jonas, der ansonsten utopischem Denken sehr kritisch gegenübersteht, angesichts dieser vermeintlichen Möglichkeit vor dem Pathos einer totalen Lösung gefeit. Ausgangsmaterial für die Fusion ist Wasserstoff, der als häufigstes Element des Weltalls auch auf der Erde praktisch unbegrenzt vorhanden ist – ein Fusionskraftwerk auf Basis von Wasserstoff erfüllte also das baconsche Gebot der Unerschöpflichkeit.

Ist man auch 2014 von einem funktionierenden Fusionsreaktor noch ähnlich weit entfernt wie 1950, so hat sich doch während all dieser Jahre ein gewisser Optimismus erhalten. Die seriöse deutsche Zeitschrift *Außenpolitik* zitierte 1954 eine Prognose, Kernfusion werde voraussichtlich in zwei Jahren praktisch verwendungsreif sein" (Radkau 2011, 477). Seaborg (1971) sprach von einer positiven Produktion um 1980. In einer Delphi-Studie von 1974 glaubten 75 Prozent der Experten an die kommerzielle Produktion aus Fusionsreaktoren ab dem Jahr 2000. Im Magazin international fusion research gab es 1979 eine Einschätzung, die Nettoproduktion in Fusionsreaktoren würde in 15 Jahren gelingen, eine Demonstrationsanlage in 25 Jahren, also ab 2004 produzieren. Experten meinen 1992, kommerzielle Fusionsenergie werde es „in 40 bis 50 Jahren geben". Bei diesem Zeithorizont fand sich auch eine 1999 befragte „Expertengruppe" (Smil 2003, 131 f). Das Office of Technology Assessment (OTA) der USA sah sich 1987 jedoch zur etwas ernüchterten Feststellung gezwungen, dass nach 40 Jahren Fusionsforschung und etwa 20 Mrd. Dollar an Investitionen der kommerzielle Betrieb eines Fusionsreaktors immer noch 50 Jahre in der Zukunft liege – ein Zeitraum, der auch von einem Expertengremium zwölf Jahre später aufrechterhalten wurde. Dieser praktisch unabhängig vom Zeitpunkt der Prognose jeweils 50 Jahre in der Zukunft liegende zu erwartende kommerzielle Betrieb eines Fusionsreaktors hat sich inzwischen als „Fusionskonstante" ironische Bekanntheit errungen.

Zu den Fusionsutopien zählt auch die an die Science Fiction angelehnte Idee, das auf dem Mond in recht ansehnlicher Menge vorkommende Helium-Isotop He-3 – man schätzt, es gibt dort etwa eine Million Tonnen davon – zu gewinnen und dieses auf der Erde durch Kernfusion in gewöhnliches He-4 umzusetzen. Obwohl nicht klar ist, ob die Fusion von He-3 überhaupt technisch möglich ist, erscheint insbesondere die Möglichkeit verführerisch, die bei dieser Fusion frei werdende zwei Protonen gleich direkt in einer Art Brennstoffzelle in elektrische Energie umzuwandeln. Helium-3 stammt aus der Sonne, es entsteht bei den dortigen thermonuklearen Prozessen. Die ionisierten (elektrisch geladenen) He-Partikel werden vom irdischen Magnetfeld abgelenkt, deshalb kommt das Isotop auf der Erde kaum vor. Den Mond hingegen, der über kein Magnetfeld verfügt, trifft der Sonnenwind mit den Heliumpartikeln ungebremst. Leider sind die eine Million Tonnen sehr gleichmäßig auf die gesamte Oberfläche des Mondes verteilt, also extrem verdünnt und nirgends zu Lagerstätten segregiert, was neben dem ungelösten Transportproblem ein weiteres Hindernis für die Gewinnung darstellt.

Dies kümmert den Utopiker aber lediglich am Rande.

Kalte Fusion

Als die Physiker Johannes Georg Bednorz und Karl Alexander Müller 1986 eine Substanz vorstellten, die schon unterhalb von 35 Kelvin supraleitend wurde, das heißt den elektrischen Strom ohne Widerstand leitete, widersprach das der damals anerkannten Theorie der Supraleitung fundamental. Dem gängigen Modell zufolge durfte die Supraleitung bei dieser relativ hohen Temperatur (aufgrund der thermischen Gitterschwingungen) nicht mehr auftreten. Ob die begriffliche Grundlage des anerkannten Modells allerdings überhaupt anwendbar war, stand völlig offen. Auch 20 Jahre später gibt es keine theoretische Erklärung für das Phänomen der Hochtemperatur-Supraleitung (Steinle 2008, 40 f). Die experimentellen Arbeiten, die weltweit einsetzten, haben seither aber zu Materialien mit noch viel höheren Sprungtemperaturen geführt. Diese Arbeiten sind nicht durch Theorieprüfung geleitet, sondern durch breites Explorieren und Probieren gekennzeichnet, durch den Versuch, dabei überhaupt erst einmal die dem Phänomen angemessenen Begriffe zu entwickeln. Das explorative, probierende, nicht theoriegeleitete Vorgehen hat in der angewandten Physik entgegen der geläufigen Meinung eine lange Tradition. Dabei wird begriffliches Neuland systematisch probierend-entdeckend erschlossen, noch bevor es eine befriedigende Theorie für die Phänomene gibt, mit denen man zu tun hat. Die ersten Dampfmaschinen funktionierten mehr als hundert Jahre bevor es überhaupt einen Energiebegriff gab, geschweige denn der Energieerhaltungssatz formuliert war. Um bei BASF einen brauchbaren Ammoniakkatalysator zu entwickeln, wurden in den ersten Jahrzehnten des 20. Jahrhunderts etwa 20.000 Versuche durchgeführt (Radkau 1989, 256). Und auch die Kernspaltung war bereits 1934 in zahlreichen Labors in Paris, Cambridge, Rom, Zürich und Berlin experimentell realisiert worden, den Physikern aber zu absurd erschienen, um als solche erkannt zu werden, sie wollten zwischen 1932 und Ende 1938 einfach nicht glauben, was ihre Instrumente ihnen sagten[80].

Kernfusion findet im Inneren der Sterne (z. B. der Sonne) unter sehr hohen Drücken und Temperaturen seit Milliarden von Jahren statt. Auf der Erde gelang die heiße Kernfusion bislang nur in einer explodierenden Wasserstoffbombe. Die Forschungen, die zur Errichtung eines Kernfusionsreaktors im Forschungsmaßstab (ITER genannt) führen sollen und die seit Jahrzehnten betrieben werden, müssen vor allem Methoden entwickeln, wie ein ionisiertes Gas (Plasma) mit einer Temperatur von etwa 100 Mio. Grad Celsius für ausreichend lange Zeit gehalten werden kann. Das lässt sich mit gewöhnlichen Materialien nicht erreichen.

---

80 Jungk 1964, 55; 63: Es fehlte auch nicht an Wissenschaftlern, die diese Ergebnisse korrekt deuteten. Die deutsche Chemikerin Ida Noddak etwa schlug die „Kernzertrümmerung" als Erklärung vor, wurde allerdings nicht ernst genommen.

Einige Physiker behaupten aber, Kernfusion auch unter einfachsten Bedingungen bei Raumtemperatur im Reagenzglas ausgelöst zu haben. Aufgrund der niedrigen Temperaturen und Drücke, die für diese Experimente notwendig sind, spricht man in diesem Fall von „Kalter Fusion".

Adam Gula (geb. 1941), ein polnischer Kernphysiker, der an der AGH Universität in Krakau arbeitet, war in den 1970er und 80er Jahren am sowjetischen Kernforschungszentrum in Dubna nördlich von Moskau an den sowjetischen Forschungen zur Realisierung der Kalten Fusion beteiligt. Er schildert, dass dem kleinen Team von Physikern damals sämtliche Forschungsressourcen der Sowjetunion zur Verfügung gestanden seien und er wirklich für einige Zeit geglaubt habe, den Schlüssel zur Lösung aller Energieprobleme der Menschheit in Händen zu halten[81]. Erstmals wurde die Idee der kalten Kernfusion von Andreij Sacharow (1921–1989), dem russischen Kernphysiker und späteren Dissidenten vorgestellt – an der Realisierung von dessen Idee arbeitete auch das Sowjetische Wissenschaftlerteam in Dubna.

Im Frühjahr 1989 erregten die beiden amerikanischen Chemiker Fleischmann und Pons großes Aufsehen, als sie in einer wissenschaftlichen Publikation behaupteten, ihnen sei ein Kernfusionsexperiment im Reagenzglas gelungen (Fleischmann/Pons/Hawkins 1989). Für einige Wochen stand die Fachwelt im Banne der Möglichkeit, die Energieprobleme der Menschheit ließen sich auf dieser Basis quasi endgültig lösen. Allerdings blieben Bestätigungen dieses Experiments, die eine notwendige Voraussetzung für die Anerkennung in der Fachwelt darstellen, in der Folge aus. Seit diesem Zeitpunkt taucht die Kalte Fusion immer wieder in wissenschaftlichen und auch in parawissenschaftlichen Publikationen auf, ohne dass sich am grundsätzlichen Zweifel an ihr – aber auch an ihrer Faszination – etwas geändert hätte. Nach den vergeblichen Versuchen, die Versprechen des Fleischmann-Pons-Experiments doch noch einzulösen, versuchten verschiedentlich esoterische Zirkel und Weltverschwörungsanhänger, die

---

81 Adam Gula, persönliches Gespräch, 26. Jänner 2011. Vgl. auch Profil Nr. 19, 42. Jg., 9. Mai 2011. 68-72.

Kalte Kernfusion zu vereinnahmen, sehr zum Schaden des Themas selbst. So blieb in der Öffentlichkeit weitum unbemerkt, dass inzwischen ein gelungenes Experiment vorliegt, das die Kalte Kernfusion auch nach Maßgabe aller naturwissenschaftlichen Kriterien als nachgewiesen ausweist. Mit dieser Methode werden inzwischen im Labormaßstab mit relativ geringem Aufwand Neutronen für Forschungszwecke produziert, als Energiequelle eignet sich diese Form der Kalten Fusion nach Angabe der Entdecker jedoch nicht (Naranjo et al. 2005). Jedenfalls, und das ist vielleicht der entscheidende Aspekt dieses Experiments von Naranjo und Kollegen, wurde damit gezeigt, dass das Phänomen selbst keine Schimäre ist. Und Buchtitel wie *Die Kalte Fusion – das größte wissenschaftliche Desaster des Jahrhunderts*[82] sind augenscheinlich mehr reißerischem Heischen um Aufmerksamkeit und Verkaufszahlen geschuldet als der Beschäftigung mit dem Phänomen.

Das US-Department of Energy empfahl im Dezember 2004, einzelne, gut begründete Experimente zur Erforschung der Kalten Fusion weiter zu finanzieren. Zu verführerisch erscheint offenbar die doch nicht ganz auszuschließende Möglichkeit, damit der Menschheit eine praktisch unerschöpfliche Energiequelle zu erschließen.

Zusammengefasst verdeutlichen die Anstrengungen und Gedanken rund um die Nutzung der Kernenergie, wie sehr wir utopischem Denken verbunden sind. Der Utopiker begeistert sich an einem gewonnenen Ziel, das rational-physikalisch widerspruchsfrei funktioniert und kümmert sich nicht um den Weg, den er gehen müsste, um dieses zu erreichen. Die Utopie, das verdeutlicht die Geschichte der Kernenergie, kann aber gerade auf dem Weg der technischen Realisierung scheitern.

3.3.4 Die Erneuerbaren oder Die utopische Schubkraft der Solarkonstante

Alle Makel, die notwendig an den fossilen und nuklearen Utopien haften, versprechen die erneuerbaren Energieträ-

---

82 So ein Buchtitel von John Huizenga (1993): Cold Fusion, the Scientific Fiasko of the Century, Oxford University Press.

ger zu tilgen. Der regional extrem ungleichen und der drohenden begrenzten globalen Verfügbarkeit der fossilen und nuklearen Reserven begegnen die Erneuerbaren mit der alle Knappheitsbefürchtungen überstrahlenden Solarkonstanten, die den aktuellen jährlichen Energiebedarf der Menschheit alljährlich um das 11.000-Fache übersteigt. Sie verspricht, auf Wunsch fast an jedem Ort der Erde jederzeit mehr an Energie abzuliefern als dort benötigt wird und das, in menschlichen Maßstäben gemessen, für unendliche Zeiträume. Der latenten Gefahr der Proliferation waffenfähigen nuklearen Materials, eines katastrophalen Unfalls in einem Kernkraftwerk und den ungeklärten Fragen und enormen Kosten der Endlagerung radioaktiven Abfalls stellen sie ihre ausgewiesene Friedfertigkeit und Fehlerfreundlichkeit entgegen. Das ungelöste und beunruhigende Entsorgungsproblem des Endprodukts der Verbrennung fossiler Energieträger, das in der Atmosphäre und in den Ozeanen deponierte Kohlendioxid, kommt bei Solarenergie, Windenergie und Wasserkraft nur in Spuren vor, bei der Biomassenutzung wird es im Idealfall in einem geschlossenen Kreislauf geführt, bei der Geothermie allenfalls wieder in die Erde zurückgeleitet, wo es herstammt. Mit den Erneuerbaren nutzt der Mensch die Energieflüsse, nicht die Energiebestände in der Erdkruste, er verbraucht also keine Substanz, sondern nutzt nur einen winzigen Teil des permanenten Zugewinns.

Schon 1931 verfällt Hans Günther ins poetische Schwärmen, wenn er die Potenziale der Erneuerbaren aufzählt:

Das sichtbare Inventar (der Energiequellen) ist schnell aufgenommen. Lassen wir die Kohlen, das Erdöl, die Flüsse und Wasserfälle beiseite, so kommen in Betracht:
• die unendlichen Wärmemengen, die von der Sonne her über die Erde fluten,
• die ungeheure Glut, die unser Wohnplanet als Mitgift seiner Mutter in seinem Inneren birgt,
• die Strömungen im Luftmeer, die wir Winde nennen,
• der Wellenschlag der Meere, der sich als donnernde Brandung an ihren Küsten bricht,
• das ewige Steigen und Fallen der Gezeiten, jene gemeinhin

Abbildung 7: Die überwältigende Dimension der technisch nicht genutzten erneuerbaren Energieströme, also der Solarkonstante und der Geothermiekonstante, im Verhältnis zum Energieverbrauch der Menschheit in 2010: Von der jährlich von der Sonne auf die Erde eintreffenden Energiemenge von 5,5 Mio. EJ, der Solarkonstante, werden 30 % ins Weltall reflektiert, 20 % in der Atmosphäre absorbiert. Vom Rest fallen ca. 30 % auf das Festland und nicht auf die Ozeane, das sind die hier dargestellten ca. 825.000 EJ. Dazu kommen ca. 1.325 EJ der geothermischen Energiekonstante. Die 430 EJ an jährlichem fossilen Energieverbrauch, der Verbrauch nuklearer Primärenergie von ca. 30 EJ (beide schwarz), und die etwa 70 EJ an Erneuerbaren, die der Mensch derzeit jährlich nutzt (hell), scheinen demgegenüber zu verschwinden.

Ebbe und Flut genannte periodische Bewegung des Meeresspiegels, die der Mond mit seiner Massenanziehung zustande bringt (Günther 1931, 19).

Wenn die fossilen Energieträger das utopische Ideal nicht mehr lange erfüllen können und dürfen (schon 1881 hielt Lord Kelvin einen berühmten Vortrag über natürliche Energiequellen, in dem er vor der Endlichkeit der Kohle warnte und den Triumph der Windkraft vorhersagt), das nukleare Versprechen sich als gescheitert erweist[83] – was bleibt anderes übrig, als die Erwartung an die Erneuerbaren zu knüpfen? Zumal diese versichern, die Utopie endlich für alle Menschen auf Erden und für unbegrenzte Zeit mit geringen unerwünschten Nebenwirkungen zu realisieren. Auf neue Wege zur Nutzung der Solarenergie zurückzukehren, würde zumindest theoretisch einen Großteil der Umweltprobleme dieser Erde mit einem Schlag lösen, so auch der Umwelthistoriker Joachim Radkau (2011, 475). Entsprechend fehlt es nicht an begeisterten Fürsprechern für die Erneuerbaren und die öffentliche Meinung scheint ihnen gewogen – zumindest prinzipiell.

Angesichts dieser geballten Liste von Vorteilen stellt sich die Frage, warum die Erneuerbaren nicht schon längst den Energiemix der Welt dominieren, anstatt wie 2011 weniger als 20 Prozent zur Energieversorgung der Menschheit beizutragen. Oder: Können die Erneuerbaren dieser vielleicht unmäßigen Erwartung überhaupt gerecht werden?

Historisch war Holz, das sich als eine Form von Biomasse mit Hilfe der Sonnenenergie im Zyklus von einigen Jahren bis Jahrzehnten erneuert, der über viele Jahrtausende neben der eigenen Arbeitskraft und derjenigen von Tieren praktisch einzige Energieträger der Menschheit. Bis ins 18. Jahrhundert lebte sie beinahe vollständig im solaren – also erneuerbaren – Zeitalter, aber damit nicht notwendig nachhaltig. Etwa 2,6 Milliarden Menschen tun das noch heute, sie heizen und kochen mehr oder weniger notgedrungen fast ausschließlich mit Holz und anderen Formen von Biomasse (Maisspindeln, Tierdung …)[84]. Von diesen Menschen haben 1,3 Milliarden keinen Zugang zu elektrischer Energie, 85 Prozent von ihnen

---

83 *The dream that failed* übertitelt der *Economist* ein Jahr nach dem Unfall im japanischen Fukushima einen Special Report Nuclear Energy: *The Economist*, 10. März 2012, 2-16.

84 Der Beitrag dieser als „traditionelle Biomassenutzung" bezeichneten Verwendung von Holz und anderen Pflanzen zum Heizen und Kochen an der Energieversorgung der Welt beträgt etwa sechs Prozent und damit etwa das Dreifache der aus Nuklearenergie produzierten elektrischen Energie (IPCC 2011, 174 f).

leben in ländlichen Gebieten, obwohl gegenwärtig etwa die Hälfte aller Menschen weltweit in Städten lebt. Sind erneuerbare Energieträger so gesehen vielleicht eher ein Indikator für Armut als eine Lösung für die Energieprobleme der Zukunft (→ auch Kap. 2.2, S. 88ff)?

Holz und Biomasse sind deshalb die bevorzugten Energieträger der Armen, weil sie beinahe überall mit eigener Arbeitskraft gefunden und gewonnen werden können. Der Aufwand an menschlicher Anstrengung ist dabei oft erheblich, beansprucht bis zu mehrere Stunden pro Tag und wird traditionell zumeist von Frauen und Kindern erbracht. Für diese Mühsale fallen keine Kosten im üblichen Sinn des Wortes an (Schmidl 2005).

Die betriebswirtschaftlichen Kosten für die Nutzung erneuerbarer Energieträger lagen lange über denen der fossilen, weil man den Schaden, den die fossilen im volkswirtschaftlichen Zusammenhang langfristig – etwa als Folgekosten des Klimawandels – anrichten, nicht in deren Preis einberechnet. Seit einigen Jahren liegen sie für einige Technologien aber auch schon unter dem Preisniveau der fossilen, sind also schon heute eine günstige Alternative. Das hängt damit zusammen, dass einige der mit ihnen konkurrierenden fossilen Energieträger empfindlich teurer geworden sind, während zeitgleich Technologien wie die Photovoltaik oder Windkraftwerke zunehmend kostengünstiger geworden sind – man spricht hier von „Lernkurven".

Der Anteil erneuerbarer Energieträger wächst, aber von niedrigem Niveau aus. Die Europäische Union hat sich das Ziel gesetzt, den Anteil erneuerbarer Energie bis 2020 auf 20 Prozent zu steigern. Das dominierende und weltweit wahrgenommene Projekt in diesem Zusammenhang, die deutschen „Energiewende", hat es nicht nur als eines der raren deutschen Beispiele in den angelsächsischen Wortschatz geschafft, die Energiewende hat auch das Potenzial, eine globale Energierevolution zu mobilisieren (Schiermeier 2013).

Das technische Potenzial der Erneuerbaren übersteigt den aktuellen und auch jeden prognostizierten zukünftigen Bedarf der Menschheit an Energie eindrucksvoll (→ Tabelle 4).

Nach einem Blick auf die Tabelle stellt sich die Frage noch drängender: Woran liegt es wirklich, dass die Menschheit ihr Energiesystem nicht schon längst ausschließlich auf erneuerbare Quellen umgestellt hat? Wo, wenn es ihn gibt, finden wir den wesentlichen Nachteil der Erneuerbaren gegenüber den dominierenden Fossilen?

Energiequelle (Erneuerbare)	Verhältnis des jährlichen Anfalls dieser Quelle zum gesamten Primärenergieverbrauch der Menschheit 2008
Bioenergie	3,1
Solarenergie	7.900
Geothermie	2,8
Wasserkraft	0,3
Meeresenergie (Wellen-, Gezeiten-, Meeresströmungsenergie etc.)	15
Windenergie	12

Tabelle 4: Technisches Potenzial (darunter wird jene Energiemenge verstanden, die man erhalten würde, wenn eine bekannte Technologie im vollen möglichen Umfang umgesetzt würde) der erneuerbaren Energieträger im Verhältnis zum jährlichen Primärenergieverbrauch der Menschheit für 2008. Ein Faktor 12 bei der Windenergie bedeutet beispielsweise, dass jährlich etwa 12 Mal so viel an Windenergie nutzbar wäre, wie die Menschheit in 2008 verbrauchte. Zahlenwerte nach IPCC 2011, 182.

Auch die fossilen Energieträger Kohle, Erdöl und Erdgas können ihren Ursprung auf die Sonne zurückführen. Sie stellen aber Energiespeicher dar, die über viele Jahrmillionen und ganze Kontinente angereichert worden sind. Ihre aktuelle Erneuerungsrate liegt bei etwa 380 PJ pro Jahr, das ist lediglich etwas mehr als ein Drittel dessen, was allein die Republik Österreich pro Jahr an fossilen Energieträgern verbraucht und weniger als ein Tausendstel des Verbrauchs der Weltwirtschaft (eigene Berechnung nach Smil 2008). Entsprechend sind sie in bestimmten Lagerstätten aufkonzentriert und dort relativ leicht zu gewinnen. Dieser über Raum und Zeit aufgesammelten konzentrierten Solarenergie, die in fossiler Form vorliegt, steht die tagtäglich in damit verglichen geringer Konzentration anfallende erneuerbare Solarenergie gegenüber. Zwar erscheint deren absolute Menge (→ Tabelle 4, S. 243) über alle Maßen ausreichend. Sie ist aber eben recht gleichförmig und diffus-dezentral über den ganzen Planeten verteilt, pro Flächeneinheit ist ihre Menge, die „Energiedichte", gering. Will man erneuerbare Energie für den Menschen nutzbar machen, so nehmen die dafür notwendigen Technologien in Gestalt von Bauwerken daher meistens auch enorm große Ernteflächen in Anspruch. Sorgt die Natur selbst für eine gewisse Konzentration ihrer erneuerbaren Energieträger in Raum oder Zeit, etwa bei der Wasserkraft, wo sie den diffus anfallenden Regen in Tälern und Flüssen vereinigt und räumlich konzentriert, oder bei der Bioenergie, wo die Pflanzen die Solarenergie vermittels Photosynthese über eine oder mehrere Vegetationsperioden ansammeln, so können entsprechende Konstruktionen für deren Nutzung noch relativ überschaubar gehalten werden. Windkraftwerke und Solarkraftwerke[85], sollen sie irgendwann in der Energieversorgung dominieren, werden aber auch die Landschaften unübersehbar formen, weil sie notgedrungen große Flächen abernten werden.

Das ist für sich genommen eigentlich nichts Neues: Schon die Kohleförderung im England des 19. Jahrhunderts transformierte die zuvor agrarische Landschaft, diese selbst ist schon weit entfernt von der voragrarischen Naturlandschaft und unsere Infrastrukturen für den Transport, Autobahnen und Flughäfen, gestalten ebenfalls Landschaft. Ästhetisches Ressentiment kann das entscheidende Argument gegen die Erneuerbaren nicht sein.

Der unregelmäßige, wetterabhängige und auch nicht immer gut im Voraus abschätzbare Beitrag der Sonnen- und der Windenergie („wrong time renewables" ist ein amerika-

---

85 Der Anteil der Windenergie an der weltweiten Stromproduktion beträgt Ende 2012 ca. 580 TWh oder etwas mehr als drei Prozent, der Anteil der Solarenergie an der Stromproduktion liegt bei 110 TWh oder 0,6 Prozent. Der Anteil der Stromproduktion am Gesamtenergieverbrauch liegt bei ca. 15 Prozent.

nischer Terminus dafür) zwingt die Betreiber des elektrischen Energiesystems, stets genügend Reserven bereitzuhalten, um die Lücke zwischen möglicherweise gerade dürftigem solaren Angebot bei gleichzeitig hohem Bedarf der Abnehmer jederzeit schließen zu können. Und er muss genügend an Transportkapazität in Form von Übertragungsnetzen bereitstellen und ausbauen, um die elektrische Energie im Bedarfsfall zwischen den Orten ihrer bevorzugten Erzeugung, beispielsweise an den Küsten, den Pumpspeichern in den Gebirgen, wo sie zwischengespeichert werden kann, und den Verbrauchszentren hin und her schicken zu können.

Auch ästhetische Ressourcen sind Ressourcen. Die unverbaute, unbeeinträchtigte Landschaft ist eine solche. Begleitet die Erneuerbaren vielleicht ein utopisches Versprechen in der Art, dass sie eine Rückkehr zu Beschaulichkeit, zur naturnahen, kaum von der Technik bedrängten ursprünglichen Lebensweise ermöglichen werden? Ein Versprechen, das notgedrungen erfüllt wird, solange die Erneuerbaren klein und lokal aufgestellt aus der Insel der Nachhaltigkeit heraus gegen die großindustrielle Energiewirtschaft rebellieren und mit einzelnen Projekten symbolischen Widerstand leisten. Ein Versprechen, das sich aber nicht mehr halten lassen wird, sobald ihr Beitrag substanziell werden soll?

Die Kernenergie ist an ihren einstigen utopischen Versprechen gescheitert. Die Erneuerbaren dürfen nicht in den Fehler der Kernenergieproponenten verfallen und eine „too cheap to meter"- oder eine Paradies-auf-Erden-Euphorie versprechen. Erneuerbare werden sich in keiner beseligenden „Wachturm"-Idylle verstecken können, sie werden als Wasserkraftwerke, Windräder, Solaranlagen, Plantagen und als Transportsysteme und Übertragungsleitungen zwischen den Erzeugern, den Speichern und den Verbrauchern sichtbar sein und mehr als die fossilen Energieträger die Landschaft dominieren.

Das fordert auch die Umweltbewegung heraus. Diese hat ihre Wurzeln nicht nur in einer pragmatischen Wissenschaft, die aus rationalen Erwägungen zur Umkehr auffordert, sondern zugleich auch in Spiritualität und sinnenhafter

Naturerfahrung. Sie formierte sich ursprünglich widerständig an der Anschauung naturzerstörender Aktivitäten des Menschen, an verseuchten Flüssen, mit Müll verunstalteten Landschaften (Radkau 2000, 306ff). Diese Bewegung, deren Verwissenschaftlichung zu Recht den Transfer in ein Zeitalter der erneuerbaren Energieträger fordert, stellt sich emotional und spirituell exakt gegen jene neuen Hochspannungs-Übertragungsleitungen, gegen das Landschaftsbild störende Windkraftwerke, die sie aus wissenschaftlicher Einsicht aus eben diesen Umweltgründen eigentlich befürwortet. Das ist ein Riss, der mitten durch das Herz der Ökologiebewegung geht, er trennt ihren emotionalen und spirituellen Zugang zum Thema von seiner wissenschaftlichen Reflexion.

Hätte sich die angewandte Wissenschaft den Herausforderungen, die aus den erneuerbaren Energieträgern resultieren, rechtzeitig zugewandt, wären diese wohl bereits technisch und ökonomisch bewältigt. Der utopische Schub aus der Solarkonstante hätte die dafür notwendigen Kräfte mobilisiert. Allerdings hat die Atom-Euphorie ab den 1950er Jahren für geraume Zeit solare Visionen verdrängt und die zugehörigen humanen Potenziale absorbiert und abgeschöpft. Mit der in naher Zukunft zu realisierenden Kernfusion, so versprach die konkurrierende atomare Utopie, würde man sich die Sonne sogar auf die Erde holen und brauche ihr nicht mehr mit großflächigen Kollektoren nachzulaufen. Unter indischen Physikern hatte es noch in den 1940er Jahren eine Begeisterung für die Solarenergie gegeben – ein Trumpf des sonnenreichen Landes gegenüber dem nebeligen Kolonialherrn Großbritannien. Nicht nur deren Vorkämpfer Homi Bhabha, noch 1952 ein engagierter Anhänger der Sonnenenergie, wandte sich unter der von Washington ausgerufenen „Atoms for Peace"-Euphorie der Atomkraft zu (Radkau 2011, 477), ganze Generationen von Physikern und Ingenieuren taten es ihm gleich.

Wasserkraft

Das Urbild aller produktiven Maschinerie, schreibt Karl Marx, sei die Wassermühle. Sie muss auf die Zeitgenossen ihrer Erfindung im ersten vorchristlichen Jahrhundert einen mitreißenden Eindruck gemacht haben. In seinem ihr gewidmeten Preisgedicht sieht Antipatros von Thessalonike (106–43 v. Chr.) einen Zustand ähnlich jenem im Goldenen Zeitalter heraufdämmern, in dem die Wassernymphen die mühsame Arbeit an der Handmühle übernehmen – im baconschen Geist könnte man heute sagen, dass sich mit ihrer Einführung erstmals das utopische Versprechen der materiellen Überfülle abzeichnete, nämlich einer Überfülle, die nicht mehr mühsam wie die Kohle aus finsteren Bergwerken herausgegraben werden musste, sondern die sich als fließendes Geschenk der Natur einstellt und nur darauf wartet, endlich genutzt zu werden:

> Schonet die mahlende Hand, o Müllerinnen, und schlafet sanft!
> Es verkünde der Hahn euch den Morgen umsonst!
> Däo hat die Arbeit der Mädchen den Nymphen befohlen,
> Und jetzt hüpfen sie leicht über die Räder dahin,
> Daß die erschütterten Achsen mit ihren Speichen sich wälzen,
> Und im Kreise die Last drehen des wälzenden Steins.
> Laßt uns leben das Leben der Väter, und laßt uns der Gaben
> Arbeitslos uns freun, welche die Göttin uns schenkt.
> (Antipatros, in: Marx 1972, 430)

Was der Antike das Goldene Zeitalter, war dem christlichen Mittelalter das Paradies, ein gottgeschaffener Idealort oder -zustand in einer fernen Vergangenheit, den die Menschen leichtfertig verspielt hatten. Der Gedanke daran mag die Mönche in den Klöstern, namentlich jenen der Zisterzienser, für die Wassermühlen eingenommen haben, galten doch Klöster in gewisser Weise als irdische Versuche, das himmlische Paradies – so weit das Menschen eben möglich war – nachzugestalten[86]. Der Bau von Wassermühlen wurde unter anderem mit der Freistellung der Arbeitskraft für die Zwecke des Gebets begründet.

Die antike Hochstimmung, die bei den Zisterziensern von nutzenbewusster maschinenbaulicher Rationalität abgelöst worden war, kristallisierte an dem kostenlos über die Maschine fließenden Wasser. Noch Darstellungen aus den 1920er Jahren sprühen vor Begeisterung angesichts der Überlegen-

---

86 Der Garten innerhalb des Kreuzganges in Klöstern wird als „Paradiesgarten" bezeichnet.

heit moderner Wasserkraftmaschinen über die rein mechanische Leistungsfähigkeit des Menschen: „Was ein Wasserfall wert ist: 4 Kubikmeter in der Sekunde 100 m tief: im mechanischen Vergleich gleich viel wie eine Schicht von 103.000 Mann der Arbeiterarmee, deren mechanische Arbeit derjenigen des technisch genutzten Wasserfalls gleichkommt" (Lämmel 1925, 24 ff).

1880 lieferte ein Wasserkraftwerk in England erstmals nicht nur wie seit Jahrtausenden mechanische, sondern elektrische Energie. Wasserkraftwerke umfassen einen Leistungsbereich von händisch transportierbaren Versorgungsanlagen für Almhütten mit 0,1 KW Leistung bis zum Drei-Schluchten-Damm in China mit einer Leistung von über 20 Mio. KW, also von acht Größenordnungen. Das ist mehr als jede andere Technologie zur Stromproduktion. Das nach oben unbegrenzte Leistungspotenzial der Wasserkraft inspirierte daher auch das utopische Denken:

Der Davydov-Plan (Gestwa 2004, 36 f; Gall 1998, 138), auch „großer Stalinscher Plan zur Umgestaltung der Natur", wurde nach dem Zweiten Weltkrieg in das staatliche Wirtschaftsprogramm der Sowjetunion aufgenommen und 1950 vom sowjetischen Ministerrat verkündet. Dabei handelt es sich um das Ende der 1940er Jahre erstmals veröffentlichte Vorhaben, die nordrussischen und sibirischen Flüsse Ob, Irtysch und Jenissej umzuleiten, sodass ein Großteil ihres Wassers nicht mehr ins nördliche Eismeer fließe, sondern über gigantische Kanäle und Stauseetreppen mit leistungsfähigen Wasserkraftwerken nach Süden. Unterhalb der Mündung des Irtysch in den Ob sollte eine 70 bis 80 m hohe Staumauer das sumpfige sibirische Tiefland in ein „Sibirisches Meer" von 250.000 km² Fläche verwandeln. So könnten die zentralasiatischen Wüsten- und Steppengebiete um Aralsee und Kaspisches Meer bewässert werden. Erst 1986 legte der kurz zuvor gewählte neue Generalsekretär Gorbatschow dieses Projekt endgültig zu den Akten. Bis dahin waren nicht nur Jahrzehnte an Planungsarbeiten verschwendet worden, auch erste „friedliche" Atombombenexplosionen für gigantische Erdbewegungen hatten stattgefunden. Neben der Beeinflussung des extremen

Kontinentalklimas durch die großen Wasserflächen und Bewässerungskanäle durch dieses Projekt sollten auch Kanäle für den Schiffstransport und Wasserkraftwerke entstehen.

Mit diesen groß gedachten Projekten stand die Sowjetunion zwischen den 1920er- und den 1960er Jahren nicht alleine da. Nach einer Idee von Max Franzke (Gall 1998, 110f) aus dem Jahr 1920 sollte auch das Rote Meer bei der 23 km breiten Meerenge von Bab-al-Mandab mit einem Damm verschlossen werden, um die durch die hohe Verdunstung im so gewonnenen Binnenmeer verursachte Absenkung des Wasserspiegels vermittels eines Wasserkraftwerkes zu nutzen.

Die Wasserkraft erfüllte also seit 2000 Jahren utopische Bilder. Und sie ist als erste im technologischen Alltag der industriellen Gesellschaft angekommen.

Windenergie

Schon vor der Wasserkraft wurde in den Jahrtausenden vor der Zeitenwende die Windenergie genutzt, allerdings zuerst nur zum Antrieb von Segelschiffen. Das Bauprinzip der Windmühlen gelangte dann im 13. Jahrhundert, aus Persien kommend, nach Europa.

1882 drehten sich im Deutschen Reich 18.901 Windmühlen – das historische Maximum. Gegen Ende des 19. Jahrhunderts wurden sie bereits vereinzelt von Dampfmaschinen abgelöst, die von größeren Mehlfabriken betrieben wurden. 1925 nutzten noch 7.000 Bauernhöfe Windräder zum Antrieb von Wasserpumpen und zur Erzeugung von elektrischem Strom, der in Bleiakkus gespeichert wurde. Der Ausbau der zentralen Stromversorgung auf Basis von Kohlekraftwerken ließ gegen Ende der 1920er Jahre die kleinen Windräder verschwinden (Kriener 2012).

Die Idee der Nutzung der Windkraft in Großkraftwerken wurde in den 1930er Jahren aufgeworfen. 1931 hielt Hanns Günther „Windtürme auf Hochebenen und Bergzügen, [die] hundertweise zu ‚Batterien' zusammengefasst werden und so zur Ausnutzung der Windenergie wirkliche Großkraftwerke schaffen, vielleicht neben den Großwasserkraftwerken für Mitteleuropa [für] die einzige Möglichkeit, auch nach der Erschöpfung der Kohlelager im Lande selbst genügend Energie zu gewinnen" (Günther 1931, 44). Zugleich plante der deutsche Ingenieur Hermann Honnef (1878–1961) Großwindkraftanlagen von bis zu 500 Metern Höhe, die mehrere Rotoren tragen und eine Leistung von 20.000 kW abgeben sollten. Seine Versuchsanlagen, die er in den 1940er Jahren errichtete, erreichten immerhin Leistungen von 15 kW. Seine Großwindkraftwerke sollten dazu beitragen, „unseren unverantwortlichen Raubbau an unseren Stein- und Braunkohleschätzen" zu begrenzen. Auf Zustimmung stieß sein Vorschlag seitens der Nationalsozialisten, die sich vom Gedanken der Energieautarkie und der Gegnerschaft zu einem internationalen Energieaustausch angesprochen fühlten. Honnef schlug als Vertreter des „too cheap to meter"-Gedankens die elektrische Beheizung der Felder mit dem vorgeblich billigen Windstrom vor, um eine dritte Ernte pro Jahr zu ermöglichen und so landwirtschaftliche Importe zu reduzieren. Auch wollte er nicht nur Ent- und Bewässerungsanlagen betreiben und Neuland gewinnen, sondern auch Wasserstoff herstellen und in ein „zukünftiges Wasserstoffzeitalter" einsteigen (Gall 1998, 122ff). Ab 1940 wurde die Windkraft in Deutschland im Auftrag Hitlers entwickelt.

Nach dem Zweiten Weltkrieg, als in ganz Europa der Energiebedarf stark anstieg, forcierten England, Frankreich, Dänemark und die Niederlande noch einmal die Erforschung der Windenergie. In den 1950er Jahren blieb davon aber nichts mehr übrig, weil die Euphorie über die Atomenergie auch diese Alternative überstrahlte, für unnötig erklärte und alle Anstrengungen auf sich vereinigte (Kriener 2012).

1976 wird in Deutschland auf Druck der Zivilgesellschaft der Bau einer 2 MW Großwindanlage, genannt Growian, beschlossen. Das Projekt kostet 90 Mio. Mark und gerät zum Forschungsfiasko. RWE-Vorstandsmitglied Günther Glätte gesteht 1982 ein, Growian sei ein pädagogisches Konzept zugrunde gelegen, um Atomgegner zu bekehren. Es sei darum gegangen, zu beweisen, dass es nicht geht (Kriener 2012).

Der Aufstieg der Windenergie begann erst, als sich ihrer begeisterte Bastler annahmen, die die ersten Anlagen selbst bauten und dafür nach längerer Vorlaufzeit die Unterstützung einzelner Regierungen aktivieren konnten.

An Utopischem bleibt mithin ein langer Weg, der über den Bau von tausenden Windkraftwerken zu einem ansehnlichen Beitrag an der Weltenergieversorgung führt – und vielleicht zusätzlich die Rückkehr zu den historischen Anfängen der Windenergienutzung: Die über 41.000 Fracht- und Passagierschiffe der Welthandelsflotten verbrauchen jährlich ca. 280 Mio. Tonnen Treibstoff, das entspricht 5,6 Mio. Barrel Öl pro Tag oder ca. 6,5 Prozent des Weltverbrauchs – mehr als doppelt so viel Öl, wie Deutschland 2011 verbrauchte. Der weltweite Schiffsverkehr trägt damit ungefähr mit zwei Prozent zu den globalen Kohlendioxidemissionen bei. Je nach System und Einsatzgebiet können Motorschiffe mit Segel(hilfs)antrieb zwischen zehn und 50 Prozent des Treibstoffes einsparen.[87]

Solarenergie

Die Sonne fusioniert Wasserstoff zu Helium. Nach Einsteins bekannter Formel verwandelt sie dabei pro Sekunde ca. vier Mio. Tonnen an Masse in Energie. Auf der Erde kommt von dieser Energie nur ein Bruchteil an, aber immer noch etwa 11.000-mal so viel, wie die Menschheit an Energie verbraucht. Die direkte Solarenergienutzung als Photovoltaik, solarthermisches Kraftwerk oder als Solarkollektor bietet also eine solide utopische 100-Prozent-Lösung.

Wasserkraft, Bioenergie und Windenergie sind indirekte Formen der Solarenergie, sie werden durch die Sonneneinstrahlung auf die Erde hervorgerufen. 1839 wurde vom französischen Physiker Alexandre Edmond Becquerel der photoelektrische Effekt entdeckt und damit die Möglichkeit, auch direkt aus der Sonnenstrahlung elektrische Energie zu gewinnen[88]. Die ersten technischen Anwendungen in Form von

---

87 Vgl. Skysails (www.skysails.info). Bei konsequenter Anwendung von Windhilfsantrieben im Schiffsbetrieb würden 0,6 bis 2,8 (im Maximum von 50 Prozent Einsparung) Mio. Barrel Öl pro Tag eingespart werden. Quelle: www.igwindkraft.at Windenergie Nr. 48, März 2008; St. Pölten.
88 Für die Deutung des photoelektrischen Effektes im Jahr 1905 erhielt Albert Einstein 1921 den Nobelpreis für Physik.

Solarzellen gelangen in den 1950er Jahren. An diese direkte Verwandlung von Sonnenstrahlung in elektrische Energie knüpfen sich utopische Erwartungen, die bis zur Vollversorgung der Menschheit und aller ihrer denkbaren Energiebedürfnisse reichen. Die Photovoltaik lässt sich modular von kleinsten Einheiten bis zu Großkraftwerken erweitern, damit kann sie theoretisch von Taschenrechnern und Armbanduhren angefangen bis zu ganze Volkswirtschaften mit Energie versorgen – jedes Hausdach bietet sich an, um als Kleinkraftwerk genutzt zu werden. Sie ist mithin in die bestehenden Elektrizitätsnetze der Industrieländer gut integrierbar.

Wie leicht man auf utopischen Denkwegen aber auch auf seltsame Bahnen geraten kann, zeigt die Idee, durch Photovoltaikkraftwerke auf dem Mond elektrische Energie zu gewinnen. Aufgrund der fehlenden Atmosphäre ist der Umwandlungswirkungsgrad dort höher als unter der irdischen Lufthülle. Das notwendige Material für Solarzellen in Form von Silizium wäre vor Ort reichlich vorhanden. Ein Ring aus PV-Zellen rund um den Mondäquator würde (mit Ausnahme der Zeit während einer Mondfinsternis) recht gleichmäßig elektrische Energie erzeugen, die mittels eines gebündelten Laserstrahls oder ähnlicher Technologien auf die Erde übertragen würde. Derartige utopische Ideen wecken den Verdacht, mit ihnen solle eine grundvernünftige Technologie wie die Photovoltaik zu einem exotischen und gefährlichen Projekt in der weit entfernten Zukunft transformiert werden, um sie aus dem aktuellen Diskurs zu verbannen.

Viel länger existiert schon die Idee, mit Hilfe der Wärme aus der Sonnenstrahlung nutzbare Energie zu erzeugen. Die erste derartige Anwendung soll jedoch (wieder einmal) eine militärische gewesen sein: Der griechische Mathematiker, Ingenieur und Physiker Archimedes (287–212 v. Chr.) habe anlässlich der Belagerung seiner Heimatstadt Syrakus durch die Römer im Zweiten Punischen Krieg die Schiffe der Römer durch Metallspiegel, mit denen er das Sonnenlicht konzentrierte, in Brand gesetzt. Auch wenn es sich bei dieser Geschichte wohl um eine Legende handelt – die Legende entstand, weil jemand dachte, so könnte es funktionieren.

Heute wird das Prinzip, direkt mit Sonnenenergie Wasserdampf und daraus Strom zu erzeugen, in solarthermischen Kraftwerken realisiert. Der so erzeugte Wasserdampf kann in bestehenden oder neu errichteten Kraftwerken in elektrische Energie umgewandelt werden. Erstmals wurde diese Idee 1615 zum Betrieb eines barocken Springbrunnens erfolgreich umgesetzt – womit sich der Wert von Ideen erweist, mit denen man sich zuerst einmal nur die Zeit vertreibt (Propyläen 3, 51).

Nicht utopisch, sondern weit verbreitet ist die Methode, mit Sonnenkollektoren direkt warmes Wasser in bestehenden Warmwassersystemen zu erzeugen und damit beispielsweise Öl- und Gasbrenner zu ersetzen. Damit erweist sich die Solarenergie insgesamt lediglich hinsichtlich ihres zukünftigen quantitativen Beitrages zur Energieversorgung der Menschheit als utopische Technologie, qualitativ jedoch als an die bestehende Klein- und Großinfrastruktur erstaunlich anschlussfähig.

Biomasse

Die Grundlage allen Lebens und damit aller energetischen Biomasseoptionen ist die Photosynthese. Diese ist eine Erfindung der Blaualgen aus der Urzeit der Erde (→ Kap. 2.1, S. 60 ff), die Kohlendioxid vermittels der Energie der Sonne in energetisch hochwertige Biomasse umbauten und die Erde in einen Planeten für das Leben verwandelten. Aktuell werden der irdischen Atmosphäre durch die Photosynthese etwa 100 Mrd. Tonnen Kohlenstoff pro Jahr entzogen (Smil 2005, 113).

Groß ist deshalb auch das Begehren, das Prinzip der Photosynthese nachzubauen, um vermittels der Sonnenenergie direkt hochwertige Materialien und Energieträger zu produzieren. Zumindest in Ian McEwans Roman Solar ist das dem Helden, einem irrtümlich mit dem Nobelpreis für Physik gekrönten Wissenschaftler, bereits gelungen – er hat diese revolutionäre Technologie allerdings dem Liebhaber seiner Frau gestohlen (McEwan 2010).

Unter Biomasse versteht man grob gesagt das, was nachwächst, also das mikrobielle, bakterielle, pflanzliche, tierische und menschliche Leben und seine direkten Produkte wie etwa Fäkalien. Der als Biomasse jährlich neu produzierte Energieinhalt ist rein rechnerisch etwa dreimal so hoch wie der Gesamtenergieverbrauch der Menschheit im Jahr 2010 (→ Tabelle 4, S. 243). Der Energieinhalt der vom Menschen geernteten Biomasse beträgt etwa 155 EJ pro Jahr (Krausmann et al. 2013), wovon aber nur ein Drittel (54,4 EJ in 2011) für Energiezwecke verwendet wird. Die Land- und Forstwirtschaft war seit der neolithischen Revolution bis zu Beginn des 20. Jahrhunderts der wichtigste Energieproduzent für den Menschen, ein Bauernhof versorgte sich mit beinahe allem, was er brauchte, selbst – er war quasi eine autarke, nachhaltige Insel. Die Land- und Forstwirtschaft belieferte zusätzlich die Städte mit der benötigten Nahrung und Energie.

Seit Beginn des 20. Jahrhunderts hat die Nutzung fossiler Energieträger die Biosphäre nicht nur mit Emissionen belastet, sondern auf einer anderen Ebene auch entlastet, weil viele Produkte, die zuvor aus biogenen Materialien hergestellt worden sind, durch solche auf fossiler Basis ersetzt wurden. Zwischen 1910 und 2005 hat die Menge an biologischer Primärproduktion, die sich der Mensch in irgendeiner Weise aneignet (gemessen in Tonnen Kohlenstoff), um 116 Prozent zugenommen. Zugleich ist aber die wirtschaftliche Produktion (gemessen als Bruttoweltprodukt) in diesem Zeitraum um 1.655 Prozent gewachsen, die Bevölkerung um 274 Prozent. Pro Kopf ist die Aneignung also eindrucksvoll gesunken, ein Trend, der hauptsächlich ab 1950 eingesetzt hat. Diese Entkopplung resultiert aus gestiegener Effizienz der landwirtschaftlichen Produktion, dem Ersatz von Brennholz durch fossile Energieträger und dem von Zugtieren durch Traktoren (Krausmann et al. 2013).

Man muss die Tradition kennen, um aktuelle Vorschläge, die Land- und Forstwirtschaft wieder vermehrt als bedeutenden Energieproduzenten heranzuziehen, verstehen und bewerten zu können. Aus pflanzlichen und tierischen Materialien lässt sich praktisch all das herstellen, was auch aus fossilen Rohstoffen stammt, von Textilien bis zu kunststoffähnlichen Produkten, von Schuhen bis zu flüssigen Treibstoffen, von Biogas als Erdgasersatz bis zu Baustoffen für Gebäude und Holzpellets zum Heizen. Es fehlt entsprechend nicht an 100-Prozent-Szenarien für die Erneuerbaren, die mit der Biomasse als Schwergewicht argumentieren. Diese erheben, um Transportwege kurz zu halten, meist lokal begrenzte Ansprüche und bringen zusätzlich das Argument der Arbeitsplätze ins Spiel, die durch die Bioenergieproduktion in der Land- und Forstwirtschaft geschaffen werden (Z. B. Raggam 2008; Kopetz 2010). Waldreiche, relativ dünn besiedelte Länder wie Kanada, die skandinavischen Staaten, Russland, aber auch Österreich, könnten sich demnach weitgehend mit Bioenergie versorgen, wird argumentiert.

Mit diesem Appell beruft man sich meist auf die historische Rolle der Land- und Forstwirtschaft als Energielieferant – noch zu Beginn der 1950er Jahre wurden in Österreich beispielsweise 15 bis 20 Prozent der landwirtschaftlich produktiven Fläche verwendet, um Futter für Zugtiere herzustellen, also für Energie zur Bereitstellung von Mobilität. Die Landwirtschaft wird entsprechend gerne als konservativ und strukturbewahrend wahrgenommen. In Wirklichkeit vollzogen sich jedoch in kaum einem andern Bereich der Wirtschaft derart grundlegende und weitreichende Revolutionen mit ähnlicher Geschwindigkeit wie in der Landwirtschaft. Neue Feldfrüchte wie etwa die aus Amerika stammende Kartoffel vervielfachten in Europa die Nahrungsmittelproduktion und ließen in der Folge schon einmal die Bevölkerungszahl wie in Irland von einer halben Million (1660) auf neun Millionen (Mitte des 19. Jahrhunderts) ansteigen. Um den Rohstoff der Baumwollindustrie, Tabak und Tee anzubauen, wurden 20 bis 35 Millionen Menschen aus Afrika nach Amerika verschleppt und dort versklavt. Die größte Revolution führte aber dazu, dass die Landwirtschaft im Verlauf des 20. Jahrhunderts vom Energieproduzenten zum ansehnlichen Verbraucher von hauptsächlich fossiler Energie geworden ist.

1909 gelang es dem deutschen Chemiker Fritz Haber (1868–1934), Luftstickstoff mit Hilfe eines Katalysators und dem Einsatz von viel Energie in pflanzenverfügbaren Stickstoff (Ammoniak) zu verwandeln[89]. Das Haber-Bosch-Verfahren beendete nicht nur die Angst vor dem „Peak Stickstoff" (→ Kap. 3.1.1, S. 133 ff), sondern erlaubte es dem Deutschen Kaiserreich auch, den kurz darauf ausgebrochenen Ersten Weltkrieg mehr als nur ein paar Monate lang durchzuhalten[90]. Für den Energiehistoriker Vaclav Smil stellt die Stickstoffsynthese durch das Haber-Bosch-Verfahren überhaupt die wichtigste technische Innovation des 20. Jahrhunderts dar. Bis dahin war die Landwirtschaft auf den natürlichen Stickstoffkreislauf angewiesen, auf die Gülle von Tieren und die Fäkalien des Menschen, auf Blitze, in denen durch die hohen Temperaturen pflanzenverfügbares Stickoxid entsteht und Regen, und auf den Fruchtwechsel mit Hülsenfrüchtlern (Leguminosen), die Stickstoff im Boden binden können[91]. Mit dem Haber-Bosch-Verfahren wurde das alles zweitrangig. Der UN-Millenniumsbericht von 2000 hält fest, dass der Stickstoffumsatz des Menschen heute den gesamten natürlichen quantitativ übertrifft (→ Kap. 2.3, S. 123 ff).

Die Stickstoffdüngung war aber erst der Anfang einer Revolution, die sogar offiziell diesen Namen trägt: Die „Grüne Revolution" aus Stickstoffdüngung, Agrarchemikalien und Mechanisierung verwandelte die Landwirtschaft in einen Verbraucher von fossiler Energie. Wo sie realisiert wurde, stiegen die landwirtschaftlichen Erträge um das Zehnfache pro Fläche und das Fünfzigfache pro Arbeitskraft (Hänggi 2011, 67 ff). Der Energieeinsatz der Landwirtschaft für sämt-

---

89 Die Luft besteht zu 78 Prozent aus Stickstoff, dieser ist aber für die Pflanzen nicht nutzbar. Lediglich Leguminosen (Hülsenfrüchtler) können in ihren Wurzeln durch Symbiose mit Bakterien den Luftstickstoff zu pflanzenverfügbarem Stickstoff umwandeln.

90 Für die Herstellung von Sprengstoff wurde ebenfalls Stickstoff in Form von Salpeter benötigt, der wegen der Seeblockade des Deutschen Kaiserreiches durch die britische Flotte ab dem Beginn des Ersten Weltkrieges nicht mehr importiert werden konnte. Die deutschen Munitionsvorräte wären ohne die Möglichkeiten durch das Haber Bosch Verfahren schon Ende 1914 erschöpft gewesen.

91 Im Mittelalter wurde in Nordwesteuropa eine Agrarrevolution vollzogen, die unter anderem darauf beruhte, dass es durch die Stallhaltung möglich wurde, die stickstoffreiche Gülle zu sammeln und gezielt auf den Äckern auszubringen.

liche Maschinen bzw. mechanischen Verarbeitungsschritte und für die Düngerproduktion beträgt 2005 weltweit etwa 13 EJ pro Jahr, das entspricht etwa dem Primärenergieverbrauch Deutschlands 2012. Durch diesen hauptsächlich fossilen Energieinput, durch verbesserte Produktions- und Erntetechnik und durch die Vergrößerung der Anbauflächen, erhöhte sich der Energieinhalt der Produktion von landwirtschaftlichen Erzeugnissen (Nahrungsmittel und Ernterückstände) zwischen 1910 und 2005 von 41 auf 155 EJ (Exajoule) pro Jahr (Krausmann et al. 2013).

Die „Grüne Revolution" war auch ein Kampfplatz und eine Taktik im Kalten Krieg, weil sie die internationale Arbeitsteilung in der landwirtschaftlichen Produktion unterstützte und einforderte und damit die Abhängigkeit der Staaten voneinander bzw. eben von der jeweiligen Supermacht erhöhte und gegen die nationale und individuelle Selbstversorgung und gegen lokale Landreformen gerichtet war. Die Landwirtschaft im 20. Jahrhundert mit ihrer „Grünen Revolution" ist also ein Element der erfüllten fossilen Utopie (→ Kap. 3.3.2, S. 212 ff). Sie wurde dadurch kapitalintensiv und arbeitsextensiv, genau das Gegenteil dessen, was die kapitalarmen und arbeitskräftereichen Entwicklungsländer benötigen würden.

Da die Menschheit aber seit Jahrzehnten und trotz „Grüner Revolution" daran scheitert, ihre ärmsten Mitglieder an der materiellen Überfülle teilhaben zu lassen[92], müssen sich alle alternativen Ansprüche an die Biosphäre an dem Makel der 8,8 Millionen jährlichen Hungertoten messen lassen: so lange man Menschen verhungern lässt, dürfe man nicht einmal ansatzweise daran denken, so diese Argumentationslinie, ihnen den Boden, der die lebensnotwendige Nahrung bereitstellen könnte, für die Produktion irgendwelcher Luxusgüter zu entziehen. Die utopische Forderung, die biogene Primärproduktion als Energiequelle zu verwenden, wird aufgrund der nicht erfüllten lebensnotwendigen Grundbedürfnisse zurückgewiesen und verurteilt.

---

92 Jean Ziegler (geb. 1934), der streitbare Schweizer Autor und 2000 bis 2008 UN-Sonderberichterstatter für das Recht auf Nahrung beispielsweise behauptet, jedes Kind, das verhungert, werde ermordet.

Die Überfülle des pflanzlichen und tierischen Lebens der Erde (die „biogene Produktion") ernährt – wie übrigens stets in der menschlichen Geschichte – nicht nur Mensch und Tier, stellt nicht nur Energieträger und Baumaterial, Bekleidung[93] und medizinische Rohstoffe zur Verfügung, sie schafft auch einen großen Teil der Schönheit der Welt, ist Synonym für stille Reserve und persönliche Rückzugsmöglichkeit und erfüllt damit emotionale und spirituelle Ansprüche. Von allen diesen Ansprüchen an die Biosphäre scheint die Produktion von Agrartreibstoffen die mit Abstand schärfste Kritik auf sich zu ziehen – gewaltiger als jene gegen die Produktion fossiler Treibstoffe oder gegen den Uran-Bergbau. Vielleicht sind Agrartreibstoffe einfach am besten dafür geeignet, die globale Ungleichheit und den Skandal des Hungers zu illustrieren? Der motorisierte Individualverkehr steht für ein Luxussegment des Lebensstils der industrialisierten Länder, der Anspruch, nicht verhungern zu müssen hingegen ist kein beliebiges Handelsgut, sondern ein nicht verhandelbares, alternativloses Grundrecht. Mit der Ernährung dürfe man nicht spekulieren, und „man kann sich nicht mit einer Weltwirtschaft abfinden, die ein Sechstel der Menschheit zum Untergang verdammt" (Ziegler 1999, 155). „Mit jedem Liter des Biokraftstoffes E10[94], den ein Autofahrer hierzulande tankt, trägt er dazu bei, dass irgendwo auf der Welt ein Kind an Hunger stirbt, weil statt einer Hand voll Reis ein paar Tropfen Biosprit erzeugt wurden," so die Attacke eines emeritierten Universitätsprofessors (Bammé 2013, 11 ff). Solche Vorwürfe treffen.

Seit 2007 stieg die Anzahl der unterernährten Menschen wieder, sodass im Jahre 2009 erstmals mehr als eine Milliarde Menschen weltweit hungerte. Ursache waren hauptsächlich gestiegene Lebensmittelpreise, nicht ein objektiver Mangel an Lebensmitteln. Global wird weiterhin etwa ein Drittel mehr geerntet als für die Ernährung aller Menschen erforderlich

---

93 2010 werden weltweit je etwa 37 Mio. Hektar für die Produktion von Baumwolle und für jene von Agrartreibstoffen verwendet.
94 „E10" bedeutet, dass dem Treibstoff zehn Prozent Alkohol aus pflanzlicher Produktion beigemischt sind.

wäre, 30 bis 50 Prozent der weltweit produzierten Lebensmittel werden aber weggeworfen und rund eine Milliarde Menschen bleibt unterernährt[95].

Die Option für die Bioenergie ist eine 100-prozentige, das heißt, mit Bioenergie könnte theoretisch der gesamte Energieverbrauch der Menschheit gedeckt werden. Diese Option wird aber gerade wegen der Vielfalt ihrer Möglichkeiten stark kritisiert, weil diese Möglichkeiten verschiedene Gewichte im Diskurs erhalten und gegeneinander aufgerechnet werden können. Solange lokale Kreisläufe befördert und geschlossen werden, der Wald nachhaltig bewirtschaftet, aus Holz gebaute Häuser mit Holzpellets aus heimischer Produktion geheizt und Altspeiseöl zu Biodiesel verestert wird, gibt es noch breite Zustimmung. Sollen aber große Mengen an Bioenergie produziert und über globale Distanzen transportiert werden, wird die Faktenlage sehr unübersichtlich[96] und die Bewertung muss auch emotionale Zugänge zu dem Thema berücksichtigen. Dann wird an der Bioenergieoption deutlicher als am übrigen Energiediskurs sichtbar, dass der Planet natürliche Grenzen hat. Sobald man an diese Grenzen stößt, wird die globale Umverteilung von Gütern aber zu einem Nullsummenspiel: Was sich der eine nimmt, wird dem anderen weggenommen. Insofern wird am globalen Bioenergiediskurs exemplarisch und zum Teil sehr emotional abgearbeitet, was eigentlich umfassend in die Debatte der materiellen Aneignung durch den Menschen und damit in den Energiediskurs insgesamt gehörte, nämlich dass wir primär eine Verteilungsfrage zu lösen haben, bei der es obere und untere Grenzen für die materielle Aneignung geben muss. Die Debatte um die Bioenergie erfüllt damit beispielhaft und weitgehend als einzige die beiden von Hans Jonas eingeforderten Pflichten von Zukunftsethik (→ Kap. 3.1.2, S. 141ff), nämlich die vorausschauende Vorstellung der Fern-

---

95 Weingärtner/Trentmann, a.a.O. nennen zehn bis 40 Prozent an weggeworfenen Lebensmitteln, die 30 bis 50 Prozent stammen aus einer Studie der Mechanical Engineers London (2012): *Global Food, Waste not, want not.*

96 Am schwierigsten zu erfassen sind wohl die sogenannten Indirekten Landnutzungsänderungen, ILUC.

wirkung menschlicher Taten und die Aufbietung des dem Vorgestellten angemessenen Gefühls. Der restliche Energiediskurs hingegen verweigert diese beiden Jonas'schen Pflichten weitgehend. Das angemessene Gefühl wird offenbar vom Anblick des hungernden Menschen geweckt und direkt den Agrartreibstoffen angelastet, während die großflächige Verwüstung landwirtschaftlicher Produktionsflächen durch die Erdölproduktion im Nigerdelta, von Wäldern durch die Teersandproduktion im kanadischen Alberta, die Vertreibung der Bevölkerung durch die Erdölproduktion in Südamerika oder die Zerstörung der Lebensgrundlagen zukünftiger Generationen durch die Emissionen von CO_2 weit weniger davon hervorzubringen imstande sind.

Daraus muss man folgern, dass man die beiden Pflichten der Zukunftsethik nicht selektiv auf ein Objekt (etwa die Biotreibstoffe) anwenden sollte. Es braucht vielmehr eine vergleichende Betrachtung aller damit zusammenhängenden alternativen Möglichkeiten und Wechselwirkungen. Nur dadurch kann man sicherstellen, dass man den bestmöglichen Weg identifiziert.

Geothermie

Seltsamerweise hat die Geothermische Energiekonstante[97] nie jene utopische Schubkraft zu entfalten vermocht wie die Solarkonstante, geschweige denn wie die einsteinsche Äquivalenzbeziehung von Masse und Energie. Das kann an ihrer relativen quantitativen Beschaulichkeit von 1.013 bis 1.325 EJ pro Jahr liegen[98], was aber immerhin noch gut dem Zwei- bis Zweieinhalbfachen des aktuellen Gesamtenergieverbrauchs der Menschheit entspricht, aber weit geringer ist als die Solarkonstante (5,5 Mio. EJ), und weniger eindrucksvoll wirkt als die Versprechen, die aus der Umwandlung von Masse in Energie abgeleitet werden können. Der Ursprung geothermaler

---

97 Damit ist jene Energiemenge gemeint, die aus dem Erdinneren an die Erdoberfläche strömt, um von dort als elektromagnetische Strahlung ins Weltall abgestrahlt zu werden.

98 Der niedrigere Wert ergibt sich aus dem terrestrischen Wärmestrom von durchschnittlich ca. 63 mW pro m², der höhere stammt von Smil 2008.

Wärme besteht je etwa zur Hälfte aus Restwärme aus der Zeit der Entstehung der Erde vor etwa 4,6 Milliarden Jahren einerseits, aus radioaktiven Zerfallsprozessen und Gezeiteneinflüssen des Mondes auf die Erde andererseits. Die Option für die Geothermie ist eine 100-Prozent-Lösung, die allerdings mit hohem technologischem Aufwand zu realisieren wäre. Vielleicht fehlt für ein überzeugendes utopisches Bild für die Nutzung der Geothermie auch einfach nur ein anschauliches Gleichnis in der Art der Solarkonstante? Immerhin befinden sich 99 Prozent der Erdkugel auf einem Temperaturniveau von über tausend Grad Celsius, vom verbleibenden einen Prozent sind wieder 90 Prozent heißer als hundert Grad Celsius. Und die Menschheit veranstaltet – mit diesem Wissen: absurderweise – auf dem verbleibenden Zehntel Prozent prekäre Verbrennungsprozesse mit immer problematischeren Emissionen, um genau jenes Temperaturniveau herzustellen, auf dem sich der Planet zu 99,9 Prozent befindet.

Die Wasserstoffwirtschaft

Ein wesentlicher Makel der meisten Erneuerbaren auf Basis der Solarenergie, Windenergie und teilweise Wasserkraft, mit Ausnahme der Biomasse, liegt darin, dass die solaren Energieangebote so unregelmäßig daherkommen wie eben Sonne und Wind und man sie daher zwischenzeitlich speichern muss, um die Energie dann verfügbar zu haben, wenn man sie benötigt. Dafür bietet sich, so eine gern verwendete Darstellung, der Wasserstoff als Zwischenspeicher und gleichzeitig Transportmedium an: Mit dem überschüssigen Strom zerlegt man Wasser in seine beiden Bestandteile Sauerstoff und Wasserstoff. Den Wasserstoff speichert man, bis man ihn, um die gespeicherte Energie zurückzuholen, wieder verbrennt oder anderweitig (beispielsweise in einer Brennstoffzelle) zurück in Wasser verwandelt. Für seinen Transport könnte die bestehende, für Erdgas errichtete Infrastruktur verwendet werden.

Die Wasserstoffwirtschaft ist ein typisches rationales utopisches Modell, das momentan noch nirgendwo realisiert ist und die wirklich brennenden Probleme der Energieverwendung, nämlich die Frage der Primärenergieproduktion, nicht löst. Wasserstoff ist ein Medium für den globalen Austausch und Transport von Energie, die Frage, woher man ihn nehmen soll, führt aber erst dorthin, wo sich der Diskurs eigentlich abspielen sollte.

Die Vergrößerung Mitteleuropas

Die solare Einstrahlung verteilt sich in erster Näherung recht gleichmäßig über den Erdball. Es ist im Prinzip genug Solarenergie für alle energetischen Bedürfnisse und für alle Zukunft der Menschen da. Man wird aber große Flächen benötigen, um von der auf uns eingestrahlten Solarenergie jene Menge ernten und nutzen zu können, die wir benötigen, und die solare Einstrahlung ist in Äquatornähe und unter wolkenfreiem Himmel stärker als in höheren Breiten und unter Wolken und Nebel.

Europa erscheint bei einem Blick auf den Globus oder vom Satelliten auf die Erde als vielfältig genutzte, übervölkerte Halbinsel Asiens mit kaum zusätzlichen Flächen für die Verwertung der Solarenergie. Ist Europa zu klein, um zusätzlich zu allen anderen Ansprüchen auch noch als Solarkollektor für seine Energieversorgung dienen zu können? Zumal es in relativ naher Umgebung bessere Alternativen zu geben scheint: Europa wird im Süden vom Mittelmeer begrenzt, noch weiter südlich liegt die Wüste Sahara. Beide ungenutzten Flächen inspirierten utopische Projekte.

Schon der Präsident der Deutschen Physikalisch-technischen Reichsanstalt Fritz Kohlrausch (1840–1910) glaubte sich angesichts der kommenden Solartechnik im Jahr 1900 für einen solaren Kolonialismus in sonnenreichen Wüsten aussprechen zu müssen (Radkau 2011, 476). August Bebel (1840–1913), der Gründer der organisierten Deutschen Sozialdemokratischen Arbeiterbewegung, für den gesellschaftlicher und technischer Fortschritt im Wesentlichen identisch waren, baute seine Idee des Sozialismus auf Sonnenenergie auf. Er nahm dabei in spätere Auflagen seines Hauptwerkes *Die Frau und der Sozialismus* (zuerst 1879) begeistert das Plädoyer von Kohlrausch von 1900 auf (Schwendter 1994, 12).

Die Wüsten der Erde empfangen in wenigen Stunden jene

Energiemenge, die die Menschheit in jedem Jahr verbraucht. In den Wüsten gibt es kaum Flächenkonkurrenz mit Siedlungen und landwirtschaftlichen Nutzflächen, Wüsten sind nicht von Regenwolken bedeckt. Die Wüsten erscheinen also für die Erzeugung von elektrischer Energie aus der Sonne ideal geeignet, weil die Sonne ganzjährig relativ zuverlässig und mit hoher Intensität vom Himmel strahlt.

Die Grundidee des als *Desertec* bekannten Projektes geht davon aus, in den Wüsten der Welt, namentlich der Sahara, aus solarthermischen Kraftwerken, Photovoltaik und Windkraftwerken jene elektrische Energie zu erzeugen, die in den bevölkerungsreichen Regionen der Erde benötigt wird, und sie dorthin zu übertragen. 50 Prozent der für 2050 prognostizierten weltweiten Stromnachfrage könnten auf einer Fläche von 500 mal 500 Kilometern, gerade einmal ein Prozent der weltweiten Wüstenfläche, aus solarthermischen Kraftwerken produziert werden.

Desertec versteht sich mehr als nur als ein Energieversorgungssystem, sondern als ganzheitliches Konzept (Deutsche Gesellschaft CLUB OF ROME e.V. 2011, 17ff): „Ist die nachhaltige saubere Energieversorgung aus einer Kombination von Sonne, Wind, Wasser oder Geothermie erreicht, ist damit auch der Weg geebnet für Trinkwasser, Nahrung, Mobilität, sozialen Frieden und Sicherheit."

Die Idee, Europa sei im Prinzip zu klein, um sich eigenständig aus erneuerbarer Energie zu versorgen bzw. um wirtschaftlich erfolgreich „zwischen dem kapitalstarken Panmerika und dem bevölkerungsstarken Panasien" bestehen zu können, ist eine Version des Peak-Gedankens (→ Kap. 3.1.1, S. 133ff). Letztere Befürchtung war der treibende Motor hinter einer der ehrgeizigsten und imposantesten utopischen Ideen für die großräumige Umgestaltung des Globus, für Hermann Sörgels Atlantropaidee.

Hermann Sörgel (1885–1952) vermeinte in den 1920er-Jahren unter den von ihm wahrgenommenen drei Grundfaktoren, die den Lauf der Geschichte entschieden, nämlich Lebensraum, Bevölkerung und Technik, für die Zukunft Europas vor allem fehlenden Lebensraum als größten Mangel erfasst zu haben. Der zu gewinnende Lebensraum liege für Europa im Süden[99], Europa brauche Raum, der ihm benachbart sei, „unsere Kolonien liegen im Mittelmeerbecken und in der Sahara" (Gall 1998, 63)· Sörgel wurde einer der historisch imposantesten technischen Gestaltungsgedanken zuteil, als er im Jahr 1927 den ausgewiesenen Binnencharakter des Mittelmeeres erkannte.

> Durch die Straße von Gibraltar fließen in jeder Sekunde 88.000 Kubikmeter Wasser, das ist so viel wie zwölf Niagarafälle. Die Natur leistet das seit vielen Jahrtausenden, ohne irgendwelche Ausnützungsversuche von Seiten des Menschen. Und das vollzieht sich noch heute, wo die Kohlevorräte schon in wenig hundert Jahre zu Ende sind! Wer instinktiven, natürlichen Sinn für Ökonomie hat, muss diese Vorgänge und Zahlen in einer Zeit wirtschaftlichen Leerlaufs und politischer Phrasen als eine kategorische Aufforderung zur Tat empfinden,

so Sörgel in einer Schrift von 1929 (Gall 1998, 20). Und weiter: „Was technisch möglich ist, soll wirtschaftlich ausgenützt werden. Die Wirtschaftseinheit Atlantropa könnte so zugleich als politische Macht die Kultur des Abendlandes vor dem Untergang bewahren."[100]

Hermann Sörgel schlug vor, die Straße von Gibraltar durch einen Staudamm zu schließen und dadurch den Nettozufluss von Meerwasser aus dem Atlantik in das Mittelmeer zu unterbinden. Dadurch würde der Wasserspiegel des Mittelmeeres durch Verdunstung um etwa einen Meter pro Jahr absinken, was es erlaube, an diesem Damm nach einigen Jahrzehnten

---

99 Obwohl Sörgels Lebensraumargument prinzipiell mit dem der Nazis konvergierte, stand er mit seinem Vorschlag einer Süderweiterung Gesamteuropas deren Osterweiterungsplänen des Deutschen Reiches entgegen. 1943 verboten ihm die Nazis jegliche Werbetätigkeit für sein Projekt. Das erlaubte es ihm, sein Atlantropaprojekt relativ unbeschadet auch in den Beginn der Wiederaufbauzeit nach dem Zweiten Weltkrieg hinüberzuretten.

100 Mit diesem Argument bezieht sich Sörgel auf den in der Zwischenkriegszeit sehr populären *Untergang des Abendlandes* von Oswald Spengler.

ein Wasserkraftwerk bislang ungekannter Leistung zu errichten und zu betreiben, dadurch einen geringen Wasserzufluss aus dem Atlantik zu erlauben und den Spiegel des Mittelmeeres auf einer bestimmten Höhe zu stabilisieren. Im ersten Plan sollte das Wasserkraftwerk in Vollbetrieb gehen, sobald der Spiegel des Mittelmeeres 400 Meter unter dem des Atlantiks gelegen wäre. Später speckte Sörgel die Absenkhöhe in Schritten bis auf zuletzt 100 Meter ab, was immer noch den Betrieb eines Wasserkraftwerkes mit „67,7 Mio. PS" erlaubt hätte, das nach moderner Konvention also mit knapp 50.000 MW das gut 2,7-Fache des 2012 größten Wasserkraftwerkes der Welt, des Drei-Schluchten-Kraftwerkes in China, geleistet hätte. Die Absenkhöhe von 100 Metern im westlichen Teil des Mittelmeeres, von 200 im östlichen (beide Binnenmeere wären durch einen zusätzlichen Damm zwischen Sizilien und Tunis getrennt worden), zusammen mit Dämmen und Kraftwerken an den ins Mittelmeer einmündenden Flüssen, am Nil, am Ausgang des Schwarzen Meeres bei Gallipoli, am Ebro usw. hätten eine Dauerleistung von 150 Mio. PS (110.000 MW) ergeben, was einer jährlichen Stromproduktion von zumindest 670 TWh (Terawattstunden) entspräche, mithin ungefähr dem gemeinsamen Stromverbrauch Österreichs und Deutschlands 2009.

Der gewollte Nebeneffekt der Absenkung des Wasserspiegels wäre eine gigantische Neulandgewinnung von (je nach Version) etwa 600.000 km², einer Fläche größer als Frankreich. Sie hätte eine tiefgreifende Umgestaltung des Mittelmeerraumes bedeutet: Korsika und Sardinien wären zu einer Insel zusammengewachsen, die Adria praktisch ausgetrocknet, von Süditalien über Sizilien könnte man auf einem Damm trockenen Fußes bis nach Tunesien gelangen.

Ab 1935 vergrößerte Sörgel sein Projekt noch durch den imaginierten Stau des Kongo-Flusses, die Schaffung eines Binnensees im Kongobecken – wodurch sich das Klima für Europäer dort verbessern sollte – und die Umleitung des Abflusses dieses Sees nach Norden durch die Sahara ins Mittelmeer. Dadurch sollten in einem zweiten Niltal in der Sahara drei Mio. Quadratkilometer kultiviert werden und an der

Mündung des verbliebenen Kongoflusses in das Mittelmeer ein weiteres Wasserkraftwerk entstehen.[101]

Die Rezeption dieser Idee durch Sörgels Zeitgenossen erscheint durchaus bemerkenswert. Nach dem Ersten Weltkrieg erlebte Europa eine bis dahin unerreichte Anzahl von Vorschlägen zur Einigung. So sieht auch Hanns Günther 1931 in Sörgels Projekt hauptsächlich einen Versuch, „das sich zersetzende Abendland" wirtschaftlich zu heben und durch die Verflechtung der europäischen Energie- und damit Volkswirtschaften politisch zu einigen.

Auf diese Weise will Sörgel Afrika als Rohstoffquelle und Absatzgebiet eng an Europa heranziehen und aus beiden den neuen Weltteil Panropa schaffen, als Keil zwischen dem kapitalstarken Panamerika und dem bevölkerungsstarken künftigen Panasien. In hundert Jahren wird dieser Plan vielleicht längst verwirklicht sein, als erste große Gemeinschaftstat der Vereinigten Staaten von Europa (Günther 1931, 9).

In Sörgels Atlantropa sollte die Technik durch die für die Verwirklichung des Planes notwendige Zusammenarbeit aller maßgeblichen Völker Europas ihre Integrationskraft beweisen. Den zeitgenössischen Kritikern erschien dabei bemerkenswerterweise weniger die prinzipielle technische Machbarkeit und Wünschbarkeit als vielmehr die Notwendigkeit zur Einigung Europas realitätsfern. In der Weimarer Republik wurde Sörgels Projekt im Wesentlichen positiv besprochen, weil es die geopolitischen Forderungen nach neuem Lebensraum und die Diskussion über die Vereinigung Europas beförderte (Gall 1998, 14ff).

Nach Rolf Schwendter (1939–2013) ist Sörgels Idee eine faschistische Utopie (Schwendter 1994, 99). Durch die Beschränkung auf die Aspekte Energie und Neulandgewinnung endet das Mittelmeer als Salzkloake, das Klima in Europa würde durch verminderte Verdunstung und ausbleibende Niederschläge wahrscheinlich versteppen, was Sörgel nicht

---

101 Diese Idee der Umleitung des Kongo durch die Sahara wurde im Jahr 2008 nach der Revolution in Ägypten von dem ägyptischen Ingenieur Aiman Rscheed wieder aufgegriffen. Vgl. www.schiller-institut. de (10. Juli 2013).

zu kümmern scheint – das Schicksal des einstigen Aralsees in der untergegangenen Sowjetunion könnte als Modell im Maßstab 1:40 für Sörgels wahres Atlantropa herhalten. Ihm ging es darum, dass sich Europa die Herrschaft über Afrika sichere und die Einwohner Afrikas unterwerfe, um sich gegen „die gelbe Gefahr eines rassefeindlichen Indien, China und Japan" behaupten zu können (Gall 1998, 50). Mit dieser rassistischen Diktion steht Sörgel zwar durchaus im Zeitgeist der Zwischenkriegszeit, er gab sie allerdings auch in den 50er Jahren nicht auf: Durch sein Kongomeer (der Kongofluss sollte aufgestaut werden) sollten die Weißen Afrika „dauerhaft beherrschen" (Gall 1998, 59), die Eroberung und Kultivierung Afrikas erschien ihm „aufgrund ihrer überlegenen Fähigkeiten geradezu als Pflicht der Europäer", durch das Kongomeer „würde ein Land vernichtet, das als Siedlungsgebiet für den Weißen nicht in Betracht kommt, und andererseits für den Schwarzen eine uneinnehmbare Naturfestung werden könnte. Die Schwarzen würden im Kongobecken an Zahl unter Ausschluss der Weißen zunehmen, bis sie schließlich alles, was das Land produzieren kann, selbst verzehren und nichts mehr exportieren würden. Wenn die Weißen Afrika auf Dauer organisieren wollen, so darf die Überzahl der Schwarzen nicht zu groß werden" (Gall 1998, 92) – so Sörgel noch 1951.

Das ursprünglich Panropa, ab 1932 Atlantropa[102] genannte Projekt war über einen Zeitraum von 25 Jahren in der Öffentlichkeit präsent, faszinierte und wurde breit diskutiert. Es erhob einen beinahe universellen Lösungsanspruch und ist vom Glauben an unbegrenzten technischen Fortschritt und grenzenlose Möglichkeiten getragen. Die Ziele des Projekts erstreckten sich von der Erschließung unerschöpflicher Energiequellen über die Gewinnung von neuem Lebensraum an den Küsten des Mittelmeers und in den durch Bewässerung fruchtbar gemachten Wüstengebieten der Sahara bis zur Einigung Europas und der Bildung eines autarken europäisch-afrikanischen Doppelkontinents Atlantropa.

---

102 Mit der Umbenennung wollte Sörgel wohl sein Projekt von der Paneuropa-Idee des Grafen Coudenhove-Kalergi abgrenzen.

Will man Sörgels megalomanische Idee aus heutiger Sicht bewerten, fehlt für sein reduktionistisches Ingenieursdenken wohl jegliches Verständnis. Er scheint von der Idee der Mittelmeersenkung so begeistert gewesen zu sein, dass er ihr alle anderen Gedanken unterordnete. Wie bei Utopisten häufig, kümmerte sich Sörgel nicht um Details der Realisierung seines Projektes und nicht um dessen unintendierte, womöglich fatale Konsequenzen. Die Versalzung des verbleibenden Mittelmeeres durch die Kappung seines wichtigsten Zuflusses und deren Folgen für Klima, Flora und Fauna interessierten ihn nicht. Der Idealphantasie aus der Logik seines technokratischen Denkens vermochten die je eigenen Rationalitäten politischer- und Wirtschaftskreise zu Sörgels Ärger und Unverständnis aber offenbar nicht zu folgen. Deshalb wendete sich der Ingenieur Sörgel verstimmt von der Politik ab und pochte darauf, dass es die Fachleute sein müssten, welche die Politik bestimmten, deren Autorität auf Wissen und Können und nicht auf Kompromissen und Rednergabe beruhe – ein Muster, das sich in neuem Gewande auch angesichts einer ökonomischen Krise im gemeinsamen Euroraum wiederfindet.

Man muss Sörgel allerdings zugute halten, die Rolle der internationalen Energiewirtschaft, der verbindenden Netze und der länderübergreifenden Zusammenarbeit als Motor der europäischen Einigung und als Friedensprojekt frühzeitig erkannt zu haben. „Die wirtschaftliche Verständigung muss der politischen vorausgehen", schreibt er 1932, „bis zu den Vereinigten Staaten von Europa scheint jedenfalls der Weg weiter zu sein als bis zu den Vereinigten Kraftwerken Europas, deren Verwirklichung sicher ein großer Fortschritt zum europäischen Völkerfrieden wäre" (Gall 1998, 116). Von den drei Gründungsverträgen der „Europäischen Gemeinschaften" betreffen immerhin zwei – EGKS (Europäische Gemeinschaft für Kohle und Stahl) und Euratom – den Energiebereich.

Ab den 50er Jahren übernimmt die Atomenergie sämtliche Visionen und Utopien, die in Verbindung mit technischen Großprojekten der Wasserkraft und auch der anderen Erneuerbaren bestanden hatten, und verdrängte auch Sörgels Utopie. Erst mit der Ernüchterung und dem teilweisen Entsetzen über die Folgen der Atomenergienutzung kehrten die an die erneuerbaren Utopien geknüpften Erwartungen allmählich zurück.

Mit dem „Desertec"-Projekt steht nun auch das faszinierende Megaprojekt, das in der Solartechnik so lange fehlte, zur Verfügung. Allerdings gerät die Solarenergie damit in die Regie der Großunternehmen, der sie mit den dezentralen Kleinanlagen zu entgleiten drohte (Radkau 2011, 482f). Dies wurde vor allem von jenen Protagonisten der Erneuerbaren wie Hermann Scheer kritisiert, die mit der Erneuerbaren-Revolution zugleich auch die Elektrizitätsversorgung der Hand weniger Konzerne entreißen und sie dezentralisieren wollen. Es gehe um „die Aneignung und Umwandlung von Energie potenziell durch alle und damit die umfassende Befreiung von existenziellen Abhängigkeiten, ein Weg von zunehmender energetischer Fremdbestimmung zu wachsender energetischer Selbstbestimmung, für Individuen und für Gesellschaften" (Scheer 2011, 44).

Auch für das *Desertec*-Projekt, konkret im Hinblick auf die Realisierungschancen thermischer Solarkraftwerke, schätzen Experten und Expertinnen („Stakeholder" genannt), analog zur Wahrnehmung des Atlantropa-Projektes in den 1920er Jahren, die politischen (geringe politische Stabilität in den Ländern Nordafrikas) und regulatorischen (undurchschaubare bürokratische Prozeduren und Korruption) Hindernisse als wesentlich gewichtiger und für die Projektrealisierung schwerer zu überwinden ein als die technischen Herausforderungen und den Betrieb dieser Anlagen (Komendantova et al. 2009).

Dennoch – wenn man die beiden Projekte vergleicht, findet man, dass Sörgels ultimative Utopie nur funktionieren kann, wenn sie zu hundert Prozent umgesetzt wird. Das Mittelmeer **muss** vom Atlantik abgetrennt, sein Wasserspiegel **muss** gesenkt werden, damit das Wasserkraftwerk funktioniert. Das *Desertec*-Projekt hingegen funktioniert vom ersten solarthermischen Kraftwerk an. Dieses wird dann zwar noch keinen Strom nach Europa liefern, es wird aber die Abnehmer in Nordafrika zu versorgen helfen und dort Erdgas und Erdöl ersetzen – und möglicherweise wird es auch überhaupt ein Projekt bleiben, das eines Tages Nordafrika mit Strom versorgt.

Megaprojekte haben für Herrschende den Charme, das ansonsten wild verzweigte und unüberschaubare System von Innovationen, Einzelkämpfern, unterschiedlichsten Interessen und Initiativen vom Tisch zu wischen und der Welt Bedeutung und Tat an einem einzelnen entscheidenden Projekt vorzuspielen, sie spiegeln Größe für jetzt und für spätere Generationen. Die Versuchung, die von einem System mit wenigen Stellgrößen ausgeht, treibt aber auch Technikutopisten an: Ein im Prinzip einfaches System, das nicht in Form von „faulen", geringgeschätzten Kompromissen politisch verhandelt werden muss, sondern klare, eindeutige Ergebnisse auf klare Fragen nach dem Vorbild der ingenieurwissenschaftlichen Problemlösungsmethode hervorbringt. Die Problemlösung stellt sich unter diesen Prämissen eher so dar wie die Lösung eines Sudoku: durchaus mit kreativen Methoden, aber mit der Gewissheit, dass es die einzige Lösung gibt, die mit rationalen Mitteln zu entdecken ist.

Johann Adolph Etzler

Im Jahr 1845 reiste eine begeisterte Gruppe von europäischen Auswanderern, dem Ruf und den Ideen eines Mannes folgend, von London nach Venezuela, um dort eine kommunistische Kolonie aufzubauen. Sie waren Mitglieder der ein Jahr zuvor in London gegründeten „Tropical Emigration Society" (TES) und hatten in der kommunistischen Siedlung Hamm Common nahe London bereits Erfahrungen mit diesem Gesellschaftsmodell sammeln können (Kirchberger 1999). Was sie zum Aufbruch nach Übersee veranlasste, waren schier unglaubliche Aussichten auf ein beinahe paradiesisches Leben, die aber keine Anleihen bei der Bibel oder anderen religiösen Heilsversprechen nahmen, sondern versprachen, sich einzig auf die Arbeit von Maschinen zu gründen.

Die TES war von den beiden deutschen Sozialisten Johann Adolph (John Adolph) Etzler (geb. 1796–verschollen) und Conrad Stollmeyer (Lebensdaten unbekannt) als Aktiengesellschaft in London gegründet worden; beide Gründer waren aus dem von konservativen Königen und Fürsten regierten Deutschland emigriert, wo kommunistische Initiativen zu dieser Zeit unmöglich gewesen wären. Etzler war mit dem Großteil des Kapitals der TES den Kolonisten vorausgefahren und hatte versucht, von der Regierung Venezuelas Land geschenkt zu bekommen, was ihm aber nicht gelang. So musste er das für die Kolonie benötigte Land kaufen (und ließ es sich vorsichtshalber im Grundbuch auf seinen eigenen Namen registrieren).

Die ersten Siedler, die ihm folgten, fanden anstelle des versprochenen Paradieses jedoch lediglich schlecht kultivierbares Land, sumpfige Regenwälder, faules Wasser und feindlich gesinnte Einheimische vor. Viele von ihnen starben kurz nach der Ankunft an verschiedenen Krankheiten, andere reisten enttäuscht weiter nach Nordamerika oder zurück nach Europa[103]. Die TES zerfiel im Streit ihrer Aktionäre. Der Initiator dieses Kapitels Kolonialgeschichte, Johann Adolph Etzler, kaufte sich um das verbliebene ihm zugängliche Kapital der TES zusätzlich privat Land in Venezuela, wo er mit seiner Familie lebte – seither verliert sich seine Spur.

Wer war dieser seltsame Mann, dem es offenbar gelang, Menschen dazu zu motivieren, alles hinter sich zu lassen und ihr gesamtes Vermögen in eine Idee zu investieren?

Johann Adolph Etzler verkörpert in der Tradition der utopischen Sozialisten die Verheißungen der Utopie geradezu prototypisch. Er kam früh mit den Ideen von Fourier, Saint Simon und insbesondere von Robert Owen in Berührung und entwickelte sich selbst zum überzeugten Frühsozialisten. Geboren 1796 in Deutschland, lebte er von 1821 an viele Jahre in den USA, wo zu dieser Zeit Kolonien und Lebensgemeinschaften für eine Vielzahl von verschiedenen gesellschaftlichen Modellen ausprobiert wurden, von biblischen Endzeit- und Erweckungsgemeinschaften aller Schattierungen bis zu kommunistischen und libertären Versuchen aller Art. In

---

103 Die Geschichte der TES ähnelt auffallend einem anderen Kapitel europäischer Kolonialgeschichte, das in dem Roman *Der König von Ozeanien* (Obrecht 2006) beschrieben ist.

dieser Atmosphäre des „Anything goes" hatte Etzler offenbar sein Initiationserlebnis.

Ganz im Geist des hier als baconscher Strang beschriebenen Teils der Utopiengeschichte leitet Etzler das Versprechen des irdischen Paradieses aus dem der materiellen Überfülle ab. Seine visionäre Weitsicht liegt aber darin, dass er mit den erneuerbaren Energien (ohne den Energiebegriff zur Verfügung zu haben, er spricht deshalb oft von „Kraft", wenn er „Energie" meint) jene Quelle praktisch unbegrenzter materieller Fülle anspricht und technisch nutzbar zu machen verspricht, die auch im Lichte gegenwärtigen naturwissenschaftlichen Wissens unbestritten erscheint. Das Etzler'sche Paradies ist kein religiöses, sondern ein säkular-mechanisches. In seiner schier grenzenlosen Begeisterung malt er in seinem Werk (Etzler 1833/1844)[104] harmonische, beglückende Welten aus – und liefert die dazu notwendigen technischen Konstruktionspläne, die zum Teil verblüffend genau technische Entwicklungen vorwegnehmen, die erst Jahrzehnte bis über ein Jahrhundert später realisiert worden sind: „Ich verspreche, euch die Mittel zu zeigen, wonach ihr euch innerhalb 10 Jahren ein Paradies zu schaffen vermögt, in welchem alles, was der Mensch nur wünschen kann, im Überfluss, ohne Anstrengung und ohne Geld zu haben sein wird."

Etzler konnte sich in Deutschland und vor allem im England des Frühkapitalismus davon überzeugen, wie mühsam die Kohle für den Betrieb der Dampfmaschinen abgebaut werden musste. Demgegenüber verspricht er „Kräfte anzuwenden, welche uns nichts kosten." Diese stammen

> von dem Winde; von der Ebbe und Flut, oder dem Steigen und Fallen des Meeres, hervorgebracht durch die Anziehungskraft des Mondes gegen den Ozean und von dem Sonnenscheine, oder der Hitze der Sonnenstrahlen, wodurch Wasser in Dampf verwandelt werden soll, dessen Streben nach Ausdehnung auf Maschinen wirkt, deren Einrichtung jedoch verschieden von den jetzt gebräuchlichen sein muss. Auch die Wellen des Ozeans sind anwendbar, da sie aber Fol-

---

104 Etzler 1833/1844; im Folgenden ist aus der deutschen Übersetzung von 1844 zitiert.

gen des Windes sind, so gehören sie zu den Kräften des letzteren. (…) Keine dieser Kräfte erfordert einen Verbrauch von Material, sondern nur die zum Bau der Maschinen nötigen Bestandteile (Etzler 1844, 3ff).

In der Folge geht Etzler in seinem Buch daran, seine Maschinen zur Nutzung erneuerbarer Energie, wie man heute sagen würde, zu beschreiben, ohne sich allerdings immer um Details der technischen Umsetzung („irgendeine Vorrichtung") zu kümmern.

Solarenergie soll über Spiegel konzentriert und dazu benutzt werden, Wasserdampf für Dampfmaschinen zu erzeugen. Für sonnenlose Stunden puffert ein Wärmespeicher die Wärmeenergie. Seit dem letzten Viertel des 20. Jahrhunderts gibt es auf genau dieser Basis Demonstrationskraftwerke, der moderne Name dafür lautet „concentrated solar power"(CSP).

Als Energiespeicher für mechanische Energie schlägt er das auch heute noch bei weitem leistungsfähigste Speichersystem vor, nämlich den Pumpspeicher: „Wir können z. B. Wasser durch die unmittelbare Anwendung von Wind oder Dampf in ein hochgelegenes Bassin bringen, aus welchem dasselbe durch einen Auslass auf ein Rad oder auf eine sonstige Vorrichtung fallen kann, um eine Maschinerie in Gang zu bringen. So vermögen wir Wasser in irgendeinem hochgelegenen Teiche aufzubewahren und zu jeder Zeit durch den Auslass so viel davon zu verwenden, als wir bedürfen." Nota bene: Etzler konzipiert hier in Gedanken eine Technologie, die erst fast sechzig Jahre nach dem Erscheinen seines Buches erstmals realisiert wurde: Der erste Pumpspeicher wurde 1891 in Zürich an der Limat gebaut.

2010 sind weltweit über 99 Prozent aller Speicher für mechanisch-elektrische Energie Pumpspeicher, die elektrische Energie in mechanische umwandeln, als solche zwischenspeichern und bei Bedarf wieder in elektrische zurückverwandeln können.

Für die Nutzung der Windenergie schlägt er eine Konstruktion vor, die auch mit gegenwärtig verfügbaren Technologien nicht machbar wäre, nämlich einen Widerstandsläufer mit

Flügelflächen von (umgerechnet) jeweils 63 mal 1 600 Metern. Ein solches Gebilde drehbar in den Wind zu stellen überfordert alle bekannten Materialien. Die 7,6 MW, die seine Maschine erbringen würde, liegen allerdings ungefähr am oberen Ende dessen, was moderne Windkraftwerke 2012 leisten können – diese sind allerdings Auftriebsläufer, ohne hier auf die physikalischen Details eingehen zu wollen.

Um die Verhältnisse des gesellschaftlichen Lebens nach der Verwirklichung seiner utopischen Maschinen möglichst anziehend auszuschmücken, ergeht er sich in Schilderungen der Lebensweise in den autarken Großkommunen, die ihre Inspiration aus Fouriers Phalanstère nicht verleugnen. Über eine zentrale Energieversorgung werden nicht nur alle landwirtschaftlichen Geräte angetrieben, auch Sägen, Hämmer, Werkzeug zum Graben werden von ihr bewegt. In Wohngebäuden, in denen Tausende von Familien untergebracht sind und die auffallend an moderne Plattenbauten erinnern, gibt es in jedem Zimmer Warm- und Kaltwasser, eine zentrale Versorgung mit Leuchtgas, zentrale Lüftung und Kühlung, mechanisch betriebene Aufzüge und für jeden Bewohner mehrere Zimmer – sowie einen Vorläufer des Plattenspielers. Nicht nur die Plattenbauten, auch Röhren und Küchengeschirr sind aus einem Kunststoff, der aus gemahlenem Stein und Holzstaub unter hohen Temperaturen und Drücken geformt wird.

1833, nachdem die englische Erstauflage seines Buches erschienen war, sandte sie Etzler mit einem begleitenden Brief an den amerikanischen Präsidenten Jackson und schickte eine Petition an den Kongress. Vor seiner Rückkehr nach Europa versuchte er, seine Ideen praktisch zu realisieren. Er verlangte von seinen Mitarbeitern kompromisslose und uneingeschränkte Gefolgschaft. Damit verscheuchte er die meisten von ihnen bald. Trotz des eher unrühmlichen Abgangs Etzlers, er verschwand ja mit einem Teil des Kapitals der TES in Venezuela, gelang es 1845 offenbar, einige seiner Maschinen in der frühkommunistischen deutschen Auswandererkolonie „Peace Union" erfolgreich und zur Zufriedenheit der verbliebenen Mitglieder der TES zu betreiben.

Etzlers Begeisterung an seinem utopischen Konstrukt verschließt ihm – und das ist durchaus typisch für Utopisten aller Couleurs – den Blick auf andere begrenzende Faktoren, ja überhaupt auf die Welt neben dem einen Element, das ihn so verzückt. Auch Technologien zur Nutzung der von Etzler vorgeschlagenen erneuerbaren Energien benötigen Investitionen, deren Kosten zum Teil über jenen zur Nutzung fossiler Energie liegen. Die Gesamtkosten pro aus erneuerbarer Energie erzeugter Energieeinheit liegen darum nicht notwendig unter jenen der fossilen und nuklearen, auch wenn bei letzteren Brennstoffkosten anfallen. Und für die Nutzung von Technologien auf der Basis erneuerbarer Energie sind Rohstoffe nötig, die nicht unbegrenzt und vor allem nicht ohne Anstrengung zur Verfügung stehen. Etzler fokussiert auf die kostenlose Sonnenenergie und ihre direkten und indirekten irdischen Erscheinungsformen – *Die Sonne schickt uns keine Rechnung*, könnte man dazu einen Buchtitel von Franz Alt aus den 1990er Jahren zitieren (1994/2009), durchaus in Etzlers Geist. Ökonomisch gesprochen begeistert sich Etzler an den geringen Grenzkosten für die Produktion aus Sonne, Wind & Co., und er übersieht die Fixkosten dieser Technologien. Und er begeistert sich an seinen Berechnungen, aus denen er ableitet, um wie viel seine Maschinen die dürftige mechanische Leistungskraft des Menschen von weniger als hundert Watt übertreffen. Er übersieht dabei, dass es mit der rein mechanischen Leistung nicht getan sein wird, wenn eine komplexe Aufgabe zu lösen ist, dass hinter der menschlichen Arbeitskraft mehr steht als das bescheidene Zehntel Pferdestärke, von der ausgehend er seine exponentiell wachsenden Zukunftseuphorien gewinnt.

Dennoch bleibt Etzler einer der faszinierendsten Pioniere aus dem Umfeld der erneuerbaren Energie und des utopischen Denkens. Seine Vorstellung eines säkularen Paradieses der Überfülle gründet auf der potenziellen Überfülle aller Formen der direkten und indirekten Solarenergie. Nachdem er das solare Energiepotenzial erkannt hat, ist für ihn kein Halten mehr. Er entwirft in Gedanken die zugehörigen technischen Mittel, um dieses Potenzial und damit sein Paradies der Überfülle auf Erden realisieren zu können.

Die Maschinen, die er sich dafür ausdenkt, nehmen zum Teil unglaublich präzise technische Entwicklungen vorweg, die erst Jahrzehnte bis über ein Jahrhundert nach ihm realisiert werden. Etzler geht nicht von bestehenden Apparaten aus, die er in kleinen inkrementellen Schritten weiter verbessert hätte, sondern von der Idee einer vollkommenen Gesellschaft.

Für die praktische Umsetzung erscheinen ihm keine Glaubensbrüder notwendig, sondern als erster Keim „eine kleine Gruppe einsichtsvoller Männer", die sich in der „Gesellschaft zur Veredelung des menschlichen Zustandes" zusammenfinden sollen und die stetig wachsen würde. Diese Gruppe würde jedenfalls seine Begeisterung teilen, davon war Etzler offenbar überzeugt: Es konnte gar nicht anders sein, als dass sich jeder einsichtsvolle Mensch seiner Vision uneingeschränkt zuwenden würde.

Zur Kinetik

Der notwendige langfristige Transfer zu einem Energiesystem, das hauptsächlich oder ausschließlich aus erneuerbaren Energieträgern gespeist wird, steht im Wesentlichen außer Zweifel. Die Einschätzungen der Experten, wie schnell dieser Transfer vor sich gehen soll, differieren lediglich zwischen kurz- und mittelfristig, langfristig und sehr langfristig. Von derart einmütiger Zustimmung getragen, verliert das utopische Ziel aber seine distinktive Kraft.

Das wirklich Utopische im Hinblick auf die Vollversorgung mit erneuerbarer Energie sind daher weniger die einzelnen erneuerbaren Quellen und ihre jeweiligen zukünftigen Beiträge als vielmehr die Geschwindigkeit, in der der Umstieg von der fossil-nuklearen 80-Prozent-Realität auf die erneuerbare Option erfolgen soll. Mit diesem Blick auf die Geschwindigkeit, also auf die Realisierung der Utopie, werden wir allerdings der eingangs vorgeschlagenen Definition des Phänomens Utopie etwas untreu. Diese sei nämlich, haben wir festgestellt, durch die Distanz zum aktuellen Zustand gekennzeichnet, wobei den Utopiker die Kinetik des Überganges aber eben wenig interessiere. Mit Blick auf die Erneuerbaren ändert sich die Utopie jetzt vom Zustand zum Vorgang, zur utopischen Intention, weil die ursprüngliche Utopie, die Vollversorgung mit erneuerbaren Energieträgern zu irgendeinem zukünftigen Zeitpunkt, weitgehend nicht mehr angezweifelt wird – oder werden darf. Für diesen Schritt hat sich in der Literatur mittlerweile auch die Bezeichnung „die große Transformation" durchgesetzt. Damit knüpft man, nicht ohne Pathos, an historische Weichenstellungen der Menschheitsgeschichte wie die neolithische- oder die Industrielle Revolution an[105].

Nicht mehr der finale, vom aktuellen Status quo wesentlich verschiedene Zustand beschreibt diese Utopie, sondern ihre möglichst rasche und vollständige Realisierung. Im finalen Zustand, wenn wir Glück haben, wird es uns so gut gehen wie heute – zumindest wie es dem wohlhabenden Teil der Menschheit in den industrialisierten Ländern heute geht. Dieser Zustand wird nur auf einer anderen materiellen Basis stehen, eben auf der erneuerbarer Energieträger.

Wir schließen uns mit dieser Anpassung unserer Definition der ersten der beiden eingangs vorgestellten Alternativen an und stellen fest, „wir" im industrialisierten Westen würden in Utopia leben (→ Kap. 1.3, S. 49ff). Damit rufen wir als neue Utopie aus: Unseren derzeitigen Lebensstandard in der erfüllten Utopie weitgehend aufrecht erhalten zu können, ihn zugleich vermittels der erneuerbaren Energien zu dematerialisieren, vom Abbau fossiler Energiebestände uns wieder in die solaren Energieflüsse einzugliedern und auf den Rest der Welt auszudehnen. Sloterdijk nennt dieses Ziel die „Beibehaltung des Silbernen Hesiodschen Zeitalters" (Sloterdijk 2011, 668f).

Optimismus hinsichtlich der Geschwindigkeit dieser notwendigen Umstellung auf Erneuerbaren versprüht naturgemäß eine Interessenorganisation wie Eurosolar (Fell 2009). Bis 2030 könne die Stromerzeugung auf 100 Prozent Erneuerbare umgestellt werden, bis 2040 auch die Wärmeversorgung und der landgebundene Verkehr – zumindest in Deutschland. Der

---

105 Als „Große Transformation" wird nach Karl Polanyi (1944) auch die tiefgreifende Umwandlung der westlichen Gesellschaften im 19. und 20. Jahrhundert bezeichnet.

deutsche Vordenker Hermann Scheer (1944–2010) hat sich als wesentlicher Protagonist dieser Umstellung in zahlreichen Büchern, Artikeln und auch als politischer Praktiker einen Namen gemacht. Scheer sieht als zusätzliche Aufgabe für die große Transformation, die Macht der alten Strukturen zu brechen (Scheer 2011, 34ff).

Gerade die Geschwindigkeit der Umstellung wird von anderen Experten aber als große Illusion dargestellt[106]. Es werde viele Jahrzehnte bis Jahrhunderte dauern, bis der unvermeidliche Umstieg auf erneuerbare Energie erfolgt sei. Zu träge und kostenintensiv sei die Infrastruktur, welche die fossil-nukleare Option stütze, die fossilen Reserven und Ressourcen seien noch lange nicht erschöpft.

Der Gründervater des Rüstungskonzerns Messerschmidt-Bölkow-Blohm, Ludwig Bölkow (1912–2003), konvertierte in seinen alten Tagen zur Solarenergie und initiierte den Bau einer von seinen ehemaligen Kollegen belächelten, mit Solarzellen betriebenen Anlage zur Wasserstoffproduktion. Als Quintessenz seines langen Lebens hob er hervor, die Lösung eines Problems müsse in ein bestehendes Gesamtsystem passen.

1989 wurde in Deutschland jedoch als Stand der Technik anerkannt, dass sich dezentral vom Verbraucher erzeugte Energie ins Netz einspeisen lässt. Darauf basiert das 1991 zum Gesetz gewordene deutsche Fördermodell der Einspeisevergütung für Strom, den private Stromverbraucher aus erneuerbaren Energiequellen erzeugen (Radkau 2011, 481 f). Diese Abkehr vom Paradigma der zentralen Stromversorgung ist eine womöglich bahnbrechende Innovation: Die sogenannte Rückeinspeisung passt nicht mehr in das Gesamtsystem der zentral organisierten Stromversorgung. Muss eine Lösung also in ein bestehendes System passen oder bricht sie besser mit den Leitlinien des Systems?

Anders gefragt: Wie revolutionär muss eine große Transformation wie der Aufbau eines erneuerbaren Energiesystems sein? Soll sie bestehende Machtkonstellationen eher nutzen oder umstürzen?

---

106 Smil 2011 ist ein großer Skeptiker hinsichtlich einer raschen Umstellung auf Erneuerbare.

3.4 Die Insel

Das Leben der Utopier wird von ihren Nachbarn eifersüchtig beäugt, ihre Errungenschaften entfachen deren Argwohn und Gier. Nur an einem Ort, der sich sicher nach außen abgrenzen, zur Not auch verteidigen lässt, konnte das utopische Experiment über längere Zeit hin gelingen, nur an diesem war es überhaupt möglich, es zu beginnen.

Dieser Ort ist die Insel. Auf der Insel findet ein richtiges Leben im Meer des falschen statt. Aus dynamischer Sicht ist die Insel der Schritt zur Umsetzung, zur Verwirklichung und Operationalisierung der Utopie. Die Verbindung der Insel mit ihrer Umgebung ist unterbrochen, die Komplexität des Lebens dort ist reduziert. Die Insel ist geschützt vor den Ideen der Außenwelt.

In den alten Utopien bei Thomas Morus, Francis Bacon und ihren Nachfolgern sind es noch tatsächlich vom Meer umspülte Eilande, auf denen, zumindest dem eigenen Anspruch nach, das richtige Leben für eine Gruppe von Menschen verwirklicht ist. Utopus, der Gründer von Utopia, hat die Landverbindung, „fünfzehn Meilen Landes", der vormaligen Halbinsel eigens gekappt, um den notwendigen Inselstatus Utopias herbeizuführen. Die Regierung von Callenbachs *Ecotopia*, der Utopie der späten Hippiezeit, lässt das Territorium des sezessionistischen Staates durch das Militär gegen den Rest der USA abschirmen, nicht einmal internationale Flüge dürfen den Staat überfliegen.

Die Insel steht für das überschaubare, abgrenzbare Projekt, an dem nur wenige Menschen teilnehmen. Zehntausende von Jahren lebte der Mensch vor der neolithischen Revolution in übersichtlichen Gruppen weniger, ihm persönlich bekannter jagender und sammelnder Individuen. Diesen gegenüber war er mannigfach verpflichtet, den anderen, die außerhalb der Gruppe standen, ging man aus dem Weg.

Das alttestamentarische Paradies war ein von einer Mauer umgebener Garten. Den ersten Menschen, die aus ihm vertrieben worden waren, verwehrte ein Engel mit Flammenschwert die Rückkehr. Auf der schwimmenden Insel der Arche Noah wurden nur wenige Menschen gerettet. Der im

Alten Testament beschlossenen Zerstörung der Welt kann nicht entgangen werden, man kann nur hoffen, der eigene Name möge im Buch Gottes verzeichnet sein. Der Weg, um dort genannt zu werden, besteht je nachdem in frei gewählter gottgefälliger Lebensführung (Uerz 2006, 50; 63) (beispielsweise nach Julian von Aeclanum oder Erasmus von Rotterdamm) oder ausschließlich in Gottes Gnade (so etwa nach Martin Luther) (Flasch 2009). Überall in der Bibel stößt man auf die Auswahl der wenigen.

Der Stadtstaat der Antike, die ökonomisch und politisch weitgehend unabhängige „Polis", war vom achten vorchristlichen Jahrhundert bis zur Spätantike die vorherrschende Gesellschafts- und Siedlungsform im Mittelmeerraum. Für Plato hat die ideale Stadt 5.040 grundbesitzende waffenfähige Männer. Seine um 370 v. Chr. verfasste *Politeia*, die Urform aller späteren Utopien, ist in einer Stadt lokalisiert, und muss nach außen abgeschirmt werden. Atlantis ist, als es von Plato beschrieben wird, bereits eine untergegangene Insel. Während gegenüber den außerhalb des eigenen Staates liegenden anderen griechischen Stadtstaaten noch gewisse Verpflichtungen bestehen, gibt es diese gegenüber den Barbaren nicht mehr. Im Krieg gegen diese ist folglich alles erlaubt (Blittersdorff 2011; Saage 1997, 51).

Utopien benötigen einen abgeschlossenen Raum, in dem alle wissen, was richtig und was falsch ist. Die Freiheit zur Abweichung wird dadurch zumindest eingeschränkt. Aus den Normen der Ordnungsutopien lässt sich aber auch mit wenigen Handgriffen ein Legitimationsinstrument für eine kommunistische oder faschistische Ideologie fabrizieren (Schwendter 1994, 23f): Platos oder Campanellas Zuchtwahl, kombiniert mit Bacons technologischem Instrumentarium, ergibt das Rezept für eine bedrückende Diktatur.

Eine Ausnahme von der Insellage bilden einige der Dystopien des 20. Jahrhunderts, die, wohl um ihre abschreckende Wirkung zu vergrößern, globalisiert worden sind, wie George Orwells permanent gegeneinander kriegführende Staaten in *1984*. Aldous Huxleys *Schöne neue Welt* hat sich beinahe auf die ganze Welt ausgedehnt, lediglich in einigen zurückgebliebenen Reservaten, ähnlich den heutigen Nationalparks, in denen die Natur noch machen darf, was sie will, leben die Menschen noch in jenem Urzustand, wie er vordem für die ganze Welt charakteristisch war. Die Idee der Insel ist durch ihren Unterschied zur Umgebung bestimmt – ohne diesen wäre sie bedeutungslos. Jeder Gradient hat jedoch eine Tendenz zum Ausgleich zur Folge. Dieser kann in zwei Richtungen erfolgen, von innen nach außen und umgekehrt, womöglich auch gleichzeitig in beide Richtungen. Die Insel der Nachhaltigkeit als Keim dessen, was weltweit sein könnte, wirkt von innen nach außen, spendet Hoffnung und beansprucht Multiplizierbarkeit und Ausbreitung. Man kann sich auf der Insel aber auch in privilegierter Position vor dem Anspruch Fremder auf Übernahme der auf ihr verwirklichten Privilegien abschotten.

3.4.1 Die Insel der Nachhaltigkeit

Nachhaltigkeit[107] als Ziel und vieldeutiger Begriff spiegelt nicht nur die Vieldimensionalität der Probleme, mit denen wir uns konfrontiert sehen, sondern auch der menschlichen Bedürfnisse. Diese sollen weder übermäßig auf Kosten der Natur noch auf Kosten anderer Menschen, anderer Regionen und auch nicht auf Kosten kommender Generationen befriedigt werden. „Nachhaltigkeit" bezieht sich also auf die Bedürfnisse aller gegenwärtigen und zukünftig lebenden Menschen, sie fordert damit räumliche und zeitliche Grenzenlosigkeit.

Die Insel der Nachhaltigkeit ist der Keim dieser künftigen, besseren Welt, sie erhebt den Anspruch, ein reproduzierbares Beispiel vorzuleben und verfolgt trotz ihrer bescheidenen

---

107 Gemäß dem Brundtland-Bericht besteht nachhaltige Entwicklung darin, „… die Bedürfnisse der Gegenwart zu befriedigen, ohne zu riskieren, dass künftige Generationen ihre eigenen Bedürfnisse nicht befriedigen können." Weiter heißt es in dem Bericht, „Das Konzept der nachhaltigen Entwicklung impliziert Grenzen (…) abhängig von der Fähigkeit der Biosphäre, die Effekte der menschlichen Tätigkeit zu absorbieren." (World Commission on Environment and Development, Our Common Future, Brundtland Report, New York, 1987, Kapitel I-1, Artikel 27).

Größe eine langfristig globale Ambition: als Ort, in dem man ein Modell für die Zukunft entwickeln, in der Praxis testen und erproben kann. Auf ihr wird beispielhaft vorgelebt, was irgendwann alle übernehmen und nachahmen sollen. Sie ist deshalb zugleich wichtiges Element der Implementierungsmethode, also des Weges, auf dem eine neue Idee oder Technologie ihre ersten Schritte hin zur Umsetzung beginnt (Rogers 1995)[108]. Ist sie erfolgreich, soll sie auf kontinentale Größe anwachsen, aus Öko und Beschaulichkeit wird dann womöglich Großtechnik (Horeis 2008). Weil sie als Ort der vorweggenommenen utopischen Erfüllung ungeheuer anziehend wirken kann, muss man sie schützen. Die Insel der Nachhaltigkeit kann Elemente beider oben beschriebenen idealtypischer Utopiefamilien von Morus und Bacon enthalten.

Ihr anthropologischer Ursprung ist die Überschaubarkeit der jagenden Horde des frühen Menschen, ihr abendländischer Keim die Askese und Spiritualität des einzelnen überzeugten Menschen. Paulos von Theben (228–341) war der legendäre erste christliche Einsiedler und Wüstenvater, der vor der Christenverfolgung des Römischen Kaisers Decius in der Wüste Zuflucht suchte. Antonius der Einsiedler (251–356), der den 113 Jahre alten Paulos in der Wüste besuchte, gründete, von ihm inspiriert, um 305 in Ägypten das erste christliche Kloster. Das Kloster ist die Brücke zum Paradies auf dem Weg der religiösen Weltüberwindung. Es schließt einen Teil des menschlichen Potenzials aus seinen Gemäuern aus, um dadurch etwas zu gewinnen, das durch die Realisierung dieses Potenzials verstellt würde. Laut der Regel des heiligen Benedikt von Nursia (um 480–547) soll das Kloster so angelegt sein, dass sich alles Lebensnotwendige, Wasser, Mühle, Garten etc., innerhalb seiner Mauern findet (Regula Benedicti 66/6). Nach Joachim von Fiore (gest. 1202) ist der Heilszustand in der vita contemplativa der idealen klösterlichen Gemeinschaft bereits vorweggenommen, ein Stück des neuen Reiches dort schon verwirklicht.

Die äußere Form und die Organisation der Klöster inspirierte

---

108 Mit Rogers würde man die Aktivisten oder Bewohner der Inseln der Nachhaltigkeit als Pioniere oder „early adopters" bezeichnen.

die Konstruktion von Utopien (Saage 2001, 62). Das Kloster ist aber kein gesamtgesellschaftliches Organisationsmuster, sondern ein elitäres. Auch die utopischen Sozialisten dachten in klosterähnlichen Gemeinschaften (von den mönchischen Gelübden Armut, Keuschheit und Gehorsam sind dort Armut in Form kollektiven Besitzes und Gehorsam als Zustimmung zur utopischen Idee verwirklicht), durch die Einrichtung experimenteller Siedlungsgenossenschaften (etwa im Geiste Robert Owens) könne eine radikale Veränderung der gesellschaftlichen Verhältnisse erzielt werden, als Alternative zu Revolution oder sozialer Reform (Kirchberger 1999, 102). In Fouriers Phalanxen als abgeschlossenen Siedlungsformen mit idealer Gesellschaftsordnung sollte die Gesellschaft in Stufen hin zum Idealzustand entwickelt werden. „Jeder solle mit dem Werke den Anfang machen," fordert auch der charismatische Erneuerbaren-Vordenker im Geiste der utopischen Sozialisten, Johann Adolph Etzler (1844, 87) in den 1830er Jahren den monadischen Keim – und seine Vorgabe hat sich praktisch bewährt.

Ein anderer Aspekt der Insel der Nachhaltigkeit ist das vernetzte System von Inseln. Als Vision, ja als notwendige Voraussetzung für das friedliche und wirtschaftlich gedeihliche Zusammenleben und Gelingen wurde diese Idee vor allem vom britisch-österreichischen Philosophen und Anarchisten Leopold Kohr (1909–1994) vertreten. Nach Kohr ist übertriebene Größe das zentrale Problem der Schöpfung, Systeme scheitern, wenn sie scheitern, an ihrer Größe. Er entwickelte auf dieser Basis ab 1941 im amerikanischen Exil eine Idee für die Zukunft eines Nachkriegseuropas, das nicht aus großen Nationalstaaten, sondern aus einer Fülle von kantonähnlichen Kleinstaaten bestehen sollte (*disunion now!*). Nach Kohr ist die ideale Größe eines Staates ungefähr jene des Fürstentums Liechtenstein, entsprechend unterstützte er auch die Gründung eines unabhängigen Staates auf der Karibikinsel Anguilla aktiv. „Alles ist Gift. Ausschlaggebend ist nur die Dosis", zitierte er gern den Arzt und Alchemisten Paracelsus[109]. Kohrs Denken beeinflusste wesentlich das seines

---

[109] Quelle: persönliches Gespräch am Rande der „4. Döllacher Gespräche", 25. Oktober 1991.

Freundes Ernst Friedrich Schumacher, der mit seinem Werk *Small is beautiful* einen Bestseller schrieb.

Sternstunden von Realisierung

Den Utopisten interessiert der Weg zur Umsetzung seiner Ideen meistens nicht. Dennoch gab es zahlreiche Realisierungsversuche utopischer Ideen, namentlich in der Nachfolge der utopischen Sozialisten. Zwischen 1825 und 1850 wurden in den USA 15 Siedlungen im Geiste Robert Owens gegründet, New Harmony in Indiana existierte von 1825 bis 1830; es scheitert wie auch die anderen Siedlungen, weil sich die zusammengewürfelten Menschen nicht vertrugen, Gemeineigentum nicht geachtet wurde, die Menschen ihre Sparsamkeit verlernten, es an Fleiß mangelte und die geleistete Arbeit nicht objektiv messbar war (Saage 1997, 92).

Zwischen 1848 und 1898 wurden in Illinoys sechs kommunistische Siedlungen gegründet, die sich auf die Ikarien-Utopie von Cabet beriefen. Ihnen war ausgesprochener wirtschaftlicher Erfolg beschieden, doch während Cabets Abwesenheit eigneten sich viele Mitglieder einen Teil der gemeinsam erwirtschafteten Güter privat an, das Realisierungsexperiment scheiterte.

Fouriers Phalanstère-Ordnung bestand in Nordamerika zwischen 1842 und 1858. Die Phalanx von Wisconsin mit 180 Mitgliedern war hervorragend organisiert und ein wirtschaftlicher Erfolg, scheitert aber ebenfalls an der Frage der Gütergemeinschaft und der privaten Haushaltsführung. Erfolgreich realisiert wurden Fouriers Ideen jedoch vom Ofenfabrikanten Jean Baptiste Godin. Dieser hatte 1856 in einem Dorf 150 Kilometer nordöstlich von Paris sogenannte Sozialpaläste gegründet. Dabei handelte es sich um Großwohnanlagen für die Arbeiter seiner nahe gelegenen Fabrik. Die Wohnanlagen waren modern ausgestattet, es gab Theater, Schulen, Restaurants, Wirtschaftsgebäude und Schwimmbäder. In der Umsetzung seiner politischen Ideen im Geiste Fouriers übertrug Godin ab 1880 seine Eigentumsrechte an Fabrik und Wohngebäude an eine Genossenschaft der Arbeiter (Stumberger 2004).

Offenbar boten sich die Vereinigten Staaten von Amerika

im 19. und auch noch im 20. Jahrhundert, da insbesondere in der Hippiezeit, bevorzugt dafür an, Realisierungsversuche utopischer Ideen zu beginnen, die keinesfalls alle nach kurzer Zeit scheiterten[110]. Auch die Gütergemeinschaft im Kibbuz ist eine gelebte Utopie mit positivem Verhältnis zu moderner Technologien. Kernelemente des Kibbuz sind Arbeit ohne Bezahlung, Konsum ohne Markt und die zentrale Rolle der Gemeinschaft. Und Ernest Callenbach hat seiner *Ökotopia* 1981 mit *Der Weg nach Ökotopia* sogar ein Realisierungsmodell für den sezessionistischen Staat in den westlichen USA hinterhergeschrieben.

Es mangelte auch nicht an religiös inspirierten Versuchen, Staats- oder Gemeinschaftsgebilde zu errichten, die wir hier aber nicht zu den Utopien rechnen – vom untergegangenen Jesuitenstaat in Paraguay (1609–1767) bis zu existierenden Gütergemeinschaften der Amish und Hutterer in Nordamerika, vom gescheiterten Gottesstaat Thomas Müntzers während des Deutschen Bauernkrieges im frühen 16. Jahrhundert bis zum von gegenwärtigen Islamisten erstrebten zukünftigen Gottesstaat.

Meistens interessiert die Utopisten jedoch das Ziel und nicht der Weg. Wenn hier dennoch kurz von Realisierungen die Rede ist, dann deshalb, um einige modellhafte, idealtypische und historisch erprobte Wege vorzustellen.

---

110 Schwarz 1982, 411 ff: War eine erste Welle von utopischen Realisierungsversuchen in den USA zwischen dem Ende des 17. und dem Beginn des 19. Jahrhunderts noch hauptsächlich christlich inspiriert, so bezogen sich vom Beginn des 19. Jahrhunderts an die Verwirklichungsversuche auf die utopischen Sozialisten (Owen, Fourier) und auf Etienne Cabets Ikarien-Utopie. Zwei beispielhafte Extrempositionen nehmen die strikt kommunistischen, pazifistischen, antirassistischen und zölibatären Shakers ein, die immerhin 150 Jahre überdauerten, und die Oneida-Kommune von John Humphrey Noyes, der eine geordnete Promiskuität heilig war ein. Ein dritter marxistisch-anarchistischer Schwung blühte zwischen 1880 und 1914. Ab den 1960er Jahren erstarkten die utopischen Realversuche wieder, 1970 existierten zumindest zweitausend Kommunen in vierunddreißig Staaten der USA. Wie schon oben vorgeschlagen kommt diesen vielfältigen Versuchen in den USA eher der Terminus „wissenschaftlicher Sozialismus" zu als den letztlich dogmatisch verordneten Staatsdoktrinen der UdSSR und der Volksrepublik China.

Innovative Technologien zur Nutzung erneuerbarer Energie wurden selten von großen Energieversorgungsunternehmen realisiert und zur Marktreife entwickelt. Meistens waren es lokale engagierte Gruppen oder Einzelkämpfer, von denen die Initiative ausging. Setzt man bewusst auf diese Pioniere, um Innovationen im Boden der Realität zu verwurzeln, auf dass sie in weitem Umkreise austreiben, spricht man von strategischem Nischenmanagement.

Die moderne **Windkraftnutzung** etwa findet ihren ersten Anstoß in vielen privaten Initiativen in Dänemark nach der ersten Ölkrise (Hantsch 1998, 36 ff; Meyer 1995), die anfangs kaum Unterstützung seitens der staatlichen Förderprogramme erhielten und auch von den Eigentümern der zentralen Stromversorgungsnetze und der Energieversorgungsunternehmen vielmehr Widerstand zu gewärtigen hatten, ganz ähnlich wie in anderen Ländern, beispielsweise Österreich. In sogenannten „Windtreffs" trafen sich dafür die begeisterten ersten Errichter und Betreiber von Windrädern und verbesserten das Konzept der Windkraftwerke schrittweise. Erst nach und nach, getrieben von deren Aktivitäten und den ersten gewerblichen und industriellen Herstellern, unterstützt durch hohe Ölpreise, den Enthusiasmus der begeisterten Akteure und einige einsichtsvolle politische Entscheidungsträger, die die Lage des rohstoffarmen Landes kritisch und das Potenzial der Windenergie positiv sahen, veränderte sich die politische Landschaft in Dänemark. Die herrschenden Monopole der Elektrizitätswirtschaft wurden aufgebrochen, die Einspeisung von elektrischer Energie aus Windkraftwerken, auch von privaten Betreibern, wurde unterstützt. 2012 hat die Windenergie in Dänemark mit etwa 26 Prozent den EU-weit höchsten Anteil an einer nationalen Stromversorgung, die dänische Windindustrie ist weltweit führend[111].

Bei der Durchsetzung der Windenergie in Dänemark agierte

---

111 Vgl. www.ewea.org (19.8.2012); der Windenergieanteil an der Stromproduktion in Deutschland beträgt 10,6 Prozent, derjenige Österreichs 3,3 Prozent, im EU-Durchschnitt liefert die Windenergie 6,3 Prozent des Stromes. Die Werte beziehen sich auf die installierte Leistung Ende 2011 und sind für ein normales Windjahr hochgerechnet.

eine engagierte Gruppe für ein in den Augen der Elektrizitäts-unternehmen problematisches Projekt. Deren herrschendes Leitbild favorisierte die zentrale Stromversorgung und unterdrückte alternative soziotechnische Leitbilder wie die Kleinwindtechnologie und andere dezentrale Erzeugungsformen (Lenz et al. 2001, 138 ff).

Im Jahr 1986, nach der Katastrophe von Tschernobyl, waren in Deutschland nicht mehr als fünfzig professionelle Windräder in Betrieb, in Dänemark hingegen etwa 1.200. Die Regierung in Kopenhagen lockte Investoren mit 30 Prozent Zuschuss, sie wollte bis 1995 zehn Prozent des Strombedarfs durch Windkraft decken. Die auf Kernenergie fixierte Bundesrepublik Deutschland verschlief die Technologiewende. Ein nach der Ölkrise aufgelegtes Forschungsprogramm war mit 100 Mio. Euro dotiert, während die Kernenergie im selben Zeitraum acht Mrd. Euro kassierte. Den Durchbruch in Deutschland, eine „womöglich bahnbrechende Innovation" (Radkau 2011, 482), brachte erst das Stromeinspeisegesetz von 1990, ein konservativ-grünes Projekt, das 2000 unter der rotgrünen Regierung zum Erneuerbaren Energiegesetz erweitert wurde – inzwischen ein weltweiter Exportschlager. Es verpflichtete Energieversorger und Netzbetreiber, Windstrom abzunehmen und so zu bezahlen, dass sich die Errichtung eines Windkraftwerkes ökonomisch rentiert (Kriener 2012).

Nur um nicht unvollständig zu bleiben, muss erwähnt werden, dass die meisten Versuche, mit Projekten in die Machtgehege herrschender Leitbilder zu intervenieren, natürlich scheitern. Die Resilienz etablierter Systeme reicht eben meistens aus, ebendiese Intervention zu verhindern.

Die Nutzung der **Solarenergie zur Warmwassererzeugung** in Österreich hatte ihren Ausgangspunkt in den 1980er Jahren bei einigen Landwirten in der Steiermark, die nach der Feldarbeit warmes Wasser zum Duschen haben wollten – ein industrieller Versuch zur Produktion von Solarkollektoren war kurz zuvor gescheitert. In Eigenregie bastelten sie aus wenigen Teilen die ersten Solarkollektoren, die nach einigen Verbesserungsschritten auch funktionierten. In der Folge verbreitete sich die Idee, die Sonne in Eigenregie zum Erwärmen des Wassers zu nutzen, einige Pioniere stellten das dazugehörige Werkzeug her, mit dem bessere Kollektoren gebaut werden konnten, und Selbstbauinitiativen entstanden in einem Dorf nach dem anderen. Schließlich erkannten nach einigen Jahren auch industrielle Hersteller die Möglichkeit dieses Marktes und begannen, Solarkollektoren zu produzieren, ursprünglich nach der Vorlage der ersten Selbstbaukollektoren, allmählich aber auf verbesserter und wissenschaftlich gestützter Basis. Eine notwendige Begleitmaßnahme für den Aufstieg der Solarenergienutzung in Österreich war die entsprechende Ausbildung von Installateuren. Österreich liegt 2011 weltweit hinter Zypern an zweiter Stelle hinsichtlich der installierten Solarkollektorfläche pro Kopf[112].

Bei der Umsetzung der Solarthermie in Österreich agierte eine Gruppe für ein in den Augen des herrschenden Leitbildes unproblematisches Projekt. Die Solarthermie traf nicht auf das elektrizitätswirtschaftliche Leitbild der zentralen Elektrizitätsversorgung, weil der Elektrizitätsmarkt durch dieses Projekt gar nicht berührt wurde. Der Selbstbau der Solarkollektoren gestaltete sich relativ einfach und war für die technisch versierten Landwirte kein Problem, der erreichte Komfortgewinn in Form von Warmwasser zum Duschen nach der Feldarbeit war enorm. Durch rasche technische Optimierung konnten einige kleine Anfangsfehler rasch ausgemerzt werden.

Beispiele für derartige Inseln der Nachhaltigkeit als Keime für interessante Entwicklungen mit letztlich globalem Anspruch gibt es viele. Ihr ökonomisches Idol ist die Garage, ihre kommunale Verwirklichung das Ökodorf. In vielen modernen Ökodörfern entwickeln Menschen neben anderen Aspekten der Nachhaltigkeit auch alle Elemente regionaler Energieautarkie (http://www.ecovillage.org).

Transformationen wie der schnelle Wechsel in der Energieversorgung lassen sich in kleinen, überschaubaren Ländern

---

112 Vgl. www.solarwaeerme.at; und Gespräch mit Roger Hackstock, Geschäftsführer von Austria Solar, 18.2.2013. Die österreichische Solarkollektorenindustrie ist 2012 eine der erfolgreichsten und größten der Welt, von den in 2011 produzierten ca. 1,1 Mio. Quadratmetern werden ca. 900.000 exportiert.

leichter erreichen. In weniger als einer Generation kann eine neu entdeckte Energiequelle lokal entwickelt werden und das Land auf die Basis einer vollkommen veränderten Grundlage der Energieversorgung stellen. Das hat sich etwa in den Niederlanden ab 1959 nach der Entdeckung des riesigen Groningen-Erdgasfeldes gezeigt, als das Land in kürzester Zeit von importierter Kohle auf die flächendeckende Versorgung mit Erdgas umgestellt wurde (Smil 2010, 82 ff).

Dieser niederländische Energietransit ist auch insofern interessant, als die Umstellung von Kohle auf Erdgas schneller vonstatten ging als in jedem anderen Land. Zusätzlich wurde von der Regierung der Export von Erdgas beschleunigt, weil sie annahm, Kernenergie werde in wenigen Jahren so billig und dominant sein („too cheap to meter"), dass sie alle anderen Energieträger und damit auch die eigenen Erdgasvorräte quasi wertlos und überflüssig machen würde.

Mitunter ergibt sich durch die zufällige oder die bewusste Gestaltung der Einflussgrößen eines Systems eine Konstellation, die es erlaubt, durch wenige kleine Entscheidungen und Schritte enorme Wirkungen zu erzielen. Stefan Zweig nennt solche Situationen im historischen Kontext *Sternstunden der Menschheit*, in der Systemtheorie nennt man sie „Kipppunkte" oder „tipping points", in der Physik auch Phasenübergänge. Die folgenden beiden Beispiele für derartige Sternstunden stammen nicht aus dem Fundus der Energiegeschichte, sondern stellen gewissermaßen realisierte gesellschaftliche Utopien dar. Sie erscheinen für unser Thema nicht nur deshalb, sondern auch aus methodischer Sicht wertvoll:

Eines der berührendsten Beispiele für eine Entscheidung an einem Kipppunkt betrifft die Rettung der 47.000 bulgarischen Juden vor ihrer Ermordung im von Nazideutschland besetzten Europa im Jahr 1943 (Brahm 2003). Bulgarien war mit Hitlerdeutschland verbündet und auch Mitglied im „Dreimächtepakt". Auf deutschen Druck waren die Rechte der Juden seit 1941 schrittweise begrenzt worden, sie mussten einen gelben Stern tragen und wurden in ihrer beruflichen Freiheit eingeschränkt. Ab Juni 1942 bereitete ein „Kommissariat für Juden-Angelegenheiten" ihre Deportation vor.

Als die ersten paar tausend Juden bereits auf den Bahnhöfen auf ihren Abtransport warteten, erhielt Dimiter Peschew (1894–1973) als Vizeparlamentspräsident die Nachricht davon. Mit der Drohung eines Skandals im Parlament gegenüber dem Innenminister erreichte er die Rücknahme des Deportationsplans. Die Juden konnten von den Bahnhöfen wieder in ihre Wohnungen zurückkehren. Um auch für die Zukunft ihre Deportation zu verhindern, schrieb er im März 1943 einen Brief an den bulgarischen Ministerpräsidenten, in dem er die geplante Abschiebung der Juden als Schande für Bulgarien bezeichnete. Der Brief wurde letztlich von 30 der 160 Parlamentsabgeordneten unterzeichnet. Dank Peschews Vorstoß wurden zumindest einige der verantwortlichen Politiker Bulgariens an ihre Verpflichtungen gegenüber allen Bürgern des Landes erinnert. Der Widerstand gegen ihre Auslieferung konnte nicht mehr übergangen werden. Kein einziger der 47.000 Juden in den Grenzen Altbulgariens ist deportiert worden.

Die Zivilcourage Peschews war wirksam, weil man in Bulgarien nicht um sein Leben fürchten musste, wenn man eine andere Meinung vertrat als die Regierung – Bulgarien war nicht faschistisch. Peschew konnte die Reste von Freiheit geschickt nutzen, auch weil der von den Nationalsozialisten propagierte Antisemitismus in Bulgarien kein großes Echo fand. Die Konstellation in Bulgarien befand sich vielmehr in einem nicht stabilen Punkt, in dem es möglich war, dass sich der Staat in die eine oder andere Richtung entwickeln würde. Durch einige entscheidende Schritte eines einzelnen couragierten Menschen in exponierter Stellung gelang es, das ganze System in die eine – in diesem Fall richtige – Richtung zu bewegen.

Menschen, die Veränderungen im sozialen System hervorrufen wollen, aber auch Marketingexperten und Werber aller Couleurs träumen davon, derartige Punkte zu finden oder bewusst zu gestalten und herbeizuführen (Gladwell 2002), um sich so den mühsamen und langwierigen Weg der Umsetzung von Innovationen zu ersparen. Mitunter gelingt ein weltweiter Impact mit ein paar Karikaturen oder einem Kurzfilm, der religiöse Gefühle von Menschen instrumentalisiert.

Die Einführung des Buddhismus in Tibet stellt ein interessantes Beispiel für die nachhaltige Entmachtung eines herrschenden Leitbildes bei dessen weiterer, veränderter Nutzung dar. Es kann insofern als Vorbild für die Transformation mächtiger, stabiler, herrschender Strukturen betrachtet werden:

Im achten Jahrhundert blühte das Königreich Tibet, ihm gelang sogar kurzzeitig die Eroberung der chinesischen Hauptstadt Peking. Innerlich jedoch war Tibet trotz dieses militärischen Erfolges zerrissen. In den Auseinandersetzungen zwischen König und Adel einerseits, der alten Bön-Religion und dem neuen Buddhismus andererseits schlugen sich die Priester des Bön auf die Seite des Adels. Der tibetische Herrscher Tisong Detsen (regierte 755 bis 797), der den konkurrierenden Adel mit seiner zugehörigen Bön-Priesterkaste entmachten wollte, rief in dieser Situation den großen indischen buddhistischen Meister der Magie, Padmasambhava, zu Hilfe. Diesem gelang es, die feindlichen Dämonen und Landesgottheiten, die der Bön-Religion zugerechnet wurden, spirituell in einem öffentlichen Ritual zu besiegen. Allerdings vernichtete er sie nicht, sondern unterwarf sie lediglich und machte sie als Dharmapalas, als Schutzgötter, der neuen Religion, dem Buddhismus, und damit auch dem zentralen Herrscher, dienbar. Damit praktizierte er eines der wesentlichen Elemente des tantrischen Heilsweges: negative Mächte und Eigenschaften nicht auszugrenzen oder zu zerstören, sondern sie in unterstützende Geister zu transformieren. Sie erhielten die Wächterfunktion für das neue System (Everding 1999).

Diese Methode verdient Aufmerksamkeit, wenn es im aktuellen Energiediskurs beispielsweise darum geht, im Machtgehege von Weltkonzernen des Öl- und Erdgasbereiches oder von beherrschenden Elektrizitätsunternehmen Projekte zu realisieren, die potenziell eine mehr als symbolische Größe erreichen können. Ein neues System muss das alte nicht notwendig zerstören, um sich zu etablieren, es kann auch Elemente des alten für das neue nutzen.

Bei den hier vorgestellten Sternstunden realisierter Utopien geht es in der Konsequenz darum, dass Menschen ihr Verhalten ändern. Die Umweltpsychologie bietet ein fünfstufiges Modell für die Verhaltensänderung an (Holzinger 2010):

1. **Wissen** – über die Folgen des eigenen Handelns und über alternative Handlungsmöglichkeiten informiert sein.
2. **Sollen** – das sind Normen, Gebote, Ideale.
3. **Wollen** – betrifft die Motivation.
4. **Können** – betrifft Fähigkeiten und Kompetenzen, bestimmte Handlungen zu setzen, aber auch ein physisches Angebot in Form von Rahmenbedingungen, die das gewünschte Verhalten erleichtern. Das hat insbesondere mit ökonomischen und anderen Anreizsystemen zu tun, mit Kultur und Bildung. Dieses Feld wird am stärksten von der Politik bestimmt.
5. **Müssen** – dieses Element ist besonders kritisch zu sehen, weil es die Freiheit des Einzelnen begrenzt, stets jedoch mit der Rechtfertigung, dadurch die Freiheitsmöglichkeiten anderer Menschen – oder auch die eigenen – zu bewahren. Aus der Umweltwirkungsforschung weiß man, dass die Gesamtwirkung größer ist, wenn sich 100 Prozent der Bevölkerung um 50 Prozent nachhaltiger verhalten (müssen), als wenn sich eine Minderheit zu 100 Prozent nachhaltig verhält.

Mit Blick auf die Insel der Nachhaltigkeit drängen sich nach diesem Exkurs noch zwei Fragen auf:

Erstens, ob jede Insel der Nachhaltigkeit auf globale Größe ausgedehnt werden kann? Zumindest für die Nutzung begrenzter natürlicher Ressourcen wie Fischbestände, Wälder oder Weiden auf genossenschaftlicher Basis scheint es eine obere Größengrenze zu geben: Elinor Ostrom (1933–2012) hat empirisch und theoretisch dargestellt, dass bei Abgrenzung nach außen ein nachhaltiger Umgang mit natürlichen Ressourcen auf genossenschaftlicher Basis, d. h. in überschaubaren Strukturen und in Kooperation einer nicht zu großen Zahl Anteilsberechtigter, möglich ist. Dafür erhielt sie 2009 als erste Frau den Nobelpreis für Ökonomie (Radkau 2011, 43).

Zweitens müssen wir fragen, ob zerstörende oder schädliche Technologien auch wieder zurückgenommen werden können, also ob wir aus dem falschen Leben auf die Insel zurückzukehren vermögen? Der individuelle Schritt in diese Richtung ist der Verzicht des Einzelnen. Für den Transfer dieses Verzichts von der gewollten Einsiedelei oder der durch Schiffbruch erzwungenen Robinsonade ins Kollektive gibt es wenige Beispiele, sieht man von Technologien ab, die sich allmählich durch Innovationen überleben und ersetzt werden, wie Petroleumlampen oder Röhrenfernseher durch elektrisches Licht und Flachbildschirme.

Eine Ausnahme bilden einige schon erwähnte religiös motivierte Gemeinschaften (die ja nicht zum Utopischen gehören). Können Technologien vielleicht aber auch jenseits religiöser Überzeugungen zurückgenommen, also „unerfunden" werden? Auch das wäre ein Innovationsschritt. Hinsichtlich des Ausstiegs aus der Kernenergie erscheint (wie schon oben vermutet) eine gewisse Skepsis insofern angebracht, als die Zeitdauer, in der radioaktive Abfälle gelagert und letztlich bewacht werden müssen, zehntausende bis eine Million Jahre beträgt. Es gibt aber – eben auf „Inseln" – historische Beispiele für die Rücknahme bestehender Technologien.

Bis ca. 1450 war China technisch wesentlich innovativer und fortschrittlicher als Europa. Ab der zweiten Hälfte des 15. Jahrhunderts unterließen es die chinesischen Kaiser aber, weiter eine Flotte zu unterhalten, und verzichteten allmählich ganz darauf – einer Legende nach habe ein Eunuch die Baupläne für die großen Schiffe verbrannt (Diamond 2002, 307f). Wahrscheinlicher ist, dass die herrschende Ming-Dynastie (1368–1644) mechanischen Erfindungen allmählich ablehnend gegenüber stand und aus Staatsräson die Arbeitskraft der Chinesen wieder auf die Landwirtschaft lenkte – verschwanden doch etwa zur selben Zeit auch andere Erfindungen wie mechanische Uhren oder eine wasserkraftbetriebene Spinnmaschine (Jones 1991, 231f).

Schusswaffen gelangten erstmals 1543 mit portugiesischen Abenteurern nach Japan. Um 1600 hatten die Japaner die Waffen übernommen und technisch verbessert. Auf Druck der herrschenden kriegerischen Samuraiklasse, die den ritualisierten Schwertkampf bevorzugte, schränkte die japanische Regierung die Produktion von Schusswaffen jedoch schrittweise ein, sodass Japan im 17. Jahrhundert praktisch wieder zur schusswaffenfreien Zone wurde. Voraussetzung dafür war die weitgehende Isolation Japans aufgrund seiner Insellage – die 1853 endete, als amerikanische Schlachtschiffe die Öffnung des japanischen Wirtschaftsraumes erzwangen (Diamond 2002, 311 ff).

In Kuba konnten in den 1990er Jahren, nach dem Zusammenbruch der kommunistischen „Bruderstaaten" in Osteuropa, auch deshalb 40.000 Traktoren durch Ochsengespanne ersetzt werden, weil es noch alte Bauern gab, die wussten, wie man mit Ochsen arbeitet.

In gewisser Weise stellt auch der Ausstieg aus der Kernenergie in Österreich, praktisch am Vorabend des geplanten Einstiegs in diese Technologie, einen derartigen innovativen Rückschritt dar. Eine engagierte Gruppe agierte dabei gegen ein leitbildkonformes Projekt der Elektrizitätswirtschaft[113]. Die Akteure nutzten geschickt die politische Konstellation. Es gelang ihnen, die konservative Opposition für ihr Thema zu instrumentalisieren – der bereits seit acht Jahren regierende sozialdemokratische Bundeskanzler Bruno Kreisky (1911–1990, Bundeskanzler von 1970 bis 1983) hatte sein politisches Schicksal etwas leichtfertig mit der Inbetriebnahme des Kernkraftwerkes verknüpft, die Versuchung war also groß, ihn elegant mithilfe des Kraftwerks los zu werden. Durch die Verpolitisierung konnten die zahlreichen ungelösten Fragen der Kernenergienutzung wie die Endlagerung und Sicherheitsbedenken während des Betriebs in die Öffentlichkeit transportiert werden. Kampagnetechnisch war der Widerstand gegen das Kernkraftwerk, das einen einzelnen, klar definierten Gegner darstellte, ein Idealfall. Die Volksabstimmung am 5. November 1978 ging mit 50,47 Prozent Neinstimmen knapp gegen die Inbetriebnahme des Kernkraftwerkes aus, Österreich verabschiedete sich, acht Jahre vor dem Unfall in Tschernobyl, von der Kernenergie. Was letztendlich nicht aufging, war das ursprüngliche Kalkül der politischen Opposition: Der regierende Bundeskanzler Kreisky trat nicht zurück, seine Partei vergrößerte ihre absolute Mehrheit bei den nächsten Wahlen 1979 noch von 93 auf 95 von 183 Mandaten.

Aktuell tritt der Nachhaltigkeit als neuer aufstrebender Ter-

---

113 Quelle: Interview mit Freda Meissner-Blau, September 1998.

minus mit Leitbildfunktion die Resilienz zur Seite – oder entgegen –, was mit Widerstandsfähigkeit, Fehlertoleranz, der Eignung, Krisen zu meistern, übersetzt werden kann (Osztovics et al. 2012). Resilienz ist im Gegensatz zur Nachhaltigkeit eine reaktive Eigenschaft, eine Anpassungsstrategie, die nicht mehr beansprucht, das ganze System auf lange Zeit stabil zu halten, sondern sich mit der Sicherung eines gewählten räumlichen oder zeitlichen Ausschnittes begnügt. Resilienz kann man mit Peter Sloterdijk als Immunisierungsreaktion darstellen, die einer Verletzungserwartung entspricht (Sloterdijk 2007, 25). Ihr korrespondierender Ort im utopischen Diskurs ist die Insel der Exklusion.

Versteht sich die Insel der Nachhaltigkeit im politischen Kontext eher als „linkes", integratives, im Extremfall die ganze Menschheit einbeziehendes egalitäres Projekt, so ist die Insel der Exklusion ein „rechtes", elitäres, das bis zur physischen Vernichtung der Ausgeschlossenen reichen kann.

3.4.2 Die Insel der Exklusion

> Die Frage ist also im Letzten gar nicht, wie viel der *Mensch* noch zu tun imstande sein wird – hier darf man prometheisch-sanguinisch sein, sondern wie viel davon die *Natur* ertragen kann. Dass es hier Grenzen der Toleranz gibt, bezweifelt heute niemand, und im jetzigen Zusammenhang fragt sich nur, ob die ‚Utopie' innerhalb oder außerhalb derselben liegt: und das hängt von deren eigenen numerischen Größen ab – brutal: von ihrer Mitgliederzahl
> Hans Jonas, *Das Prinzip Verantwortung*

Unter einigen Bewohnern der Insel hat sich die Ansicht verbreitet, dass an dem privilegierten Inselleben nicht alle menschlichen Erdenbewohner teilnehmen können oder dürfen, weil dafür schlicht die materiellen Grundlagen nicht ausreichen. Die Staatsbürgerschaft auf der Insel der Exklusion ist, wenn auch nicht offiziell ausgesprochen oder nur verschämt eingestanden, zugleich Bekenntnis, ein nicht auf über sieben Milliarden – oder um 2050 acht bis zehn Milliarden[114] – Menschen verallgemeinerbares Modell realisiert zu haben.

---

114 Die Prognosen für die Größe der Weltbevölkerung in 2050 variieren naturgemäß. Die „Stiftung Weltbevölkerung" geht von 9,3 Milliarden aus; vgl. www.weltbevoelkerung.de (30.4.2013).

Aus dieser Überlegung folgt alsbald die Bereitschaft, die Insel abzuschotten und zu verteidigen oder gar die Anzahl der Anspruchsberechtigten passiv oder aktiv zu verringern. Ilija Trojanow spricht in diesem Zusammenhang von „überflüssigen Menschen" (Trojanow 2013).

Die Globalisierung stellt uns allen weltweit wirksame Handlungsmöglichkeiten zur Verfügung – von der Unterstützung für die Rettung des Regenwaldes in Brasilien bis zur Finanzierung einer Augenoperation im Südsudan oder dem Sponsorvertrag mit monatlichem Abbuchungsauftrag für ein Kind in einem SOS-Kinderdorf in Nepal. Leid lässt sich global durch unsere Taten zumindest lindern, mit diesem zusammenhängende persönliche Betroffenheit durch gezielte Aktionen entspannen. Wir dürfen uns also zu jeder unserer Handlungen und unserer Ausgaben für Geltungs- oder sonstigen Konsum, wenn wir wollen, die Frage nach der Opportunität, nach den nicht realisierten Alternativen stellen. Wenn wir wollen – das heißt mit anderen Worten, wir benötigen gute Gründe oder hinreichende Argumente, wenn wir nicht wollen.

Im Kollektiv steht dem Wissen um die Notwendigkeit, Normen, Strukturen und Verhaltensweisen grundlegend ändern zu müssen, weil diese nicht nachhaltig sind, mangelnder politischer Wille und die strukturelle Unfähigkeit zur Nachhaltigkeitswende gegenüber (Blühdorn 2008). Die Frage lautet in diesem Kontext nicht mehr, wie soziale Ordnung und gesellschaftliche Praktiken hin zu mehr Nachhaltigkeit verändert werden könnten. Es geht vielmehr darum, wie soziale Strukturen und Lebensstile erhalten werden können, deren Nicht-Nachhaltigkeit bekannt ist, und wie die sozialen und ökologischen Konsequenzen der fortgesetzten Nicht-Nachhaltigkeit bewältigt werden können. Im Ergebnis geht es also darum, die Privilegien, die in den reichen industrialisierten Ländern gelebt werden, gegen Klimamigranten, Umweltflüchtlinge und Environmental Justice Movements zu verteidigen, ohne dabei offen fremdenfeindlich, egoistisch und ungerecht zu erscheinen.

Zwei strategische Richtungen scheinen sich abzuzeichnen, über die das Leben auf der privilegierten Insel stabilisiert werden kann: (1) Entweder werden diejenigen außerhalb der Insel unsichtbar gemacht, oder (2) Es gelingt, trotz deren Sichtbarkeit gute Gründe für deren Exklusion und das eigene Nicht-Handeln anzuführen. Man kann diese beiden Methoden auf die beiden von Hans Jonas geforderten Pflichten der Zukunftsethik beziehen, weil sie diese jeweils verweigern, nämlich die Einsicht in die Fernwirkung der eigenen Handlungen und die Aufbietung des dem Vorgestellten angemessenen Gefühls (Jonas 1984, 64 ff; → Kap. 3.1.2, S. 141 ff).

Für beide Bewältigungsstrategien, über die sich moderne Konsumentendemokratien mit ihrer Nicht-Nachhaltigkeit arrangieren, werden sie sich ergänzend gezwungen sehen, sich durch den Ausbau von Sicherheitssystemen zu stabilisieren.

Die Unsichtbaren

> „Wo das Elend nicht beseitigt wird, müssen die Elenden unsichtbar werden. Das Elend, das man nicht sieht, existiert nicht mehr."
> Karl-Markus Gauß

Das schon bei Plato zur Stabilisierung des Staates empfohlene „gefährliche Spiel Massentäuschung, die edle Lüge" (Jonas 1984, 266), über die die Herrschenden durch einen bewusst konstruierten Mythos legitimiert werden, findet in demokratischen Systemen womöglich eine Art Neuauflage. Dabei geht es heute darum, den demokratischen Akteuren, dem „Souverän", zu vermitteln, ökologisch-demokratische Ideale bestimmten weiterhin das Leitbild politischen Handelns, der Ernst der Lage sei erkannt und akzeptiert, man wisse, was getan werden müsse, es gebe den politischen Willen dazu, ein ökopolitischer Durchbruch stehe unmittelbar bevor, die Öko-Revolution werde bald eintreten usw. (Blühdorn 2008) Oder man vernimmt die Botschaft, es sei ja gar nicht so ernst. Etwa wenn es heißt, die 1972 in der Studie *Die Grenzen des Wachstums* an den Club of Rome (Meadows et al. 1973) mittels einfacher Computersimulationen berechneten Szenarien hätten sich schon längst als irrelevant, übertrieben und kontrafaktisch erwiesen und seien mithin widerlegt worden. *Die Grenzen des Wachstums* war eine Analyse von zwölf möglichen Szenarien über den Zeitraum zwischen 1972 und 2100. Im

Gegensatz zur häufig verbreiteten Ansicht zeigt ein Vergleich der einzelnen Szenarien mit den empirischen Daten aus 30 Jahren, seit die Studie erschienen ist (1970 bis 2000), dass die Geschichte der Menschheit beunruhigend genau dem Weg des „baseline" oder „Standardszenarios" folgte. Das „Standardszenario" geht von der Annahme aus, soziales und wirtschaftliches Verhalten des Menschen würden sich mit dem Lauf der Zeit nicht wesentlich ändern. In diesem Szenario beginnt die industrielle Produktion ab etwa 2015 weltweit zu fallen, die Weltbevölkerung nimmt in der Folge ab 2030 um etwa eine halbe Milliarde pro Jahrzehnt ab (Turner 2012).

Der Vorwurf, Fakten unsichtbar zu machen, wird auch gegen die internationale Energieagentur IEA erhoben[115]. Diese verneble als mächtigstes energiepolitisches Organ der OECD mit missdeutbaren und auch bewusst desinformierenden Aussagen die Tatsachen und vermittle der Öffentlichkeit die irrige Ansicht, die materiellen Grundlagen der bestehenden Wirtschaftsstruktur seien nicht gefährdet. Viele durchaus kritische Bemerkungen und Analysen in den umfassenden jährlichen Berichten (gemeint ist der *World Energy Outlook*, der Bericht aus 2012 hat 600 Seiten) würden in den wenigen Seiten Zusammenfassungen für Politikgestalter schlichtweg übergangen oder umgedreht.

Ist diese Art von Beruhigung oder Täuschung ein unverzichtbares Instrument, um den sozialen Frieden in angespannter Weltlage zu sichern? Und trifft dieses Instrument womöglich ohnehin eher auf die Bereitschaft zur zustimmenden, gar nicht wissen-wollenden Akzeptanz seitens der demokratischen Akteure, denn auf kritische Gegenwehr? Unsere Fähigkeit, angesichts eines offensichtlichen Leidens und Grauens die Augen verschließen zu können, ist das Haupthindernis, das ein Unglücksprophet überwinden oder wenigstens umschiffen muss (Dupuy, zit. n. Walter 2010, 273).

Auf andere Weise gelingt es einem Ölmulti wie BP, der sich selbst äußerlich mit einer Neudeutung seines Namens mit

---

115 Vgl. Werner Zittel, Kommentar zum World Energy Outlook 2012; www.ludwig-boelkow-stiftung.org.

„beyond petrol" (etwa: „nach dem Öl") den Anschein einer ökologisch motivierten Reorientierung verliehen hat, die Armen unsichtbar zu machen. In seiner jährlich aktualisierten Statistik des Weltenergieverbrauches fehlen traditionell mit der selbst geworbene Biomasse nicht nur etwa zehn Prozent des Weltenergieverbrauches – der wichtigste Energieträger von etwa 2,7 Milliarden armen Menschen, und damit diese selbst, werden schlicht aus der Wahrnehmung verbannt.

In den wachsenden Megastädten Afrikas, Asiens und Lateinamerikas entsteht eine neue Mittelschicht mit einem Lebensstandard, der jenem der Europäer immer näher kommt. Gleichzeitig bleiben aber große Teile der Bevölkerungen dieser Länder in Armut und Elend stecken, es bilden sich „Inseln des Wohlstandes inmitten eines Ozeans des Elends"[116]. Die wohlhabenden Inselbewohner reagieren in dieser Lage – in bekannt-bewährter Weise, möchte man feststellen – indem sie Mauern und Zäune errichten. In Brasilien werden derartige neue Wohnbauprojekte Condomínios genannt. Sie ähneln autarken, uneinnehmbaren Inselfestungen mit eigenen Geschäften, Versorgungsstrukturen und privaten bewaffneten Sicherheitskräften. Die amerikanische Armee hat offiziell versichert, sie wolle auch dem Irak dieses Konzept der „gated communities", der geschlossenen Wohnanlagen, anbieten. In Bagdad sind als Einstimmung darauf bereits Dutzende Stadtviertel mit Betonbarrieren abgesperrt worden. Auch in Europa wird das Konzept der „Bunker Cities" bereits vereinzelt realisiert, etwa in Toulouse, wo in der Nähe eines Viertels mit Sozialwohnungen, das die Polizei mittlerweile meidet, ein Dutzend abgesicherter Residenzen als „gated communities" errichtet wurde. Wer es sich leisten kann, übersiedelt dorthin.

Die Mauern und Zäune der Bunker Cities werden politisch, sozial, religiös oder gesellschaftlich gerechtfertigt. Sie bedingen Ghettobildung und Privatpolizei und ersetzen eine Politik des sozialen Ausgleichs und des Strebens des Staates nach Allgemeinwohl. Ihre geschichtlichen Vorläufer reichen vom Limes des Römischen Reiches, dem Hadrianswall, der Chinesischen Mauer bis zum Südafrikanischen Apartheidstaat.

---

116 www.arte.tv Arte, (27.3.2012); „Bunker Cities".

Europa eignet sich auch als Ganzes für ein derartiges Modell. Im Gegensatz zu den USA, die ihre Südgrenze mit zunehmend massiveren Zäunen und Schutzmaßnahmen abriegeln, oder zu Israel, das solche in den besetzten palästinensischen Gebiete baut, ist Europa im Westen und Süden von einem natürlichen Wassergraben umgeben. In diesem ertrinken regelmäßig tausende Bootsflüchtlinge, die von Afrika aus versuchen, Europa zu erreichen.

Die Seite der Privilegierten

Den hinter der Mauer, dem Wassergraben oder dem Stacheldrahtzaun unsichtbar gemachten Menschen stehen auf der geschützten, abgeschirmten Seite vergleichsweise wenige privilegierte gegenüber. Obwohl ihr Kreis die meisten Leser dieses Buches einschließt, werden die Unterschiede zwischen beiden Seiten deutlicher sichtbar, wenn man sich selbst probeweise auf die andere Seite einer derartigen Barrikade stellt und seinen Gefühle beim Blick über den Zaun freien Lauf lässt.

Das gewollte und geplante Gegenkonzept zur Demokratie ist die (Öko-)Diktatur. Demokratie kann sich aber auch gleichsam ungeplant von selbst erledigen, wenn sie sich in den Augen der ihr zugehörigen Demokraten (des „Souveräns") als nicht mehr erhaltenswürdig erweist, weil sie katastrophale Fehler und himmelschreiende Ungerechtigkeiten nicht mehr korrigiert, sondern offenbar notwendig erzeugt. Dann findet man sich auch bald bereit, demokratische Teilnahme nicht mehr wahrzunehmen. „Massiver persönlicher Reichtum beschädigt den Gleichheitsanspruch, gefährdet das Gemeinwohl und ist moralisch nicht zu rechtfertigen" (Trojanow 2013, 44f).

Der Blick sei hier auf jene Totengräber des sozialen Zusammenlebens gerichtet, die sich, ähnlich den Feudalfürsten im Barock, in ihre Schlösser und Festungen zurückziehen, „…die von dem täglichen Lohn der Armen alle Tage noch etwas abzwacken, nicht nur durch privaten Betrug, sondern sogar auf Grund öffentlicher Gesetze" (Morus 1516/1983, 144), während um sie herum die Armut immer weiter um sich greift. Diese Leute, die in wenigen Tagen durch „Beratungs- und Managementleistungen" mehr Geld „verdienen" als redlich arbeitende Menschen in ihrem ganzen Berufsleben, um es dann in Steuerinseln zu verschieben und dort zu deponieren, bestätigen einander auf Gegenseitigkeit, dass ihnen dieses Geld auch zustehe. Ihre Anmaßungen verstoßen gegen kein Gesetz. Ihre Millionengagen rechtfertigen sie mit deren „Branchenüblichkeit", dem säkularen Pendant zur feudalen Gottgewolltheit. Sie argumentieren mit dem Glaubensgrundsatz, dass für alle das beste resultiere, wenn jeder rücksichtslos sein Eigeninteresse verfolgt. Sie erscheinen vielen Menschen auf der anderen Seite des Zaunes moralisch verwerflich, stehen aber zum demokratischen System nicht in Widerspruch und laufen meistens mit den Regelungen des Rechtsstaates gerade noch konform – oder der Rechtsstaat ihnen zu langsam hinterher. Deshalb bedrängen sie das demokratische System als ganzes: Wenn dieses System derartige Zustände zulässt und fördert, dann erscheint es in der Wahrnehmung vieler Menschen irgendwann nicht mehr erhaltenswert. Neben den typischen Kandidaten für Demokratieverdrossenheit wie Langzeitarbeitslosen, schlecht Qualifizierten und jungen männlichen Einwanderern mit Bildungsarmut und Diskriminierungserfahrungen sind es eben auch Teile des Managements und der ökonomischen Eliten selbst, die sich von der Demokratie entfernen (Leggewie/Welzer in: Transit 2008, 40 f).

Wie gesagt, bei obigem Ausflug handelt es sich um eine Gedankenreise auf die andere Seite des Zaunes, und die Expeditionsteilnehmer sind nicht vom Hungertod bedroht. Dennoch werden einige beim Blick über die Barriere Zorn fühlen. Wenn die wirtschaftliche Basis einer Gesellschaft ins Wanken gerät, dann schwindet auch der Vorrat an Gemeinsamkeiten, die sonst Gruppen mit unterschiedlichen Interessen über Konflikte hinweg zusammenhalten. Zu den Aufgaben der nächsten Jahre gehört es daher auch, die westlichen Demokratien widerstandfähig zu machen – gegen rechtspopulistischautoritäre Strömungen, gegen radikal-chaotische Protestbewegungen und dagegen, dass sich ihre Bürger von demokratischer Teilnahme abwenden (Osztovics et al. 2012).

Die verbannte Vernunft

Blitzableiter und Teufelswerk

> „… im indischen Varanasi, wo ich nicht verzweifle, wenn ich
> durch die Slums gehe, denn auch ich bin stark genug, um ertra-
> gen zu können, was den anderen zustößt."
> Josef Winkler, *Leichnam, seine Familie belauernd*

Das Mittelalter, das sich „erst gegen Ende des 18. Jahrhunderts verläuft" (Flasch 2009, 9), ist durch die Vorherrschaft
von Religion und Aberglauben gekennzeichnet. Die Einführung des Blitzableiters traf in Europa am Ende des 18. Jahrhunderts deshalb auf enorme Widerstände von Seiten jener,
die davon am meisten profitiert hätten. „Die Tatsache nämlich, dass der Mensch die älteste Waffe göttlichen Zorns und
der Bestrafung (…) der Natur im Begriffe war, zu entreißen,
führte zu heftigen Auseinandersetzungen – wie übrigens die
Einführung jeder Technik, die in ehemals göttliche ‚Hoheits-
bereiche' intervenierte" (Obrecht 2003, 104 ff). Auch wissenschaftliche Kontroversen entstehen, ob nicht die Ableitung
des Blitzes in die Erde Erdbeben entstehen lassen könnte.
1770 wird in Deutschland der erste Blitzableiter installiert,
seine Verbreitung vollzieht sich aber nur gegen heftigsten
Widerstand. In Österreich und Frankreich zerstören Bauern
Blitzableiter, weil sie fürchten, diese gotteslästerliche Technik
führe zu Dürren und anderen Naturkatastrophen. Die Bürger
des französischen Dörfchens St. Omer erwirken 1776 vor dem
Bezirksgericht die Entfernung eines Blitzableiters, weil dieser
mehr Schaden als Nutzen bringe.

Als 1887 James Blythe in Schottland die erste Stromproduktion aus Windenergie gelingt, erzeugt seine Turbine so viel
elektrische Energie, dass er den Überschuss der Stadt Ma-
rykirk für die Beleuchtung der Straßen schenken kann. Die
Einwohner reißen jedoch auch diese Installation wieder he-
runter, weil sie das elektrische Licht für Teufelswerk halten
(Hautmann 2012).

Die delegierte Verantwortung

„Ich hab' hier bloß ein Amt und keine Meinung."
Friedrich Schiller, *Wallensteins Tod*

Das Problem der für eigene Handlungen nicht wahrgenommenen Verantwortung, ihrer Delegation an Autoritäten, ist ein insbesondere im militärischen Bereich notwendiges und geschätztes Element, weil Hierarchien nur damit funktionieren. „Ich zwang mich, ihn zu betrachten, ihm ins Auge zu sehen", sinniert der Leutnant Ernst Jünger angesichts „seines Engländers, eines blutjungen Kerlchens", den er im Zuge der deutschen Frühjahrsoffensive im März 1918 kurz zuvor selbst erschossen hat, und kommt zum Schluss, „...der Staat, der uns die Verantwortung abnimmt, kann uns nicht von der Trauer befreien; wir müssen sie austragen" (Jünger 1978, 270). Und der spätere deutsche „Panzergeneral" Heinz Guderian dokumentiert die Dienstgradinvarianz derartiger Verantwortungsdelegation, wenn er ebenfalls ausschließlich die Politik adressiert, die am 23. März 1933 mit dem „Ermächtigungsgesetz" dem neuen Reichskanzler Hitler diktatorische Vollmachten einräumte: „Diese Politiker, die für das Ermächtigungsgesetz stimmten, übernahmen damit die Verantwortung für seine Folgen" (Guderian 1952, 25).

Diese Folgen (die industrielle Massenvernichtung von Menschen und der Zweite Weltkrieg) sind Guderian beim Abfassen seiner Autobiografie bekannt, wer Schuld daran trägt, weiß er ebenso gut wie dass er selbst nicht zu den Schuldigen gehört.

Obwohl die fatalen Konsequenzen der Handlungen sichtbar werden, erübrigt sich eine entsprechend gegensteuernde Reaktion, weil uns eine wohlwollende Autorität die Verantwortung abnimmt. Diese erscheint nicht nur in Gestalt eines militärischen Vorgesetzten, sondern je nach Bedarf auch als ökonomischer Sachzwang oder als letztlich zum allgemeinen Guten lenkende unsichtbare Hand.

Mutter Erde vor Menschenwürde

„Die Mißachtung der Vernunft ist immer auch
die Mißachtung des Herzens."
Claudio Magris, *Utopie und Entzauberung*

In der *Ausrufung der Planetaren Bewegung für Mutter Erde* (von
Werlhof 2010b) bekräftigte die Professorin für Frauenforschung am Institut für Politikwissenschaft der Universität Innsbruck, Claudia von Werlhof (geb. 1943) ihre in einem Zeitungsinterview (von Werlhof 2010a) aufgestellte und wenig
später in einem Radiointerview im österreichischen Kultursender Ö1[117] wiederholte Anschuldigung, das Erdbeben von
Haiti vom Jänner 2010 mit über 200.000 Toten sei von US-Militärs vermittels der sogenannten „HAARP"-Technologie bewusst herbeigeführt worden, um den USA einen Vorwand für
eine militärische Intervention in Haiti zu liefern. Hintergrund
dafür seien dort vermutete Erdölvorkommen. Neben der
Übereinstimmung dieser ungeheuerlichen Anschuldigung
mit ihrer eigenen feministischen Gesellschaftstheorie nennt
sie als Quelle für die Existenz der Technologie zum Auslösen
von Erdbeben ein Buch von Rosalie Bertell, *Planet Earth – the
Latest Weapon of War*: „Die Autorin (Rosalie Bertell, 1929–2012,
Anm. J. S.) vermutet, dass die beschleunigte Erderwärmung,
vermehrte Erdbeben und extreme Wetterbedingungen auch
mit diesen Experimenten (der HAARP-Anlage, Anm. J. S.) zu
tun haben", so von Werlhof[118].

Gewöhnliche Blitze geben Leistungen an die Erde ab, die
etwa dem Hundertfachen jener entsprechen, die vom Radiosender HAARP abgestrahlt werden. Entgegen den Befürchtungen von Bauern im späten 18. Jahrhundert ist bislang allerdings nicht bekannt geworden, dass sie deshalb Erdbeben
auszulösen in der Lage wären. Man könnte über die seltsame

---

117 am 22.4.2010 in der Sendung „Im Gespräch".
118 Zum HAARP-Projekt vgl. Weinberger, 2008. Mit 3,6 MW erbringt
HAARP (Abkürzung für High Frequency Active Auroral Research
Program) etwa dieselbe Leistung wie eine einzelne moderne Windkraftanlage. HAARP ist der leistungsstärkste Sender zur Erforschung
der Ionosphäre. Im Kalten Krieg wurde vermittels Kurzwellensendern
wie HAARP mit U-Booten kommuniziert, woher unter anderem die geheimnisvolle Anmutung dieser Anlage in Alaska rührt.

Position der Universitätsprofessorin von Werlhof also kopf-schüttelnd und etwas ratlos hinweggehen, wenn diese nicht an ganz anderer Stelle als der Geotektonik ihr destruktives Potenzial zu entfalten in der Lage wäre.

Zuerst noch einmal von Werlhof: Weil Zerstörung der Erde auf eine neue Art geschehe, nämlich über „anscheinende Na-turkatastrophen", hätten wir die „Seiten zu wechseln[119]. Wir stehen bei Mutter Erde und nicht der Gesellschaft der Men-schen! (...) Wir erkennen ihre Würde vor jeder sogenannten Menschenwürde an (...). Auch einige unheimliche Wetterbe-dingungen und ‚Natur'-Katastrophen könnten direkt vom Experimentieren mit Installationen wie HAARP verursacht worden sein. (...) Wir entwickeln die Konturen eines ande-ren Menschseins auf Erden, einer anderen Wissenschaft und kämpferischen Kunst, und einer anderen Gesellschaft, ja Zivi-lisation, die darauf gründet, dass Mutter Erde zuerst und nicht zuletzt kommt. Mutter Erde als Ursprüngliche, als Wildnis, ist der kostbarste Ausdruck der kosmischen Schöpfungskraft und Liebe des Universums. Die ursprüngliche Natur ist die Göttin. Sie darf nicht dem Machbarkeits-, Zerstörungs- und Herr-schaftswahn der Patriarchen geopfert werden! Wir sehen, (...) dass es um ein einziges riesiges Vernichtungsprojekt geht: eine männlich-patriarchale Schöpfung aus Zerstörung, die uns als Fortschritt verkauft wird!" Von Werlhof schreibt, sie sei hier, „um eine furchtbare Anklage zu erheben!" Sie wendet sich gegen die „sogenannte Menschenwürde". Die im Konjunktiv gehaltenen („könnte hervorgerufen werden"), aus naturwis-senschaftlicher Sicht vollkommen haltlosen und skurrilen Ver-mutungen einer amerikanischen Verschwörungstheoretikerin (Bertell) genügen ihr als Quelle für den an die USA gerich-teten Vorwurf, vorsätzlich eines der größten Verbrechen der Menschheitsgeschichte begangen zu haben, was die bewusste und gewollte Ermordung von über 200.000 Menschen zweifel-los wäre. Mit dieser Anklage im Geist der Inquisition transfe-riert die Universitätsprofessorin die Gedankenwelt des Scha-

---

119 Die folgenden Zitate stammen aus der *Ausrufung der Planetaren Be-wegung für Mutter Erde*, vgl. von Werlhof 2010b und www.pbme-online. org.

denszaubers auf die Geotektonik. Von Werlhof wies die Frage
der Radiomoderatorin, ob sie hier nicht einer Verschwörungstheorie anhänge, im erwähnten Radiointerview übrigens mit
dem Argument zurück, die Anschuldigung „Verschwörungstheorie" werde nur von Leuten erhoben, die „nicht zugeben
wollten, dass es ein Problem gebe".

Damit wird es für alle Verfechter von Verschwörungstheorien sehr einfach: Wer ihnen widerspricht, will nicht zugeben,
dass es ein Problem gibt.

Weltverschwörung

Nach der Grundannahme dieses Buches gibt es aber sehr
wohl ein Problem, eher deren viele. Deshalb ist ein Blick auf
den verschwörungstheoretischen Ansatz notwendig, weil ja
die Gefahr besteht, ihm einerseits aufzusitzen und andererseits nicht alles, was als Verschwörungstheorie zurückgewiesen wird, notwendig eine sein muss.

Einzelpersonen, Kollektive, Kulturen stehen angesichts von
Katastrophen vor der Herausforderung, „das schlechthin
Sinnlose zu begreifen" (Walter 2010) (mit von Werlhof: „das
Problem"). Die Welt wird als Häufung krisenhafter Phänomene und als verkehrt wahrgenommen. Die Kulturgeschichte
der Bewältigung derartiger Situationen, die zugleich beunruhigend und nicht erklärbar erscheinen, lehrt, dass Menschen
dabei eben auch bei Verschwörungstheorien Zuflucht suchen
– und finden. Deren Funktion ist es, dissonante Wahrneh-
mungen zu reduzieren und Kontingenzen zu bewältigen.

Verschwörungstheoretische Konstrukte (Groh 1999, 304ff)
erweisen sich als historische Konstanten über Zeiten und soziale Schichten hinweg, sie sind weder eindeutig der Volks-
kultur noch der Hochkultur zuordenbar. Sie sind in Europa
spätestens seit dem hohen Mittelalter beobachtbar, kommen
in allen weltanschaulichen und politischen Lagern vor, sind
weder auf Außen-, Innenpolitik, Kultur oder Ökonomie beschränkt. Sie konnten ihr Dasein neben den vernunftgelei-
teten Welterklärungsversuchen behaupten.

Sie sind Systeme kollektiver Imagination, aber ihre innere
Logik, ihre Kohärenz und ihr Kausalnexus sind fast immer

der Realität überlegen. Wie magische Vorstellungen übertreffen sie die Wirklichkeit an logischer Konsistenz und sie sind insofern mit unserem wissenschaftlichen Denken kompatibel, als ihnen die gleiche Überzeugung vom Vorhandensein von Kausalität zugrunde liegt.

Verschwörungstheorien und ihre Motivation lassen sich nur von außen mittels handlungs- und geschichtstheoretischer Überlegungen widerlegen und sozialpsychologisch aufdecken.

Sie sind ausgezeichnet durch die Überentwicklung des Vermögens zu logischer Begründung und die gleichzeitige Unfähigkeit, die wahnhaften Prämissen eines solchen logischen Gedankengebäudes selbst einer logischen Kritik zu unterziehen.

Strukturell lassen sie sich auf manichäische Weltbilder zurückführen, die es erlauben, den Verursacher eines als Verhängnis, Unglück, Fehlentwicklung oder Abweichung vom als „richtig" definierten Weg eindeutig dingfest zu machen. Ihr Vorgänger ist die animistisch geprägte volkskulturelle Tradition des Schadenszaubers. Im christlichen Kontext wird dieser vom Glauben an die Realexistenz des Bösen in der Welt überlagert. Dieses Amalgam ergibt eine kollektive metaphysische Wahnvorstellung. Verschwörer gehören dem Bereich des Sozialimaginären an, ob als Hexen oder Teufel, die es nie gab, oder als Freimaurer, Juden, Jakobiner oder eben als kapitalistischer ungläubiger Westen in Gestalt der Vereinigten Staaten von Amerika.

Die wesentlichen Momente, die Verschwörungstheorien in Gesellschaft und Politik sowie konspirationstheoretische Konstrukte in den Humanwissenschaften miteinander verbinden, sind:

• Die Unterschätzung der Komplexität und Dynamik historischer Prozesse.

• Der Glaube, dass man Handlungsfolgen bestimmten Handlungsintentionen mehr oder weniger linear zuschreiben könne.

• Die Verknüpfung von zwei oder mehreren historischen Tatsachen durch einen Kausalnexus, der letztlich nicht belegbar ist.

Um Konspirationstheorien zu errichten oder aufrechtzuerhalten, bedarf es entsprechend starker Nachfrage nach Deutungsangeboten. Die Nachfrage ist groß, wenn Verlierer oder Gegner einer Entwicklung nach einer Erklärung des Neuen verlangen. Bezahlt wird diese Einsicht allerdings mit Blindheit gegenüber den tiefer liegenden Ursachen von Wandlungsprozessen. Niemand ist gegen konspirationstheoretische Annahmen gefeit, besonders nicht, wenn er sich in einer Krise befindet. Konspirationstheorien sind eine historische Konstante. Sie treten in stets neuem raffinierten Gewand auf und passen sich Ort, Zeit und Umständen äußerst gut an.

Nimmt man den Fall der Universitätsprofessorin Claudia von Werlhof exemplarisch, so darf man für die Zukunft einiges an neuen Verschwörungstheorien erwarten. Die Globalisierung stellt ein weltweit tätiges Netz von vermeintlichen Verschwörern zur Verfügung, die noch nicht vollständig abschätzbaren Auswirkungen des erwarteten Klimawandel und die schwindenden Reserven an verfügbaren Rohstoffen werden für ein Gefühl allgemeiner Bedrohung sorgen. Zusammen bereiten diese Elemente den historisch bewährten Nährboden für verschwörungstheoretische Erklärungen, auf dem offenbar auch wissenschaftlich gebildete Menschen wie von Werlhof das Pflänzchen ihrer persönlichen Theorie pflegen. Das sind keine gemütlichen Aussichten, und die Frage wird wohl zu beantworten sein, wie man mit solchen Konstrukten umgehen soll, wenn sie ihr Schatzkämmerlein verlassen und gesellschaftlich oder politisch wirkmächtig werden. Für eine Gesellschaft ist es nicht ohne Belang, wie ihre Mitglieder Kontingenzen bewältigen und die Welt deuten.

Ihr Tenor, das stelle ich hier als These hin, wird ein in vielen Nuancen zivilisationskritisch-rousseauscher sein. Jean-Jacques Rousseau stellte in seinem 1755 publizierten *Diskurs über den Ursprung und die Grundlage der Ungleichheit unter den Menschen* die neolithische Revolution mit der Sesshaftwerdung des Menschen als Ursünde der menschlichen Geschichte dar. Die Zivilisation, die seither über die Menschen hereingebrochen ist, zusammen mit Wissenschaft und Künsten, seien nicht Förderer des Fortschritts der Humanität, von Sittlichkeit und menschlichem Glück, sie zerstörten diese vielmehr. Seine These, dass vernunftgeleitetes Handeln und wissenschaftlicher Fortschritt sich gegen den Menschen wenden, mutete Mitte des 18. Jahrhunderts visionär an. „Die Natur wollte Euch vor der Wissenschaft bewahren, ebenso wie eine Mutter ihrem Kind eine gefährliche Waffe aus den Händen reißt. All die Geheimnisse, die sie vor Euch verbirgt, sind ebenso viele Übel, vor denen sie Euch schützt …" (Rousseau 1750/2012, 41) schreibt er in seiner 1750 preisgekrönten *Abhandlung über die Wissenschaften und Künste*. In einem Gesellschaftsvertrag solle jeder Einzelne zustimmen, seine individuellen Rechte an die Gemeinschaft zu übertragen und sich bedingungslos dem Allgemeinwohl ausliefern. Rousseaus Angriff auf die Zivilisation als Gefahr für die Humanität und die Zukunft des Menschen findet in von Werlhofs *Ausrufung der Planetaren Bewegung für Mutter Erde* eine ungemütliche Neuauflage.

Allerdings darf der „Bannfluch gegen Verschwörungstheorien" nicht dahingehend missverstanden werden, dass es keine verschworenen Machteliten gebe oder dass man denen, die man vorfindet, keine Bedeutung beimessen dürfe. Nicht alles, was in der Welt geschieht, kann auf der Öffentlichkeit verborgene Absprachen hoch strategiefähiger Machteliten zurückgeführt werden, doch sind kleine Gruppen gegenüber großen jedenfalls im Vorteil, wenn es darum geht, Handeln und Ziele ihrer Mitglieder aufeinander abzustimmen (Streeck 2012, 779). Experten in der Wirtschafts- und Finanzpolitik haben in der Vergangenheit Vereinbarungen getroffen, etwa die geplante Obsoleszenz von Produkten betreffend, die lange als Verschwörungstheorien abgetan wurden, inzwischen aber im Wesentlichen belegt sind.

Geplante Obsoleszenz ist eine Produktstrategie, bei der bereits während der Herstellung des Produkts gewollte Schwachstellen eingebaut werden, mit dem Ziel, es schnell altern zu lassen und seine Haltbarkeit künstlich zu reduzieren. Die Glühbirnenindustrie beispielsweise hat dieses Konzept erstmals realisiert, als sich 1924 alle großen damaligen

Lampenhersteller darauf einigten, eine Soll-Lebensdauer von 1.000 Stunden anzustreben (Phöbuskartell).[120]

Menschenvernichtung

Idealtypisch ist die Bereitschaft, gegenüber Autoritäten gehorsam zu sein, im sogenannten „Milgram-Experiment" untersucht worden (z. B. Welzer 2005, 108 ff). In diesem Experiment mussten zufällig ausgewählte Probanden einen anderen Menschen mit Stromstößen bestrafen – sie wussten während des Experiments nicht, dass ihr Gegenüber ein eingeweihter Schauspieler war, der die Wirkung von Stromstößen lediglich simulierte. In den Experimenten zeigte sich das beunruhigende Resultat, dass unter einem autoritären Versuchsleiter, der gleichwohl keine formale Macht oder Befehlsgewalt über die Probanden hatte, zwei Drittel der Versuchspersonen bereit waren, die Stärke der Stromstöße bis zum Tod der anderen Versuchsperson zu steigern.

Aus gründlichen Untersuchungen der Ereignisse in Deutschland zwischen 1933 und 1945 und der deutschen Kriegsführung im Zweiten Weltkrieg präpariert Harald Welzer die entscheidenden Elemente heraus, die dazu beitrugen, dass ein Teil der Menschen aktiv und mit industriellen Mitteln vernichtet werden konnte. Diese Ereignisse ließen sich, so Welzer, nur dann verstehen,

> wenn man sich klarmacht, dass in einem sozialen Gefüge lediglich eine einzige Koordinate verschoben werden muss, um das Ganze zu verändern – um eine Wirklichkeit zu etablieren, die anders ist als die, die bis zum Zeitpunkt dieser Koordinatenverschiebung bestanden hatte. Diese Koordinate heißt soziale Zugehörigkeit. Ihre Verschiebung besteht in der radikalen Neudefinition dessen, wer zum Universum der allgemeinen Verbindlichkeit zu zählen ist und wer nicht. (…) Im Ergebnis bedeutet diese normative Veränderung, dass eine Gruppe von Gesellschaftsmitgliedern sukzessive aus dem Universum der allgemeinen Verbindlichkeit ausgeschlossen wird, das für die Anderen, die Zugehörigen zur Mehrheits-

---

120 Arge Regio Stadt- und Regionalentwicklung GmbH (2013): Geplante Obsoleszenz. Gutachten im Auftrag der Bundestagsfraktion Bündnis 90/Die Grünen. www.argeregio.de (21.4.2013).

gesellschaft, nach wie vor in Geltung ist, nun aber exklusiv wird. Dieser Vorgang ist die zentrale Voraussetzung für die Entstehung genozidaler Prozesse. Deshalb geht allen bekannten Vernichtungsprozessen eine Definition der bedrohlichen Gruppe voraus, und dieser Definition schließt sich eine sich beschleunigende soziale, psychologische, materielle, juristische Deklassierung an, die die zunächst nur behauptete Andersartigkeit der ausgeschlossenen Gruppe zunehmend in eine von den Zeitgenossen gestaltete und gefühlte Realität überführt (Welzer 2005, 63; 248).

Auch im feministischen Utopiediskurs der 1970er Jahre existierten einzelne Standpunkte, die es für notwendig erachteten, den männlichen Teil der Weltbevölkerung vollständig auszurotten, da nur dann die Befreiung der Frau möglich sei (Saage 1997, 154f), beispielsweise in Valerie Solanas (1936–1988) *Manifest der Gesellschaft zur Vernichtung der Männer* (*SCUM Manifesto*)[121] oder bei Joanna Russ (1937–2011), *Planet der Frauen*. Saage nennt diese Utopien der hemmungslosen Vernichtungsphantasien, die das totalitäre bzw. autoritäre Potenzial der von Männern bestimmten klassischen Utopietradition bei weitem überstiegen, „feministischen Faschismus".

Welt ohne Menschen

Eine Welt ohne Menschen hat offenbar Charme. Das Paradies war menschenleer, ehe Gott den ersten Menschen, als letztes aller Lebewesen dort platzierte. Die letzten menschenleeren Orte müssen als Nationalparks vor seinem Zugriff geschützt werden. „Mutter Erde als Wildnis" erscheint wichtiger als „sogenannte Menschenwürde". Der Leopard, der die Gazelle reißt und tötet, erfüllt unsere Vorstellung von ursprünglicher, reiner, unverfälschter, wahrer Welt. Das Zebra im Zoo, das vor dieser tödlichen Gefahr geschützt ist, langweilt uns. Das „glückliche" Huhn stakt und pickt durch eine Welt, die nahe der ursprünglichen, gefährlichen menschenleeren Idylle liegt, das Huhn im Käfig erscheint uns unglücklich.

Die Ästhetisierung der Katastrophe wie auch einer men-

---

121 http://www.spunk.org/library/anarcfem/sp001291.txt.

schenleeren Welt ist ein Produkt der Romantik. Erst die Bannung der Angst, die Pazifizierung und Befriedung der äußeren Lebensbereiche setzt die Empfindung des grandiosen Naturschauspiels frei. In einer wissenschaftlich nicht erklärten und technisch nicht manipulierten Welt gibt es keine Romantisierungen (Obrecht 2003, 103 f).

Mary Shelley (1797–1851), die Autorin von *Frankenstein*, lässt in ihrem Zukunftsroman *Verney, der letzte Mensch* (1826) die Menschheit an den Folgen einer apokalyptischen Seuche zugrunde gehen. Im Jahr 2100, sieben Jahre nach ihrem Ausbruch, ist die Seuche vorbei, Verney ist der letzte verbliebene Mensch auf einer menschenleeren Erde. Indem Shelley auf jegliche christliche Hoffnung verzichtet und jeden Bezug zu Gott ausspart, stellt Verney eine bedeutende Etappe auf dem Weg zur Säkularisierung des abendländischen Bewusstseins dar, wie sie wenige Jahrzehnte zuvor noch unmöglich gewesen wäre (Walter 2010, 147 ff). Dieses Motiv ist immer wieder aufgegriffen worden, etwa im Film *I am a legend* (2007) oder in Thomas Glavinics Roman *Die Arbeit der Nacht* (2007).

Spätestens mit dem Roman *Robinson Crusoe* von Daniel Defoe (1719) existiert die Vision der Trennung von der umgebenden Welt, der radikalen Vereinzelung, des Abschieds aus Geschichte und Zivilisation. Im Roman *Die Wand* von Marlen Haushofer (1963) ereignet sich eine Robinsonade in den österreichischen Alpen, wo sich eine Frau plötzlich hinter einer unsichtbaren Wand vom Rest der Welt, die wahrscheinlich zugrunde gegangen ist, abgetrennt wiederfindet. Thomas Lehr lässt in *42* eine Gruppe von Helden nach einem Besuch im Kernforschungszentrum CERN bei Genf alleine durch eine Welt wandern, die mitsamt ihren menschlichen und tierischen Bewohnern in einem Augenblick erstarrt ist (Lehr 2007, 42)[122]. Diese Geschichten beschreiben eine veränderte Form des Weiterlebens nach dem Tod, Lehr setzt sogar explizit eine Parallelwelt im Sinne der Multiversumtheorie an,

---

122 Am Ende des Romans erweist sich der Augenblick, in dem die äußere Zeit stehen geblieben ist, als der Moment des Todes der Protagonisten, die offenbar bei einer Explosion im Kernforschungszentrum zugleich umgekommen sind.

durch die seine für die Außenwelt toten Helden streifen. Das führt zum Verdacht, ob nicht all diesen Nach-dem-Menschen-Idyllen die exklusive Position eines überlebenden Beobachters zugrunde liegt, weil wir den eigenen Tod, nach Sigmund Freud, ja nicht vorstellen können, und sooft wir den Versuch dazu machen bemerken, dass wir als Zuschauer weiterhin präsent sind. Und auch Peter Rosei ist als beobachtender Beschreiber in seinem *Entwurf für eine Welt ohne Menschen* notwendig gegenwärtig, freilich ohne diese von ihm beschriebene, berückend schöne Welt zu stören.

1816 legte Lord Byron mit seinem dramatischen Gedicht *Darkness* ein düsteres, „an Radikalität kaum zu überbietendes literarisches Szenario" vor. Als Folge der vollständigen Verdunkelung der Erde beginnen die Menschen, alles zu verbrennen, nur um Licht zu sehen, und fallen schließlich, von Hunger getrieben, kannibalisch über einander her. Die Selbstsucht und Vernunftlosigkeit des Menschen lässt ihn seinem eigenen Gewaltpotenzial erliegen – man könnte *Darkness* als „erstes Dokument eines Klimakrieges" bezeichnen (Horn 2012)[123].

Im ersten Jahrzehnt des 21. Jahrhunderts ist es Mode geworden, die menschenleere Welt positiv und idyllisch auszumalen. „An dem Tag, an dem die Menschheit verschwindet, beginnt die Natur augenblicklich mit dem Hausputz. Sie putzt unsere Häuser vom Antlitz der Erde. Alle werden sie verschwinden" (Weisman 2009, 21). Und wenn dann „einst die letzten Spuren des Tieres Mensch verwischt sind, werden viele Spezies, die er heute auszulöschen droht, noch immer da sein, neben vielen anderen, die sich erst noch entwickeln werden. Die Erde wird die Menschheit vergessen. Das Spiel des Lebens wird weitergehen" (Gray 2010).

Mit nietzscheanischer Wortgewalt breitet Ulrich Horstmann (geb. 1949) in seinem 1983 publizierten Essay *Das Untier* – mit dem Titel ist der Mensch selbst gemeint – ein Szenario des Ap-

---

123 Historischer Auslöser für Byrons Gedicht war der Ausbruch des Tambora im heutigen Indonesien, der für kalte, nasse Sommer in der Nordhemisphäre und das „Jahr ohne Sommer" 1816 verantwortlich war.

pells zur Selbstzerstörung der Menschheit aus. Seine „Konturen einer Philosophie der Menschenflucht" vermeinen eine „heimliche Übereinkunft, ein unausgesprochenes großes Einverständnis" zu erspüren, „dass wir ein Ende machen müssen mit uns und unseresgleichen, so bald und so gründlich wie möglich – ohne Pardon, ohne Skrupel und ohne Überlebende." Entsprechend erscheint ihm Friedensforschung als der „fleischgewordene Skrupel, spekulativer Defätismus, das Zurückschrecken vor dem Unausweichlichen, Sabotage des anthropofugalen Willens zum Ende" (Horstmann 1983/2009, 76). Horstmann schließt mit der seltsam anmutenden Paradiesvorstellung einer mondgleichen Erde nach einem finalen Atomkrieg, der nicht nur die Menschheit, sondern das gesamte Leben von der Erde getilgt hat:

> Die Geschichte des Untiers ist erfüllt, und in Demut harrt es (…) der physischen Vernichtung und des Auslöschens der Erinnerung an sich selbst. (…) Über dem nackten Fels seiner Heimat aber wird Friede sein, und auf den Steinen liegt der weiße Staub des Organischen wie Reif. Das Reißen und Schlingen, das Zermahlen und Ausbluten, (…), dieser ohne Unterlass wütende Bürgerkrieg alles Lebendigen ist nie gewesen (…). In einem Feuerwerk ohnegleichen ist er untergegangen, und mit dem Aufsteigen der letzten Rakete sind die Spuren getilgt (…). Denn nicht bevor sich die Sichel des Trabanten hienieden in Kraterseen spiegelt, nicht bevor Vor- und Nachbild, Mond und Welt, ununterscheidbar geworden sind und Quarzkristalle über den Abgrund einander zublinzeln im Sternenlicht, nicht bevor die letzte Oase verödet, der letzte Seufzer verklungen, der letzte Keim verdorrt ist, wird wieder Eden sein auf Erden (Horstmann 1983/2009, 139f).

Der historisch nicht gänzlich unbedarfte Beobachter vermag in solchen Bildern des „zu elitärer Menschenverachtung veredelten Antisemitismus[124]" (Gauß 2012, 185) auch Anspielungen auf lebensunwertes menschliches Leben zu erkennen, auf „überflüssige Menschen" (Trojanow 2012; 2013). Es gibt sie natürlich auch in Witzform, wenn etwa einer von zwei Planeten, die sich treffen, klagt, er habe die Krankheit Mensch,

---

124 Auf den Dichter E.M. Cioran gemünzt.

woraufhin ihn der andere beruhigt, er kenne das, das gehe vorüber.

Während Horstmann noch seinem eigenen schwulstigen Stil erliegt, über den er seinen mehrdeutigen heiklen Inhalt als Kunstprojekt transportieren kann, haben andere ihrer Überzeugung durchaus Taten folgen lassen. 39 Mitglieder der Sekte „Heavens Gate" begingen am 23./24. März 1997 kollektiv Selbstmord, um sich gemeinsam mit ihrem Anführer in ein Raumschiff zu transferieren, das sich im Schatten des gerade sichtbaren Kometen Hale-Bopp angeblich der Erde näherte, um damit die Himmelspforte zu durchfliegen und in eine höhere Ebene einzutreten (Uerz 2006, 409 ff). Die von religiösen oder religionsähnlichen Überzeugungen angeleiteten kollektiven Morde und Selbstmorde bei Sekten wie der von Jim Jones in Guyana (1978, 912 Tote), der Davidianer in Waco, USA (1993, 84 Tote), oder der Sonnentempler (1994-97, 74 Tote) in der Schweiz, in Frankreich und Kanada „verschlagen einem die Sprache" (Walter 2010, 283).

4 Jenseits der Utopie

Vor dem Vergessen

Anfang Mai war der Himmel schon trüb, die Fernsicht zu den Schneebergen vom späten Vormittag an von wälzenden Wolken verstellt. Wir verließen Tashigaon gegen Mittag, alle schwer bepackt und dennoch leichten Fußes. Immer wieder hatten wir noch einmal angestoßen, da eine Schale Chhang, dort einen Schnaps getrunken, um unser gemeinsames Werk zu bekräftigen und die kleine Lebenserleichterung, vor allem für die Frauen des Dorfes, zu feiern. Einigermaßen betrunken machten wir uns zum nächsten Dorf auf, um auch dort gemeinsam eine Wassermühle zu errichten.

Die Khumbo im nordöstlichen Nepal sind eine tibetisch sprechende Gruppe von Ackerbauern und Viehzüchtern[125]. Mit Hilfe eines kleinen Projektes der österreichischen Entwicklungszusammenarbeit hatten wir Anfang der 1990er Jahre damit begonnen, die traditionelle Mühlenbaukunst, die in diesem Teil des Landes am Verfallen war, wiederzubeleben. Die Dörfer, in denen wir die Wassermühlen bauten, lagen an den steilen dichtbewaldeten Flanken des Arun und seiner Seitentäler, eines reißenden Flusses, der in Tibet entspringt und sich sein Bett durch die Hauptkette des Himalaya hindurch gegraben hat[126]. Sie vermittelten dem von weit aus der Welt angereisten Europäer ein Bild von berückender Schönheit und Harmonie, und auch von radikaler Zukunftsfähigkeit, das ihn trotz einer ruhrähnlichen Erkrankung nicht mehr losließ.

Die Arbeit an den Mühlen, die jeweils etwa eine Woche in Anspruch nahm, richtete sich notgedrungen nach dem Rhythmus des Tageslichtes. Neben dem Brennholz standen die eigene menschliche Arbeitskraft als Energiequelle zur

---

125 Zum Schöpfungsmythos und kulturellen Erbe der Khumbo vgl. Diemberger et al. 1989.
126 Dieses Projekt konnte ich über den österreichischen Verein Ökohimal realisieren, vgl. www.ecohimal.org. Eine detaillierte Beschreibung des Mühlenbaus findet sich in Schmidl 1997.

Verfügung, Büffel zum Pflügen – und eben nach einer Woche das fließende Wasser, das den Mühlstein drehte und den Frauen und Kindern die mühselige Arbeit an der Handmühle abnahm.

Keines der Dörfer war an das Elektrizitätsnetz angeschlossen oder hatte eine autonome Stromversorgung auf der Basis von Sonnenenergie oder Kleinwasserkraft. Unter Kerosinfunzeln nach dem Bauprinzip von Molotow-Cocktails saßen wir an den Abenden beisammen und redeten miteinander. Ich erfragte die Säuglings- und Kindersterblichkeit in den Dörfern, sie lag bei über 50 Prozent. Die Wege zu den Dörfern waren zum Teil sogar für Pferde zu steil, sodass der gesamte Transport in Körben auf dem Rücken von Menschen geschah. Der nächstgelegene Ort mit medizinischer Versorgung lag etwa drei Tagesetappen entfernt.

Die enorme Bedeutung von Brennholz als mit Abstand wichtigstem Energieträger wurde mir, der ich mich um die Frage der lokalen Energieversorgung in den Dörfern glaubte kümmern zu müssen, aus unmittelbarem Erleben und Mitleben bewusst. Und damit, wie bedeutungslos meine falsch gestellten Fragen und die selbstsicher vorweggenommenen eigenen Antworten waren, mit denen ich in dieses Land gekommen war. Als ich den wesentlichen Energieträger, ja die einzige unumgängliche energetische Lebensgrundlage von über zwei Milliarden Menschen in offiziellen Energiestatistiken dieser Zeit nicht einmal am Rande erwähnt, sondern schlichtweg ignoriert fand – dabei war die Energieversorgung Nepals in den 1990er Jahren zu etwa 90 Prozent auf heimischer Biomasse aufgebaut –, wuchs mir diese Ignoranz zu Unverständnis und Empörung an. Welche überwältigende Revolution die Elektrifizierung für ein Dorf bedeutet, wurde mir bei dieser Reise durch die Zeit davor klar.

Bei den Khumbo erhalten Mann und Frau, wenn sie Eltern werden, einen neuen Namen. Sie heißen von nun an „Mutter des (der)" und „Vater des (der)", ihr jeweiliger neuer Name richtet sich also nach dem Namen ihres ersten Kindes. Man bezeichnet dies wissenschaftlich als Teknonymie. Emotional kann man es so sehen, dass sich damit Menschen gemeinsam und mit ganzer Kraft auf die nächste Generation und das Fortdauern des menschlichen Lebens verpflichten.

Zur selben Zeit stand ein riesiges Wasserkraftwerk in dieser Gegend, das Projekt Arun III, in Diskussion. Das Projekt wurde sowohl von den Intellektuellen des Landes als auch – mit etwas Verzögerung – von der Weltbank und anderen für die Finanzierung vorgesehenen Stellen kritisiert. Würde es realisiert werden, so hauptsächlich, um kostengünstigen Strom für das Nachbarland Indien zu produzieren. Einige heimische Politiker würden sich als „Consultants" bzw. „Berater" in Position bringen, Verträge unterschreiben und resultierende Millionenhonorare dort deponieren, wo auch andere sie verstecken. Für die Khumbo würde es, nach allen Erfahrungen, die man mit derartigen Projekten gemacht hat, wohl das Ende als eigenständige Ethnie bedeuten.

4.1 Leitsystem, Zuträger, Leitbild, Paradigma

Im abendländischen Mittelalter leistete die Philosophie, in der die meisten Geistes- und Naturwissenschaften zusammengefasst waren, als „ancilla theologiae", als „Magd der Theologie", eben dieser Zuträgerdienste. Die dominante Rolle der Theologie stand dabei außer Zweifel.

Unter den Teilsystemen, die eine Gesellschaft konstituieren, weist die Systemtheorie jenes als führend, als **Leitsystem** aus, dessen Probleme die Fragen der anderen Systeme dominieren, an dessen Logik und Sprache sich die anderen Systeme orientieren. Wenn auf universitärem Boden so genannte „Orchideenfächer" wie die Tibetologie oder die klassische Philologie ihre schiere Existenz dadurch rechtfertigen, dass sie nachweisen, ihnen entspränge ja doch ein, wenn vielleicht auch indirekter, ökonomischer Nutzen, dann geschieht diese Rechtfertigung gegenüber einem herrschenden System. Wenn Wissenschaft heute für sich werben und sich verkaufen muss, wenn beim Buch auf den Bestseller gesetzt wird und die Kirchen lernen, sich als Wettbewerber auf dem Markt der Lebenssinnangebote zu verstehen und dementsprechend zu verhalten, dann wird deutlich, dass aktuell die Ökonomie die Rolle dieses führenden Systems verkörpert. Die Ökonomie prägt damit auch die Verantwortungskultur der Zuträger (Schlink 2010).

Der mittelalterlichen Philosophie, in der die meisten „Zuträger" zusammengefasst sind, kam eine doppelte Funktion zu (Flasch 2009, 145): Sie hatte nicht nur rationale Argumente für die Hauptinhalte des Leitsystems Theologie – dass Gott existiert, dass er die Welt regiert, dass die Seele unsterblich ist usw. – auszuarbeiten und abzuliefern, also den Offenbarungsglauben zu stützen. Man konnte seiner Religion zweitens auch einen Dienst erweisen, indem man mit philosophischen Argumenten Ansprüche von ihr fernhielt: Solche auf Gerechtigkeit, auf menschenwürdige Existenz, auf Armutsminderung, auf die Entscheidungsgewalt über die eigenen Lebensgrundlagen usw. Diese Aufgabenverteilung bestimmt das Verhältnis zwischen Zuträger und Leitsystem.

Der Ausdruck „**Paradigma**", der eng mit dem Begriff der „normalen Wissenschaft" zusammenhängt, wurde von Thomas Kuhn (1922–1996) geprägt (Kuhn 1991, 31). Im frühen Stadium der Entwicklung jeder Wissenschaft interpretieren und beschreiben verschiedene Leute, die sich mit dem gleichen Bündel von Phänomenen beschäftigen, diese auf unterschiedliche Art und Weise. Ein Paradigma bringt diese Phänomene in eine Ordnungsstruktur und bestimmt die theoretischen Leitbegriffe und die Kriterien für die Auswahl der anerkannten Probleme, Fragen und Methoden eines Forschungsgebietes. Es erlangt seinen Status, wenn es bei der Lösung einiger Probleme erfolgreicher war als ein konkurrierendes Paradigma, es braucht aber nicht alle Tatsachen erklären können. Die Anhänger eines Paradigmas folgen denselben Regeln und Normen in der wissenschaftlichen Praxis. Ein Paradigma kann die Gemeinschaft deshalb auch von sozial wichtigen Problemen, die nicht mit dem vom Paradigma gelieferten begrifflichen und instrumentellen Rüstzeug ausgedrückt werden können, isolieren. Konkurrierende Paradigmen sind inkommensurabel, ihre jeweiligen Befürworter üben ihre Tätigkeit in verschiedenen Welten aus.

Schließt der kuhnsche Paradigmabegriff deshalb aus, dass man für ein Thema gleichzeitig unterschiedliche etablierte Paradigmen verwendet, so lässt der weichere Begriff des **Leitbildes** die Gleichzeitigkeit unterschiedlicher Leitbilder per definitionem zu. In Leitbildern (Lenz et al. 2001) bündeln sich die Intuition und das Wissen der Individuen sowie das kollektive Bewusstsein der Institutionen darüber, was einerseits machbar und andererseits wünschenswert ist. Hierbei bezieht sich der „Machbarkeitsaspekt" auf die technische, der „wünschenswerte" auf die gesellschaftliche, vor allem auf die ökonomische Sphäre. Aus dieser Verklammerung resultiert auch die allgemeine Funktion des technischen Leitbildes. Soziotechnische Leitbilder (Heymann 2001) sind relativ stabile Vorstellungen, die technische oder technisch umsetzbare Zielvorgaben beinhalten und technisches Handeln dauerhaft anleiten, ohne eine umfassende, immer wieder zu erneuernde Begründung dieser Zielvorgaben erforderlich zu machen. Leitbilder transportieren implizit ihre Rechtfertigung und Begründung und haben den Charakter von Überzeugungen, deren Berechtigung ihren Trägern unmittelbar evident erscheint. Sie wirken, haben sie sich einmal etabliert, per se orientierend und nicht durch den fortwährenden Nachweis der Zweckmäßigkeit oder Richtigkeit der mit ihnen verbundenen Orientierung. Ein Beispiel für ein soziotechnisches Leitbild ist das Konzept der zentralen Stromversorgung oder – wie es vielfach genannt wurde – der „zentralisierten Großstromversorgung".

4.2 Religion oder ...

> „The reason for fighting/ I never got straight
> But I learned to accept it/ Accept it with pride
> For you don't count the dead/ When God's on your side"
> Bob Dylan, *With God on Our Side.*

> „Gewalt ists auch, die gegen Gott sich wendet,
> Wenn ihn das Herz verleugnet und verhöhnt
> Und in Natur auch seine Güte schändet"
> Dante, *Inferno, XI Gesang.*

Sind wir einem Schicksal, dessen Verlauf wir vielleicht ahnen oder kennen, das uns von der Natur oder gottgewollt vorgegeben wurde, ausgeliefert? Ist in den menschlichen Genen determiniert, dass wir durch unser Verhalten unausweichlich unsere Lebensgrundlagen zerstören müssen? Ist in göttlicher Offenbarung festgeschrieben, wie das weitere Leben auf Erden verlaufen wird (oder sind unsere Gene das materielle Pendant zu Gottes Willen)? „Fiat voluntas tua", („Dein Wille geschehe"), heißt es im wichtigsten Gebet der Christen. Mit „voluntas" ist derjenigen „Wille" gemeint, der ohne Interventionsmöglichkeit des Menschen als unabwendbare Bewegung und Bestimmung quasi naturgesetzlich abläuft. Dieser Wille Gottes möge geschehen, so das Gebet. „Arbitrium", der menschliche Wille im Sinne einer Wahlmöglichkeit hingegen betont die Freiheit des Menschen, sich gegen diese göttliche Gnade oder unausweichliche Bewegung, auch seiner eigenen Natur, zu entscheiden. Alles Utopische, wie es hier definiert ist, benötigt als notwendige Voraussetzung diese freie, widerständige Wahlmöglichkeit.

Wenn wir uns hier kurz mit dem Phänomen der Religion beschäftigen, dann hauptsächlich aus zwei Gründen: Einmal, um das utopische Denken sozusagen von der anderen Seite her als das Nicht-Religiöse einzugrenzen. Der zweite Grund ist rein instrumenteller Natur: Religiöser Wahrheitsanspruch liegt utopischem Denken fern, die Verpflichtung zu religiösen Geboten passt nicht zum Gedankenexperiment des utopischen Entwurfes. Den Utopisten interessiert Religion deshalb hauptsächlich in Gestalt der Frage, ob sie einen Beitrag dazu leisten könne, die Utopie zu stützen, das Leben der Menschen in den Industrieländern zu dematerialisieren, die Menschen dazu anzuregen, anzuleiten – oder zu zwingen –, hinter ihren Möglichkeiten des materiellen Umsatzes zurückzubleiben, sich zu bescheiden, zu verzichten, ihren Lebensstil oder ihr Leben zu ändern.

Sind Religionen der bessere Weg als Utopien, um die materiellen Geschäfte des Menschen mit seiner Umwelt in gegenwarts- und zukunftsverträglich nachhaltiger Weise zu regeln? Oder sind sie womöglich, im Gegenteil, die eigentliche Ursache unseres Dilemmas?

Institutionalisierte Religionen sind überlieferte oder offenbarte Glaubensgewissheiten. Utopien sind hypothetisch, Religiöses ist zumindest dem Gläubigen notwendig und gewiss.

Utopisch-rationales und magisch-religiöses Denken haben aber immer nebeneinander und zugleich Platz gefunden, in derselben Gesellschaft, auch in ein und demselben Individuum. Religiöse und symbolische Erklärungsschemata für Katastrophen sind langlebig und global, ihr Wirkungsfeld reicht über das Zeitalter der sogenannten Aufklärung hinaus bis in die Gegenwart, wie auch rationale Methoden während der Herrschaft der Theologie im Mittelalter angewandt wurden, etwa in der Statik des Kirchen- und Festungsbaus. Es ist ein Irrtum, Vernunft und Aberglauben als sich wechselseitig ausschließende Gegensätze zu begreifen und lediglich einzuräumen, dass in Krisenzeiten irrationale Reaktionen wieder aufleben könnten. Natürliche und menschengemachte Katastrophen aktivieren sämtliche kulturelle Reaktionsmuster des Menschen, von magischen, abergläubischen, religiösen bis zu rationalen und wissenschaftlichen, also das gesamte irrationale und rationale Spektrum (Walter 2010; Obrecht 2003). Die nordeuropäische Sturmwelle von 1717 etwa wurde von den Zeitgenossen als Gottesstrafe betrachtet, während man **zugleich** davon überzeugt war, dass die Folgen nicht so tragisch gewesen wären, wenn man die Deiche nicht vernachlässigt hätte (Walter 2010, 56). Und der ukrainische Schriftsteller Jury Andruchowytsch erinnert sich an eine Begebenheit zur Zeit der zweifellos durch menschliches Fehlverhalten ausgelösten Katastrophe im Kernkraftwerk Tschernobyl von 1986, die er selbst in der damaligen Ukrainischen Sowjetrepublik erlebte:

> Jemand (…) zog die Bibel hervor, und beförderte die Verse 10-11 aus dem 8. Kapitel der Apokalypse ans Tageslicht: ,Und der dritte Engel posaunte; und es fiel ein großer Stern vom Himmel (…) Und der Name des Sterns heißt Wermut. Und der dritte Teil der Wasser ward Wermut, und viele Menschen starben von den Wassern, denn sie waren bitter geworden.' So und nicht anders. ,Wermut', eine Pflanze, die mit anderem Namen Tschernobyl heißt: die mystische Parabel stand in durchdringender Klarheit vor uns. (Andruchowytsch 2003, 117)

Religiöses Denken gewährt den Schutz vor Tatsachen, die als naturwissenschaftlich weitgehend sicher gelten, womöglich aber unangenehme Konsequenzen auslösen könnten. Konservative Think-Tanks in den USA transformieren das Thema Klimaveränderung und damit zusammenhängende notwendige Verhaltensänderung inzwischen erfolgreich in ein zentrales Werte- und Identitätsschema mit religiösen Untertönen, ähnlich der Abtreibung oder dem persönlichen Waffenbesitz (Vogt 2012). Damit und über die Inszenierung einer Scheindebatte ist es gelungen, dass 2012 weniger als 20 Prozent der Konservativen in den USA glauben, dass es einen vom Menschen gemachten Klimawandel überhaupt gibt. Wenn naturwissenschaftliches Tatsachenwissen bedrückend wird und eine Änderung des Lebensstils notwendig macht, kann man dieses Wissen in ein Glaubenssystem verschieben und so von einem gewussten zu einem nicht geglaubten Faktum transformieren. Damit erfüllt das Glaubenssystem die oben (→ Kap. 4.1) vorgestellte Funktion eines Zuträgers zum Leitsystem, indem es die amerikanische Volkswirtschaft von dem Anspruch, gegen den Klimawandel aktiv zu werden, frei hält. Der Gegensatz zwischen dem Glauben an eine Welt, die keine Grenzen kennt und dem Wissen um diese Grenzen, macht die Klimadiskussion in den USA so brisant.

Könnten Religion und Glaubenssysteme die Ökologisierung der Weltwirtschaft und eine nachweltverträgliche Energieversorgung vielleicht aber auch unterstützen? Oder können wir, mit Hans Jonas noch deutlicher gefragt, überhaupt „ohne die Wiederherstellung der Kategorie des Heiligen, die am gründlichsten durch die wissenschaftliche Aufklärung zerstört wurde, eine Ethik haben, die die extremen Kräfte zügeln kann, die wir heute besitzen und dauernd hinzuerwerben und auszuüben beinahe gezwungen sind" (Jonas 1984, 57)? Der neue ethische Imperativ, den Hans Jonas vorschlägt, nämlich so zu handeln, dass die Wirkungen der Handlungen verträglich sind mit der Permanenz echten menschlichen Lebens auf Erden, besagt, dass wir zwar das eigene Leben wagen dürfen, nicht aber das der Menschheit als ganzes. Dieser ethische Imperativ, die „Gefahr unendlichen Verlustes" abwehren zu müssen, ist ebenfalls „alternativlos"; er betrifft den Zukunftsteil der Nachhaltigkeitsdefinition und erscheint außerhalb der Religion schwer oder überhaupt nicht begründbar (Jonas 1984, 36).

In Platos Staat setzen die herrschenden Philosophen, die ihre Position mit einem religiösen Mythos begründen, die Forderung nach der Schaffung bzw. Ausdehnung sogenannter heiliger Haine durch, in denen weder gejagt noch Holz gefällt werden darf – antiken Vorformen der Naturschutzparks (Saage 1997, 46). Ernest Callenbach, der Autor von *Ökotopia* wiederum sieht, ganz in der Hippie-Tradition, den Ursprung der gegenwärtigen ökologischen Probleme in der biblischen Forderung, hinzugehen, sich zu vermehren und sich die Erde untertan zu machen (Genesis 1, 28). Im spätmittelalterlichen christlichen Kontext, den Dante in seiner *Göttlichen Komödie* (seine Jenseitswanderung findet im Jahr 1300 statt) abbildet, werden hingegen Umweltverschmutzer als Gewalttäter im siebten Kreis der Hölle gepeinigt. Gewalt gegen die Natur ist zugleich Gewalt gegen Gott. Das könnte Gläubige zum Schutz der Natur anregen. Gott ist ja entschlossen, „die zu verderben, die die Erde verderben" (Offenbarung 11:18).

Seit den 1970er Jahren hat die Umweltethik in aller Schärfe die Schuld des Menschen betont und zugleich die spirituelle, ja religiöse Dimension der Suche nach Sinn rehabilitiert. Die Anstrengungen, ein mit- und nachweltverträgliches Wirtschaftssystem aufzubauen, zu dem die nachhaltige Energieversorgung der Menschheit gehört, könnten deshalb vielleicht leichter und schneller vorankommen, wenn es den Umweltbewegten gelänge, religiös motivierte Menschen an Bord ihres Bootes zu holen und sie dazu anzuregen, dieses vereint gegen den Strom zu rudern. Gary Gardner (2002) sieht beide Gruppen wichtige gemeinsame Ziele teilen, beispielsweise eine moralisch geprägte Weltsicht, den Glauben an einen Wert der Natur jenseits rein ökonomischen Kalküls, und gewisse Vorbehalte gegenüber exzessivem Konsum. Die Religionen könnten zusätzliche Kraftquellen in einen gemeinsamen Diskurs einbringen: sie beeinflussen und formen die Weltsicht ihrer Mitglieder und statten diese mit

Sinn aus, sie stellen moralische Autoritäten dar, zahlreiche Anhänger hören auf sie, haben mitunter ansehnliche finanzielle und institutionelle Mittel zur Verfügung und besitzen die Fähigkeit, gemeinschaftsbildend zu wirken. All diese Fähigkeiten, so Gardner, könnten dafür benutzt werden, den Aufbau einer sozial gerechten und nachhaltigen Welt zu unterstützen.

Religionen verheißen Gewissheiten, nach denen ihre Anhänger mit mehr oder weniger Nachdruck leben und streben, und die diese mitunter bestärken, erstaunliche oder bestürzende Handlungen weitab der pragmatischen Alltagsbewältigung zu setzen. Überzeugte religiöse Menschen vermögen ungeheure Kräfte zu entfalten. Diese können von der vollständigen Absenz von allen nicht unbedingt lebensnotwendigen materiellen Bedürfnissen bis zum Opfer des eigenen Lebens reichen, sei es für andere Menschen oder gegen diese.

Treffen die neuen Aufgaben, die sich durch den erwartbaren Mangel an lebensnotwendigen Ressourcen und Entsorgungsmöglichkeiten stellen werden, auf ein religiöses Regelwerk, das mit ihnen umgehen kann, sie quasi zu moderieren in der Lage ist? Stellen sich vielleicht gänzlich neue Formen von religiösen Antworten und religiösem Verhalten ein? Die Geschichte der Religionen kennt beinahe alles: Gefühlter Schaden wird als Strafe oder Prüfung wahrgenommen, die Reaktionen darauf reichen von Besinnung und Bescheidenheit, vom Rückzug in ein asketisches Leben bis zum Mord.

Der Gegensatz zwischen Kain, dem sesshaften Bauern, und Abel, dem nomadischen Hirten, lässt sich in neue Rollen übertragen. Aus dem Metaphernreichtum fast aller heiligen Bücher ist bei entsprechender Interpretation ein Tötungsverbot wie auch -gebot ableitbar. Das verheißene christlich-jüdische Urbild des auserwählten Volkes kann sich mit dem doppelgesichtigen utopischen Bild der Insel errettend oder unheilvoll verbinden, kann zu Keim und Vorbild für ein globalisierbares Gesellschaftssystem werden, oder zur Rechtfertigung für den gewollten, ja den bewusst herbeigeführten Untergang der

Nicht-Auserwählten. Das Alte Testament kennt zahlreiche Erzählungen, die im Lichte gegenwärtigen Völkerrechtes als Völkermord bezeichnet werden können. Derartige Taten bedürfen eines göttlichen Auftrages, wobei dieser Auftrag auch ex post zur Rechtfertigung bereits begangener Taten nachgereicht werden kann.

„Ich stelle das göttliche Prinzip dar, die absolute Gleichheit, eine Gesellschaft, in der alle Menschen ihren Besitz teilen, in der es kein Arm und Reich und keine Rassen gibt. Überall, wo Menschen nach Gerechtigkeit und Rechtschaffenheit streben, dort bin ich". Diese wiewohl pathetischen, aber doch relativ unverdächtigen Worte von Jim Jones, Anführer der Peoples-Temple-Gemeinde, versprechen eine neue, gerechte Welt. Am 18. November 1978 starben über 900 Menschen in der abgelegenen Peoples-Temple-Gemeinde Jonestown im südamerikanischen Guyana in einem Akt kollektiven Selbstmordes bzw. Mordes, zu dem sie derselbe Jim Jones aufgerufen hat.

Um das zu tun, was sie schließlich taten, bedurften die Mächtigen des Nationalsozialismus (Hitler, Goebbels und mit ihnen die Mehrzahl der nationalsozialistischen Aktivisten) der Anleitung und Rechtfertigung durch ein Weltbild, das ihr Tun als notwendig und – wie skandalös es auch klingen mag – als „moralisch" geboten erscheinen ließ. Sie setzten sich nicht einfach über eine existierende Moral hinweg, sondern erfanden sich im Zusammenhang ihres Weltbildes eine neue. Sie entwarfen ein metaphysisches Weltbild, an das sie glaubten. Nur aus dem innigen Glauben an dieses Weltbild wurde der Nationalsozialismus geschichtsmächtig (Safranski 2008, 148). Derartige moralische Rechtfertigungen der Notwendigkeit von – von nichteingeweihten Beobachtern mit Schrecken, Ratlosigkeit und Abscheu wahrgenommenen – Taten durch metaphysische und religiöse Weltbilder findet man auch bei aktuellen Totalitarismen wie den Taliban oder Einzeltätern wie dem norwegischen Attentäter Anders Breivik. Sie sind mittelfristig wohl auch bei anderen säkularreligiösen Gesinnungsgemeinschaften zu erwarten, die aus der Interpretation einer bestimmten Weltlage die „unbedingte" Notwendigkeit bestimmter Handlungen ableiten.

Wer die Stimme des einen und eigenen Gottes auf seiner Seite hat, braucht nicht auf Mehrheiten zu warten, da er aufgrund seines göttlich autorisierten Urteils eine Mehrheit darstellt (Beck 2008, 176 ff)[127].

Religion ist dem pragmatischen amerikanischen Philosophen William James (1842–1910) zufolge bestimmt als die Summe der Gefühle, Handlungen und Erfahrungen von einzelnen Menschen in ihrer Abgeschiedenheit, die von sich selbst glauben, dass sie in Beziehung zum Göttlichen stehen (William James 1902, zit. n. Schlierer 2010, 121 f). Aus dieser primären Erfahrung können in einem zweiten Schritt Theologien und kirchliche Organisationen erwachsen. Religion beginnt demnach also mit einer individuellen Direkterfahrung, erst später wird sie zur Orthodoxie, worauf ihre Zeit der Innerlichkeit nach James vorbei ist. Als Kirche erstickt sie dann den spontanen religiösen Geist. Die Religion hat also ihren wirklichen Ort in der individuellen Erfahrung. Niedrigkeiten, die der Religion oft in Rechnung gestellt werden, seien somit fast alle nicht der Religion im eigentlichen Sinn zuzurechnen, sondern ihrem verdorbenen praktischen Partner, dem Geist korporativer Herrschaft, und ihrem verdorbenen intellektuellen Partner, dem Geist dogmatischer Herrschaft (Taylor 2002, 12). So zumindest William James.

Was aber, wenn diese „verdorbenen praktischen und intellektuellen Partner" ihre Arbeit vielleicht gar nicht so schlecht machen?

In Platos Politiea begründet eine edle Lüge die Hierarchie der Gesellschaft. Der schaffende Gott habe den Herrschenden Gold, den Wächtern Silber und den Arbeitern Eisen (bzw. Messing) beigemischt (Saage 2001, 41). In Ernest Callenbachs Ecotopia (Callenbach 1996) dient eine Art indianischer Kult dazu, in „ritual war games" das anscheinend erhöhte Aggressionspotenzial junger Männer in einen vorbereiteten Kanal abzuleiten, bevor es gesellschaftlich schädlich werden kann. Glaubensgrundsatz sind dort „Zehn Gebote der Erde" („Earth's ten Commandments"). Institutionalisierte Religi-

---

127 Bei Beck 2008 werden auch Modelle für die Zivilisierung weltreligiöser Konflikte vorgestellt.

onen werden von den Gründern der Staaten bewusst eingesetzt, um individuelles religiöses Bewusstsein und Agieren, die diesen als offenbar unvermeidlich erscheinen, kollektiv zu bündeln und in gelenkten Ritualen zu entschärfen. Auch in Thomas Hobbes *Leviathan* darf der Souverän eine Religion verordnen, zu der sich die Menschen gehorsam bekennen müssen – freilich ohne dass sie dieses Bekenntnis auch wirklich glauben müssten. Der heilige Augustinus (354–430) dirigierte die grassierende Weltflucht seiner Zeit durch die Gründung eines geordneten Kloster- und Ordenswesens in sozialverträgliche und –nützliche Bahnen. Der gesellschaftliche Beitrag etablierter und institutionalisierter Religionen, nämlich das individuell-religiöse Potenzial sozusagen ins gesellschaftlich Verträgliche abzuleiten und wegzumoderieren und damit sein destruktives Element zu zähmen, darf also womöglich gar nicht gering geschätzt werden. Wir können Religionen vor dem Hintergrund des Utopischen also auch hinsichtlich ihrer Absorptionsfähigkeit für die zu erwartende Kontingenzerfahrung beurteilen.

Dies erläutert auch der Kardinal-Großinquisitor in Dostojewskijs *Die Brüder Karamasow* im Sevilla des sechzehnten Jahrhunderts, auf dem Höhepunkt der Inquisition, dem wiedergekehrten Jesus Christus, den er am darauffolgenden Tag auf dem Scheiterhaufen verbrennen lassen will (was er dann schlussendlich doch nicht tut):

> Die Menschen werden endlich einsehen, dass Freiheit und irdisches Brot, ausreichend für alle, unvereinbar sind, denn niemals, niemals werden sie lernen, miteinander zu teilen! (…) Denn die Sorge dieser jämmerlichen Kreaturen besteht nicht allein im Suchen nach einem Gegenstand meiner oder meines Nachbarn Anbetung, sondern im Suchen nach etwas, an das alle glauben und das alle anbeten sollen, und zwar unbedingt alle gemeinsam (Dostojewskij 1880/2003, 408 f).

Abschließend müssen noch kurz zwei Theorien zumindest erwähnt werden, die sich an der Grenze zwischen dem Religiösen und der wissenschaftlich-rationalen Weltbeschreibung angesiedelt haben: die Gaia-Hypothese von James Lovelock und Lynn Margulis, und das Anthropische Prinzip. Beide gibt es in „schwacher" und in einer „starken" Form. Gemäß der **Gaia-Hypothese** kommt der Erdoberfläche insgesamt die Rolle eines Lebewesens zu, welches das Leben beschützt, reguliert und die Entwicklung höheren Lebens ermöglicht, all dies aber im Rahmen der bekannten Naturgesetze. Intelligente Beobachter werden demnach nur auf einem Planeten mit Selbstregulation im Sinne des Gaia-Prinzips zu finden sein.

Das **anthropische Prinzip (Z. B.** Kanitscheider 1991, 274 ff) verbindet die Existenz des menschlichen Beobachters im Universum mit der äußerst präzisen Abstimmung physikalischer Naturkonstanten, die Leben und damit diesen Beobachter erst ermöglicht haben. Gewisse Konstanten, etwa die Größe der Kernkräfte, die Gravitationskonstante oder die schwache Wechselwirkung, scheinen quantitativ beinahe maßgeschneidert; wären sie nur geringfügig kleiner oder größer, hätte die Entwicklung des Universums nie zu einem menschlichen Beobachter führen können. Warum ist das so? Hat das jemand so gewollt?

Werden beide, Gaia-Hypothese und anthropisches Prinzip, so (nämlich teleologisch) interpretiert, dass sie quasi von Anfang an zweckgerichtet einen menschlichen Beobachter hervorbringen und die Welt für ihn vorbereiten, gestalten und bewahren sollten oder wollten, dass also eine globale Teleologie auf die Naturkonstanten wirkte, so spricht man von der starken Form. Gemäß dem starken anthropischen Prinzip hätten sich also die Gesetze der Physik und die Randbedingungen schon bei der Entstehung des Universums notwendig genau so eingestellt, dass später Lebewesen entstehen mussten. Stellt dieser menschliche Beobachter hingegen nur quasi rückwirkend fest, dass es zufällig so gekommen ist, wie es eben gekommen ist, so hat man die schwache Form vor sich.

4.3 ... Revolution?

Wenn eine Gruppe nüchterner wissenschaftlicher Analysten wie die Experten der Internationalen Energieagentur in ihrem jährlich erscheinenden *World Energy Outlook* nicht weniger als eine „Energierevolution" fordert (OECD/IEA 2008, 37)[128] so

---

128 Wörtlich: „What is needed is nothing short of an energy revolution."

darf zumindest nachgefragt werden, was sie mit Revolution denn meinen. Von einem Gremium der OECD erwartet man a priori ja nicht, dass es mit der Guillotine im Handgepäck anreist. Der Begriff „Revolution" transportierte im Lauf seiner Geschichte unterschiedliche Bedeutungen (Gehler 2011). Meinte die Astronomie damit die Umlaufbahn der Planeten um die Sonne – Nicolaus Kopernikus betitelte sein Hauptwerk *de revolutionibus orbium cœlestium* (1543) –, bedeutet „Revolution" bei Handfeuerwaffen (Revolver) die Umdrehung der Trommel. In der frühen Neuzeit beschrieb „revolutio" die Umkehrung bisheriger Entwicklungen. In der Politik werden damit plötzliche (März-, Novemberrevolution von 1848) und lange andauernde Vorgänge (Industrielle Revolution) bezeichnet. Revolutionen gehen von verschiedenen Trägern aus (Bauern, Bürgern, Proletariern), haben verschiedene Schwerpunkte und Rahmenbedingungen. Aus der Sicht einzelner Menschen und Haushalte ist das Wort „Revolution" dort keine Übertreibung, wenn die Installation eines Stromanschlusses in einem vordem nicht mit elektrischer Energie versorgten Haushalt beschrieben wird (Smil 2005, 32), wenn also plötzlich „das Licht kommt" (Arnold 2003).

Gustav Landauer (1870–1919; ermordet), ein bedeutender Vertreter des Anarchismus in Deutschland, hat in seinem Essay *Die Revolution* (1907) eine Definition versucht, die auch Ernst Bloch in seinem monumentalen *Prinzip Hoffnung* inspiriert hat.

Die Revolution bezieht sich demnach auf das gesamte soziale Mitleben der Menschen (Landauer 1907/2003, 31 ff), also nicht bloß auf den Staat, die Ständeordnung, die Religionsinstitutionen, das Wirtschaftsleben, sondern auf ein Gemenge aus all diesen Erscheinungen des Mitlebens zusammengenommen, das sich in einem bestimmten Zeitraum relativ im Zustand einer gewissen autoritativen Stabilität befindet. Dieses allgemeine und umfassende Gemenge des sozialen Lebens („Mitlebens") im Zustand relativer Stabilität nennen wir mit Landauer **die Topie**. Die Topie schafft allen Wohlstand, alle Sättigung und allen Hunger, alle Behausung und alle

Obdachlosigkeit; die Topie ordnet alle Angelegenheiten des Miteinanderlebens der Menschen, führt Kriege nach außen, exportiert und importiert, die Topie bildet den Geist und die Dummheit aus, gewöhnt an Anstand und Lasterhaftigkeit; die Topie greift auch mit starker Hand in die Gebiete ein, die ihr nicht angehören: das Privatleben des Individuums und der Familie.

Die relative Stabilität der Topie ändert sich graduell, bis der Punkt des labilen Gleichgewichts erreicht ist – in moderner Terminologie könnte man sagen: der Kipppunkt (dialektisch handelt es sich bei diesem Punkt um den Übergang von Quantität zur Qualität). Diese Änderungen in der Bestandssicherheit der Topie werden erzeugt durch **die Utopie**. Die Utopie gehört von Haus aus nicht dem Bereich des sozialen Lebens an, sondern – wie das religiöse Erleben nach William James – dem Individualleben. Unter Utopie versteht Landauer ein Gemenge individueller Bestrebungen und Willenstendenzen, die immer heterogen und einzeln vorhanden sind, aber sich in einem Moment der Krise in einem begeisterten Rausch zu einer Gesamtheit und Mitlebensform vereinigen und organisieren. Die individuellen Utopien verbinden sich zu einer alternativen kollektiven Weltanschauung, die von einer großen Mehrheit mitgetragen wird. Damit werden sie aber zur neuen Topie, die sich von der früheren Topie in wesentlichen Punkten unterscheidet, aber eben eine Topie ist. Die Utopie ist also die Gesamtheit von Bestrebungen, die zu einer neuen Topie führen.

Revolution nennen wir mit Landauer die Zeitspanne, während der die alte Topie nicht mehr, die neue noch nicht feststeht. Revolution ist damit der Weg von der einen Topie zur anderen, von einer relativen Stabilität über Chaos und Aufruhr, Individualismus, Heroismus und Bestialität, Einsamkeit des Großen und armselige Verlassenheit des Einzelmenschen zu einer anderen relativen Stabilität.

Bei „Revolutionen in der Wissenschaft" (Kuhn 1991, 76 ff) tritt nach Thomas Kuhn (1922–1996) das Neue vor einem durch Erwartung gebildeten Hintergrund nur mit einer sich durch Widerstand manifestierenden Schwierigkeit zutage. Da das Auftauchen neuer Theorien eine umfassende Paradigma-zerstörung und größere Verschiebungen in den Problemen und Verfahren der normalen Wissenschaft erfordert, geht ihm im allgemeinen eine Periode ausgesprochener fachwissenschaftlicher Unsicherheit voraus. In dieser Zeit wuchern verschiedene Versionen einer Theorie, was ein typisches Symptom einer Krise ist.

In jedem Falle entsteht eine neue Theorie erst, nachdem die normale Problemlösungstätigkeit offensichtlich versagt hat. Während einer krisenlosen Zeit ist die Lösung für die neuen Probleme zumindest teilweise antizipiert, aber nicht beachtet worden. Das Bewusstsein der Krise ist einer der Faktoren, der für die Neuerung verantwortlich ist.

Warum sollte der Wechsel eines Paradigmas eine Revolution genannt werden? Politische Revolutionen werden nach Thomas Kuhn durch eine wachsende, doch oft auf einen Teil der politischen Gemeinschaft beschränktes Gefühl eingeleitet, dass die existierenden Institutionen aufgehört haben, den Problemen, die eine teilweise von ihnen selbst geschaffene Umwelt stellt, gerecht zu werden (Kuhn 1991, 104). Jede neue Auslegung der Natur, sei es eine Entdeckung oder eine Theorie, taucht zuerst im Geiste eines oder einiger weniger Individuen auf. Sie sind die ersten, die die Wissenschaft oder die Welt anders sehen lernen, und ihre Fähigkeiten, den Übergang zu finden, wird durch zwei Umstände begünstigt, die für die meisten anderen Mitglieder ihres Fachgebietes nicht zutreffen: Stets war ihre Aufmerksamkeit stark auf die krisenauslösenden Probleme konzentriert, und außerdem handelte es sich gewöhnlich um Menschen, die so jung oder auf dem von der Krise befallenen Gebiet so neu waren, dass ihre Arbeit sie weniger tief als die meisten ihrer Zeitgenossen an die durch das alte Paradigma bestimmten Weltauffassungen und Regeln gebunden hat (Kuhn 1991, 155).

Sowohl der Wissenschaftstheoretiker Thomas Kuhn als auch der Anarchist und Revolutionär Gustav Landauer kommen, obwohl sie aus vollkommen verschiedenen Richtungen auf die Frage stoßen, zu bemerkenswerten Ähnlichkeiten, wenn sie den Terminus „Revolution" verwenden. Ausgangspunkt der Revolution ist demnach ein als Krise wahrgenommener Zustand, in dem jeweils einzelne Individuen Utopien bzw. neue Theorien als Lösungen der Krise vordenken. Auslösende Krisenkonstellationen, seien es technikimmanente (Harrisburg, Tschernobyl, Zwentendorf) oder sozioökonomische (Ölpreisschocks) (Lenz et al. 2001, 138), scheinen eine katalytische Funktion für die Genese und Durchsetzung handlungsleitender Alternativen zu haben. Die Revolution ist dann der Übergang von einer Topie zur anderen (Landauer) bzw. der Wechsel von einem Paradigma zum anderen (Kuhn). Nach der Revolution stellt sich erneut ein ruhiger Zustand ein, der als neue Topie bzw. als neues Paradigma bezeichnet wird.

4.4 Wie kann es weiter gehen?

> „Die einzige Tatsache von universaler ethischer Bedeutung in der aktuellen Welt ist die diffus allgegenwärtig wachsende Einsicht, dass es so nicht weitergehen kann."
> Peter Sloterdijk, *Du musst dein Leben ändern*

Womöglich entsteht der Eindruck einer gewissen ambivalenten Haltung des Autors gegenüber dem Utopischen: Fordert er jetzt utopische Entwürfe ein oder möchte er vor ihnen warnen?

Dieser Eindruck des Unentschiedenen trügt nicht – oder vielmehr: ein Ergebnis der vorangegangenen Überlegungen ist gerade ein entschiedener Aufruf zum gleichzeitigen Sowohl – Als auch.

Die in diesem Buch entwickelten Gedanken sollten zeigen, wie viel der gegenwärtige Diskurs zur Frage der Versorgung der Menschheit mit Energie bzw. des Umgangs des Menschen mit den materiellen Ressourcen des Planeten, mit der Knappheit auf der Ver- und auf der Entsorgungsseite, aus dem abendländischen utopischen Denken gewinnen könnte – im Positiven und Negativen. „Utopisch" ist ein Ziel, das in sich einer widerspruchsfreien vernunftbasierten Logik gehorcht, das also nach wissenschaftlichen Kriterien überprüfbar und widerlegbar ist, das an den bestehenden Alltag aber nicht unmittelbar durch kleine Schritte (piecemeal approach) anschlussfähig ist. Religiöse Versprechen, rein von der persönlichen Inspiration geleitete Offenbarungen und apokalyptische Vorhersagen gehören nicht dazu. „Utopisch" ist aber auch kein Synonym für „geht nicht".

Wer sich bis vor wenigen Jahren dem Thema „Utopie" einigermaßen neutral und neugierig nähern wollte, benötigte ein gehöriges Maß an Unverfrorenheit. Vom Real Existierenden Marxismus bis zu Maos Kulturrevolution und dem Agrarkommunismus der Roten Khmer haben angebliche Verwirklichungsversuche von angeblichen Utopien nicht nur eine beispiellose Blutspur durch das 20. Jahrhundert gelegt. In den Augen ihrer zahlreichen Kritiker sollte mit ihrem endgültigen und glücklichen Verschwinden nach 1991 gleich das utopische Denken als solches für immer mit im Endlager der Geschichte entsorgt werden, aus der es am besten überhaupt nie aufgetaucht wäre (z. B. Fest 1991; Gray 2009).

Allerdings hat sich auch sehr viel an ursprünglich utopischen Entwürfen, Elementen und Denkweisen, die allgemein positiv wahrgenommen werden, beinahe unbemerkt in der Alltagswelt der westlichen Industriestaaten einquartiert, oder besser, diese erst ermöglicht. Die Bürger und Bürgerinnen der EU (die selbst eine verwirklichte Utopie ist) leben in realisierten Utopien – von der Vergangenheit Europas aus gesehen in Zeitutopien, von vielen Ländern der Erde aus gesehen in Ortsutopien. Einstmals Utopisches ist heute Alltag: der Verkehr der großen Städte, das moderne Versicherungswesen, die Krankenversorgung. Vom Pumpspeicherkraftwerk über den Acht-Stunden-Arbeitstag bis zum Mondflug haben zahlreiche heute als selbstverständlich erlebte Entwicklungen und Errungenschaften ihre jeweiligen Karrieren als Elemente von Utopien begonnen. Die Versorgung jedes Haushaltes mit elektrischer Energie ist eine Errungenschaft, die selbst die kühnsten utopischen Konstruktionen des 18. und frühen 19. Jahrhunderts übertrifft. Halten wir an einem Way of Life fest, der von grenzenlos verfügbaren Rohstoffen und Entsorgungsmöglichkeiten ausgeht, so stehen wir mit beiden Beinen auf der Insel *Nova Atlantis,* auf der Francis Bacon 1624 seine Schiffsbesatzung stranden ließ, damit sie von der dort realisierten Macht naturwissenschaftlich-technischer Möglichkeiten berichte. Utopisches Denken hat unsere Gegenwart entscheidender gestaltet, als uns das gewöhnlich bewusst wird.

Mit allen realisierten Versprechen sind aber eben auch einige der dystopischen Schreckensbilder, die Utopisten spätestens seit Beginn des 20. Jahrhunderts ebenfalls entworfen haben, unserem Alltag bedenklich nahe gerückt. Vernachlässigen wir die bewusste Reflexion auf utopisches Denken, können wir damit auch den kritischen Blick auf das totalitäre Potenzial von scheinbar alltäglichen, gewollten, vordergründig erhofften gesellschaftlichen Entwicklungen verlieren: „Man kann es nicht bemerken, – weil man es immer vor Augen hat" (Wittgenstein 2003, PU § 129). Wir entwerfen gesellschaftliche Modelle und Strukturen (solche zur Erhöhung der Sicherheit, um ein aktuelles Beispiel zu nennen), verwirklichen das zugehörige unterstützende System – und wachen dann irgendwann in der Falle eines totalitären Staatswesens auf, das vorgeblich niemand haben wollte, das sich aber gegen Veränderungen wehrt und das man nicht mehr los wird. Wir können uns von Dystopien wie *1984* bedrücken lassen, um uns rechtzeitig gegen gesellschaftliche Fehlentwicklungen zu schützen. Und wir müssen, ins Ökologische gewandelt, die Selbstheilungskräfte der Natur bewahren, das heißt, der Natur ihre Reserven belassen, um auf der sicheren Seite zu sein, weil wir uns bei unseren technischen und utopischen Lösungsversuchen immer vergreifen und irren können (Radkau 2000, 339).

Was sich Menschen in bestimmten Situationen an utopischen Modellgesellschaften positiv ausmalen und rational entwerfen und was sie in anderen Situationen als Schreckensbilder zeichnen – viele dieser utopischen und dystopischen Visionen können in anderem Kontext auch ihre jeweils gegenteilige Wirkung entfalten. Schreckensbilder zeigen ihre erstrebenswerte Kehrseite, positiv intendierte Utopien die Fratze von Versklavung und Totalitarismus. Wenn Ernst Bloch (1985, 775) davon träumt, vermittels der Kernenergie das Polareis zu schmelzen, Grönland zur Riviera zu machen und in Nordsibirien Apfelbäume zu pflanzen (→ Kap. 3.3.3,

S. 220 ff), trifft sein hoffnungsfrohes Zukunftsbild aus der Nukleareuphorie der Nachkriegszeit auf beängstigend präzise Weise die Albträume heutiger Klimaforscher. Andererseits schreckte die relativ frei gelebte (wiewohl gelenkte) Sexualität Jugendlicher in Aldous Huxleys *Schöner neuer Welt* den ebenso jugendlichen Leser, dem selbige zur Zeit der Erstlektüre noch nicht zuteil geworden, seinerzeit alles andere als ab. Wie würde die Utopie eines nepalesischen Subsistenzbauern aussehen? Welchen Stellenwert hätte die persönliche Freiheit im Verhältnis zum Versprechen von Sicherheit und Gesundheit für seine Familie darin? Oder: Wie schnell würden wir Teile unserer Freiheit für verzichtbar erachten und zu drastischen Problemlösungen bereit sein, vor denen wir jetzt noch zurückschrecken, wenn unsere Sicherheit wirklich bedroht, unsere Versorgung mit lebensnotwendigen Rohstoffen spürbar behindert erschiene? In einem Satz abgekürzt: Wir müssen uns explizit mit utopischem Denken beschäftigen, weil wir es implizit ständig tun und dabei seinen Gefahren erliegen können.

Zum anderen steht die Menschheit heute vor nie gekannten Herausforderungen und Aufgaben, deren Lösung alle unsere Kräfte in Anspruch nehmen wird. Dabei wird es notwendig sein, größere gesellschaftspolitische Entwürfe und Veränderungen über den „piecemeal approach" hinaus – und utopisches Denken hat solche immer vorgetragen – zu erwägen, zu planen und letztlich auch zuzulassen. Der Verzicht auf utopisches Denken dogmatisiert den herrschenden Zustand (Saage 1997, 35). In der jahrhundertealten Geistestradition des europäischen utopischen Denkens ist zu viel an brauchbaren, interessanten, bedenkenswerten Entwürfen für Lösungen unserer Probleme enthalten, als dass man leichtfertig darauf verzichten sollte. Oscar Wilde formulierte das so: „Eine Weltkarte, in der Utopia nicht verzeichnet ist, ist keines Blickes wert, denn sie unterschlägt die Küste, an der die Menschheit ewig landen wird" (Wilde 1891, 47).

Beider Argumente eingedenk könnte man Paul Valerys bekanntes Wort – „Zwei Gefahren bedrohen die Welt: die Ordnung und die Unordnung" – paraphrasieren und entsprechend feststellen, dass zwei Gefahren die Welt bedrohen, nämlich das utopische Denken und der Verzicht darauf. Robert Owen (1771–1858), britischer Frühsozialist und Sozialreformer (→ Kap. 1.2.2, S. 35 ff), war auch Verfasser einer Staatsutopie. Als erfolgreicher Industrieller hat er den Großteil seines Vermögens in den Realisierungsversuch seines utopischen Programmes in den Vereinigten Staaten gesteckt, das nach wenigen Jahren gescheitert ist. Der Sozialreformer Owen habe Augenmaß bewiesen, der Utopist Owen aber weit übers Ziel geschossen, wird gesagt. Könnte es nicht sein, dass Owen gerade deswegen als Reformer erfolgreich war, weil er als Utopist das zu seiner Zeit Unmögliche anstrebte (Saage 1997, 93 f)? Wäre er nur Reformer gewesen, so hätte er wissen müssen, was möglich ist und was nicht. Doch dieses Wissen ist eben nicht von vornherein gegeben. Und was kann die Grenzen des Machbaren in einem gegebenen historischen Kontext bestimmen, wenn nicht der utopische Gesellschaftsentwurf? „Es ist ja durchaus richtig, und alle Erfahrung bestätigt es, dass man das Mögliche nicht erreichte, wenn nicht immer wieder in der Welt nach dem Unmöglichen gegriffen worden wäre" (Weber 1919/1992, 82).

In einer Zeit, in der das Überleben des Menschen selbst zum utopischen Ziel geworden ist, erscheint der Preis für Utopieabstinenz mit konzeptioneller Rat- und Hilflosigkeit gegenüber den kaum noch zu überblickenden ökologischen Folgen des wissenschaftlich-technischen Fortschritts erkauft (Saage 1997, 177 f).

Martin Seel (2001) nennt als erste von *drei Regeln für Utopisten* die Denkbarkeit der Utopie: das utopische Denken müsse einfachen Anforderungen der Logik genügen. Zweitens müsse die Utopie erfüllbar sein, womit gemeint ist, die Utopie müsse eine Zukunft beschreiben, in der man auch wirklich leben möchte. Als dritte Regel nennt er die Erreichbarkeit der „realistischen Utopie", die also irgendwann existieren kann, aber nicht muss.

Nicht nur die Energiefrage bedürfte einer Verschränkung mit dem Utopischen, von der Landwirtschaft bis zum Ernährungs- und Bevölkerungsproblem, von den Gesundheitsfragen bis zum Naturschutz bietet sich ein weites Land für Utopien. Die bedrückendste Form von Nichtnachhaltigkeit ist immer noch der frühzeitige, vermeidbare, sinnlose Tod – ihn zu verhindern bleibt vorerst für einen guten Teil der Menschheit utopisches Ziel. Gilt die Vorstellung, dass „die Märkte" sich an den Menschen anpassen sollen statt umgekehrt, bei den „Kapitalexperten" dieser Welt als geradezu verrückt (Streeck 2012), so lässt sie sich doch als konkrete Utopie formulieren. Die Entkopplung stabiler Beschäftigtenzahlen in einem Staat von der Notwendigkeit ständigen Wirtschaftswachstums erscheint angesichts stagnierender bis schrumpfender Volkswirtschaften in Europa eine dringend zu lösende Aufgabe. Formulieren lässt sie sich angesichts dominierender Sachzwänge vorerst nur als Utopie – wie einst die Vierzigstundenwoche oder die Warmwasserversorgung in Wohnungen. Die Megastädte, die in vielen Entwicklungsländern entstehen, haben mit dem, was wir in der euroatlantischen Welt als urbane Zentren kennen, nur mehr am Rande zu tun. Hier entsteht eine neue Form menschlichen Zusammenlebens, das seine utopischen Ziele erst noch finden muss.

Lebensqualität und Ressourcenverbrauch

Eine grundlegende Beziehung muss jede zukünftige Utopie, die sich der Aneignung begrenzter materieller Ressourcen durch den Menschen widmet, berücksichtigen. In Abbildung 4 und Abbildung 8 ist sie jeweils für ein Paar von Variablen dargestellt, sie gilt aber für eine Fülle von Zusammenhängen, die Ressourcenverbrauch mit damit zusammenhängender oder daraus gewonnener Lebensqualität korrelieren: Ein Mindestmaß an materiellem Umsatz pro Kopf erscheint unabdingbar. Doch relativ bald erreicht man einen Zustand der Sättigung. Eignet man sich mehr und mehr eine Ressource oder eine materielle Dienstleistung an, erreicht man damit immer weniger und irgendwann gar keinen Gewinn an zusätzlicher Lebensqualität mehr: Mehr zu verbrauchen (oder in Form von CO_2 in Atmosphäre und Ozean zu deponieren) bedeutet anfangs eine Überlebensnotwendigkeit, dann einen stetig abnehmenden Grenznutzen und irgendwann nur noch Völlerei. Ist die Gesamtmenge an Ressourcen (oder an Entsorgungsmöglichkeiten), die den Menschen zur Verfügung steht, begrenzt und nicht ersetzbar, so nimmt man als Konsument an einem Nullsummenspiel teil: Der eigene Mehrverbrauch ist dann notwendig jemandes anderen Minderverbrauch. Die Utopie weist zwei prinzipiell mögliche Auswege: Entweder man begrenzt den Ressourcenverbrauch pro Kopf und ermöglicht so allen ein Auskommen mit ökologisch und human verträglichem Ressourcenverbrauch. Oder man stellt auf eine unbegrenzte und ökologisch unbedenkliche Ressource um. Etwa auf die Sonne.

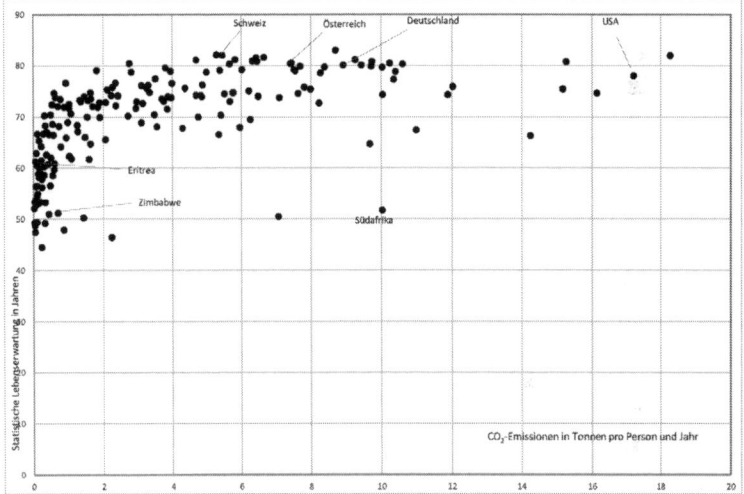

Abbildung 8: Korrelation der statistischen Lebenserwartung mit den Pro-Kopf-Kohlendioxidemissionen in Tonnen pro Jahr für 190 Länder und Regionen der Erde für 2009. Es zeigt sich, dass eine Mindestmenge an materiellem Anspruch unverzichtbar erscheint, der Grenznutzen aber bald abnimmt und zunehmende Ressourcenbeanspruchung nicht mehr in steigender Lebensqualität resultiert. Der Zusammenhang gilt für die meisten Länder der Welt, einige mit besonderen Rahmenbedingungen oder besonderer Geschichte (etwa einer ausnehmend hohen HIV-Rate) stechen heraus. Quelle: CO_2-Emissionen: CDIAC (Carbon Dioxide Information Analysis Center) - nation.1751_2009.csv http://cdiac.ornl.gov/trends/emis/meth_reg. html; Daten für Lebenserwartung: http://www.gapminder.org/gapminderworld/documentation/gd004.

Obwohl Utopien ein hauptsächlich im Abendland beackertes Gedankenfeld sind, lohnte darüber hinaus die Auswertung der großen chinesischen Staatsutopientradition, die im Laufe ihrer mehr als viertausendjährigen Geschichte eine Fülle von Entwürfen menschlichen Glücks und der idealen Gesellschaftsform hervorgebracht hat. Utopien waren in China in ihrer Gegenwartsnähe und Nüchternheit stets weniger utopisch als anderswo (Bauer 1989; Schwendter 1994, 12).

Alle diese Erweiterungen können noch erfolgen.

Utopien wurden hier als große rationale Schritte verstanden. Das Gegenteil des Utopischen ist damit nicht nur die langsame Entwicklung und Veränderung der Gesellschaft auf rationaler Basis in kleinen Schritten. Auch die Apokalypse ist ein antiutopisches Projekt. Die Apokalypse zeichnet den Weg durch die notwendige Zerstörung zur Erlösung. Wenn im Mittelalter im Schatten des apokalyptischen Denkens sich die vernunftgeleitete Naturbeobachtung ihre Nische erkämpfen und allmählich ausweiten konnte (Fried 2001), weil die apokalyptische Erzählung in Bildern von Naturerscheinungen sprach, so haben wir heute die umgekehrte Richtung zu gewärtigen: Die menschengemachten Naturveränderungen, denen wir im Schatten des erwarteten Klimawandels und der ökologischen Überlastung des Planeten entgegensehen, finden entsprechende Bilder in den apokalyptischen Erzählungen. Existieren keine positiven rationalen Ziele, keine Geschichten über gelingende Alternativen und Zukunft, die auch erreichbar sind, besteht deshalb die Gefahr, dass an sich vom Menschen verursachte Probleme in eine irrationale Parallelwelt verschoben, religiös aufgeladen und auch abgearbeitet werden. Teile der konservativen Rechten in den USA beispielsweise beten sich den Klimawandel vom Leibe, indem sie ihn zu einer Glaubensfrage umdeuten.

Manchmal geschieht es, dass ureigene utopische Ideen durch moderne wissenschaftliche Methoden bestätigt und damit neu bewertet werden. Die in zahlreichen Utopien seit Thomas Morus und Tommaso Campanella verordnete radikale materielle Gleichheit zwischen den Menschen, die dort bis zur einheitlichen Bekleidung, zur identischen Ausstattung

mit materiellen Mitteln und gleichen Ausbildungsmöglich-
keiten für alle geht und als notwendige Voraussetzung für
gelingendes soziales Leben gilt, erfährt durch die moderne
Forschung eine eindrucksvolle empirische Bestätigung (Wil-
kinson/Picket 2010). Nicht das absolute Niveau des Einkom-
mens, des Wohlstands, und damit der Verwirklichungsmög-
lichkeiten in einer Gesellschaft, sondern das Ausmaß der
entsprechenden Unterschiede zwischen den Mitgliedern dieser Gesellschaft ist ausschlaggebend für eine Fülle von Indikatoren, die individuelles Glücksempfinden und Lebensqualität abbilden. Je geringer die Einkommensunterschiede in
einer Gesellschaft, desto höher beispielsweise das Vertrauen
der Menschen zueinander, desto höher die Lebenserwartung,
desto geringer Säuglingssterblichkeit und der Bedarf an Ge-
fängnissen. Ungleichere Gesellschaften sind weniger innovativ, die Menschen arbeiten dort im Durchschnitt länger als in
gleicheren. Mehr Gleichheit schafft ein besseres Leben – für
Arme **und** für Reiche. Gleichheit scheint ein Schlüssel zur
Lösung einer Fülle von sozialen Problemen zu sein. Utopien
haben das von Anfang an normativ vorweg genommen und
eingefordert, ohne eine empirische Basis für diese Vermutung
zu haben. Diese liefern die Sozialwissenschaften jetzt nach.

Utopische Denker entwickeln also mitunter sensationell
treffsicher Lösungen für Probleme, die erst Jahre, Jahrzehnte,
ja Jahrhunderte später im öffentlichen Bewusstsein manifest
oder von der Technik realisiert werden können. Vergleicht
man den sozialistischen Utopisten Johann Adolph Etzler (→
S. 270ff) mit den wissenschaftsgeleiteten Prognostikern etwa
der Internationalen Energieagentur, so fällt auf, dass offenbar
der rational formulierte, physikalisch mögliche und begründ-
bare, wenn auch im Einzelnen noch nicht technisch realisier-
bare Wunsch mitunter wesentlich genauer zum Ziel führte als
die durch ausgiebige Analyse des gegenwärtigen Zustandes
abgesicherte und daraus extrapolierte Zukunftsprognose.
Wenn Etzler 1830, sechs Jahrzehnte vor dessen tatsächlicher
erster Realisierung, den Pumpspeicher als notwendige Technologie zum Ausgleich des fluktuierenden solaren Energiean-
gebots vorschlägt oder solarthermische Kraftwerke 100 Jahre

vor dem ersten Prototypen bemerkenswert genau beschreibt, darf man ihm eine gewisse Hochachtung nicht versagen. Andererseits prognostizierten anerkannte Experten 1990 aufgrund einer wissenschaftlichen Gegenwartsanalyse für 2010 die Einführung der Wasserstoffwirtschaft (Langbein et al. 1991), und die ausgewiesenen Fachleute der Internationalen Energieagentur lagen bei der Voraussage des Ölpreises für zehn, ja sogar für drei Jahre im Voraus um bis zu eine Größenordnung daneben[129].

Ich leite daraus den Auftrag ab, uns vielleicht öfter entlang unserer – rational abgesicherten, technisch und sozial zumindest im Prinzip umsetzbaren – Wünsche in die richtige Richtung zu ziehen, anstatt uns lediglich vom Fundament der möglichst genauen Analyse der Gegenwart und augenblicklicher Moden in kleinen Schritten in die prognostizierte zukünftige Notwendigkeit schieben zu lassen. Die Prognostik auf Basis der möglichst genauen Analyse der Gegenwart fußt wesentlich auf einer statischen geschlossenen Weltsicht, die nichts qualitativ Neues mehr erwartet[130]: „Keiner der großen technischen und sozialen Umbrüche, von den politischen ganz zu schweigen, ist (...) vorhergesehen worden. (...) Weder aus dem „Atomzeitalter" noch aus dem „Weltraumzeitalter" ist etwas Ordentliches geworden, (...) und nicht vorhergesehen hat man vor allem den ökonomischen und in der Folge auch politischen Zusammenbruch der planwirtschaftlichen Systeme" (Burger 2012). Die weltweite ökonomische Krise seit 2008 haben die auf Derartiges spezialisierten Ratingagenturen und „Kapitalversteher" noch am Vorabend ihres Eintretens nicht erspäht, was den Verdacht nährt, Expertentum im Finanzsektor bestehe vor allem darin, möglichst

---

129 Der Preis für ein Barrel Öl sollte (aus der Sicht von 2000) in 2008 bei 16,5 US Dollar liegen (Quelle: World Energy Outlook 2000, S. 40). In der Ausgabe des World Energy Outlook von 2005 findet sich für 2008 immerhin schon ein Ölpreis von ca. 35 Dollar pro Barrel (World Energy Outlook 2005). Realiter lag er 2008 kurzzeitig sogar um die 150 Dollar pro Barrel.
130 Kritisch zu Möglichkeit und Ergebnissen der Prognostik insbesondere Burger 2012 und Smil 2005; letzterer übertitelt ein eigenes Kapitel mit „Against Forecasting".

unangreifbare Techniken zur Umgehung rechtlicher Regeln ausfindig zu machen (Streeck 2010, 785). Hingegen hat der von den utopischen Sozialisten formulierte Wunsch nach Warm- und Kaltwasser in den Wohnungen der Menschen die entsprechende Zukunft beeindruckend vorweggenommen bzw. gestaltet, und die von Thomas Morus angefangen, von zahlreichen Utopisten wiederholte Forderung nach kürzeren Arbeitszeiten hat sich annähernd erfüllt.

Als John F. Kennedy (1917–1963, ermordet) als US-Präsident 1961 forderte, noch vor Ende der laufenden Dekade einen Menschen zum Mond und wieder sicher auf die Erde zurück zu bringen, war das ein utopisches Ziel[131]. Es inspirierte und formte die Bereitschaft der amerikanischen Öffentlichkeit, wie auch zwei Jahre später Martin Luther Kings (1929–1968; ermordet) berühmtes Wort in seiner Rede „I have a dream!". Wären die beiden keine Utopiker gewesen, hätte King mit beispielsweise: „I propose a marketing concept" wohl kaum jene gesellschaftliche Schubkraft entfalten können, die seine Bewegung letztlich zum Ziel führte.

Zugleich, und das macht diese Sache eben anspruchsvoll, dürfen wir das historisch gewonnene Wissen nicht verdrängen, wozu gerade solche rationalen Wunschbilder uns Menschen verführen können. Wir benötigen utopische Entwürfe und müssen uns im selben Augenblick erinnern, dass uns diese oft fatal in die Irre leiten. Wir brauchen sie, und wir müssen uns vor ihnen hüten.

Auch der Bau der ersten Atombombe im Manhattan-Projekt folgte einem utopischen Ziel. Deren zivile Schwester, die „friedlich" genutzte Kernenergie, ist aber wiederum nicht zuletzt an ihrem universellen utopischen Versprechen gescheitert, an ihren ultimativen Machtverheißungen und ihrem Erlösungsanspruch des „too cheap to meter", der ihre Anhänger blind machte für die Fehler, Probleme, enormen Kosten und letztlich für die Katastrophenanfälligkeit dieser Technologie.

---

131 Am 25. Mai 1961 in einer Rede, eine Reaktion auf den sowjetischen Sputnik-Erfolg von 1957 und auf die wenige Wochen zuvor (am 12. April 1961) erfolgte erste bemannte Erdumkreisung in einem Raumschiff durch den Russen Juri Gagarin.

Der bekannte begeisternde utopische Antrieb begleitet und beschleunigt gegenwärtig den notwendigen Umstieg auf erneuerbare – solare – Energieformen. Aber er darf uns nicht davon ablenken – dies ist eine Lehre aus der kurzen Erfolgsgeschichte und dem unabsehbar langen, extrem teuren Leidensweg und Niedergang der Kernenergie –, dass auch mit Erneuerbaren Probleme verbunden sein werden, die zum Teil schon heute – als technische, ethische, ästhetische – sichtbar sind, die zum Teil aber erst virulent werden, wenn diese Technologien von der sympathischen Nische und dem widerständigen Gallischen Dorf zur allgemeinen Sichtbarkeit und Dominanz aufsteigen werden: Erneuerbare Energieträger sind möglicherweise überfordert, wenn sie quasi nebenbei alle Wünsche von Partizipation bis Gemeinwohl und Verteilungsgerechtigkeit, von Armutsminderung, eigenständiger Regionalentwicklung bis zur Entfaltung des Individuums gleich miterfüllen sollen.

Die große Transformation hin zu erneuerbaren Energieträgern ist ein Projekt von ähnlicher Dimension wie die Neolithische oder die Industrielle Revolution. Allerdings kann sie entgegen diesen Vorbildern nicht mit der Vermehrung gesellschaftlich verfügbarer Energiemenge und mit vollkommen neuer Lebensqualität locken, sondern nur damit, den gegebenen Wohlstand bestenfalls zu erhalten. Ihr wissenschaftlicher Bezugsraum ist nicht mehr die Geologie, sondern (mit Ausnahme der Geothermie) die Meteorologie. Die Nutzung der solaren Energieformen klinkt sich in bestehende solare Energieflüsse ein, freilich nicht mehr, wie vor der Industriellen Revolution, ohne diese merklich zu beeinflussen, sondern indem sie diese und das Bild der Welt entscheidend gestaltet und umformt. Ihr Ziel ist es nicht mehr, hochkonzentrierte fossile Energiequellen aus dem Unsichtbaren der Erdkruste großtechnologisch herbeizuschaffen und deren Endprodukte nach der Verbrennung in Atmosphäre und Ozean unsichtbar zu deponieren, sondern verdünnte, schwankende solare Energieflüsse auf der Erdoberfläche für alle sichtbar, großflächig abzuernten.

Das Ziel ist also bekannt: Es geht darum, mehr als 80 Prozent unserer Energieerzeugung auf eine neue Basis zu stellen.

Wenn wir nicht darauf hoffen, dass uns göttliche Lenkung diese Arbeit abnehmen wird und wir uns auch nicht zutrauen, sieben Milliarden Menschen einzeln und persönlich überzeugen zu können, dann sehen wir: Es ist ein utopisches Ziel. Es gibt Inseln, auf denen es schon annähernd verwirklicht ist, aber diese Inseln können nicht alle auf globales Ausmaß wachsen und wir empfinden diese auch nicht alle als lebenswert. Wir konstruieren utopische Ziele mit Hilfe unserer Vernunft. Es liegt also auch in unseren Händen, sie wirklich werden zu lassen. Zugleich müssen wir aber mit all unserer Kraft darauf achten, dass wir dabei als Menschen in unserer Fragwürdigkeit, mit unserem Hoffen und Fürchten, mit unseren Erwartungen und unserer Verantwortung, als Zweck und nicht als Mittel unserer Handlungen erhalten bleiben.

Dank

Obwohl dieses Buch mit gut 400 Seiten durchaus als umfangreich zu bezeichnen ist, ließe sich trotzdem zu jedem einzelnen Unterkapitel mehr sagen.

Wer also mehr über Utopien wissen möchte, sei deshalb zuerst auf die Originaltexte verwiesen, von denen doch einige, von Thomas Morus bis Aldous Huxley und George Orwell, auch auf Deutsch vorliegen. Eine empfehlenswerte vergleichende Übersicht bieten die umfangreichen Analysen von Richard Saage (→ Literatur, S. 363f).

Eine umfassende Geschichte der Energiewirtschaft und -technologien liegt demgegenüber, so weit ich sehe, auf Deutsch noch nicht vor, obwohl gerade der historische Kontext den Blick auf die Extremstellung der Gegenwart erhellen würde. Auf Englisch findet sich einiges dazu in den hier zitierten Büchern und Essays von Vaclav Smil, denen ich zahlreiche wertvolle Anregungen verdanke, an allgemeinen technikhistorischen Übersichtswerken habe ich vor allem auf Arbeiten von Joachim Radkau und auf die *Propyläen Technikgeschichte* zurückgreifen können. Jedenfalls empfehlenswert sind die Umweltgeschichte des 20. Jahrhunderts von J. R. McNeill und Rolf Peter Sieferles (leider vergriffener) *Rückblick auf die Natur*. Die Geschichte der Atomphysik, der Atombombe und der Atomenergie ist gut aufgearbeitet, insbesonder von Robert Jungk (*heller als tausend Sonnen*) und Stephanie Cooke *(Atom)*. Aktuelle Analysen zur Gegenwart und projizierten Zukunft der Weltenergieversorgung legt die Internationale Energieagentur (IEA) als *World Energy Outlook* jährlich neu vor[132]. Dass die IEA auch ein interessengeleitetes politisches Instrument ist, wird dem kritischen Leser nicht entgehen.

---

132 Mit einem Jahr Abstand stehen diese Berichte dann jeweils kostenlos auf deren Website zur Verfügung. Der letzte hier eingeflossene World Energy Outlook ist die Ausgabe 2013.

Dankbar bin ich jenen Unbekannten, die selbstlos Dokumente ins Netz stellen und Artikel für Wikipedia verfassen. Diese Arbeit entstand aus den Möglichkeiten einer in Zeit und Raum außerordentlich privilegierten persönlichen Position (→ Abbildung 1, S. 86, Abbildung 3, S. 92 und Abbildung 4, S. 103). Das Bewusstsein von deren Kontingenz war wohl auslösend dafür, das Thema zu wählen.

In abendlichen und nächtlichen Gesprächen gewonnene Lösungen und Antworten auf die hier aufgeworfenen Fragen entbehrten mitunter am folgenden Tag, bei kritischer nüchterner Betrachtung, jener säkularen Rationalität, die Utopien charakterisiert, obwohl sie mit ihnen oft die respektlose Distanz zur Gegenwart und die Lust auf einen entsprechenden Rahmen teilten. Dennoch entfachten gerade sie die Leidenschaft, es immer wieder erneut zu versuchen. Einigen Menschen, die nicht müde wurden, solche Gespräche mit mir zu teilen, sei daher besonders gedankt.

Aus Leidenschaft entsteht aber auch die Gewissheit, dass es sich lohnt, die Felder möglicher Lösungen zu beackern, auch – oder gerade weil – deren Früchte irgendwann anderen zufallen sollen.

Das Thema „Energie" begleitet mich seit Anfang der 1980er Jahre, mein praktischer Einstieg war ein Studentenjob beim Bau eines Kleinwasserkraftwerkes in den österreichischen Alpen. Mehr als irgendwo sonst lernte ich bei den Projekten der Entwicklungszusammenarbeit in Nepal und Tibet in den 1990er Jahren sowie 2000/01, mit denen ich begonnen hatte, weil ich nach abgeschlossenen Studien eigentlich zu wissen glaubte, worauf es ankommt.

Sowohl die wissenschaftliche als auch die beratende Seite des Themas machten mir in der Folge Methoden geläufiger und den Kontext der Probleme klarer sichtbar. In Erkenntnis eines naturwissenschaftlich überzeugenden Resultats im politischen Prozess zu scheitern verdeutlicht einem aber auch, dass die politische Entscheidungsfindung etwas anderes ist als die naturwissenschaftliche Wahrheitssuche. Dennoch wehre ich mich weiterhin dagegen, naturwissenschaftliches

Tatsachenwissen als lediglich ein Element unter vielen gleichwertigen im politischen Diskurs zu begreifen.

Dieses Buch ist ein Versuch, diese und andere Erfahrungen einzubeziehen, aber nicht einfach zusammenzufassen, sondern sie probeweise auf eine neue, radikale (eben utopische) Basis zu stellen und von dieser aus im Gedankenexperiment neu zu entfalten.

Ein derartiges Projekt reift und wächst entsprechend lange und langsam, im konkreten Fall waren es etwa zwölf Jahre. In dieser Zeit klaubt man sich aus Interesse alle möglichen Bausteine unterwegs zusammen und beginnt damit zu spielen. Irgendwann erkennt man ein Muster, das man weiter entwickelt und von dem man merkt, dass es allmählich ein Bild geworden ist.

Mein besonderer Dank gilt:
Michael Cerveny (für einen kritischen Blick auf das Energiekapitel und zahlreiche daraus hervorgegangene wertvolle Hinweise), Georg Günsberg, Reinhard Haas, Max Harnoncourt, Ulfert Höhne, Marie-Christine Leitgeb (für einige erhellende Hinweise zu Plato), Freda Meissner-Blau (für ein Gespräch zum Hintergrund der Volksabstimmung über die Inbetriebnahme des österreichischen Atomkraftwerks Zwentendorf), Lutz Musner (für einige luzide Klarstellungen zur Rolle von Marx im Kontext des Utopischen, die ich aber trotzdem nicht alle übernommen habe), Andreas Obrecht (für unzählige Einzelhinweise, Literaturhinweise und die kritische Gesamtlektüre des Manuskripts während einer Reise nach Äthiopien), Walter Peissl (für eine frühe Lektüre der Erstfassung), Hubert Sauper, Peter Scheuch (für eine originelle Idee für das ‚Crowdfinding‘ des Titels), Anton Schmidl (für eine kritische Teillektüre des fast fertigen Manuskripts), Walter Suntinger, Andreas Vormaier, meinen Kindern Leander und Simone für die Zeit, in der sie mich trotz berechtigter anderweitiger Wünsche doch an dem Manuskript arbeiten ließen – und Judith Zillich für alles.

Literatur

Alighieri, Dante (1978/1472): Die göttliche Komödie (La Comedia; Mantua), München, dtv.

Amery, Carl (2004): Global Exit. Die Kirchen und der Totale Markt. München, Luchterhand; btb.

Andruchowytsch, Juri (2003): Das letzte Territorium. Essays. Frankfurt/M., Suhrkamp.

Arnold, Victoria (Hrsg.) (2003): Als das Licht kam. Erinnerungen an die Elektrifizierung. Böhlau, Wien, Köln, Weimar.

Ash, Timothy Garton (2011): Das Ende der unrealistischen Erwartungen. Der Standard, 3. Februar 2011, 31 (Printversion).

Bacon, Francis (1982/ zuerst ca. 1627): Neu-Atlantis. Stuttgart, Reclam.

Ball, Philip (2008): Where have all the flowers gone? Nature, Vol 454, 374, July 2008.

Bammé, Arno (2013): Biogas und Biosprit – ein ökologisches Desaster. Soziale Technik. Zeitschrift für sozial- und umweltverträgliche Technikgestaltung, Nr 1/13. Graz, ifz, 11-14.

Barnosky, Anthony D.; Nicholas Matzke; Susumu Tomiya; Guinevere O. U. Wogan; Brian Swartz; Tiago B. Quental; Charles Marshall; Jenny L. McGuire; Emily L. Lindsey; Kaitlin C. Maguire; Ben Mersey; Elizabeth A. Ferrer (2011): Has the Earth's sixth mass extinction already arrived? Nature Volume: 471, 51–57 .

Bauer, Reinhold (2006): Gescheiterte Innovationen. Fehlschläge und technologischer Wandel. Frankfurt, New York, Campus.

Bauer, Wolfgang (1989): China und die Hoffnung auf Glück. Paradiese, Utopien, Idealvorstellungen in der Geistesgeschichte Chinas. München, dtv.

Beck, Ulrich (2008): Der eigene Gott. Friedensfähigkeit und Gewaltpotential der Religionen. Frankfurt/M., Leipzig, Verlag der Weltreligionen.

Behringer, Wolfgang (2007): Kulturgeschichte des Klimas. Von der Eiszeit bis zur globalen Erwärmung. München, C.H. Beck.

Bergmeier, Rolf (2012): Schatten über Europa. Der Untergang der antiken Kultur. Aschaffenburg, Alibri.

Bermbach, Udo (1992): Die Utopie ist tot – es lebe die Utopie; in: Richard Saage (1992, Hrsg.): Hat die politische Utopie eine Zukunft? Darmstadt.

Biermann, Wolf (2006): Heimat. Neue Gedichte. Hamburg, Hoffmann und Campe.

Blittersdorff, Tassilo (2011): Imaginäre Idealstädte und Ideologieutopien. Quer – Seiten für Architektur und Urbanes. Ausgabe 01/2011: Visionen und Stadtutopien. Wien.

Bloch, Ernst (1985): Das Prinzip Hoffnung. Frankfurt/M., Suhrkamp.

Blom, Philipp (2010): Böse Philosophen. Ein Salon in Paris und das vergessene Erbe der Aufklärung. München, Hanser.

Blühdorn, Ingolfur (2008): Klimadebatte und Postdemokratie. Zur gesellschaftlichen Bewältigung der Nicht-Nachhaltigkeit. In: Tranist: Europäische Revue, Nr. 36, 46 ff, herausgegeben vom Institut für die Wissenschaft vom Menschen. Wien.

Boétie, Étienne de La (ca. 1574): Abhandlung über die freiwillige Knechtschaft. In: http://gutenberg.spiegel.de/buch/5225/1.

Blumenberg, Hans (2009): Geistesgeschichte der Technik. Frankfurt/M., Suhrkamp.

Böhme, Hartmut (2003): Hesiod und die Kultur. Frühe griechische Konzepte von Natur, mythischer Ordnung und ästhetischer Wahrnehmung; in: Musner, Wunberg, 151-176.

Bohrer, Karl Heinz (Hrsg.) (2001): Zukunft denken – Nach den Utopien, Merkur – Deutsche Zeitschrift für Europäisches Denken. Heft 9/10, 55. Jahrgang, Sept.-Okt. 2001. Stuttgart, Klett-Cotta.

Borges, Jorge Luis (2001): Der Garten der Pfade, die sich verzweigen (1941). Kunststücke (1944). In: Fiktionen. Erzählungen 1939-1944. Frankfurt/M., S. Fischer.

Brahm, Heinz (2003): Das Nein des Dimiter Peschew. Die Rettung der 47.000 bulgarischen Juden; in: Europäische Rundschau, 31. Jahrgang, Nummer 2/2003, 67 ff.

Burger Rudolf (2007): Die Sehnsucht nach dem Sklavenstall; in: Falter 39, 2007, 14 f; Wien.

Burger, Rudolf (2009): Jenseits der Linie. Ausgewählte philosophische Erzählungen. Wien, Sonderzahl.

Burger, Rudolf (2011): Das Elend des Kulturalismus. Antihumanistische Interventionen. Springe, zu Klampen.

Burger, Rudolf (2012): Die verrechnete Zukunft. Futurologie in den Siebzigern. In: Merkur – Deutsche Zeitschrift für europäisches Denken. Berlin; Heft 9/10, September/Oktober 2012, 835-844.

Callenbach, Ernest (1996): Ecotopia, Stuttgart, Reclam.

Canetti, Elias (1988): Masse und Macht. Frankfurt/M., S. Fischer.

Cerveny, Michael (2010): Peak Oil http://www.oegut.at/de/themen/energie/peak-forschung.php (16. Dezember 2011).

Chang, Jung; Jon Halliday (2005): Mao. Das Leben eines Mannes, das Schicksal eines Volkes. München, Karl Blessing.

Carbon Tracker (2011) Unburnable carbon – Are the world's financial markets carrying a carbon bubble? http://carbontracker.live.kiln.it/Unburnable-Carbon-2-Web-Version.pdf (7. Juni 2013).

Cooke, Stephanie (2009): Atom – die Geschichte des nuklearen Irrtums. Köln, Kiepenheuer und Witsch.

Costa, Dora L.; Matthew E. Kahn (2010): Energy Conservation „Nudges" and Environmentalist Ideology: Evidence from a Randomized Residential Electricity Field Experiment. National Bureau of Economic Research, NBER Working Paper No. 15939 Issued in April 2010, National Bureau of Economic Research, 1050 Massachusetts Ave., Cambridge, MA.

Crutzen, Paul J. (2002): Geology of Mankind. Nature, Vol. 415.

Crutzen, Paul J., W. Steffen (2003): How long have we been in the Anthropocene. Climate Change, 2003. 61(3) 251-257.

de Decker, Kris (2011): Medevial Smokestacks: Fossil Fuels in Pre-Industrial Times. www.theoildrum.com/node/8460.

Deutsche Gesellschaft CLUB OF ROME e.V., Hamburg, Desertec Foundation (Hrsg.) (2011): Der Desertec-Atlas. Weltatlas zu den erneuerbaren Energien. Hamburg, CEP Europäische Verlagsanstalt.

Diamond, Jared (2002): Arm und Reich. Die Schicksale menschlicher Gesellschaften. Frankfurt/M., S. Fischer.

Diemberger, Hildegard; Guntram Hazod, Christian Schicklgruber (1989): Mutterwort und Vaterfolge. Frauen und Männer machen Gesellschaft – das Beispiel der Khumbo, in: Arbeitsgruppe Ethnologie Wien (Hrsg.): Von fremden Frauen. Frausein und Geschlechterbeziehungen in nichtindustriellen Gesellschaften. Frankfurt/M., Suhrkamp Taschenbuch Wissenschaft 784, 325-388.

Dostojewskij, Fjodor (1880/2003): Die Brüder Karamasow. Zürich, Amann.

Dürr, Hans Peter (1990): Sedna oder Die Liebe zum Leben. Frankfurt/M., Suhrkamp.

Ebritsch, Sabrina (2012): Gottgefällige Banker. Die Universität Straßburg bietet einen internationalen Studiengang für islamisches Finanzwesen an. Die Zeit Nr. 5 (Printausgabe), 26. Januar 2012, 67.

ENEA (2009): Cold Fusion, The history of research in Italy; Sergio Martellucci, Angela Rosati, Francesco Scaramuzzi, Vittorio Violante; ENEA, Italian National Agency for New Technologies, Energy and the Environment, Lungotevere Thaon di Revel, 76 00196 Rome (Italy). Download unter http://www.enea.it/com/ingl/New_ingl/publications/pdf/Cold_Fusion_Italy.pdf. (8. März 2011).

Etzler, John Adolph (1833): The Paradise within the Reach of all Men, without Labour, by Powers of Nature and Machinery: An Address to all intelligent Men. London, John Brooks. Die deutsche Übersetzung von Etzlers Buch, nach der hier zitiert wird (Etzler 1844) findet sich ebenfalls im Internet: Das Paradies, für Jedermann erreichbar, lediglich durch Kräfte der Natur und der einfachsten Maschinen. Allen Einsichtsvollen Männern gewidmet. Nach der zweiten englischen Ausgabe, Heerbrand und Thämel, Ulm, 1844. 1981 gab der Schwarzwurzel-Verlag Reutlingen eine etwas gekürzte und kommentierte Neuausgabe von Etzlers Werk heraus.

Everding, Karl-Heinz (1999): Tibet. Lamaistische Klosterkultur, nomadische Lebensformen und bäuerlicher Alltag auf dem Dach der Welt. Köln, DuMont.

Exner, Andreas; Christian Lauk, Konstantin Kulterer (2008): Die Grenzen des Kapitalismus. Wie wir am Wachstum scheitern. Wien, Ueberreuter.

Exner, Andreas; Peter Fleissner, Lukas Kranzl, Werner Zittel (Hrsg.) (2011): Kämpfe um Land. Gutes Leben im post-fossilen Zeitalter. Wien, Mandelbaum kritik&utopie.

Felber, Christian (2010): Gemeinwohl-Ökonomie. Das Wirtschaftsmodell der Zukunft. Wien, Deuticke.

Fell, Hans-Josef (2009): 100 Prozent erneuerbare Energie – realistisch und bald. Solarzeitalter, 21. Jahrgang, 2/2009, 54-57. Bonn; Eurosolar; www.eurosolar.org.

Fest, Joachim C. (1991): Der zerstörte Traum. Vom Ende des utopischen Zeitalters. Berlin, Siedler.

Feyerabend, Paul (1986): Wider den Methodenzwang. Frankfurt/M., Suhrkamp.

Flasch, Kurt (2009): Kampfplätze der Philosophie. Große Kontroversen von Augustin bis Voltaire. Frankfurt/M., Vittorio Klostermann.

Fleischmann, K., Pons, S., Hawkins, M. (1989): Electrochemically induced nuclear fusion of deuterium. J. Electroanal. Chem., 1989, 261, 301 ff.

Franco, Manuel; Pedro Ordunez, Benjamin Caballero, Richard S. Cooper (2008): Obesità reduction and its possible consequences: What can we learn from Cuba's Special Period? Canadian Medical Association Journal, 8. April 2008, 178(8), 1032 ff.

Franck, Georg (1998): Ökonomie der Aufmerksamkeit. Ein Entwurf. München, Wien, Hanser Edition Akzente.

Fraunhofer-Institut für System- und Innovationsforschung ISI (Hrsg.) (2009): Rohstoffe für Zukunftstechnologien. Einfluss des branchenspezifischen Rohstoffbedarfs in rohstoffintensiven Zukunftstechnologien auf die zukünftige Rohstoffnachfrage. Stuttgart, Fraunhofer IRB Verlag.

Freud, Sigmund (1913/2010): Totem und Tabu. Das Unbehagen in der Kultur. Köln, Anaconda.

Freyermuth, Gundolf S. (2004): Designermutanten & Echtzeitmigranten; in: Maresch, Rötzer (2004) 65-91.

Fried, Johannes (2001): Aufstieg aus dem Untergang: Apokalyptisches Denken und die Entstehung der modernen Naturwissenschaften im Mittelalter. München, C.H. Beck.

Fried, Johannes (2010): „Zwischen Himmel und Hölle." Interview von Christia Staas. In: Zeit Online, 23.02.1010. http://www.zeit.de/zeitgeschichte/2010/01/Interview-Fried (Stand: 28.4.2011).

Friewald-Hofbauer, Theres; Ernst Scheiber (2001): Ökosoziale Marktwirtschaft. Strategie zum Überleben der Menschheit. Josef Rieglers innovatives Konzept für Wirtschaft und Gesellschaft. Wien, Ökosoziales Forum, www.oesfo.at.

Frisch, Max (1985): Tagebuch 1946-1949. Frankfurt/M., Suhrkamp.

Funk, McKenzie (2010): Will global warming, overpopulation, floods, droughts and food riots make this man rich? Rolling Stone, www.rollingstone.com, 27. May 2010, 59-65.

Furedi, Frank (2010): War Gott grün? Die Furche, 21. Jänner 2010. Wien.

Gärtner, Markus (2013): Amerikas Schiefergas-Boom droht ein jähes Ende. Manager Magazin online. www.manager-magazin.de/unternehmen/artikel. 13. Mai 2013.

Gall, Alexander (1998): Das Atlantropa-Projekt: die Geschichte einer gescheiterten Vision. Hermann Sörgel und die Absenkung des Mittelmeers. Frankfurt/M., Campus.

Gardner, Gary (2002): Invoking the Spirit. Religion and Spirituality in the Quest for a Sustainable World. Worldwatch Paper 164, Worldwatch Institute. New York, London.

Gauß, Karl Markus (2010): Im Wald der Metropolen. Wien, Zsolnay.

Gauß, Karl Markus (2012): Ruhm am Nachmittag. Wien, Zsolnay.

Gehler, Michael (2011): Radikale Umstürze. In: Extra: Feuilleton der Wiener Zeitung, 26.-27. Februar 2011.

Gehmacher, Ernst (1998): Reich und grün. Die Zukunft unserer Gesellschaft. Wien, Molden.

Gerwin, Robert (1976): So ist das mit der Kernenergie. Von der Kernspaltung zum Strom. Düsseldorf, Wien, Econ.

Gestwa, Klaus (2004): „Energetische Brücken" und „Klimafabriken". Das energetische Weltbild der Sowjetunion. In: Osteuropa, 54. Jahrgang/Heft 9-10/September-Oktober 2004, 15-38; (www.dgo-online.org).

Geyer, Christian (Hrsg.) (2004): Hirnforschung und Willensfreiheit. Zur Deutung der neuesten Experimente. Frankfurt/M., Suhrkamp.

Giddens, Anthony (1996): Konsequenzen der Moderne. Frankfurt/M., Suhrkamp.

Gillingham, K., M. Kotchen, D. Rapson, G. Wagner (2013): The rebound effect is overplayed. Nature, Vol. 493, 24 January 2013, 475 f.

Gladwell, Malcolm (2002): The tipping Point. How Little Things Can Make a Big Difference. New York, Boston, London, Little, Brown and Company.

Grassi, Ernesto; Walter Hess (2005): Der utopische Staat, Philosophie des Humanismus und der Renaissance, Reinbek bei Hamburg, Rowohlt.

Gray, John (2009): Politik der Apokalypse. Wie Religion die Welt in die Krise stürzt. Stuttgart, Klett-Cotta.

Gray, John (2010): Von Menschen und anderen Tieren. Abschied vom Humanismus. Stuttgart, Klett-Cotta.

Green, Christopher; Isabel Galiana (2009): Let the global technology race begin. Nature, Vol. 462/3, 570 f, Dez. 2009.

Groh, Dieter: Die verschwörungstheoretische Versuchung oder: Why do bad things happen to good people? in: ders. (1999): Anthropologische Dimensionen der Geschichte. Frankfurt/M., Suhrkamp.

Guderian, Heinz (1952): Erinnerungen eines Soldaten. Wels, Welsermühl.

Günther, Hanns (W. de Haas) (1931): In hundert Jahren. Die künftige Energieversorgung der Welt. Stuttgart, Franckhsche Verlagshandlung.

Günther, Horst (2005): Das Erdbeben von Lissabon und die Erschütterung des aufgeklärten Europa. Frankfurt/M., Fischer Taschenbuch.

Guevara-Stone, Laurie (2009): La Revolution Energetica. Cubas Energy Revolution; in: Renewable Energy World, Vol. 12 Nr. 2, March-April 2009, 106 ff.

Haas, Reinhart (2010): The Economics of Nuclear Power in a Historical Context. Wien; Technische Universität Wien, Energy Economics Group.

Habermas, Jürgen (2012): Den Namen Biokonservativer lasse ich gerne auf mir sitzen. Rede anlässlich der Verleihung des Erwin-Chargaff-Preises für Ethik und Wissenschaft im Dialog und des Ehrenpreises des Viktor-Frankl-Fonds. Falter 22/2012, 16-18; Wien.

Hall, Charles A.S.; Stephen Balogh, David Murphy (2009): What is the Minimum EROI that a Sustainable Society Must Have? Energies 2009, 2, 25-47; www.mdpi.com/journals/energies (open access).

Hall, Charles A.S. (2011): Synthesis to Special Issue on New Studies in EROI (Energy Return on Investment). Sustainability, 2011, 3, 2496-2499; doi: 10.3390/su3122496; www.mdpi.com/journal/sustainability (open access).

Hantsch, Stefan (1998): Wege zum Wind – das Zustandekommen der politischen Rahmenbedingungen für die Windenergienutzung in Dänemark, mit vergleichenden Perspektiven für Deutschland und Österreich. Diplomarbeit zur Erlangung des Magistergrades der Philosophie an der Grund- und Integrativwissenschaftlichen Fakultät der Universität Wien. St.Pölten, Österreich, Juni 1998.

Haraway, Donna (1995): Die Neuerfindung der Natur. Primaten, Cyborgs und Frauen. Frankfurt/M., Campus.

Hautmann, Daniel (2012): The invention of wind energy; New Energy. Magazine for Renewable Energy, No 2, April 2012, 63 ff; Berlin.

Heinberg, Richard (2003): The Party's over. Oil, war and the fate of Industrial Societies. Gabriola Island, Kanada, Clairview.

Heinzerling, Jürgen (2008): Energie aus dem Nichts. Macht, Magie und Wissenschaft. Rottenburg, Kopp.

Hermand, Jost (2007): Die Utopie des Fortschritts. 12 Versuche. Köln, Weimar, Wien, Böhlau.

Heßler, Martina (2012): Kulturgeschichte der Technik. Frankfurt/M., New York, Campus.

Heymann, Matthias (2001): Leitbilder in der Elektrizitätsversorgung und der Windenergienutzung im 20. Jahrhundert. Blätter für Technikgeschichte, Band 62, 177 ff, Technisches Museum Wien.

Hitler, Adolf (1939): Mein Kampf. Zwei Bände in einem Band. Ungekürzte Ausgabe. München, Zentralverlag der NSDAP.*

* Es handelt sich dabei um ein Exemplar, das der Urgroßtante meiner Frau „zur Erinnerung an ihre am 15. Februar 1940 stattgefundene Verehelichung vom Bürgermeister der Stadt Wien" gewidmet worden war. Dem äußeren Zustand nach zu schließen wurde es originalverpackt im Schuber an die übernächste Generation übergeben.

Hobsbawm, Eric J. (2000): Glauben an die Möglichkeit der völligen Erneuerung der Welt. Rede anlässlich der Verleihung des Ernst-Bloch-Preises 2000 am 5. November 2000 im Ernst-Bloch-Zentrum, in: Nida-Rümelin, Kufeld, 2011.

Hobsbawm, Eric J. (2009): Das Zeitalter der Extreme: Weltgeschichte des 20. Jahrhunderts. München, dtv.

Hodgson, Geoffrey (1995): The Political Economy of Utopia. Review of Social Economy, Vol 53, No 2 (Summer 1995), 195-213.

Hofmann, Matthias; Stefan Rahmstorf (2009): On the stability of the Atlantic meridional overturning circulation. PNAS, Dec. 8, 2009, vol. 106, no. 49, 20584-20589; www.pnas.org.

Holzinger, Hans (2012): Neuer Wohlstand. Leben und Wirtschaften auf einem begrenzten Planeten. Salzburg, JBZ.

Holzinger, Hans (2010): Übergang wohin? Mehrfachkrise und die Kraft von Utopien. Umwelt & Bildung 4/10, 6 ff; Umweltdachverband; Forum Umweltbildung, Wien.

Homer, Die Odyssee; in der Übersetzung von Wolfgang Schadewaldt, (1958/2003) Reinbek bei Hamburg, Rowohlt.

Horeis, Heinz (2008): Small is/was beautiful" – Öko wird Großtechnik. Novo Argumente, Heft 93, 55 ff; www.novo-argumente.com.

Horn, Eva (2012): Das Wetter von übermorgen. Kleine Imaginationsgeschichte der Klimakatastrophe. Merkur 763, 66. Jahrgang, Dezember 2012, 1091 ff.

Horstmann Ulrich (1983/2009): Das Untier. Konturen einer Philosophie der Menschenflucht. Warendorf, Bibliothek des skeptischen Denkens.

Hsiang, Solomon M., Kyle C. Meng, Mark A. Cane (2011): Civil conflicts are associated with the global climate; Nature, VOL 476, 25. Aug. 2011, 438-441.

Hughes, David J. (2013): A reality check on the shale revolution. Nature, Vol. 494, 21 February 2013, 307 f.

Huizenga, John R. (1993): Cold Fusion. The Scientific Fiasco of the Century. Oxford, Oxford University Press.

Huxley, Aldous (1978): Schöne neue Welt. Ein Roman der Zukunft. Frankfurt/M., S. Fischer.

Illich, Ivan (1983): Energie und Gerechtigkeit; in: (ders.): Fortschrittsmythen. Hamburg, Rowohlt.

Illich, Ivan (1998): Selbstbegrenzung. Eine politische Kritik der Technik. München, C.H. Beck.

IPCC (Hrsg.) (2011): IPCC Special Report on Renewable Energy Sources and Climate Change Mitigation (www.ipcc.ch; www.srren.ipcc-wg3.de).

IZT – Institut für Zukunftsstudien und Technologiebewertung (IZT) Berlin, adelphi, Berlin (2011): Kritische Rohstoffe für Deutschland. Studie im Auftrag der KfW Bankengruppe, Berlin.

Jackson, Tim (2011): Wohlstand ohne Wachstum. Leben und Wirtschaften in einer endlichen Welt. Herausgegeben von der Heinrich Böll Stiftung. München, oekom.

Jäger, Jill (2010): Was verträgt unsere Erde noch? Wege in die Nachhaltigkeit. Frankfurt/M., S. Fischer.

Jantsch, Erich (1986): Die Selbstorganisation des Universums. Vom Urknall zum menschlichen Geist. München, dtv.

Jonas, Hans (1979/1984): Das Prinzip Verantwortung. Versuch einer Ethik für die technologische Zivilisation. Frankfurt/M., Suhrkamp.

Jones, Eric (1991): Das Wunder Europa: Umwelt, Wirtschaft und Geopolitik in der Geschichte Europas und Asiens. Tübingen, Mohr Siebeck.

Jünger, Ernst (2003): In Stahlgewittern. Stuttgart, Klett-Cotta.

Jungk, Robert (1964): Heller als tausend Sonnen. Das Schicksal der Atomforscher. Bern und Stuttgart, Scherz; Ausgabe rororo Taschenbuch.

Kanatschnig, Dietmar; Eva Lacher (2012): Linking Low Carbon Technologies with Low Carbon Society. Berichte aus Energie- und Umweltforschung 58/2012; Österreichisches Bundesministerium für Verkehr, Innovation und Technologie, www.nachhaltigwirtschaften.at.

Kanitscheider, Bernulf (1991): Kosmologie. Stuttgart, Reclam.

Kirchberger, Ulrike (1999): Aspekte deutsch-britischer Expansion: die Überseeinteressen der deutschen Migranten in Großbritannien in der Mitte des 19. Jahrhunderts. Stuttgart, Steiner (Beiträge zur Kolonial- und Überseegeschichte, Bd. 73).

Knauer, Roland (2011): Vom Heilsbringer zum Weltzerstörer. Wiener Zeitung, 13. März 2011; http://www.wienerzeitung.at (24.10.2011).

Kneissl, Karin (2012): Testosteron macht Politik. Wien, Braumüller.

Komendantova, Nadejda; Anthony Patt, Lucile Barras, Antonella Battaglini (2009): Perception of risks in renewable energy projects: The case of concentrated solar power in North Africa. Energy Policy 40 (2012) 103-109; www.elsevier.com/locate/enpol.

Kopetz, Heinz (2010): Die vermeidbare Energiekrise. Mit erneuerbaren Energien zu sicherer Energieversorgung und wirksamem Klimaschutz in Österreich. Wien; Eigenverlag Österreichischer Bomasse-Verband; www.biomasseverband.at.

Kramer, Gert Jan; Martin Haigh (2009): No quick switch to low-carbon energy. Nature, vol 462, 3. Dez. 2009.

Krausmann, Fridolin; Simone Gingrich, Nina Eisenmenger, Karl-Heinz Erb, Helmut Haberl, Marina Fischer-Kowalski (2009): Growth in global materials use, GDP and population during the 20th century. Ecological Economics 68 (10), 2696-2705.

Krausmann, Fridolin; Karl-Heinz Erb, Simone Gingrich, Helmut Haberl, Alberte Bondeau, Veronika Gaube, Christian Lauk, Christoph Plutzar, Timothy D. Searchinger (2013): Global human appropriation of net primary production doubled in the 20th century. PNAS, Proceedings of the National Academy of Sciences, May 5th, 2013; www.pnas.org/cgi/doi/10.1073/pnas.1211349110.

Krebs, Christoph (2012): Ein gefährliches Buch. Die Germania des Tacitus und die Erfindung der Deutschen. München, DVA.

Kriener, Manfred (2012): Die Kraft aus der Luft. Die Zeit, Nr. 6 (Printausgabe), 2. Februar 2012, S. 18.

Krimmer, Michaela (2009): Lokales Gebet, Globale Identität, Südwind Nr. 12, Dezember 2009, 25ff; Wien.

Kronberger, Hans (2011): Geht uns aus der Sonne. Die Zukunft hat begonnen. Wien, Uranus.

Kuhn, Thomas (1976): Die Struktur wissenschaftlicher Revolutionen. Frankfurt/M., Suhrkamp.

Lämmel, Rudolf (1925): Sozialphysik. Naturkraft, Mensch und Wirtschaft. Stuttgart, Kosmos, Gesellschaft der Naturfreunde, Franckh'sche Verlagshandlung.

Laak, Dirk van (1999): Weiße Elefanten. Anspruch und Scheitern technischer Großprojekte im 20. Jahrhundert. Stuttgart, DVA.

Lackner, Helmut (2001): Von Seibersdorf bis Zwentendorf. Die „friedliche" Nutzung der Atomenergie als Leitbild der Energiepolitik in Österreich. Blätter für Technikgeschichte, Band 62, 201 ff, Technisches Museum Wien.

Landauer, Gustav (1907/2003): Die Revolution. Münster, Unrast.

Langbein, Kurt; Roland Bettschart, Marianne Enigl, Manfred Mühlberger (1991): Reportagen aus der Zukunft. Die sanfte Industriegesellschaft. Ein Traum wird wahr. Wien, Kremayr & Scheriau.

Lem, Stanislaw (1961/2002): Rückkehr von den Sternen. München, List.

Lem, Stanislaw (1981): Summa technologiae, Frankfurt/M., Suhrkamp.

Lenz, Gerhard; Helmut Maier, Torsten Meyer (2001): Chancen und Grenzen des Leitbild-Begriffes für die technikhistorische Forschung. Blätter für Technikgeschichte, Band 62, 131 ff, Technisches Museum Wien.

Lessmann, Robert (2011): Kuba auf der Suche. Südwind; Magazin für internationale Politik, Kultur und Entwicklung, Nr. 1-2 Februar 2011, 16 f.

Lindenau, Mathias (2010): 100 Jahre Kibbuzbewegung: Eine gescheiterte Utopie? In: Blätter für deutsche und internationale Politik, Oktober 2010, www.blaetter.de (30.11.2010).

Lohrmann, Dietrich (2002/2008): Vom Magnetismus der Himmelspole zum Ewigen Rad. In: Forschung und Technik im Mittelalter, 74. Spektrum der Wissenschaft Verlagsgesellschaft, Heidelberg.

Lorenz, Konrad (1987): Die Rückseite des Spiegels. Versuch einer Naturgeschichte menschlichen Erkennens. München, dtv.

Lorenz, Konrad (1973/2004): Die acht Todsünden der zivilisierten Menschheit. München, Piper.

Ludwig Boltzmann-Institut für Wissenschaftsforschung (1991, Hrsg.): Zeitschrift für Wissenschaftsforschung, Band 6: Erwin Schrödingers Beiträge zu Philosophie, Wissenschaftstheorie und Weltanschauung. Literas Universitätsverlag, Wien.

McEwan, Ian (2010): Solar. Zürich, Diogenes.

Magris, Claudio (2009): Utopie und Entzauberung. Geschichten, Hoffnungen und Illusionen der Moderne. München, dtv.

Maier, Hans (Hrsg.) (2002): Wege in die Gewalt. Die modernen politischen Religionen. Frankfurt/M., Fischer TB.

Maresch, Rudolf; Florian Rötzer (2004) (Hrsg.): Renaissance der Utopie. Zukunftsfiguren des 21. Jahrhunderts. Frankfurt/M., Suhrkamp.

Marshall, Michael: Oceans acidifying at unprecedented speed. New Scientist, 12. März 2012, http://www.onearth.org/blog/oceans-acidifying-faster-than-300-million-years ; der Artikel bezieht sich auf die Veröffentlichung eines einundzwanzigköpfigen Autorenkollektivs in Science, Vol 335, 1058 bis 1063 vom 2. März 2012.

Marx, Karl (1972): Das Kapital, Kritik der politischen Ökonomie, Bd. I, Berlin (Ost), Dietz.

Mayer-Kuckuk, Theo (1989): Der gebrochene Spiegel: Symmetrie, Symmetriebrechung und Ordnung in der Natur. Basel, Boston, Bonn, Birkhäuser.

McCarthy, Cormac (2008): The Road. London, Picador.

McNeill, J.R. (2001): Something New under the Sun. An Environmental History of the Twentieth-Century World. New York, Norton & Company Ltd.

Meadows, Dennis; Donella Meadows, Erich Zahn, Peter Milling (1973): Die Grenzen des Wachstums. Bericht des Club of Rome zur Lage der Menschheit. Reinbek bei Hamburg.

Meyer, Niels (1995): Danish Wind Power Development. Energy for Sustainable Development, Volume II, No 1, May 1995.

Mills, Robin (2012): Cheer up: the world has plenty of oil. Why the oil industry has buried the idea of "peak oil". www.europeanenergyreview. eu/site/pagina (17. April 2012).

Misik, Robert (2012): Halbe Freiheit. Warum Freiheit und Gleichheit zusammengehören. Berlin, edition suhrkamp digital.

Molina, Mario; Durwood Zaelke, K. Madhava Sarma, Stephen O. Anderson, Veerabhadran Ramanathan, and Donald Kaniaru (2009): Reducing abrupt climate change risk using the Montreal Protocol and other regulatory actions to complement cuts in CO2 emissions. Proceedings of the National Academy of Sciences PNAS, December 8, 2009, vol 106, no. 49, www.pnas.org.

Montaigne, Michel de (1588/1998): Essais. Frankfurt/M., Eichborn.

Moran, Daniel D.; Mathias Wackernagel, Justin A. Kitzes, Steven H. Goldfinger, Aurelian Boutaud (2008): Measuring sustainable development – Nation by nation. Ecological Economics 64 (2008), 470-474.

Morus, Thomas (1516/1983): Utopia. Stuttgart, Reclam.

Müller, Hans Peter (2001): Evolution, Planung, Steuerung. Über soziologisches Zukunftsdenken, in: Merkur – Deutsche Zeitschrift für Europäisches Denken, Heft 9/10, Sept.-Okt. 2001, 825 ff.

Müller, Herta (1997): Hunger und Seide. Essays. Reinbek bei Hamburg, Rowohlt.

Musil, Robert (1978): Der Mann ohne Eigenschaften. Stuttgart, Hamburg, München.

Musner, Lutz; Gotthard Wunberg (Hrsg.) (2003): Kulturwissenschaften. Forschung, Praxis, Positionen. Freiburg im Breisgau, Edition Parabasen.

Musner, Lutz (2010): Wie sollen wir mit verlorenen Gewissheiten umgehen? Der Standard (Printausgabe), 27. November 2010, Album A12; Wien.

Naranjo, B., J. K. Gimzewski, S. Putterman (2005): Observation of nuclear fusion driven by a pyroelectric crystal. Nature 434, 1115-1117 (28 April 2005).

Naumann, Ursula (2000): Priebers Paradies. Ein Deutscher Utopist in der amerikanischen Wildnis. Frankfurt/M., Eichborn. Zitiert bei: Volker Ackermann, Review of Naumann, Ursula, (...), H-Soz-u-Kult, H-Net Reviews, March 2002.

Nida-Rümelin, Julian/Klaus Kufeld (Hg.) (2011): Die Gegenwart der Utopie. Zeitkritik und Denkwende. Freiburg im Breisgau, Karl Alber.

Nikifourk, Andrew (2010): Tar Sands. Dirty Oil and the Future of a Continent. Vancouver, Canada; greystonebooks.

Nordahl, Richard (1987): Marx and Utopia: a Critique of the "Orthodox" View. Canadian Journal of Political Science, Vol 20, No. 4 (Dec. 1987), 755-783.

Noyes, John Humphrey (1870/1961): History of American Socialisms. New York, 1961 (reprint; gemeinfrei unter www.mises.org/books/americansocialisms.pdf).

Obrecht, Andreas (2003): Zeitreichtum – Zeitarmut. Von der Ordnung der Sterblichkeit zum Mythos der Machbarkeit. Frankfurt/M.; Brandes und Apsel.

Obrecht, Andreas (2006): Der König von Ozeanien. Frankfurt/M.; Brandes und Apsel.

Obrecht, Andreas (2010) (Hg.): Sanfte Transformation im Königreich Bhutan, Sozio-kulturelle und technologische Perspektiven. Wien, Köln, Weimar, Böhlau.

OECD/IEA (2008): World Energy Outlook 2008. International Energy Agency, Paris; download unter http://www.worldenergyoutlook.org/docs/weo2008/WEO2008.pdf.

OECD/IEA (2010): World Energy Outlook 2010. International Energy Agency, Paris. Download unter http://www.worldenergyoutlook.org/docs/weo2010/WEO2010.pdf.

OECD/IEA (2011a): Are we entering a Golden Age of Gas? Special Report, World Energy Outlook 2011; International Energy Agency, Paris. Download unter http://www.iea.org/weo/docs/weo2011/WEO2011_GoldenAgeofGaReport.pdf (9. Juni 2011).

OECD/IEA (2011 b): World Energy Outlook 2011. International Energy Agency, Paris download unter http://www.worldenergyoutlook.org/docs/weo2011/WEO2011.pdf.

OECD/IEA (2012): World Energy Outlook 2012. International Energy Agency, Paris; download unter http://www.worldenergyoutlook.org/docs/weo2012/WEO2012.pdf.

OECD/IEA (2013): World Energy Outlook 2013. International Energy Agency, Paris; download unter http://www.worldenergyoutlook.org/docs/weo2013/WEO2013.pdf.

Orwell, George (1949/1979): Nineteen Eighty-Four. Middlesex, England, Penguin Books Ltd.

Österreichisches Ökologieinstitut, Österreichische Energieagentur (2011): Energiebilanz der Nuklearindustrie. Analyse von Energiebilanz und CO_2-Emissionen der Nuklearindustrie über den Lebenszyklus. Gefördert aus Mitteln des Energie- und Klimafonds und der Wiener Umweltanwaltschaft. Wien, www.energyagency.at.

O'Neill, Brian; Keywan Riahi; Ilkka Keppo (2010): Mitigation implications of midcentury targets that preserve long-term climate policy options. Proceedings of the National Academy of Sciences PNAS, January 19, 2010, vol 107, No. 3. www.pnas.org.

Osztovics, Walter; Andreas Kovar, Cornelia Mayrbäurl (2012): Resilienz oder Katastrophe. Arena Analyse 2012. Edition Kovar & Köppl, Wien

Pascal, Blaise (1982): Größe und Elend des Menschen. Aus den Pensées. Auswahl, Übersetzung und Nachwort von Wilhelm Weischedel. Frankfurt/M., Insel.

Pietschmann, Herbert (1983): Das Ende des naturwissenschaftlichen Zeitalters. Frankfurt/M., Ullstein.

Pirgmaier, Elke (2012): Zukunftsdossier Alternative Wirtschafts- und Gesellschaftskonzepte. Reihe „Zukunftsdossiers" No 3.; SERI Sustainable Europe Research Insititute, Österreichisches Bundesministerium für Land- und Forstwirtschaft, Umwelt und Wasserwirtschaft. www.wachstumimwandel.at

Plato (2011): Der Staat. Deutsch von August Horneffer. Stuttgart, Kröner.

Popper, Karl Raimund (1957/1980): Die offene Gesellschaft und ihre Feinde. Tübingen; Francke, UTB.

Popper, Karl Raimund (1989): Logik der Forschung. Tübingen, JCB Mohr Siebeck.

Propyläen Technikgeschichte, fünf Bände, (1997), unveränderte Neuausgabe der 1990 bis 1992 erschienenen Originalausgabe. Berlin, Propyläen. Ullstein Buchverlage.
Band 1: Landbau und Handwerk, 750 v. Chr. bis 1000 n. Chr.
Band 2: Metalle und Macht, 1000 bis 1600.
Band 3: Mechanisierung und Maschinisierung, 1600 bis 1840.
Band 4: Netzwerke, Stahl und Strom, 1840 bis 1914.
Band 5: Energiewirtschaft, Automatisierung, Information, seit 1914.

Radkau, Joachim (1987): Aufstieg und Krise der deutschen Atomwirtschaft 1945 - 1975. Hamburg, Reinbek.

Radkau, Joachim (1989): Technik in Deutschland. Vom 18. Jahrhundert bis zur Gegenwart. Frankfurt/M., Suhrkamp.

Radkau, Joachim (2000): Natur und Macht: eine Weltgeschichte der Umwelt. München, C.H. Beck.

Radkau, Joachim (2011): Die Ära der Ökologie. Eine Weltgeschichte. München, C.H. Beck.

Raggam, August (2008): Biomasse stoppt Klimawandel. Graz, Technische Universität, dbv.

Rakusa, Ilma (2005): Langsamer! Essay 54. Graz, Droschl.

Reichholf, Josef H. (2007): Eine kurze Naturgeschichte des letzten Jahrtausends. Frankfurt/M., S. Fischer.

Repcheck, Jack (2007): Der Mann, der die Zeit fand. James Hutton und die Entdeckung der Erdgeschichte. Stuttgart, Klett-Cotta.

Richter, Dieter (1984): Schlaraffenland, Geschichte einer populären Phantasie. Köln, Diederichs.

Rigele, Georg (1997): Das Tauernkraftwerk Glockner-Kaprun – Neue Forschungsergebnisse und offene Fragen. Blätter für Technikgeschichte, 59. Heft, 1997, 55-94, Technisches Museum Wien.

Rock, Martin (1991): Theologie der Natur und ihre anthropologisch-ethischen Konsequenzen; in: Birnbacher, Dieter (1991): Ökologie und Ethik. Stuttgart; Reclam.

Rousseau, Jean-Jacques (1750/2012): Abhandlung über die Wissenschaften und die Künste/Discours sur les sciences et les arts. Stuttgart, Reclam (zweisprachige Ausgabe).

Rousseau, Jean-Jacques (1762/1995): Emile oder Von der Erziehung. Zürich, Artemis & Winkler.

Rühl, Christof (2010): Global Energy After the Crisis. Foreign Affairs, March, April 2010.

Russell, Bertrand (1946/1991): History of Western Philosophy. London, Routledge.

Saage, Richard (1997): Utopieforschung: eine Bilanz. Darmstadt, Primus.

Saage, Richard (1998): Utopia zwischen Theokratie und Totalitarismus? Bemerkungen zu Campanellas „Sonnenstaat". Utopie kreativ, H 89 (März) 1998, 15-26. http://www.linksnet.de/de/organisation/utopiekreativ (März 2011).

Saage, Richard (1999): Innenansichten Utopias. Wirkungen, Entwürfe und Chancen des utopischen Denkens. Berlin, Duncker & Humblot.

Saage, Richard (2000): Das Paradies als Hölle. Zu Aldous Huxleys „Schöne neue Welt" (1932). Utopie kreativ, H 114 (April 2000), 376-387 http://www. linksnet.de/de/organisation/utopiekreativ (März 2011).

Saage, Richard (2001): Utopische Profile, Band I: Renaissance und Reformation. Politica et Ars Bd 1. Münster, BRD, Lit.

Saage, Richard (2002a): Utopische Profile, Band II: Aufklärung und Absolutismus. Politica et Ars Bd 2. Interdisziplinäre Studien zur politischen Idee- und Kulturgeschichte. Münster, BRD.

Saage, Richard (2002): Utopische Profile, Band III: Industrielle Revolution und technischer Staat im 19. Jahrhundert. Politica et Ars Bd 3. Interdisziplinäre Studien zur politischen Idee- und Kulturgeschichte. Münster, BRD.

Saage, Richard (2003): Utopische Profile, Band IV: Widersprüche und Synthesen des 20. Jahrhunderts. Politica et Ars Bd 4. Interdisziplinäre Studien zur politischen Idee- und Kulturgeschichte. Münster, BRD.

Sachs, Wolfgang (2008): Wem gehört, was übrig bleibt? Ressourcenkonflikte und Menschenrechte. Transit, Europäische Revue 36, (Winter 2008/09), herausgegeben vom Institut für die Wissenschaft vom Menschen IWM. Frankfurt/M., Verlag Neue Kritik.

Safranski, Rüdiger (1997): Das Böse oder Das Drama der Freiheit. München, Wien, Carl Hanser.

Safranski, Rüdiger (2008): Wieviel Wahrheit braucht der Mensch? Über das Denkbare und das Lebbare. Frankfurt/M., S. Fischer.

Santarius, Tilman (2012): Der Rebound-Effekt. Über unerwünschte Folgen der erwünschten Energieeffizienz. Impulse für die politische Debatte. Wuppertal Institut für Klima, Umwelt, Energie GmbH. www.wupperinst. org; www.santarius.de.

Schäfer, Lothar (1999): Das Bacon Projekt. Von der Erkenntnis, Nutzung und Schonung der Natur. Frankfurt/M., Suhrkamp.

Scheer, Hermann (2005): Energieautonomie. Eine neue Politik für erneuerbare Energien. München, Kunstmann.

Scheer, Hermann (2012): Der energethische Imperativ. Wie der vollständige Wechsel zu erneuerbaren Energien zu realisieren ist. München, Antje Kunstmann.

Scheiber, Ernst; Kurt Ceipek (2013): Zukunft als Auftrag. Die Welt gehört unseren Kindern. Mauerbach, DTW Zukunfts PR.

Schellnhuber, Hans Joachim (2009): Tipping elements in the Earth System. PNAS Dec. 8, 2009, vol. 106, no. 49, 20561-20563, Proceedings of the National Academy of Sciences www.pnas.org.

Schiermeier, Quirin; Richard Monastersky (2010): River reveals chilling tracks of ancient flood. Nature, vol 464, April 2010.

Schiermeier, Quirin (2013): Germany's Energy Gamble. Nature, Vol 496, 11 April 2013, 156-158.

Schirach, Richard von (2013): Die Nacht der Physiker. Heisenberg, Hahn, Weizsäcker und die deutsche Bombe. Berlin, Berenberg.

Schlierer, Jens (2010) (Hrsg.): Was ist Religion? Texte von Cicero bis Luhmann. Stuttgart, Reclam.

Schlink, Bernhard (2010): Die Zukunft der Verantwortung, in: Merkur – Deutsche Zeitschrift für Europäisches Denken. Heft 11, 64. Jahrgang, November 2010, 1047-1058. Stuttgart, Klett-Cotta.

Schmidl, Johannes (1997): Traditioneller Wassermühlenbau in Ostnepal – ein Vergleich der Bauweise von Stockmühlen in Nepal und Österreich. Blätter für Technikgeschichte, 59. Heft, 1997, 95-132, Technisches Museum Wien.

Schmidl, Johannes (2005): Energie und Armut, in: Clemens Sedmak (Hrsg.): Option für die Armen. Die Entmarginalisierung des Armutsbegriffes in den Wissenschaften., Freiburg, Herder, 573-589.

Schmidl, Johannes (2012): Die Freiheit des menschlichen Willens – ein Gedankenexperiment. soziologie heute, 5. Jahrgang, Heft 23, Juni 2012; www.soziologie-heute.at.

Schölderle, Thomas (2012): Geschichte der Utopie, Wien, Köln, Weimar; Böhlau, UTB.

Schopenhauer, Arthur (1986): Sämtliche Werke in fünf Bänden, Frankfurt/M., Suhrkamp.

Schwarz, Egon (1982): Aus Wirklichkeit gerechte Träume. Utopische Kommunen in den Vereinigten Staaten von Amerika. In: Voßkamp, Wilhelm (Hrsg.) (1982): Utopieforschung. Interdisziplinäre Studien zur neuzeitlichen Utopie, Band 3. Stuttgart; Metzlersche Verlagsbuchhandlung, 411-432.

Schwendter, Rolf (1994): Utopie. Überlegungen zu einem zeitlosen Begriff. Berlin, Edition ID-Archiv.

Schrödinger, Erwin (1955/1983): Die Natur und die Griechen. Wien, Hamburg, Zsolnay.

Sedláček, Tomáš (2012): Die Ökonomie von Gut und Böse. München, Carl Hanser.

Seel, Martin (2001): Drei Regeln für Utopisten, in: Merkur, Deutsche Zeitschrift für europäisches Denken, Heft 9/10; Sept./Okt. 2001, 55. Jahrgang, 747-755.

Seibt, Ferdinand (1982): Utopie als Funktion abendländischen Denkens; in: Wilhelm Voßkamp (Hrsg.) (1982): Utopieforschung, Interdisziplinäre Studien zur neuzeitlichen Utopie (1), 254 ff. Stuttgart, Metzlersche Verlagsbuchhandlung.

Seifert, Thomas; Klaus Werner (2005): Schwarzbuch Öl. Eine Geschichte von Gier, Krieg, Macht und Geld. Wien, Deuticke.

Sen, Amartya (2003): Ökonomie für den Menschen. Wege zu Gerechtigkeit und Solidarität in der Marktwirtschaft. München, dtv.

Sen, Amartya (2006): Identity and Violence: The Illusion of Destiny. New York, W. W. Norton.

Sherpa, Ang Danu (2001): Impact of Electricity on the Social Life of Khumbu, in: Eco Himal (Hrsg.): Energy from the Top of the World. Small Hydropower Plant Thame-Namche Bazar, Nepal. Kathmandu, Nepal.

Sieferle, Rolf Peter (1997): Rückblick auf die Natur. Eine Geschichte des Menschen und seiner Umwelt. München, Luchterhand.

Skinner, Burrhus Frederic (1970): Futurum Zwei. Hamburg, Christian Wegner.

Sloterdijk, Peter (1999): Regeln für den Menschenpark. Ein Antwortschreiben zu Heideggers Brief über den Humanismus. Frankfurt/M., Suhrkamp.

Sloterdijk, Peter (2007): Gottes Eifer. Vom Kampf der drei Monotheismen. Frankfurt/M., Leipzig, Verlag der Weltreligionen.

Sloterdijk, Peter (2011): Du musst dein Leben ändern. Frankfurt/M., Suhrkamp.

Smil, Vaclac (1999): China's great famine: 40 years later. BMJ Vol. 319, 18-25 Dec. 1999, www.bmj.com .

Smil, Vaclav (2005): Energy at the crossroads. Global Perspectives and Uncertainties. MIT press, Cambridge, Massachusetts; London, England.

Smil, Vaclav (2005 a). The next 50 Years: Fatal discontinuities. Population and Development Review 31, 201-236.

Smil, Vaclav (2007): The two prime movers of globalization: history and impact of diesel engines and gas turbines. Journal of Global History 3: 373-394.

Smil, Vaclav (2008): Energy in Nature and Society. General Energetics of Complex Systems. MIT press, Cambridge, Massachusetts; London, England.

Smil, Vaclav (2009): Finding Mutual Interests in Nature, http://www.vaclavsmil.com/publications/ (April 2011).

Smil, Vaclav (2009 a): U.S. Energy Policy. The Need for Radical Departures. Issues in Science and Technology, Summer 2009, 47–50.

Smil, Vaclav, (2010): Energy Transitions. History, Requirements, Prospects. Santa Barbara, California; Denver, Colorado; Oxford, England. Praeger.

Smil, Vaclav (2011): Global Energy: The Latest Infatuations. American Scientist, Vol 99, May-June 2011. www.americanscientist.org.

Smil, Vaclav (2011 b): Harvesting the Biosphere: The Human Impact. *Population and Development Review* 37 (4): 613-636 (Dezember 2011) http://www.vaclavsmil.com/publications/.

Sorg, Reto; Stefan Bodo Würffel, Hrsg. (2010): Utopie und Apokalypse in der Moderne. Paderborn, Wilhelm Fink.

Steinle, Friedrich (2008): Explorieren – Entdecken – Testen. Spektrum der Wissenschaft, September 2008, 34 ff.

Stifter, Adalbert (1963): Wien; Die Sonnenfinsternis. Stuttgart, Reclam.

Streeck, Wolfgang (2012): Wissen als Macht, Macht als Wissen. Kapitalversteher im Krisenkapitalismus. In: Merkur – Deutsche Zeitschrift für europäisches Denken. Berlin; Heft 9/10, September/Oktober 2012, 776-787.

Strouhal, Ernst (1991): Technische Utopien. Zu den Baukosten von Luftschlössern. Wien, Sonderzahl.

Stumberger, Rudolf (2004): Das Projekt Utopia. Geschichte und Gegenwart des Genossenschafts- und Wohnmodells „Familistere Godin", Hamburg, VSA.

Swoboda, Helmut (1975) (Hrsg.): Der Traum vom besten Staat. Texte aus Utopien von Platon bis Morris. München, dtv Wissenschaftliche Reihe.

The TREC Development Group (2003): Trans-Mediterranean Renewable Energy Cooperation „TREC". A Powerful Partnership for Development, Climate Stabilisation and Good Neighbourhood.

Tichy, Gunther (2008): Politik, Organisation und Diffusion statt Illusionen. Technologiesprünge als Lösung des Energieproblems? Wissenschaft und Umwelt Interdisziplinär 11, 2008, 22-29. http://www.fwu.at/mediashare/uj/pdxuk8i79r17939791if9empiioym8-org.pdf (10. Dez. 2011).

Trojanow, Ilija, (2012): Gibt es überflüssige Menschen? In: Album, der Standard (Printausgabe), 27. Oktober 2012, A12.

Trojanow, Ilija, (2013): Der überflüssige Mensch. St. Pölten, Residenz.

Tsao, J. Y.; H. D. Saunders, J. R. Creighton, M. E.Coltrin, J. A. Simmons (2010): Solid-state lighting: an energy-economics perspective. Journal of Physics D: Applied Physics 43 (2010) 354001.

Turner, Graham M. (2012): On the Cusp of Global Collapse? Updated Comparison of The Limits to Growth with Historical Data. In: Gaia; Ökologische Perspektiven für Wissenschaft und Gesellschaft/Ecological Perspectives for Science and Society, 2/2012, Konstanz, St. Gallen, Zürich, 116 ff.

Uerz, Gereon (2006): ÜberMorgen. Zukunftsvorstellungen als Elemente der gesellschaftlichen Konstruktion der Wirklichkeit. München, Wilhelm Fink.

Vaihinger, Hans (1986; Neudruck der Auflage Leipzig 1927): Die Philosophie des Als-Ob. System der theoretischen, praktischen und religiösen Fiktionen der Menschheit auf Grund eines idealistischen Positivismus. Hamburg, Felix Meiner.

Victor, David G.; Linda Yueh (2010): The New Energy Order. Managing Insecurities in the Twenty-first Century. Foreign Affairs Vol 89, Nr. 1 Jan/Feb 2010. New York, USA.

Vogt, Erich: Amerikas Glaube an eine Welt, die keine Limits kennt. Die Presse (Printausgabe), 19. März 2012, 26 f.

Voßkamp, Willhelm (1982) (Hrsg.): Utopieforschung. Interdisziplinäre Studien zur neuzeitlichen Utopie. 3 Bände; Stuttgart.

van Vugt, Mark; Vladas Griskevicus (2012): Let's use evolution to turn us green. New Scientist 2882, 21. September 2012 (online-Ausgabe; www. newscientist.com).

Walter, Francois (2010): Katastrophen. Eine Kulturgeschichte vom 16. bis ins 21. Jahrhundert. Stuttgart, Reclam.

Warter, Karin, Alois Woldan (2004) (Hrsg.): Zweiter Anlauf. Ukrainische Literatur heute. Stutz, Passau.

Warwick, Hugh; Alison Doig (2003): Smoke – the Silent Killer; Indoor air pollution in developing countries; ITDG, Intermediate Technology Development Group, Bourton Hall, Rugby, Großbritannien.

Watzlawick, Paul (1984): Wie wirklich ist die Wirklichkeit? Wahn, Täuschung, Verstehen. München, Piper.

Weber, Max (1919/1992): Politik als Beruf. Stuttgart, Philipp Reclam jun.

WEC World Energy Council (2010): 2010 Survey of Energy Resources http://www.worldenergy.org/documents/ser_2010_report.pdf.

Weinberger, Sharon (2008): Heating up the Heavens. Nature, vol 452, 930-932 (23. April 2008; www.nature.com).

Weingärtner, Lioba; Claudia Trentmann (2011): Handbuch Welternährung. Herausgegeben von der Deutschen Welthungerhilfe. Frankfurt/M., Campus.

Weisman, Alan (2009): Die Welt ohne uns. Reise über eine unbevölkerte Erde. München, Piper.

Weizsäcker, Carl Friedrich von (1977): Der Garten des Menschlichen. Beiträge zur geschichtlichen Anthropologie. München, Carl Hanser.

Weizsäcker, Ernst Ulrich von; Amory B. Lovins, L. Hunter Lovins (1995): Faktor Vier. Doppelter Wohlstand – halbierter Naturverbrauch. München, Droemersche Verlagsanstalt Th. Knaur Nachf.

Weizsäcker, Ernst Ulrich von; Karlson Hargroves, Michael Smith (2010): Faktor Fünf. Die Formel für nachhaltiges Wachstum. München, Droemer.

Wells, Spencer (2010): Pandora's Seed. The unforeseen Cost of Civilisation. New York, Random House.

Welzer, Harald (2005): Täter. Wie aus ganz gewöhnlichen Menschen Massenmörder werden. Frankfurt/M., S. Fischer.

Werner, Klaus; Hans Weiss (2001): Schwarzbuch Markenfirmen. Die Machenschaften der Weltkonzerne. Wien, Deuticke.

Werlhof, Claudia von (2010a): Kapitalismus, ein Zerstörungsprojekt. Interview in: der Standard, 13.-14.2.2010; www.derstandard.at/woistdasgeld.

Werlhof, Claudia von (2010b): Ausrufung der „planetaren Bewegung für Mutter Erde", http://fipaz.at/PBME4.pdf (12. April 2011).

Witchalls, Clint (2011): Biology Nobelist: Natural selection will destroy us. New Scientist, 2801, 28. Feb 2011.

Wiener, Oswald (1969/1985): Die Verbesserung von Mitteleuropa. Roman. Hamburg, Reinbek.

Wiesel, Elie (1980): Adam oder das Geheimnis des Anfangs. Legenden und Portraits. Freiburg, Herder.

Wilde, Oscar (1891/1904): Die Seele des Menschen im Sozialismus. In: Drei Essays. Berlin, Karl Schnabel.

Wilkinson, Richard; Kate Picket (2010): The Spirit Level. Why Equality is Better for Everyone. London, Penguin Books.

Winkler, Heinrich August (2009): Geschichte des Westens. Von den Anfängen in der Antike bis zum 20. Jahrhundert. München, C.H.Beck.

Winkler, Josef (2003): Leichnam, seine Familie belauernd. Frankfurt/M., Suhrkamp.

Wittgenstein, Ludwig (2003): Philosophische Untersuchungen. Frankfurt/M., Bibliothek Suhrkamp.

Yassour, Avraham (1983): Communism and Utopia: Marx, Engels and Fourier. Studies in Soviet Thought. Vol 26, No 3 (Oct. 1983), 217-227.

Ziegler, Jean (1999): Wie kommt der Hunger in die Welt? Ein Gespräch mit meinem Sohn. München, Bertelsmann.

Chronologie der Utopie

Plato, *Politeia*, ca. 370 v. Chr

Zentral in Platos Werk steht die Frage nach Gerechtigkeit. Diese wird nach Plato am besten in einem geschlossenen Ständestaat erreicht, der von Philosophenherrschern regiert, von Wächtern geschützt und von Bauern und Handwerkern ernährt wird.

Die Philosophenherrscher in Platos *Politeia* gehen nicht aus einer Erbfolgeregelung hervor, sondern werden in einem Auslese- und Trainingsprogramm ermittelt. Erst mit dem 50. Lebensjahr der Kandidaten erscheinen sie theoretisch und im praktischen Lebenskampf ausreichend geschult, um ihre Führungspositionen auszufüllen.

Um diese Philosophenherrscher materiell nicht in Versuchung zu führen, verzichten sie zur Gänze auf Eigentum. Um sie weiters vor ablenkenden Gedanken an ihre Familien zu bewahren, haben sie keine. Offenbar wollte Plato die Herrscher aber auch nicht zum Zölibat nötigen, weshalb eine Gruppe von ausgesuchten Frauen diesen Auserwählten (und übrigens auch den Kriegern) zur sexuellen Begegnung zur Verfügung steht. Die daraus hervorgehenden Kinder sollen ihre Väter nicht kennenlernen, um einseitige Bevorzugung und Ablenkung zu verhindern. Die gewöhnlichen Erwerbstätigen hingegen behalten Privateigentum und Familie, erhalten im Gegenzug aber keinen politischen Einfluss.

Im Idealstaat existiert auch eine eigens geschaffene Religion, die das gesellschaftliche System stützt. Die Religion hat die Form einer bewusst konstruierten, „noblen" Lüge. Dazu gehört ein religiöser Schöpfungsmythos, von dem Plato annimmt, er werde sich innerhalb von zwei Generationen allgemein durchsetzen. Demzufolge habe Gott die drei Stände, Philosophenkönige, Wächter sowie Bauern und Handwerker seinerzeit erschaffen, indem er ihnen jeweils Gold (Herrscher), Silber (Wächter) und Eisen bzw. Messing (Bauern und Handwerker) beigemischt habe.

Auch die Philosophenkönige sollen diesen Mythos glaubend annehmen, und damit berührt Plato wohl eines der wesentlichen Grunddilemmata aller instrumentell eingesetzten Dogmen, Glaubenswahrheiten und auch wissenschaftsnahen Axiome, in wessen Dienst diese auch immer stehen: Die uniforme kritiklose Akzeptanz unhinterfragbarer Wahrheiten ist für einen freien, kritischen Menschen, geschweige denn einen Philosophen, schlichtweg inakzeptabel.

Iambulos, *Die Sonneninsel*, (Fragment)

Euhemeros, *Idealstaat auf der Insel Panchaia* (Fragment), ca. 300 vor Chr.

Plutarch, *Leben des Lykurgus*, ca. 100 n. Chr.

Der oberrheinische Revolutionär (anonymus), *buchli der hundert capiteln mit vierzig statuten*, ca. 1510

Thomas Morus, *Utopia*, 1516
Raphael Hythlodeus, ein Begleiter Amerigo Vespuccis auf dessen Amerikareise, ist auf der Insel Utopia gestrandet und verbringt dort mehrere Jahre, so die rahmengebende Erzählung.

Die Insel Utopia wurde von ihrem Gründer Utopus geschaffen, indem er „fünfzehn Meilen Landes auf der Seite, wo die Halbinsel mit dem Festland zusammenhing, ausstechen" ließ (Morus 1516/1983, 59). In den vierundfünfzig „geräumigen und prächtigen" Städten auf der Insel, alle in derselben Anlage und im selben Aussehen mit identen, dreistöckigen Häusern (ein starker Gegensatz zur gewachsenen unübersichtlichen mittelalterlichen Stadt), leben die Menschen in Familienverbänden. Zu den Städten gehören Höfe auf dem Land, wohin die Bürger abwechselnd ziehen, um sich bei der notwendigen Feldarbeit zu betätigen. Besonders entwickelt ist die Zucht von Hühnern, die sie „in gewaltiger Menge aufziehen". Die Küken werden mit gleichmäßiger Wärme künstlich ausgebrütet. „Sobald diese aus der Schale schlüpfen, laufen sie den Menschen wie ihren Hennenmüttern nach und betrachten sie als solche (Morus 1516/1983, 60 f)." (Konrad Lorenz wird 1973 für seine Verdienste um die Erforschung dieses Verhaltens, die „Prägung", den Nobelpreis für Physiologie und Medizin erhalten.)

Die Häuser, in denen die Utopier leben, tauschen sie alle zehn Jahre untereinander aus, denn – und das ist die herausragendste Besonderheit auf dieser Insel – das Privateigentum ist abgeschafft. Entsprechend brauchen die Häuser nicht versperrt werden. Schnitt und Farbe der Kleidung im ganzen Inselreich (wiewohl von jeder Familie individuell hergestellt) sind in der Naturfarbe des Stoffes einheitlich – man denkt unwillkürlich an Maos Kulturrevolution. Nicht einmal die Fürsten unterscheidet eine besondere Tracht oder ein Diadem vom Volke (Morus 1516/1983, 110).

Die Gesellschaft in Utopia ist patriarchalisch und hierarchisch organisiert, die Vorsteher der Familienverbände werden aber gewählt. Für Kinder besteht Schulpflicht, für Erwachsene Arbeitspflicht. Das Staatsoberhaupt wird auf Lebenszeit gewählt, wichtige Fragen werden durch Volksabstimmungen entschieden.

Alle Einwohner erlernen neben der landwirtschaftlichen Arbeit je nach Begabung noch ein nützliches Gewerbe (Leinenweber, Maurer,...), die Arbeitszeit beträgt jedoch nur sechs Stunden pro Tag; die „Stunden zwischen der Arbeits-, Schlafens- und Essenszeit sind jedem zu beliebiger Beschäftigung freigestellt, (...) um die Zeit (...) auf irgendeine andere nützliche Beschäftigung zu verwenden. Die meisten widmen diese Pausen geistigen Studien" (Morus 1516/1983, 68). Die Wirtschaftsverfassung hat das eine Ziel vor Augen, für alle Bürger „möglichst viel Zeit frei zu machen von der Knechtschaft des Leibes für die freie Pflege geistiger Bedürfnisse" (Morus 1516/1983, 72). Diese Freizeit für alle wird erreicht, indem auch alle in den Schaffensprozess eingebunden sind, auch jene, die „bei anderen Völkern untätig dahinleben" wie fast alle Frauen, die Priester und frommen Ordensbrüder („was für eine gewaltige, was für eine faule Schar!"), (...) „alle die reichen Leute, insbesondere die Großgrundbesitzer, die man gewöhnlich Standespersonen und Edelleute nennt (und) deren Dienerschaft, diesen ganzen Kehricht bewaffneter Tagediebe"! Die Utopier halten es sogar „für einen sehr gerechten Grund zum Kriege, wenn irgendein Volk sein Stück Boden selber nicht nutzt, sondern gleichsam zwecklos und leer besetzt hält, sich aber doch weigert, die Nutzung und den Besitz anderen zu überlassen …" (Morus 1516/1983, 69).

Die Arbeitsprodukte aller Familienverbände werden auf einem Markt (jede Stadt hat vier davon) in einem Magazin gelagert, jeder Familienälteste fordert dort an, was er und die Seinen brauchen, und erhält es ohne Bezahlung.

Kennzeichnend für den Staat Utopia ist ein striktes Luxusverbot. Es ist offenbar gelungen, die Utopier soweit umzuerziehen, dass sie Gold und Silber sehr gering achten: daraus sind die „Nachtgeschirre und lauter für niedrigste Zwecke bestimmte Gefäße" angefertigt.

Für den bei den Menschen bekannten Hochmut, „der es für einen Ruhm hält, durch Prunken mit überflüssigen Dingen sich vor den anderen hervorzutun, (gibt es) innerhalb der gesellschaftlichen Verfassung der Utopier überhaupt keinen Platz." – „Ferner werden die Ketten und dicken Fußschellen zur Fesselung der Sklaven aus denselben Metallen (Anm.: Gold und Silber) hergestellt." Mit Gold (Ohrringe, Halsreifen,…) werden auch jene gezeichnet, die irgendein Verbrechen ehrlos gemacht hat. Die Utopier begreifen deshalb nicht, warum dem Reichtum allerorten außerhalb ihrer Insel Verehrung zuteil wird, und noch viel mehr „empören sie sich über die Unvernunft der Leute, die diesen Reichen, denen sie doch nichts schulden und nicht verpflichtet sind, beinahe göttliche Ehre erweisen". Diese Ansichten haben sie aus ihrer Erziehung geschöpft, „sind sie doch in einem Staate aufgezogen, dessen Einrichtungen von Torheiten dieser Art weit entfernt sind" (Morus 1516/1983, 75; 86f).

Als Vorläufer von George Orwells „big brother" beobachtet und überwacht in Utopia das gesellschaftliche Kollektiv: „…es gibt dort nirgends eine Möglichkeit zum Müßiggang, (…) keine Weinschenke, kein Bierhaus, nirgends ein Bordell, keine Gelegenheit zur Verführung, (…), sondern überall sieht die Öffentlichkeit dem einzelnen zu und zwingt ihn zu der gewohnten Arbeit und zur Ehrbarkeit beim Vergnügen" (Morus 1516/1983, 80). Und man vertraut auf Sklavenarbeit, nicht ohne zu betonen, dass es den Sklaven gar nicht so schlecht gehe, ja dass sogar Freiwillige aus armen Ländern sich versklaven ließen und dafür gut gehalten würden, im Gegensatz zu jenen, die wegen eines Verbrechens zur Strafe der Sklaverei verurteilt wurden.

Johann Eberlin von Günzburg, *Ein newe ordnung weltlich stands…- der elfft bundtgenoß*, 1520 (erste deutschsprachige Utopie)

François Rabelais, *Gargantua*, 1532

Caspar Stiblin, *Commentariolus de Eudaemonensium Republica/ Eudaimonischer Staat*, 1555

Tommaso Campanella, *Der Sonnenstaat*, 1602 (vgl. Saage 1998; Grassi/Hess 2005; Schölderle 2012, S. 68 ff; der Name Sonnenstaat bezieht sich auf die gleichnamige Schrift des hellenistischen Dichters Iambulos).
Wie bei Morus und Bacon wurde der Sonnenstaat auf einer wehrhaften und gut abgeschirmten Insel, genannt Taparbona, als Werk der Menschen geschaffen, diesmal im Indischen Ozean; vielleicht denkt Campanella dabei an Ceylon. Und wie Morus' Utopia reagiert der Sonnenstaat auf aktuelle Ungerechtigkeiten, vor allem auf die extreme soziale Differenzierung zwischen Arm und Reich. Die „harte Armut mache die Menschen feil, hinterlistig, landflüchtig, lügnerisch, meineidig, der Reichtum aber unmäßig, hochmütig, unwissend, verräterisch, grundlos eingebildet, gefühllos, streitsüchtig usw." Campanella diagnostiziert drei Ursachen für den desolaten Zustand des Gemeinwesens in Europa, dem die Sonnenstaatler entkommen sind: die Verfügung über Privateigentum, die Sünde Adams, womit er die Fortpflanzung „ohne Rücksicht auf Zeit, Ort und Wahl der Partner" meint, sowie die schlechte Erziehung. Die entsprechenden Lösungen liegen damit auf der Hand: Verzicht auf Privateigentum, wissenschaftliche Eugenik und Bildung.
Machtzentrum des *Sonnenstaates* ist ein Gremium von 24 Priestern, aus deren Mitte sich der mit diktatorischen Vollmachten ausgestattete Sol oder Metaphysikus rekrutiert. Er beherrscht das gesamte theoretische und praktische Wissen seiner Zeit, dieses ist Grundlage seiner „Weisheit zum Herr-

schen" und bewahrt ihn zugleich davor, seine Macht grausam, verbrecherisch oder tyrannisch auszuüben. Die Priester greifen aufgrund ihres kosmischen astrologischen Heilwissens – heute würde man sagen: ihrer wissenschaftlichen Expertise – in die alltäglichen Abläufe der Staatsbürger ein, von Aussaat, Ernte, Weinlese bis zur Stunde der Zeugung. Aufgabe der Priester ist es, das Gewissen der Menschen zu reinigen, wozu sie sich einer säkularisierten sozialtechnischen Variante der Beichte bedienen: Das Beichtgeheimnis ist aufgehoben, wodurch der Sol zu jedem Zeitpunkt über die Einstellungen der Bürger informiert ist. Die Informationsbeschaffung für den Sol wird durch einen effizienten Geheimdienst ergänzt, dessen Mitglieder durch ein „wissenschaftliches" Verfahren auf der Basis kosmischer Konstellationen rekrutiert werden. Des Sol Einsicht und die daraus abgeleiteten Handlungen dienen der Stabilität des Staatsgebildes und dem friedlichen Zusammenleben der Menschen, vor jeglichem Machtmissbrauch ist er ja kraft seiner Weisheit gefeit.

Die Sonnenstaatler erlernen ein Handwerk, die Feldarbeit, Viehzucht sowie mathematische Grundbegriffe. Das Profitmotiv ist durch einen Wettbewerb, dessen Triebkraft die gesellschaftliche Anerkennung ist, ersetzt worden: Diejenigen, die sich besonders auszeichnen, werden mit leitenden Positionen im Arbeitsprozess betraut. Geld und Markt im innerstaatlichen Bereich sind ebenso abgeschafft wie jegliches Privateigentum, jeder bekommt von der Obrigkeit zugeteilt, was er benötigt. Die Quelle allen gesellschaftlichen Reichtums sind Ackerbau und Viehzucht. Aus diesen wird jener Überschuss erwirtschaftet, den man allenfalls benutzt, um Waren aus dem Ausland einzutauschen.

Die Wirtschaftskraft des Sonnenstaates ist deshalb so groß, weil wie in Utopia sämtliche Arbeitsressourcen mobilisiert werden, es gibt keinen Adel, keinen Klerus und keine anderen Müßiggänger. Die Nachfrage nach Gütern ist aufgrund eines strikten Luxusverbotes auf das Notwendigste beschränkt – auf Schminken, das Tragen hoher Schuhe oder von Schleppkleidern steht sogar die Todesstrafe; es gibt pro Tag lediglich zwei Mahlzeiten, die unter ärztlicher Aufsicht eingenommen werden. Und einige technologische Innovationen unterstützen die Arbeit, z. B. Segelwagen, die „vermittels eines erstaunlichen Räderwerkes auch vom Gegenwind getrieben werden" und die landwirtschaftliche Arbeit wesentlich erleichtern. Daraus leiten sich eindrucksvolle soziale Errungenschaften ab, wie die Reduktion der Arbeitszeit auf vier Stunden täglich, staatlich garantierte Vollbeschäftigung, Unterkunft und Verpflegung, das Recht auf geistig-kulturelle Entfaltung sowie eine unentgeltliche Kranken- und Altersvorsorge für alle. Für die Weiterentwicklung der modernen Naturwissenschaften und der Technik ist ein eigenes Ministerium zuständig, das nicht nur künstlichen Dünger, Flugmaschinen, Schiffe ohne Ruder und Segel sowie eine Medizin entwickelt hat, die die Lebenserwartung auf hundert bis zweihundert Jahre ausdehnt, sondern auch Fernrohre und Hörrohre, mit denen verborgene Sterne wahrgenommen und die Harmonie der Sphären erkundet werden können.

Johann Valentin Andreä, *Christianopolis*, 1619

Francis Bacon, *Neu-Atlantis*, 1627
In *Nova Atlantis* „lebt ein glückliches Volk, glücklich vor allem, weil es sich nicht mit dem begnügt, was die Natur gleichsam als Strandgut abwirft. Sondern die Atlantier dringen in die natürlichen Kräfte selber ein, mit instrumentell aufs höchste geschärften Sinnen, und sie machen sich, nachdem sie einen tiefen Blick getan, das Erblickte dienstbar" (Bloch 1985, 553).

Wie schon bei Thomas Morus stranden Europäer wieder auf einer Insel, von der die Außenwelt nichts weiß, diesmal während einer Reise von Peru nach China und Japan auf „Neu Atlantis". Wie bei Morus benötigen die friedlichen Bewohner kein Geld. In der Hauptstadt Bensalem wurde ein wissenschaftlicher Orden gegründet, eine Art Urform der Akademie der Wissenschaften, das „Haus Salomons", mit dem Zweck, „… die Ursachen des Naturgeschehens zu ergründen … und die Grenzen der menschlichen Macht so weit auszudehnen, um alle möglichen Dinge zu bewirken" (Bacon 1627/1982, 43). Um dieses Ziel zu unterstützen, werden alle zwölf Jahre Expeditionen in die Welt ausgeschickt, um von anderen Zivilisationen das einzuholen, was sinnvoll erscheint – um also eine Art Wissenschafts- und Wirtschaftsspionage zu betreiben. Und die Neu-Atlantier haben schon viel erreicht: Wasserfälle werden zur Erzeugung von „kräftigen Bewegungen" – unser heutiger Energiebegriff steht erst seit dem 19. Jahrhundert zur Verfügung, Bacon spricht daher, wenn er Energie meint, meistens von „Kraft" – ausgenutzt, zahlreiche Maschinen fangen die Winde ab, verstärken und vervielfältigen sie, Fluggeräte und U-Boote sind in Gebrauch, einige Ausführungen des Perpetuum Mobile sowieso. Erfunden wurden ferner Kunstdünger, die genetische Manipulation, die alchimistische Herstellung von Pflanzen aus „einer bestimmten Zusammensetzung des Bodens", also ohne Pflanzensamen, synthetische Nahrungsmittel, Fernrohr, Mikroskop und Magnete von wunderbarem Anziehungsvermögen. Neue künstliche Metalle werden aus Gesteinen erzeugt, Salzwasser wird entsalzen, es ist gelungen, „die Hitze der Sonne und der anderen Gestirne durch verschiedenste Arten von Öfen" nachzuahmen, die Sonnenstrahlung wird an gewissen Stellen aufgefangen, Lichtstrahlen werden verstärkt und das Licht auf weite Entfernungen ausgesendet. „Geschütze und Kriegsgerät aller Art" fehlen nicht (Bacon 1627/1982, 43).

Der Insel Nova Atlantis wurde um ca. 300 v. Chr. von ihrem ersten König Solamonas eine Verfassung gegeben, deren Ziel es von Anfang an war, das Volk zu beglücken, indem er dem Haus Salomons den Auftrag dazu gab. Dieses beherrscht nicht nur die Gesellschaft, als Staat im Staate ist es mit unbegrenzten Geldmitteln und mit eigenem Geheimdienst für die Auslandsspionage ausgestattet. Das Haus Salomons entscheidet darüber, welche wissenschaftlichen Ergebnisse und Erfindungen für die Öffentlichkeit bestimmt sind und welche besser unter Verschluss bleiben. Es schottet Neu-Atlantis vom Rest der Welt ab, um die ansonsten drohende Sittenverwirrung hintan zu halten. Aus demselben Grund ist Einwanderung nach Neu Atlantis verboten. Die Insulaner sind aber über die Entwicklungen und Vorgänge in der Welt informiert, vor allem wissenschaftliche Entdeckungen und technische Entwicklungen interessieren sie. Privateigentum an Produktionsmitteln ist – im Gegensatz zu den meisten anderen Utopien – nicht abgeschafft, sein Einsatz erscheint aber stark gebremst. Die Autarkie der Insel ist gesetzlich festgeschrieben.

Cyrano de Bergerac, *Die Reise zu den Mondstaaten und Sonnenreichen*, 1642

Gerrard Winstanley, *Das neue Gesetz der Freiheit*, 1652 (Gesellschaft ohne Eigentum, Löhne, Adel, Landbesitz)

Gabriel de Foigny, *La Terre Australe connue*, 1676

Anonymus, *Ophririscher Staat*, 1699

Denis de Vairasse, *Geschichte der Sevaramben*, 1675

François Salignac de la Mothe Fénelon, *Abenteuer des Telemach*, 1699

Daniel Defoe, *Robinson Crusoe*, 1719

Johann Gottfried Schnabel, *Insel Felsenburg*, ca. 1743

Morelly, *Gesetzbuch der Natur*, ca. 1750 (Verhinderung von Machtmissbrauch durch beständige Ämterrotation)

Bernard le Bovier de Fontenelle, *La Republique des Philosophes, au Histoire des Ajaoiens*, 1768 (Republik tugendhafter Atheisten)

Aufklärung, Fundamentale Zivilisationskritik

Jean-Jacques Rousseau (1712–1778) ist unbestritten der Wegbereiter eines neuen Denkmusters für das Verhältnis zwischen Natur und Kultur und damit auch der Umweltethik. Er vertritt die Auffassung eines Gleichgewichts zwischen Umwelt und Gesellschaft und fordert die Verantwortung des Menschen ein (Walter 2010, 104). Das Bild des „guten Wilden", des „Bon-Sauvage", wurde aber schon vor Rousseau bemüht. Michel de Montaigne (1533–1592) schreibt in seinem Essay „Über die Menschenfresser" den Wilden Tugenden zu, die für ein idealisiertes Bild des alten Rittertums stehen: „Wir können die Menschenfresser also nach Maßgabe der Vernunftregeln durchaus Barbaren nennen, nicht aber nach Maßgabe unseres eigenen Verhaltens, da wir sie in jeder Art von

Barbarei übertreffen (…) Ihre Kämpfe zeichnen sich durch Edelmut und Selbstlosigkeit aus, (…) nach wie vor gehorchen sie den Gesetzen der Natur, denen die Verderbnis durch die unseren weitgehend erspart blieb (…) ein Volk, in dem es keinerlei Handel gibt, keine Bezeichnung für Behörde, keine Dienstbarkeiten, keinen Reichtum und keine Armut, keine Verträge, keine Erbfolge…" (Montaigne 1582/1998, 109).

Ähnlich hielt schon Tacitus (ca. 58 bis ca. 120 n. Chr.) in seiner *Germania* den in seinen Augen degenerierten römischen Mitbürgern die vermeintlichen alten römischen Ideale in Gestalt der wilden Völker des Nordens vor die Nase. Die *Germania* wird man nicht als Utopie bezeichnen, sie ist aber auch keine ethnografische Bestandsaufnahme der nördlichen Nachbarn des Römischen Reiches. Seine übertriebene Ausstattung der Germanen mit heroischen Attributen, die ihm der römischen Zivilisation abhanden gekommen schienen, sollte wohl hauptsächlich seine Landsleute selbst wachrütteln und sie an vorgeblich verlorene Tugenden gemahnen. Sie wurde aber von der deutschen nationalen Erweckungsliteratur spätestens ab dem 19. Jahrhundert für bare Münze genommen und zum nationalen – und also zukünftigen – Mythos erhoben (Krebs 2012).

Handelt es sich bei Beschreibungen wie der *Germania* auch nicht um wissenschaftliche Anthropologie, sondern oft um relativ frei konstruierte Idealzustände auf dünner Faktenbasis, die so nie existiert haben, entfalten sie doch eine starke Wirkmächtigkeit. Solche Geschichten erlauben es – oder sind Versuchung –, die Gegenwart in anderem Lichte zu sehen und zu beurteilen. Man muss sich vor der Idealisierung derartiger, vermeintlich paradiesischer Zustände hüten. Leicht vergrößert man, im Rousseau'schen Geist, die Kritik an einzelnen Elementen der gesellschaftlichen Wirklichkeit zu einer generellen und umfassenden Zivilisationskritik und schüttet dann das sprichwörtliche Kind mit dem Bade aus.

Denis Diderot, *Nachtrag zu Bougainvilles Reise*, 1772/1796

Louis Sebastien Mercier, *Das Jahr 2440*, 1771 (erste Zeitutopie)

Restif de la Bretonne, *Der fliegende Mensch*, 1781

Utopische Sozialisten:
Claude Henri Comte de Saint-Simon (1760 bis 1825)
Beim Blick auf die Gegenwart der frühen Industrialisierung
stellt Saint-Simon fest: Das soziale Elend besteht nicht wegen
eines allgemeinen materiellen Mangels, sondern trotz eines
nie da gewesen gesellschaftlichen Reichtums weiter – eine
Problematik, die bis zum heutigen Tag besteht, wo immer es
um die Verteilung an sich ausreichender Mengen an materiellen Gütern geht, von Lebensmitteln bis zu Wasser und Energie, und damit zusammenhängende Lebenschancen. Und die
produzierende Klasse, wozu für Saint-Simon neben Arbeitern, Künstlern und Wissenschaftlern auch die Fabrikanten
zählen, ist politisch weitgehend einflusslos geblieben.

Saint-Simon möchte aber persönliches Eigentum und individuelles Erbrecht, die Freiheit in der Eigentumsübertragung
und die freie Verkehrsfähigkeit aller Güter bewahren. Jeder
Mensch soll die volle Verfügungsgewalt über den Ertrag seiner Arbeit erhalten, um Eigentum zu erwerben – mit einer
entscheidenden Einschränkung: Privateigentum darf nur für
die Produktionssteigerung und für sozial positive Zwecke
eingesetzt werden. Produktion hat Vorrang vor dem Eigentum. Ziel des individuellen Eigentumsrechtes ist die Mehrung des allgemeinen Nutzens und die Verbesserung des Loses der armen Klassen, d. h. des Industrieproletariats – heute
würde man vielleicht sagen: das Gemeinwohl.

Nachdem für Saint-Simon die Produzenten nützlicher Dinge überhaupt die einzig nützlichen Menschen sind, lässt sich
die Ursache aller Laster mit dem Müßiggang leicht identifizieren. Müßiggänger sind demnach Bischöfe, Präfekten, Marschälle und der Adel, also im Wesentlichen die unproduktive
herrschende Schicht, die schon Thomas Morus identifiziert
hat. Eine der wenigen Aufgaben der Regierung besteht darin, die Arbeitenden vor der unproduktiven Faulenzerei der
Nichtstuer zu bewahren. Konsum ist positiv zu sehen, weil
er ein wichtiges Stimulans für die Produktion darstellt. Der
Hedonismus der Massen wird damit aufgewertet.

Saint-Simons Lösung ist eine weitgehend staatsfreie Marktökonomie, die Privateigentum zulässt und in freiem Wettbewerb agiert. Naturwissenschaft und Technik vermehren den gesellschaftlichen Reichtum, der Fortschritt der Wissenschaft ist identisch mit dem Glück der Menschen. Der gesellschaftlich produzierte Reichtum nimmt dadurch ein solches Ausmaß an, dass Interessenkonflikte zwischen Besitzern und Nichtbesitzern von Produktionsmitteln keine Rolle mehr spielen: Die Industriellen mehren ihren Reichtum, die Proletarier gelangen zu Arbeit und Wohlstand. Es ist das Ziel jeder Nation, so viel wie möglich mit möglichst geringen Mitteln zu produzieren (Effizienz). Eine Regierung ist im Grunde nicht mehr notwendig, jede Entscheidung von Belang fällt als Ergebnis quasi wissenschaftlicher Beweisführung logisch stringent, die gesellschaftliche Verhandlung von Konflikten erübrigt sich damit. Führende Wirtschaftstreibende, die zugleich Schutzherren der Arbeiterschaft sein sollen, definieren darin die Gesamtinteressen des Staates.

Der Übergang in diese konfliktfreie Industriegesellschaft jenseits des Klassenkampfes, in diesen Technischen Staat, erfolgt friedlich und infolge einer weltgeschichtlichen Zwangsläufigkeit. Das hängt wohl damit zusammen, dass Saint-Simon in seinen Frühschriften eine neue Religion auf der Basis der Verehrung Isaac Newtons entwarf, mit Newton-Tempeln, die ähnlich dem Haus Salomonis in Bacons *Nova Atlantis* Knotenpunkte von Großforschungseinrichtungen sein sollten. Das Goldene Zeitalter des Menschengeschlechts liegt nach Saint-Simon vor uns, es liegt in der Vervollkommnung der gesellschaftlichen Ordnung (Uerz 2006, 140ff).

Saint-Simon steht mit diesem Modell in der Nachfolge Bacons. In seiner konfliktlosen Herrschaft der Produzenten vermag man eine Idee für die Ökonomie des deutschen Wirtschaftswunders oder ein Urbild der Sozialpartnerschaft zu erkennen. Saint-Simon ist einer der wichtigsten Stichwortgeber des gesellschaftlichen Diskurses des 19. und frühen 20. Jahrhunderts.

Robert Owen (1771 bis 1858) *The Book of the New Moral Society,* 1844
Robert Owen war einer der erfolgreichsten Unternehmer seiner Zeit und als Sozialreformer anerkannt. Seine Fabrik in

New Lanarck in Schottland, die er ab 1799 aufbaute, wurde von Kaisern, Ministern, Gesandten, Königen – darunter auch vom österreichischen Erzherzog Johann – besucht, sie galt als Musterbeispiel der Versöhnung von Arbeiter- und Kapitalisteninteressen in der Zeit der Industriellen Revolution. Owen begründete für seine Arbeiterschaft Kindergärten und Schulen, reduzierte die Arbeitsbelastung von Frauen und Kindern – und verdiente dennoch – oder deshalb – ein Vermögen mit seiner Fabrik.

In seinem Hauptwerk *The Book of the New Moral World* erkennt er im Industriezeitalter eine Fülle von vergebenen Chancen. Privateigentum erscheint als nicht mehr zeitgemäßes Übel, das bei seinem Besitzer Stolz, Eitelkeit, Ungerechtigkeit und den Hang zur Unterdrückung hervorrufe und dessen Blick von seinen Mitmenschen ablenke. Große Teile des möglichen gesellschaftlichen Reichtums blieben ungenutzt, vor allem aufgrund des aufwendigen profitorientierten Distributionssektors und der Rolle der zivilen und militärischen Eliten, die sich zu einem Machtkartell des Betrugs und der Gewalt verbunden hätten. Die Ausbildung an Schulen und Universitäten diene lediglich der Reproduktion der bestehenden Klassengesellschaft und der Festigung eines Kastensystems, das ein unendliches Potenzial materieller und intellektueller Ressourcen verschwende.

Eine Lösung sieht Owen in dezentralisierten Genossenschaften mit 500 bis 2000 Mitgliedern als Basis der Produktion, die als überschaubare Einheiten den Austausch von Gütern und Dienstleistungen miteinander betreiben. Eine zentrale Planwirtschaft sei dafür nicht notwendig. Es gibt keinen Wettbewerb, weder zwischen Individuen noch zwischen den Genossenschaften. Die Genossenschaften übernehmen auch Kindererziehung, Gemeinschaftsküchen, Kranken- und Altenpflege.

Robert Owen war der Meinung, in einer Gesellschaft, in der der Arbeitsprozess auf Maschinen beruhe, entstehe ein derartiger Überfluss an materiellem Reichtum und Gütern, dass deren Verteilung in ungleichen Portionen und deren Akkumulation zu individuellen Zwecken sinn- und nutzlos würden. Auch würden sich individueller Wettbewerb, Konkurrenz und Privateigentum durch die Maschinenarbeit erübrigen, individuelle und allgemeine Interessen würden allmählich unlösbar ineinander übergehen (Kirchberger 1999, 101). Das Privateigentum brauche nicht gezielt abgeschafft zu werden; durch die ökonomischen, politischen, sozialen und wissenschaftlichen Rahmenbedingungen in der *Neuen Moralischen Welt* würde es sich vielmehr historisch von selbst überleben. Güter werden in derartigem Überfluss produziert, dass sich auch Preise dafür erübrigen, sie sind nicht mehr käuflich – „too cheap to meter" (zu billig, um noch messtechnisch erfasst zu werden) hat man diese Eigenschaft eines Gutes 150 Jahre später genannt (→ Kap. 2.2, S. 88 ff).

Diese Überflussgesellschaft entsteht durch die vollständige Mobilisierung aller Arbeitsressourcen mit Maschinenhilfe. Wissenschaft und Technik rationalisieren die menschenunwürdige Arbeit weg, vier Stunden angenehmer Arbeit reichen aus, um den Überfluss zu produzieren. Der naturwissenschaftlich-technische Fortschritt wird zum Fundament der neuen Gesellschaft, wobei selbst soziale Prozesse von Sozialingenieuren geformt werden. Grundlage des politischen Gemeinwesens ist die völlige Gleichstellung der Frauen mit den Männern, die Genossenschaften übernehmen Hausarbeit und Erziehung in öffentlichen Kindergärten, Gemeinschaftsküchen die Versorgung der Bevölkerung. Erziehung ist der Schlüssel für die Umgestaltung der Gesellschaft.

Demokratische Wahlen sind nicht notwendig, weil sie nicht dazu führen, die Uneinigkeit unter den Menschen zu beseitigen – hier erweist sich Owen als autoritär. Vielmehr soll sich jeder zur Tat aufgerufen sehen. Die Transformation von der individualistischen Konkurrenzgesellschaft zum rationalen Gemeinwesen geht also friedlich vor sich.

Charles Fourier (1772 bis 1837), *Theorie der vier Bewegungen und der allgemeinen Bestimmungen*, ca. 1808
Fouriers seltsamer Kosmologie zufolge haben Erde und Gestirne biologische Eigenschaften. Ihre erotische Vereinigung wird zur Erderwärmung führen, zum Abschmelzen der Polkappen und zur Ausdehnung der Wachstumsgrenze von

Weinkulturen bis zum 60. Breitengrad. Das darob entsalzte Meerwasser werde den Geschmack von Limonade annehmen. Fourier wurde für einen Irren gehalten. Allerdings sah Fourier auch „als erster, wie in der bisherigen Gesellschaft die Armut aus dem Überfluss selbst entspringt" (Bloch 1985, 552). Er diagnostiziert die Gegenwartsgesellschaft als eine zu drei Vierteln von Halsabschneidern und Barbaren bevölkerte Erde, welche die Bauern und Frauen versklave. Eine umweltzerstörende Industrie vernichte durch zersplitterte Ansiedlung ihrer Standorte die Wälder, verunreinige die Gewässer, verschlechtere das Klima. Die Wissenschaft stelle Chemikalien her, die die natürlichen Eigenschaften der Lebensmittel verändere und verfälsche. Der Konsum kranke vor allem daran, dass er sich nach den Launen der Müßiggänger und nicht nach dem Wohl der Produzenten richte. Fourier gilt entsprechend also auch als Vordenker der Freud'schen Psychoanalyse, des Feminismus und der Ökologiebewegung.

Als Ursache und Zentrum des Übels erkennt er den Besitzindividualismus, im Rahmen dessen das Individuum seine Interessen nur verfolgen könne, wenn es die Masse betrüge. Kaufleute und Spekulanten übervorteilten sowohl die Konsumenten als auch die Produzenten und brächten das Industriesystem durch Warenhortung, Erpressung, Bankrott usw. durcheinander. Kaufleute sind ihm, im Gegensatz zu den Produzenten, nichts als Schwärme von Aasgeiern, die das Volk unterjochen.

Die entscheidende Kraft des utopischen Wirtschaftssystems sind bei Fourier, ganz wie bei seiner Kosmologie, die zwischenmenschlichen Leidenschaften, weil die Lust eine Energie darstelle, die alle gesellschaftliche Bewegung auf immer reibungslos und problemlos in Gang halten könne. Der Sexualtrieb hat dabei eine zentrale motivationsbildende und konstruktive Funktion. Erst die uneingeschränkte Befriedigung sexueller Bedürfnisse jenseits von Frustration entbinde jene integrativen Energien, die das harmonische Funktionieren von sozialer Ordnung erst ermöglichen. Aufgestaute, unbefriedigte sexuelle Bedürfnisse würden durch Aggression gegen den Mitmenschen und durch Machtakkumulation kompensiert. Promiskuität, auch für Frauen, erscheint ihm wünschenswert.

Erstrebenswert wären landwirtschaftlich-industrielle genossenschaftliche Einrichtungen, die bei ihm Phalanstère heißen. Diese sind um einen Hof liegende Gebäude, in denen 900 bis 2.000 Menschen wohnen und arbeiten. Alles Lebensnotwendige findet sich auf kurzen Distanzen, wie auch alle Möglichkeiten zur künstlerischen und wissenschaftlichen Betätigung und zur Freizeitgestaltung. Die Phalanstère entlohnen jedes Mitglied im Verhältnis zu den von ihm eingebrachtem Kapital, zur aufgewendeten Arbeit und zum individuellen Talent. Für die Formierung der Phalanstère ist die Zuneigung der Gruppenmitglieder zueinander und zur speziellen Tätigkeit entscheidend. Jeder ist in der Ausübung seiner Arbeit völlig frei. Der Markt wird durch Lagerhäuser und Vermittlungsagenturen ersetzt, es gibt keinen Handel, keine Spekulation, Kapital wird nur zur Produktion eingesetzt. Konkurrenz um knappe Güter ist auch hier, wie bei Owen, nicht notwendig, weil ausreichend gesellschaftlicher Reichtum erwirtschaftet wird. Allerdings polemisiert Fourier gegen die Gütergemeinschaft und damit gegen seinen Zeitgenossen Owen.

Alle Arbeitsressourcen werden vollständig mobilisiert, indem Händler, Kaufleute und Bankiers produktiv tätig werden. Die Leistungsbereitschaft der Einzelnen steigert sich durch das von menschlicher Zuneigung geprägte Betriebsklima. Dem politischen System im engeren Sinn kommen nur minimale Funktionen zu, es entsteht quasi *bottom-up* aus den Genossenschaften. Entsprechend ist die Staats- und Regierungsform bei Fourier unwichtig. Sein Gesellschaftsmodell, so Fourier, sei keine Utopie, sondern Wissenschaft. Er habe die genossenschaftliche Ordnung ähnlich entdeckt wie Newton das Gravitationsgesetz, entsprechend komme es darauf an, auf das Modell der Genossenschaften friedlich zuzugehen.

John Adolph Etzler, *The Paradise within the Reach of all Men, without Labour, by Powers of Nature and Machinery. An Address to all intelligent Men*, 1836

Etienne Cabet, *Reise nach Ikarien*, 1840

Edward Bulwer Lytton, *Das kommende Geschlecht*, 1871

Gabriel Tarde, *Geschichte der Zukunft*, 1883

Edward Bellamy, *Rückblick aus dem Jahr 2000 auf das Jahr 1887*, 1888

Theodor Hertzka, *Freiland, ein soziales Zukunftsbild*, 1890

William Morris, *Kunde von Nirgendwo*, 1890
Der Erzähler in seinem utopischen Werk *Kunde von Nirgendwo* (1890) gelangt in einer Art Wachtraum ins 22. Jahrhundert und findet London in einen blühenden Garten verwandelt. Mit hochentwickelter Technik im Hintergrund sind die menschlichen Lebensverhältnisse in eine postindustrielle, geradezu idyllische Gesellschaft verwandelt, kreative Handarbeit ist rehabilitiert und Maschinen werden dafür eingesetzt, um gesellschaftlich notwendige physische Schwerarbeit zu erledigen. Der Konsum in dieser neuen Gesellschaft ist kultiviert, aber nicht verschwenderisch. Der Einsatz moderner Technologie erfolgt in natürlicher Harmonie mit der Lebenswelt und ermöglicht nichtentfremdete Arbeitsverhältnisse. Das wahre Band jeder glücklichen menschlichen Gesellschaft ist das Streben nach vollständiger Gleichheit, unnötige Luxusartikel gibt es keine mehr, Werbung und Geld sind verschwunden.

Der Weg in die neue Gesellschaft erfolgte, wie dem Zeitreisenden erzählt wird, durch einen gewaltsamen Umsturz; das nicht mehr benötigte Londoner Parlamentsgebäude ist in der Folge zu einem Magazin für natürlichen Dünger umgebaut worden. Morris ist ein Autor, auf den sich die Umweltbewegung im 20. Jahrhundert beruft, ein Vordenker der modernen Ökologiebewegung und des postmateriellen Denkens (Schwendter 1994, 11).

Eugen Richter, *Sozialdemokratische Zukunftsbilder*, 1890

Josef von Neupacher, *Oesterreich im Jahre 2020. Sozialpolitischer Roman*, 1893

Herbert George Wells, *Die Zeitmaschine*, 1895

Theodor Herzl, *Altneuland*, 1902

Herbert George Wells, *A modern Utopia*, (dt.: *Jenseits des Sirius*) 1905

Alexander Alexandrowitsch Bogdanow, *Der rote Planet* 1908, *Ingenieur Manny* 1913

Jewgenij Samjatin, *Wir*, 1920

Aldous Huxley, *Schöne neue Welt*, 1932 (Huxley, 1978, Saage, 2000, Schölderle, 2012)
Huxley beschreibt „den Alptraum einer zukünftigen Welt, in der perfektionierte Technik, genormtes Leben innerhalb unveränderlicher Hierarchien, enterotisierte Sexualität und durch Drogenkonsum gestütztes ‚Glück‘ dominieren" (Saage 2000). Nach dem Ende eines neunjährigen Krieges hat sich ein Einheitsstaat ausgebreitet, der die ganze Welt bis auf einige verbliebene Reservate beherrscht. Mit dem Wahlspruch „Gemeinschaftlichkeit, Einheitlichkeit, Beständigkeit" greift er auf klassische Postulate gesellschaftlicher Harmonie zurück, an denen sich die Utopisten seit Plato immer wieder abgearbeitet haben. Erstes Ziel der totalitären Herrschaftsmaschinerie ist die völlige Auslöschung des autonomen Individuums. Die Gründe, warum die Menschen ihr individuelles und selbstbestimmtes Leben aufgeben, bestehen nicht (wie bei George Orwell) in offenem Terror, sondern in ihrem Einverständnis. Zufriedene und glückliche Menschen „bekommen, was sie begehren, und begehren nichts, das sie nicht bekommen können. Es geht ihnen gut, sie sind geborgen, immer gesund, haben keine Angst vor dem Tod, Leidenschaft und Alter sind diesen Glücklichen unbekannt" (Huxley 1978, 160).
Voraussetzung für das Funktionieren dieses Huxley'schen Staates sind einige Technologien, die tiefgreifende Umwälzung in den „Gemütern und Leibern" der Menschen ermöglichen und die Stabilität der Gesellschaft garantieren. Ein hierarchisches Kastensystem – fünf Kasten sind mit Alpha bis Epsilon bezeichnet –, weist jedem Individuum seinen Platz in der gesellschaftlichen Rangordnung zu. Es gibt ein Rauschmittel, Soma genannt, das möglichen Frustrationen entgegenwirkt und ohne Schaden „Urlaub von der Wirklichkeit" ermöglicht. Mit einer optimierten Methode der Suggestion, die

im Kleinkindalter beginnt und jedem Menschen verdeutlicht, er tue das, was er ohnehin gerne wolle, bringen die Mitglieder der herrschenden Kaste die Menschen dazu, ihren jeweiligen gesellschaftlichen Zustand zu lieben. Ein „betriebssicheres System der Eugenik" erlaubt es, „Menschenmaterial" je nach den Erfordernissen von Produktionsprozessen herzustellen. Letzteres ersetzt die biologischen Funktionen von Mann und Frau bei der Fortpflanzung und delegiert diese an eine „Brut- und Normenzentrale". Sexualität und sexuelle Freiheit dienen ausschließlich dem Vergnügen und bleiben ohne irgendwelche negativen Konsequenzen.

Zehn Weltaufsichtsräte überwachen den Staat. Für sein Funktionieren bedarf es dauerhafter wirtschaftlicher Sicherheit – ein Problem, das offenbar gelöst wurde, indem riesige Wirtschaftskonzerne und die umfassende politische Gewalt des Weltstaates eine Synthese zwischen „privater" und „staatlicher" Verfügung über die Produktionsmittel eingegangen sind.

James Hilton, *Lost Horizon* (dt.: *Der verlorene Horizont*) 1933

Burrhus Frederic Skinner, *Walden Two/Futurum zwei*, 1948
Durch ein System von Belohnungsreizen wird den Menschen in einer Kommune mitten in den USA unerwünschtes soziales Verhalten wie Neid, Eifersucht und Habgier praktisch wegtrainiert, wie auch schon den Bewohnern von *Utopia* die Verehrung von Reichtum und Gold aberzogen worden ist. Anstelle von Geld erhalten die Mitglieder der Kommune Arbeitspunkte, wobei schwere und unattraktive Arbeiten mehr Punkte einbringen als leichte und angenehme; die Arbeitszeit beschränkt sich auf höchstens vier Stunden pro Tag. Die Kinder der Gemeinde werden gemeinschaftlich erzogen, Erziehungsmittel ist die von Skinner experimentell erforschte positive Verhaltensverstärkung. Strafen sind nur der letzte Ausweg und gelten als Unfreiheit. Frei und „in unmittelbarer Nähe der Quelle seines privaten Glücks" ist ein Mensch, wenn er überwiegend das tun will, was er tun soll. Skinner zählt im Vorwort von *Futurum Zwei* einige der Prinzipien auf, die er in experimentellen Gemeinschaften nach dem Vorbild seiner Utopie realisiert sehen will (Skinner 1970, 5):

• Es gibt keine Lebensweise, der man nicht entrinnen könnte. Untersuchen Sie Ihre eigene genau.
• Wenn sie Ihnen nicht gefällt, dann ändern Sie sie.
• Vereinfachen Sie Ihre Bedürfnisse. Lernen Sie, wie man mit weniger Eigentum glücklich sein kann.
• Festigen Sie diese Welt mit Hilfe sanfter, aber eindringlicher ethischer Sanktionen, nicht durch politische oder militärische Gewalt.
• Reduzieren Sie Arbeit durch Zwang auf ein Minimum, indem Sie Bedingungen schaffen, unter denen es Menschen Freude macht, zu arbeiten.

George Orwell, *1984,* 1949
Der Titel der 1949 erschienen Dystopie ist Synonym für einen totalitären Überwachungs- und Gewaltstaat geworden, der sich die Geschichte in einem „Wahrheitsministerium" zurechtschreibt. Urbild für die ständige Umformulierung der Geschichte im Dienst der aktuellen Bündnispolitik im Wahrheitsministerium ist wohl das Entsetzen der kommunistisch gesinnten Intellektuellen Westeuropas über Stalins Bündnis mit Hitlerdeutschland im August 1939. Der Staat überwacht seine Bürger bis in ihre intimsten Gedanken hinein und erzieht sie mittels Folter und Gehirnwäsche um. *1984* wird, wie der oft bemühte Slogan „Big Brother is Watching You", im Zeitalter kostengünstig verfügbarer Überwachungselektronik und fast unbegrenzter elektronischer Rechen- und Speicherkapazität zum Datenabgleich gerne zitiert – vermittels Facebook, Google und Co. ist der allzeit beobachtende Big Brother inzwischen aber in viele Wohnzimmer eingeladen worden. Totalitarismus als „Verfügungsmacht gegenüber dem Geist" (Saage 1997, 85) wird in *1984* in einer dreigeteilten Welt (nach einem atomar geführten Weltkrieg sind nur die drei Mächte Ozeanien, Eurasien und Ostasien als Großstaaten übrig geblieben) glaubhaft und konsequent an einem Bürger der Hauptstadt London des Staates Ozeanien, Winston Smith, exekutiert. Nach platonischem Vorbild ist die Bevölkerung des Staates dreigeteilt, in die „Philosophen" der „inneren Partei", in die „Wächter" der „äußeren Partei", denen auch Winston Smith angehört, und in die „Proles", der in

dumpfer Unwissenheit gehaltenen Unterschicht. Das Privateigentum ist abgeschafft, was aber lediglich dazu dient, den Mitgliedern der inneren Partei Privilegien zu sichern (Schölderle 2012, 131 ff). Winston, Mitarbeiter im „Wahrheitsministerium", ist von Staat und Arbeit zunehmend angewidert und glaubt, einen Ausweg in der Widerstandsbewegung von Emanuel Goldstein gefunden zu haben. Diese entpuppt sich jedoch als geschickt gestellte Falle der Partei, Winston wird verhaftet und gefoltert.

Ayn Rand, *Der Streik*, 1957 (Utopie des radikalen Kapitalismus)

Günther Schwab, *Tanz mit dem Teufel*, 1958

Stanislaw Lem, *Rückkehr von den Sternen*, 1961

Aldous Huxley, *Eiland*, 1962
Ein schiffbrüchiger Journalisten beschreibt in Aldous Huxleys (1894–1963) Eiland die tropische Insel Pala, auf der mit ökologisch entschärfter Technik, dezentraler Wirtschaft und staatsfreier, kooperativer Politik gearbeitet wird. Die Gesellschaftsform ist als Mischung aus den westlichen Ideen eines schottischen Arztes, der im 19. Jahrhundert auf Pala gelandet ist, um den dortigen Herrscher zu heilen, und dem ursprünglichen Mahajana-Buddhismus hervorgegangen. Die Gesellschaft gründet auf einer sehr zurückhaltenden gebremsten Industrialisierung, die nur bestimmte technische Neuerungen zulässt und Entfremdung verhindern soll. Sie erweist sich letztlich als hilflos gegen den Vorstoß eines westlichen Ölkonzerns, der vom gestrandeten Journalisten angebahnt worden ist.

Valerie Solanas, *Manifest der Gesellschaft zur Vernichtung der Männer*, 1968

Ursula Le Guin, *Planet der Habenichtse*, 1974

Ernest Callenbach, *Ecotopia* (dt. *Ökotopia*) 1975
Ökotopia hat sich nach einem Sezessionskrieg irgendwann am Ende des 20. Jahrhunderts von den USA abgespalten und aus den westlichen Bundesstaaten Nordkalifornien, Oregon

und Washington als neuer Staat formiert. Wie in utopischen Erzählungen häufig, reist der Erzähler, hier ist es der Journalist William Weston, 19 Jahre nach der Sezession als erster US-Amerikaner nach Ökotopia, um von dort für eine Zeitung zu berichten. Er findet in Ökotopia eine Lebensrealität vor, die der Wirklichkeit der USA der siebziger Jahre diametral entgegensteht (Callenbach 1996).

Das Wirtschaftssystem in Ökotopia ist orientiert am Modell einer gebremsten Ökonomie. Die Ökotopianer leben in einer „gelenkten" Demokratie, lehnen es beispielsweise kollektiv ab, über genetische Manipulation auch nur nachzudenken. Industrielle Technologie wird abgelehnt, wenn sie nicht in den Dienst der Menschen gestellt werden kann – wobei nicht ganz klar wird, wer das entscheiden soll und was der „Dienst am Menschen" im Einzelnen genau sein soll. Verbrennungsmotoren sind verboten, nur ausnahmsweise und weil der Wind günstig von Westen weht, darf der Journalist überhaupt mit dem Taxi über die Grenze bis zum ersten Bahnhof fahren, von wo es mit der Eisenbahn weitergeht. Diese kann sich dann aber sehen lassen: es ist eine Magnetschwebebahn, die den Reisenden mit 360 km/h durch Ökotopia trägt. Der Neuankömmling ruht auf Teppichen und Polstern am Boden des Waggons und bald wird friedlich ein Joint reihum gereicht, was die anfänglichen Gesprächsbarrieren schnell überwinden hilft und eine Art Hippienostalgie aufkommen lässt. Später fährt er mit Elektrobussen weiter; ökologisch verträgliche Technologie wird in Ökotopia nämlich durchaus eingesetzt.

Mit Ausnahme einer kleinen Splittergruppe scheinen die Ökotopier einander ziemlich ähnlich geworden zu sein, scheinen dasselbe zu glauben, zu wollen, zu verabscheuen. Die Ökotopische Gesellschaft ist sozial unglaublich einförmig, die Individuen scheinen sich aber dennoch entfalten zu können – allerdings ohne das soziale Gefüge und die ökologische Staatsdoktrin in Frage zu stellen, was sie auch nicht zu wollen scheinen. Sie begreifen sich als Teil der Natur und hängen einem ökozentrischen Weltbild an, Bäume sind Brüder, die Erde ist die Mutter. Arbeit und Freizeit sind nicht streng unterschieden, gehen vielmehr ineinander über. Um

Arbeitsplätze für alle zu schaffen, wird nur zwanzig Stunden pro Woche gearbeitet.

Die Ökotopianer sind einerseits moderne Menschen, die ein Mehr an subjektiver Autonomie jenseits der protestantischen Arbeitsmoral und ständig wachsender Bedrohung durch das industrielle Destruktionspotenzial schätzen, die nicht in einen vorzivilisatorischen Naturzustand flüchten, die die Errungenschaften der industriellen Zivilisation selbstverständlich nutzen und in einem Sozialstaat leben, der medizinische Versorgung, Ernährung und Wohnungen bereitstellt. Andererseits finden sie moralische Sinnstiftung für ihre Existenz in indianischen Naturmythen, deren Sinn darin zu bestehen scheint, die selbstreflexive Identität aufzuheben und eine Reihe von ökologisch bedenklichen Handlungen zu tabuisieren. Sie sind in ihren Einstellungen und Antworten, die sie dem Journalisten geben, seltsam synchronisiert und ununterscheidbar. Jedenfalls ist das Leben in Ökotopia für den Journalisten William Weston so überzeugend, dass er beschließt, dort zu bleiben.

Joanna Russ, *Planet der Frauen*, 1975

Glossar

Apokalypse
Das Wort, das zu einer Sammelbezeichnung aller verwandten Texte wurde, entstammt der auf Griechisch verfassten Offenbarung des Johannes, dem letzten Buch des Neuen Testaments. Es gibt Vorläufer in jüdischen Texten, in babylonischen und assyrischen Schöpfungsmythen. Gemeinsam ist den apokalyptischen Schriften die in metaphernreicher bildhafter Sprache vorgetragene Lehre eines unumstößlichen, „alternativlosen" göttlichen Planes betreffend den Verlauf der zukünftigen Geschichte der Welt und des direkten Eingreifens Gottes in diesen, sowie die folgende Zerstörung und Neuschaffung der Welt.

Chiliasmus, Millenarismus
Mit Chiliasmus bzw. Millenarismus wird der Glaube an die Wiederkunft Christi zu Beginn eines tausendjährigen Reiches bezeichnet, das mit dem Ende der gegenwärtigen Welt einhergeht.

Endenergie
Endenergie entsteht, wenn Primärenergie durch menschliche Eingriffe in eine nutzbare Form umgewandelt wird und als solche beim Verbraucher ankommt, etwa als Strom aus der Steckdose oder als Holzpellets. Dies kann über mehrere Zwischenschritte geschenen, wobei bei jedem Umwandlungsschritt Verluste auftreten.

Die Verluste, die auf dem Weg von der Primärenergie zur Endenergie entstehen, sind für verschiedene Umwandlungsprozesse sehr verschieden. Verbrennt man beispielsweise Kohle, um aus ihr in einem Kraftwerk elektrische Energie zu erzeugen, so gehen dabei etwa zwei Drittel verloren, ein Wert, der ungefähr auch für die Verstromung der Kernenergie gilt. Vom fließenden Wasser in einem Fluss bis zur elektrischen Energie aus Wasserkraft kommt man aber mit Verlusten von ca. zehn Prozent aus. Dies muss man in den Abbildungen, in denen Primärenergiemengen dargestellt sind, berücksichtigen: Eine bestimmte Menge an nuklearer Primärenergie ist also etwas anderes als die gleiche Menge an Wasserkraft, aus beiden entstehen ganz verschiedene Mengen an elektrischer Endenergie.

Energie ist die Fähigkeit eines Systems, äußere Wirkungen hervorzubringen. Die physikalische Einheit für Energie ist das Joule (1 Joule = 1 kg*m^2/s^2), aber es sind noch andere Einheiten in Gebrauch, beispielsweise die kWh (Kilowattstunde), die Kalorie usw. Die Internationale Energieagentur IEA verwendet gerne die Öleinheit, z. B. als Mio. Tonnen Öleinheiten (Mtoe), für elektrische Energie wird gerne die Kilowattstunde verwendet (kWh), im angelsächsischen Sprachbereich kommt noch häufig die British Thermal Unit (BTU) zur Anwendung. Synonym mit „Energie" wird der Begriff „Arbeit" verwendet. „**Leistung**" hingegen bezeichnet die in einer Zeiteinheit (z.B. Sekunde) verrichtete Arbeit oder Energie, sie wird in Watt gemessen (1 Watt = 1 kg*m^2/s^3).

Größenordnungen von Energieflüssen und -lagern

	Joule
Jährliche solare Einstrahlung auf die Erde	5,5 * 10^{24}
Globale Kohleressourcen	2 * 10^{23}
Globale Pflanzenmasse	2 * 10^{22}
Globale Netto-Photosynthese pro Jahr	2 * 10^{21}
Globale Erzeugung fossiler Energieträger	4 * 10^{20}
Typischer karibischer Hurrikan	3,8 * 10^{19}
Energie aller Blitze weltweit pro Jahr	3,2 * 10^{18}
Österreichischer Primärenergieverbrauch/Jahr (2011)	1,421* 10^{18}
Größte je gezündete Wasserstoffbombe (1961)	2,4 * 10^{17}
Jährlicher energetischer Biomasseverbrauch in Österreich	2,131* 10^{17}
1 Mtoe (Million Tonnen Öleinheiten)	41,868 * 10^{15}
Latente Wärme eines Gewitters	5 * 10^{15}

Eine TWh (Terawattstunde)	$3,6 * 10^{15}$
Kinetische Energie eines Gewitters	$1 * 10^{14}$
Hiroshima-Bombe	$8,4 * 10^{13}$
100 Tonnen Kohle	$2,5 * 10^{12}$
Durchschnittlicher österreichischer Pro-Kopf Jahresenergieverbrauch	$1,7 * 10^{11}$
Voller Autotank	$4 * 10^{10}$
Ein Barrel Rohöl	$6,5 * 10^{9}$
Tägl. Nahrungsaufnahme eines großen Pferdes	$1 * 10^{8}$
1 kgoe (kg Öleinheiten)	$41,868 * 10^{6}$
1 kg trockenes Holz	$1,44 * 10^{7}$
Tägl. Nahrungsaufnahme eines Erwachsenen	$1 * 10^{7}$
Eine Flasche Weißwein (chemische- und Wärmeenergie)	$2,6 * 10^{6}$
Großes Hühnerei (chem.- u. Wärmeenergie)	$4 * 10^{5}$
Tägliche Nahrungsaufnahme einer Maus	$5 * 10^{4}$
Chemische Energie einer Kichererbse	$5 * 10^{3}$
Baseball (140 Gramm) fliegt mit 40 m/s	$1,1 * 10^{2}$
Tennisball (50 Gramm) fliegt mit 25 m/s	$1,56 * 10^{1}$
Volle Kaffeetasse (300 Gramm) in Höhe der Hand	$3,5 * 10^{0}$
Druck auf eine Schreibmaschinentaste	$2 * 10^{-2}$
Potenzielle Energie einer Fliege auf einem Tisch	$9 * 10^{-3}$
5 Sekunden Gesang eines kleinen Vogels	$4 * 10^{-4}$
Regentropfen mit 2 mm Durchmesser fällt mit 6 m/s	$7,5 * 10^{-5}$
Regentropfen mit 2 mm Durchmesser auf Blumenblatt	$4 * 10^{-6}$
Sprung eines Flohs	$1 * 10^{-7}$
Ein Elektronenvolt (die Energieeinheit der Atomphysik)	$1,602 * 10^{-19}$

Tabelle 5: Energiegrößenordnungen. Quelle: Vaclav Smil, Energy in Nature and Society, 393, ergänzt um eigene Beispiele.

Eschatologie

Eschatologie ist die christliche Lehre von den letzten Dingen, dem Endschicksal des Einzelnen und der Welt. Seit dem 19. Jahrhundert setzte sich der Begriff durch und wurde zum religionswissenschaftlichen Generalbegriff für Jenseitsvorstellungen.

Human Development Index (HDI)

Der HDI ist ein Indikator, der von der UNDP benutzt wird, um den menschlichen Wohlstand abzubilden. Er vereint die durchschnittliche Lebenserwartung zum Zeitpunkt der Geburt, die Alphabetisierungsrate Erwachsener bzw. die Schulbesuchsdauer, die Einschulungsrate und das Bruttoinlandsprodukt pro Kopf der Bevölkerung.

Lumen

Das Lumen ist die physikalische Einheit des Lichtstromes. Diese berücksichtigt die Empfindlichkeit des menschlichen Auges, das für verschiedene Farben verschiedene Empfindlichkeiten aufweist. Erscheinen zwei Lichtquellen als gleich hell, so geben sie den gleichen Lichtstrom (in Lumen) ab.

Messianismus

Der Begriff rekurriert auf die im Judentum seit König David gehegte, sich mit dem politischen Niedergang Israels verstärkende Hoffnung auf das Erscheinen eines „Messias". Vor Augen stand dabei wahrscheinlich zunächst eher ein politischer Führer oder König. Erst im Laufe der Zeit nahm diese Führergestalt immer deutlicher Züge eines übernatürlichen Erlösers an und wurde in diesem Sinne auf Jesus übertragen.

Öleinheit

Mit Öleinheit wird eine Energiemenge von 41,868 MJ (Megajoule) bezeichnet, das entspricht ungefähr der Energiemenge, die bei der Verbrennung von einem kg Öl frei wird. Unter anderem verwendet die IEA (Internationale Energieagentur) diese Einheit, obwohl in der EU und den meisten anderen Staaten die Verwendung des internationalen Einheitensystems SI mit der entsprechenden Einheit Joule für Energie vorgeschrieben ist.

Ökologischer Fußabdruck

Der ökologische Fußabdruck ist eine Maßeinheit für den jährlichen Verbrauch an Rohstoffen und Entsorgungsmöglichkeiten. Er kann auf einen Staat, eine Gruppe oder eine Einzelperson bezogen werden. Gemessen wird er in fiktiven Flächen (meistens Hektar), die notwendig sind, um einen bestimmten Lebensstil zu ermöglichen. Die fiktiven Flächen werden zur Produktion von Nahrung, Energie, zur Zurückgewinnung des emittierten Kohlendioxids, zur Herstellung von Stoffen für Bekleidung usw. der jeweiligen Personengruppe bzw. Person benötigt.

Primärenergie

Unter Primärenergie versteht man den Energieinhalt natürlicher materieller Träger vor ihrer Veränderung und Nutzbarmachung durch den Menschen, etwa die Strahlung der Sonne, bewegte Luft (Wind), Kohle vor ihrem Abbau, Rohöl, Uran 235, oder einen Baum im Wald.

Reserven, Ressourcen

In der Lagerstättenkunde ist eine **Ressource** die maximal in einem geologischen Vorkommen enthaltene Menge eines Rohstoffes, unabhängig davon, ob sie mit aktuell vorhandenen technischen Mitteln gewonnen werden kann und ob die Gewinnung wirtschaftlich sinnvoll und rechtlich möglich ist. Die **Reserve** ist jener Teil einer Ressource, der nach dem aktuellen Stand der Technik und der politischen Rahmenbedingungen abbaubar und wirtschaftlich sinnvoll gewinnbar ist. Die Grenze zwischen Reserve und Ressource kann sich also verschieben, wenn sich der Preis eines Rohstoffes ändert, wenn es neue technische Entwicklungen gibt oder die politischen Rahmenbedingungen (etwa die Umweltauflagen) geändert werden.

Solarkonstante

Die Strahlung der Sonne transportiert Energie zur Erde. Die „Solarkonstante", die Sonnenbestrahlungsstärke auf eine senkrecht zur Strahlung liegende Fläche außerhalb der Erdatmosphäre im langjährigen Mittel, beträgt gegenwärtig etwa 1.367 Watt pro Quadratmeter. Aufgrund der Exzentrizität der Erdbahn und anderer Ursachen schwankt diese im Jahresverlauf um ca. +/- 3,3 Prozent. Die ständig auf die sonnenzugewandte Außenseite der Atmosphäre der Erde einstrahlende Strahlungsleistung der Sonne beträgt demnach ca. 174 PW (Petawatt), was sich in einem Jahr auf knapp 5,5 Mio. EJ (Exajoule) summiert. Der Energieverbrauch der Menschheit beträgt 2011 etwa 547 EJ. Die ca. 1.367 Watt pro Quadratmeter, die die Erde außerhalb der Atmosphäre treffen, entsprechen einer permanenten durchschnittlichen Leistung von ca. 342 Watt pro Quadratmeter der Erdoberfläche außerhalb der Atmosphäre (eine Kugel hat die vierfache Oberfläche eines Kreises mit demselben Radius). Rund 30 Prozent von dieser Leistung werden ins Weltall zurückreflektiert (Albedo), etwa 20 Prozent absorbiert die Atmosphäre. Damit verbleiben durchschnittlich etwa 170 Watt pro Quadratmeter, die die Erdoberfläche unterhalb der Atmosphäre treffen und sich zwischen sonnigen äquatornahen Wüsten (ca. 230 Watt pro Quadratmeter) und wolkigen nördlichen Breiten (ca. 100 Watt pro Quadratmeter) verteilen.

Für das Verständnis der Zusammenhänge ist es wichtig, sich zu verdeutlichen, dass die Erde diese Energiemenge, die sie von der Sonne erhält, im Wesentlichen wieder ins Weltall abstrahlt, und zwar ebenfalls in Form von elektromagnetischer Strahlung. Dabei handelt es sich allerdings um weitgehend (aus menschlicher Sicht) wertlose „Anergie" – im Gegensatz zur wertvollen „Exergie" der Sonnenstrahlung. Genaugenommen strahlt die Erde wahrscheinlich mehr Energie ins Weltall ab, als sie im Mittel von der Sonne erhält. Zur abgestrahlten Sonnenenergie von ca. 5,5 Mio. EJ kommen nämlich noch die vom Menschen aus fossilen und nuklearen Quellen freigesetzte Energie von etwa 430 EJ pro Jahr und die geothermale Energie (ca. 1.325 EJ pro Jahr) dazu, die aus dem Erdinneren an die Erdoberfläche und von dort als Strahlung ins Weltall gelangt. Die Energiemenge, die in latenter Form auf der Erde, in ihrer Kruste oder den Ozeanen gespeichert wird, ist nicht wirklich bekannt. Gemessen an der solaren Energieeinstrahlung hat die gesamte vom Menschen freigesetzte fossile Energie die quantitative Größe einer statistischen Schwankung.

Weber-Fechner-Gesetz

Das Weber-Fechner-Gesetz besagt, dass sich die subjektiv empfundene Stärke von Sinneseindrücken proportional zum Logarithmus der objektiven Intensität des physikalischen Reizes verhält. Wir nehmen sinnliche Änderungen (z.B. der Helligkeit) erst wahr, wenn sich die Intensität des zugrundeliegenden physikalischen Reizes (z.B. die Lichtstärke) um ein bis zwei Prozent (im Fall des Lichtes) geändert hat. Entsprechend nehmen wir auch Neuerungen in der Welt – beispielsweise das erste solarthermische Kraftwerk, das irgendwo in Betrieb genommen wird – mit viel stärkerer Aufmerksamkeit wahr und messen ihm deshalb höhere Bedeutung bei als dem tausendsten Kohlekraftwerk, das beispielsweise in China in Betrieb genommen wird.